Kohlhammer

Die Autorinnen

Julia Schuchardt, Dipl.-Psych., ist approbierte Psychotherapeutin in Verhaltenstherapie, klinische Hypnotherapeutin, Schematherapeutin (ISST e.V.), Dozentin und Supervisorin für Schematherapie sowie Gründerin/Leiterin des Instituts für Schematherapie Konstanz und Mitbegründerin der Schematherapie Online Akademie. Sie ist tätig in eigener Praxis für Psychotherapie in Konstanz, bietet dort auch Paar- und Elternberatung an. Julia hat drei Kinder und lebt mit ihrer Familie am Bodensee.

Julia Hinrichs, Dipl.-Psych., ist approbierte Psychotherapeutin in Verhaltenstherapie, Schematherapeutin (ISST e.V.), Dozentin und Supervisorin für Schematherapie und Mitbegründerin der Schematherapie Online Akademie. Sie ist tätig in eigener Praxis in der Innenstadt von Frankfurt am Main, bietet dort Einzeltherapie und Paarberatung an. Julia hat drei fast erwachsene Kinder und lebt mit ihrer Familie in Frankfurt.

Unter Mitarbeit von

Cordula Weygandt, Dipl.-Psych., ist approbierte Psychologische Psychotherapeutin mit Schwerpunkt Verhaltenstherapie. Seit über 25 Jahren arbeitet sie in eigener Praxis mit Kindern, Jugendlichen, Eltern und Erwachsenen. Seit 2007 beschäftigt sie sich intensiv mit Schematherapie. Sie ist Supervisorin und Selbsterfahrungsleiterin in der Ausbildung von Verhaltenstherapeut*innen. Cordula Weygandt lebt mit ihrer Familie im hessischen Untertaunus.

Julia Schuchardt
Julia Hinrichs

Die Flügelwerkstatt

Nestwärme schenken, Autonomie ermöglichen – wie unsere eigenen Lebensfallen nicht zu denen unserer Kinder werden

Verlag W. Kohlhammer

Umschlagabbildung + Illustrationen: Red Monkeys GmbH

1. Auflage 2025

Gesamtherstellung: W. Kohlhammer GmbH, Heßbrühlstr. 69, 70565 Stuttgart
produktsicherheit@kohlhammer.de

Print:
ISBN 978-3-17-045837-6

E-Book-Formate:
pdf: ISBN 978-3-17-045838-3
epub: ISBN 978-3-17-045839-0

Für meine Kinder Livia, Louis & Lina Lu:
Ich wäre gerne eine perfekte Mama für euch. Das ist ja leider unmöglich,
weil ich ein Mensch bin. Oder ein Ranus? Eins ist aber sicher:
Meine Liebe für euch ist unendlich.
(Julia Schuchardt)

Für meine Familie: Manfred, Carla, Marlene und Theo, I love you!
Für meine Eltern, die hinsichtlich Nestwärme und Flügel
wirklich viel gut hinbekommen haben!
*Und für meine besten Freund*innen: Ihr seid auch Familie!*
(Julia Hinrichs)

Inhalt

Einleitung

Als Mütter und Psychotherapeutinnen beschäftigt uns schon lange, wie herausfordernd es sein kann, ein Kind zu versorgen. Eltern übernehmen mit der Begleitung ihrer Kinder eine der anstrengendsten und stressigsten Aufgaben der Welt. Oft aber auch eine der schönsten. In einer Welt, in der die Produktion materieller Dinge meist einen höheren Wert inne hat als die Art und Weise wie unsere Kinder aufwachsen, tragen die meisten Eltern diese bedeutungsvolle Verantwortung ohne jede Vorbereitung und im Zeitalter der Kleinfamilie oft mit sehr wenig Unterstützung.

Gleichzeitig drücken Kinder treffsicher unsere »roten Knöpfe«, also wunde Punkte, wodurch es zu Streit, Konflikten, Verletzungen und viel Stress auf allen Seiten kommen kann.

Wir wissen heute, wie bedeutsam die Kindheitserfahrungen eines Menschen für seine psychische und körperliche Gesundheit sind – und zwar bis ins Erwachsenenleben. Uns stehen mittlerweile konkrete Theorien, Modelle und Praxiswissen zur Verfügung, welche Elternsein erleichtern und die Entwicklung deines Kindes positiv beeinflussen können. Dieses hilfreiche Wissen möchten wir mit dir[1] teilen.

So ist die Idee zu diesem Buch entstanden.

Dieser Ratgeber möchte dir vermitteln, wie du deinem Kind ein gesundes Aufwachsen ermöglichen kannst, indem du aus eigenen, negativen Lebensfallen (Du fragst dich, was das ist? Unsere Antwort findest

1 In unserem Buch verwenden wir die Du-Anrede für unsere Leser*innen. So möchten wir auf Augenhöhe mit dir in Kontakt treten – nahbar und persönlich. Unsere Themen betreffen sehr private Lebensbereiche, und wir freuen uns, dich auf dieser Reise begleiten zu dürfen.

du im Kapitel »Die Schatten der Vergangenheit«, ▶ Kap. 4) aussteigst und positive, erfüllende Interaktionen mit deinem Kind etablierst. Die Inhalte sind wissenschaftlich fundiert und greifen auf die Schematherapie (Begründer der Schematherapie Jeffrey Young, 2005) zurück.

Im Wesentlichen wollen wir aufzeigen, welche emotionalen Grundbedürfnisse Kinder haben und wie du als Elternteil diese durch dein Verhalten gut genug befriedigen kannst. Gelingt es dir, die emotionalen Bedürfnisse deines Kindes zu erkennen und (zumindest teilweise) zu erfüllen, wird in der Familie ein warmes und wertschätzendes Klima vorherrschen und dein Kind wächst zu einem Menschen heran, der gut für sich selbst sorgen kann.

Wir wollen dich mit diesem Buch unterstützen und dich anleiten, wie das Miteinander zwischen dir und deinem Kind zu einem Ort der Sicherheit, Geborgenheit und Freiheit werden kann. Dabei gehen wir auch auf besondere Herausforderungen in der Eltern-Kind-Beziehung ein. Zum Beispiel: Wie kannst du damit umgehen, wenn sich dein Kind morgens nicht von dir trennen möchte und sich im Kindergarten an dein Bein klammert, während du dringend zur Arbeit musst? Oder: Was kannst du tun, wenn dein Kind einen gigantischen Wutanfall bekommt und die ganze Wohnung zusammenschreit? Viele Eltern fragen sich auch, was ein angemessener Umgang mit Medien sein könnte. Oder: Wie schaffe ich es, dass mein Kleinkind endlich im eigenen Bett durchschläft? Kennst du das, dass dein Kind einfach zu schüchtern ist, um mit anderen Kindern in Kontakt zu kommen?

Zu all diesen Anliegen findest du Hilfe in unserem Praxiskapitel «Was tun, wenn's nicht rund läuft« (▶ Kap. 10).

Am Ende jedes Kapitels bzw. nach der Einführung einer zentralen Idee, laden wir dich mit Reflexionsfragen und kleinen Übungen dazu ein, über dich selbst nachzudenken, deine eigenen Lebensfallen zu erkennen und dich aus ihnen zu lösen. Deine Erkenntnisse kannst du am besten in neues Verhalten umsetzen, wenn du sie anhand eigener Beispielsituationen durchdenkst. Dabei werden wir dich begleiten. So gewinnen du und dein Kind viel Lebensqualität und Zufriedenheit.

Für diesen Ratgeber wurden wir dankenswerter Weise von Frau Dipl.-Psych. Cordula Weygandt unterstützt. Mit ihrer Expertise als Kinder- und Jugendlichenpsychotherapeutin und ihrem großen Erfahrungsschatz im Bereich der Familien- und Elternberatung hat sie dieses Buch durch wertvolle Impulse und die Anwendungsbeispiele bereichert.

Den größten Nutzen hast du von diesem Buch, wenn du deine Gedanken zu den Übungen und Reflexionsaufgaben kurz schriftlich fest hältst. Vielleicht hast du Lust, dir ein kleines Heft oder Büchlein für deine Notizen bereit zu legen?

Die Flügelwerkstatt soll sich natürlich nicht nur an Eltern als Leser*innen richten. Wir hoffen und wünschen uns, auch das Interesse von Großeltern, Erzieher*innen, Lehrkräften, pädagogischen Fachkräften, Tageseltern und Trainer*innen im Kinder- und Jugendfreizeitbereich zu wecken. Denn das Wissen darüber, wie wir die gesunde Entwicklung von Kindern fördern können, ist überall dort wichtig und notwendig, wo Kinder ihre Lebenszeit verbringen.

1 Die Flügelwerkstatt – Warum die Qualität der Eltern-Kind-Beziehung entscheidend ist für die psychische Gesundheit, Leistungsfähigkeit und Zufriedenheit für den Rest des Lebens

Die Beziehung zu deinem Kind ist mehr als nur der Rahmen für den familiären Alltag – sie ist die Werkstatt, in der wesentliche Grundlagen für ein ganzes Leben erworben werden. Wir wissen aus der Forschung, dass die ersten Lebensjahre eines Kindes einen wichtigen Grundstein für seine Entwicklung legen. Ihre Qualität kann das gesamte weitere Leben positiv – aber auch negativ – beeinflussen (Bindungsforscher John Bowlby, 1969; Begründer der Schematherapie Jeffrey Young, 2005).

Daher ist es uns ein Herzensanliegen, das Wissen um die große Bedeutsamkeit der Eltern-Kind-Beziehung zu vermitteln und dir Ideen mitzugeben, wie eine erfüllende Beziehung zwischen euch entstehen kann. Wie du die Beziehung zu und die Zeit mit deinem Kind gestaltest, ist von zentraler Bedeutung. Oder anders ausgedrückt: Elternsein ist einer der wichtigsten – und zugleich herausforderndsten – »Jobs« der Welt! Und doch hält sich in vielen Köpfen hartnäckig die Grundhaltung, dass das alles »nebenbei« und ohne große Mühe gelingen sollte, damit man sich »wichtigeren Dingen« wie Berufstätigkeit, Karriere, oder persönlicher Entfaltung widmen kann.

Wir haften als Gesellschaft trotz aller Erkenntnisse aus der Forschung immer noch viel zu sehr an traditionellen Erziehungsansichten, nach denen Erziehung als das Einüben vorgeschriebener Verhaltensweisen und Vermitteln klar definierter Fertigkeiten verstanden wird. Ein Kind soll gehorchen, sich anpassen und den Erwachsenen unterordnen. Dabei geht es vor allem um die Durchsetzung der elterlichen Interessen. Kindliches Verhalten wird in richtig oder falsch eingeteilt, abweichendes Verhalten oftmals beschämt oder bestraft. So entsteht nicht selten ein Gegeneinander statt eines Miteinanders in der Beziehungsdynamik zwischen Eltern und Kind.

Ein Blick zurück in der Geschichte zeigt, wie diese Erziehungsansichten entstanden sind.

Bis zum Ende des 19. Jahrhunderts waren Kinder vor allem aus wirtschaftlicher Sicht eine Notwendigkeit. Sie sollten sich möglichst rasch der erwachsenen Welt und deren Normen anpassen. Erziehungsziele waren Gehorsam, Fleiß und Tüchtigkeit – Kinder sollten den elterlichen Interessen dienen.

Seit Ende des 19. Jahrhunderts rückte zwar Individualität und persönliche Entwicklung des Kindes stärker in den Fokus, die Strukturen zwischen Erwachsenen und Kindern wurden gesellschaftlich und politisch jedoch nicht grundsätzlich in Frage gestellt. Noch immer gibt es sehr viele Elternratgeber, die nicht die Grundbedürfnisse der Kinder im Blick haben, sondern eher elterliche Kontrolle und Machterhalt in den Mittelpunkt stellen.

Wir wollen dir neue Wege aufzeigen und dich einladen, dich in deiner Beziehung zu deinem Kind zu beobachten, zu reflektieren und vielleicht ja auch zu verändern.

Dein Zuhause kann ein Ort der Sicherheit, Wärme und Geborgenheit sein, ein »Nest«, das Schutz und Bindung bietet. Gleichzeitig ist es die »Flügelwerkstatt«, in der dein Kind die Stärke und das Vertrauen entwickeln kann, eigenständig und kompetent die Welt zu entdecken. Doch wie gelingt der Spagat zwischen Bindung und Freiheit? Genau hier setzt dieser Ratgeber an.

Die »Flügelwerkstatt« wendet sich an dich, unabhängig davon, in welcher familiären Konstellation du lebst. Ob du Teil einer klassischen Kleinfamilie, einer Patchwork-Familie, einer alleinerziehenden Gemeinschaft oder einer Regenbogenfamilie bist – alle Kinder haben dieselben emotionalen Grundbedürfnisse: Sicherheit, Bindung und Autonomie (mehr dazu ▶ Kap. 2). Diese können in liebevollen, flexiblen Beziehungen erfüllt werden und auch deine eigenen Bedürfnisse als Elternteil spielen eine zentrale Rolle. Denn nur, wenn du selbst in Balance bist, kannst du deinem Kind eine stabile Stütze sein.

Das Fundament: Bedürfnisse, Beziehungen und Entwicklung

Die Schematherapie (Young, 2005) bildet die theoretische Grundlage dieses Buches. Sie hilft uns zu verstehen, wie frühe Beziehungserfahrungen unsere Wahrnehmung, unser Erleben, unsere Verhaltensmuster und unsere späteren Beziehungen prägen.

Vielleicht hast du selbst schon erlebt, dass in stressigen Situationen alte Muster und Reaktionen hochkommen, von denen du dachtest, sie längt hinter dir gelassen zu haben? Oft sind es sogenannte Lebensfallen – unbewusste, negative Überbleibsel aus der eigenen Kindheit –, die unser Handeln beeinflussen. Wenn wir diese Muster erkennen und abschwächen, können wir nicht nur uns selbst stärken, sondern auch unseren Kindern einen neuen, positiven Weg eröffnen. Welche Lebensfallen du möglicherweise in deinem Gepäck hast, erfährst du im Kapitel »Schatten der Vergangenheit« (▶ Kap. 4).

Kinder entwickeln ihr Selbstbild und ihre Fähigkeiten im Spiegel der Beziehung zu dir. Die Qualität dieser Beziehung wirkt wie ein innerer Kompass, der sie ein Leben lang begleitet. Studien aus der Bindungstheorie und der aktuellen Neurowissenschaft zeigen, dass Kinder, die in einem Umfeld von Wärme, Akzeptanz und sicherer Führung aufwachsen, psychisch stabiler, sozial kompetenter und insgesamt zufriedener sind. Deine Interaktion mit deinem Kind ist wie ein fortlaufender Dialog – sie vermittelt Sicherheit und legt gleichzeitig die Basis für Eigenständigkeit.

Herausforderungen im Alltag: Der Balanceakt des Elternseins

Gleichzeitig wissen wir: Der Alltag stellt Eltern vor viele Herausforderungen. Arbeit, Haushalt, Partnerschaft und die Begleitung des Kindes fordern uns auf mehreren Ebenen. Oft fühlt es sich an, als würde man mit zu vielen Bällen jonglieren, immer in Gefahr, einen Ball fallen zu lassen. Perfektionismus oder übertriebene Selbstkritik stehen dann zusätzlich im Weg. Die gute Nachricht ist: Du musst nicht perfekt sein, um eine gute Eltern-Kind-Beziehung zu gestalten. Das Ziel ist nicht, alles immer richtig zu machen, sondern offen für Entwicklung zu sein, dich selbst zu reflektieren, aus Fehlern zu lernen und es das nächste Mal anders zu versuchen.

Dieses Buch will dich dabei begleiten, diese Herausforderungen zu meistern, ohne dich zu überfordern. Es geht nicht darum, dir starre Regeln vorzugeben, sondern dich zu ermutigen, eine neue positive Haltung zu finden. Jede Familie ist einzigartig – was bei der einen funktioniert, passt vielleicht bei der anderen nicht. Deshalb setzen wir auf Flexibilität, Reflexion und Humor – denn auch inmitten aller Herausforderungen darf Leichtigkeit Platz haben.

Deine Rolle als Modell: Wie Vorbilder wirken

Kinder lernen nicht nur durch Worte, sondern vor allem durch Beobachtung. Die Art, wie du mit dir selbst, deiner Partnerschaft und der Umwelt umgehst, prägt das Weltbild deines Kindes. Wenn du dir selbst mit Achtsamkeit und Freundlichkeit begegnest, lernt dein Kind, dass Selbstfürsorge wichtig ist. Wenn du Konflikte respektvoll löst, zeigt das deinem Kind, wie man schwierige Situationen bewältigt. Und wenn du deine eigenen Fehler annimmst und daraus lernst, vermittelst du: Niemand muss perfekt sein.

Dieser Aspekt – das Modellsein – ist besonders wichtig in Zeiten, in denen äußere Einflüsse wie soziale Medien, gesellschaftliche Erwartungen oder der Druck von Gleichaltrigen zunehmen. Dein Kind braucht einen inneren Anker, Orientierung für diese Herausforderungen. Du kannst dieser Anker sein, indem du Werte wie Empathie, Selbstvertrauen und Respekt vorlebst (► Kap. 3 und ► Kap. 6).

Ein Zuhause voller Wärme und Entwicklung

Das Ziel dieses Buches ist es, dein Zuhause zu einem Ort zu machen, an dem sich alle wohlfühlen: dein Kind, du selbst und alle, die zu eurer Familie gehören. Ein Zuhause, das von Geborgenheit, Respekt und Offenheit geprägt ist, bietet den idealen Nährboden für Wachstum und Entwicklung.

Die »Flügelwerkstatt« lädt dich ein, deine Rolle als Elternteil mit Freude, Bewusstheit und einer Prise Humor zu gestalten. Jedes Kapitel gibt dir konkrete Werkzeuge an die Hand: Reflexionsfragen, Übungen und Beispiele aus dem Alltag helfen dir dabei, das Gelernte auf dein eigenes Leben zu übertragen. Ob es darum geht, emotionale Grundbedürfnisse besser zu verstehen, Konflikte zu lösen oder einfach im turbulenten Alltag einen Moment der Ruhe zu finden – dieses Buch begleitet dich auf deinem Weg.

Die Flügelwerkstatt ist mehr als ein Ratgeber – sie ist eine Einladung, dein Familienleben aktiv zu gestalten und gemeinsam mit deinem Kind zu wachsen. Denn wenn du dich auf diese Reise einlässt, schenkst du nicht nur deinem Kind, sondern auch dir selbst eine neue, hoffnungsvolle Perspektive auf das Leben.

2 Was brauchen unsere Kinder wirklich? Einführung in die emotionalen Grundbedürfnisse und neurobiologischen Grundlagen

In dem Informations- und Erwartungsdschungel, dem Eltern heute ausgesetzt sind, kann es für dich eine große Herausforderung darstellen, dir darüber im Klaren zu sein, welche Grundbedürfnisse für dein Kind wirklich wichtig sind. Wie kann ich meinem Kind eine Basis geben, die es dazu befähigt, sich zu einem gesunden, zufriedenen und selbstständigen, erwachsenen Menschen zu entwickeln?

Um diese Frage zu klären, greifen wir auf das Grundbedürfnismodell nach Jeffrey Young (2005) sowie auf das Zwei-Beine-Modell von Eckhard Roediger (Schuchardt & Roediger, 2024; Adenauer & Schuchardt, 2024) zurück. Anschließend erklären wir zentrale Erkenntnisse der

Neurobiologie, die es dir erleichtern, im richtigen Augenblick das Richtige zu tun.

Die menschlichen Grundbedürfnisse

Alle Menschen haben Grundbedürfnisse, die für unser Überleben lebensnotwendig sind. Wir werden mit diesen Grundbedürfnissen geboren, und sie bestehen ein Leben lang. Man unterscheidet zwischen körperlichen (z.B. Essen, Trinken und Schlafen) und emotionalen Grundbedürfnissen. Maßgeblich für das Verhalten eines Kindes und seine psychische Stabilität sind die emotionalen Grundbedürfnisse.

Als Erwachsene sind wir selbst verantwortlich dafür, unsere Grundbedürfnisse zu erkennen und zu erfüllen, dafür haben wir mehr oder weniger hilfreiche Strategien entwickelt. Je besser der Zugang zu unseren Bedürfnissen ist und je kompetenter wir sie erfüllen sowie mögliche Ungleichgewichte ausgleichen, desto gesünder und zufriedener leben wir.

Kinder hingegen können das noch nicht selbst, sie sind darauf angewiesen, dass ihre Bezugspersonen sie darin unterstützen. Es ist also unsere Aufgabe als Eltern, immer wieder nachzuspüren, welche Grundbedürfnisse hinter den Verhaltensweisen unseres Kindes stecken, diese zu verstehen und dann entsprechend feinfühlig darauf einzugehen.

Wichtig und entlastend zu wissen ist, dass es in der Eltern-Kind-Beziehung nicht darum geht, die emotionalen Grundbedürfnisse deines Kindes jederzeit perfekt zu versorgen – das ist schlichtweg nicht möglich. Wir wissen heute, dass eine »genügend gute emotionale Grundbedürfnisversorgung« (Louis & Louis, 2015) ausreicht, um eine stabile Basis für eine emotionale und mentale gesunde Entwicklung unserer Kinder zu schaffen.

Ziel ist, dass dein Kind im Laufe des Heranwachsens in der Beziehung zu dir Strategien erlebt und erlernt, wie es seine Bedürfnisse zunehmend selbst erfüllen kann. Die Selbstregulation ist dabei ein zentraler Baustein. Sie entsteht in der Kindheit und ist abhängig von der Qualität der Eltern-Kind-Beziehung.

Die emotionalen Grundbedürfnisse sind für Eltern aber oft wenig greifbar oder auch einfach nicht bekannt. Deshalb möchten wir dir hier eine Orientierung anbieten.

Es ist ein bisschen wie bei einer Pflanze: Aus einem Samen kann nur ein kräftiger Baum werden, wenn der Samen in fruchtbare Erde eingebettet ist, regelmäßig genügend Wasser und Sonnenlicht bekommt und vor Kälte und Sturm geschützt wird.

Grundsätzlich gilt, dass die emotionalen Grundbedürfnisse in direkter Verbindung mit unseren Gefühlen stehen. Gefühle sind gewissermaßen die »Botschafter« unserer emotionalen Grundbedürfnisse und zeigen an, ob diese gut versorgt sind. Beispielsweise werden wir traurig, wenn unser Bedürfnis nach Liebe und Zugehörigkeit (Bindung) nicht erfüllt ist.

Daher ist es auch so wichtig, dass du deinem Kind erlaubst und hilfst, seine Gefühle zu spüren und angemessen auszudrücken. Sie sind für euch beide der Zugang zu den zugrundeliegenden Bedürfnissen.

Im folgenden Abschnitt stellen wir dir die emotionalen Grundbedürfnisse im Einzelnen vor.

Bedürfnis nach sicherer Bindung

Von dem berühmten Bindungsforscher John Bowlby stammt das Zitat: »Jeder Gipfelstürmer braucht ein Basislager.« Damit ist gemeint, dass eine sichere Bindungsbasis für dein Kind die Voraussetzung ist, um sich gesund zu entwickeln. Besonders prägend sind hierbei die ersten drei Lebensjahre deines Kindes. Es braucht das Gefühl, bei dir sicher, angenommen, wertgeschätzt und geschützt zu sein. Da es sich selbst noch nicht trösten oder schützen kann, braucht es deine Zuverlässigkeit, Präsenz und Feinfühligkeit, um zu lernen, dass es ein wertvoller, liebenswerter Mensch ist.

Doch wie kann das gelingen?

Das Gefühl von innerer Sicherheit entsteht in der Kindheit vor allem durch die Erfahrung, dass du zuverlässig und feinfühlig die Bedürfnisse deines Kindes erkennst, verstehst und liebevoll beantwortest. Niemand von uns ist eine Insel – wir sind soziale Wesen, und brauchen diese Verbundenheit, um zu überleben.

Beispiel aus dem Alltag

Jonas (8 Jahre) kommt aufgewühlt und traurig von der Schule nach Hause. Du spürst, dass etwas nicht stimmt, obwohl Jonas nichts explizit sagt. Du wendest dich deinem Kind zu, erkundigst dich nach seinen Gefühlen und Erlebnissen tagsüber und spiegelst ihm zurück, dass du spürst, dass »ihn etwas mitnimmt«. Jonas beginnt daraufhin, herzzerreißend zu weinen.

Du bietest ihm körperliche Nähe an und lässt ihn erstmal weinen und so seinen Gefühlen Ausdruck verleihen. Dabei streichelst du ihm sanft über den Rücken, reichst ihm Taschentücher und bist »einfach da«. Vielleicht tut Jonas auch eine Umarmung gut. Sobald sich dein Kind etwas beruhigt hat, sprecht ihr über die Geschehnisse in der Schule und du hörst dir offen an, was Jonas berichtet. Im letzten Schritt kann es Raum für Überlegungen geben, ob es konkrete Schritte von deiner Seite aus braucht (Verantwortungsübernahme), um Jonas bei der Problemlösung zu unterstützen. Du kannst ihm anbieten mit der Lehrerin zu sprechen, mit Eltern eines Kindes in Kontakt zu treten oder vorzubesprechen, wie Jonas selbst zu einer Lösung beitragen kann.

Für viele Eltern ist der herausforderndste Teil der erste: das Zulassen und Begleiten des ausgedrückten Gefühls, ohne direkt in die sprachliche Ebene von Lösungen und Erklärungen zu verfallen. Warum dies so wichtig ist, und du nicht zu früh in die Lösungssuche gehen solltest, erklären wir weiter unten in diesem Kapitel unter dem Punkt »Neurobiologische Grundlagen« und im Kapitel »Beziehungskompass« (▶ Kap. 3).

Bedürfnis nach Selbstbehauptung, Autonomie, Identität und Kompetenz

Hier geht es um das Bedürfnis, eigenständig die Welt zu erkunden, eigene Erfahrungen zu machen, Entscheidungen zu treffen, sich durchzusetzen und die eigenen Fähigkeiten zu testen. Schon im Kleinkindalter nimmt der Autonomiewunsch deines Kindes zu (»Ich will es selbst machen!«). Erlebt dein Kind, dass es sich innerhalb der Beziehung zu dir frei entwickeln, sich ausprobieren, neue Aufgaben einüben, sein »Eigenes« finden darf, so wird es in seiner Selbstständigkeit und Selbstwirksamkeit bestärkt.

Beispiel aus dem Alltag

Sara (4 Jahre) möchte sich ihre Kleidung morgens selbst aussuchen und wählt dabei im Winter eine bunte, sehr dünne Sommerhose. Du würdigst und erlaubst den Wunsch deines Kindes, sich selbst etwas auszusuchen »wie die Großen« (Bedürfnis nach Autonomie), gibst dabei aber einen schützenden Rahmen vor (Bedürfnis nach realistischen Grenzen), zum Beispiel *»Die Sommerhose ist viel zu kalt im Winter, da bekommst du einen Schnupfen. Das können wir so nicht machen. Hier sind das Kordkleid mit bunter Strumpfhose oder deine Jeans mit dem blauen oder roten Pulli. Was möchtest du davon anziehen? Das darfst du ganz allein entscheiden.«*

Bedürfnis nach realistischen Grenzen und Selbstkontrolle

Wir gehen davon aus, dass Kinder Grenzen von außen dringend brauchen, um sich gesund zu entwickeln und sich sicher zu fühlen. Sie haben ein natürliches Bedürfnis nach Grenzen, die dabei helfen, sich in die Gemeinschaft zu integrieren, sich innerhalb dieser Grenzen zu orientieren und wichtige Fähigkeiten wie Frustrationstoleranz, Verantwortung und Bedürfnisaufschub zu lernen. Diese Grenzen sollten transparent und offen von dir kommuniziert werden, möglichst fair und altersangemessen sein. Es ist völlig in Ordnung, wenn dein Kind damit nicht immer einverstanden ist – zum Beispiel mit der Uhrzeit, zu der es ins Bett gehen soll. *Du* legst die Grenzen fest und bei *dir* liegt auch die Verantwortung, diese Grenzen zu halten.

Wichtig ist: Eltern und Kinder sind immer gleich*wertig*, also alle sind gleich wertvoll, aber nicht gleich*berechtigt*, denn die Grenze wird durch die Eltern definiert. Auch bei Uneinigkeit gibt dies deinem Kind einen vorhersagbaren Rahmen, um sich zu orientieren. Dieser vermittelt Sicherheit und macht es möglich, Frustration ein Stück weit auszuhalten. So kann dein Kind Selbstkontrolle erlernen.

Wenn dein Kind keine Grenzen gesetzt bekommt, wird es nicht lernen können, wo die Grenzen der anderen verlaufen; im Extremfall wächst es mit einem Gefühl von Allmacht auf. Dies führt leicht zur Selbstüberschätzung und zur Grenzverletzung gegenüber anderen. Als Eltern die eigenen Grenzen klar und transparent zu definieren ist dabei oft ein Rahmen, den ein Kind gut tolerieren kann.

Beispiel aus dem Alltag

Tim (11 Jahre) möchte am liebsten direkt nach der Schule online spielen, fernsehen oder andere digitale Medien konsumieren. Du gibst deinem Kind ein festes Zeitkontingent für Medienkonsum und auch festgelegte Medieninhalte für diesen Zeitrahmen vor, zum Beispiel am späten Nachmittag unter der Woche eine Stunde »Medienzeit«, nachdem die Schulaufgaben erledigt sind.

Tim führt an, dass andere Klassenkamerad*innen viel mehr Medienzeit hätten und diese frei gestalten dürften und du ja abends auch oft länger fernsehen würdest. Auf deine Zeitlimits reagiert er zum Beispiel verärgert oder bettelt um mehr Zeit. Du bleibst bei deiner Haltung, erklärst deine Gründe und begleitest die Frustration deines Kindes einfühlsam.

Es geht hier nicht darum, einen gemeinsamen Konsens zu finden und die Beziehungsgestaltung zwischen Eltern und Kind beruht nicht zwangsläufig auf Gleichberechtigung (wohl aber auf Gleichwertigkeit, ► Kap. 3). Es geht darum, die Grenze freundlich, aber konsequent zu setzen und zu halten. Dein Kind wird sich daran orientieren können – gerade, weil es vorhersagbar ist.
(Mehr zum Thema Medienkonsum ► Kap. 10).

Bedürfnis sich auszudrücken

Für eine gesunde Entwicklung brauchen Kinder die Freiheit, Gefühle und Bedürfnisse ausdrücken zu dürfen. Dabei sind die Gefühle besonders wichtig, da sie die Botschafter für unsere emotionalen Grundbedürfnisse sind. Gefühle zeigen uns also, was wir brauchen.

Dein Kind braucht dafür den sozialen Raum, zum Beispiel die Beziehung zu dir, in denen seine Gefühle und Bedürfnisse willkommen sind und gesehen werden.

Beispiel aus dem Alltag

Beim Abholen vom Schülerhort wirkt Nina (7 Jahre) schon angespannt und wütend. Auf der Heimfahrt reagiert sie bei Kleinigkeiten schnell gereizt und meckert los. Zu Hause angekommen, stellst du deine Pläne (z. B. Abendessen vorbereiten) zunächst zurück und erkundigst dich bei ihr, wie der Tag war und was hinter ihrer Anspannung steckt.

Du spiegelst deinem Kind, dass du weißt, dass sie meist »was auf der Seele hat«, wenn sie so rummeckert. Nina berichtet zunächst kurz angebunden, dass in der Schule »alle doof sind«. Du bereitest euch einen Tee zu und lädst dein Kind ein, sich mit dir zusammenzusetzen. Ihr sprecht über die Konflikte mit den Mitschüler*innen und du ermutigst Nina ihren Ärger in Worte zu fassen. Dabei hörst du zunächst achtsam zu und interessierst dich für das Erleben deines Kindes, ohne es zu bewerten. So gibst du deinem Kind Raum, für den inneren Ärger Sprache zu finden und diesen »abfließen« zu lassen. Wenn die Wut abgeklungen ist, könnt ihr gemeinsam überlegen, wie sie sich in der Situation weiter verhalten kann.

> Dein Kind lernt so, dass Gefühle auszudrücken auch heißt, Gefühle zu regulieren.

Bedürfnis nach Spontanität, Spaß und Spiel

Hier handelt es sich um das Bedürfnis nach Spaß und Leichtigkeit, aber auch Ruhe und Regeneration – jenseits von Ernst, Pflichtbewusstsein und Leistungsdenken. Dein Kind braucht ausreichend Raum, spontan Spiel und Spaß entwickeln zu dürfen. Wenn du deinem Kind diesen Raum ermöglichst, wird es dieses emotionale Bedürfnis oft ganz natürlich ausleben.

Für viele Familien stellt dies in einem durchgetakteten Alltag zwischen Arbeit, Kindergarten, Schule und häufig zusätzlichen Terminen für sportliche oder musikalische Aktivitäten oder Förderanliegen, eine echte Herausforderung dar jene Freiräume für Spontanität und Spiel zu schaffen. Teils ist die kindliche Freizeit überstrukturiert mit festen Terminen und geprägt von der Förderungs- oder Optimierungsidee auf möglichst vielen Ebenen. Für die psychische Entwicklung deines Kindes ist dies jedoch hinderlich.

Beispiel aus dem Alltag

Du planst mindestens einen Nachmittag pro Woche und einen Nachmittag am Wochenende ohne Termine ein, die du nach den Bedürfnissen deines Kindes spontan gestalten kannst. Bei der Entscheidung bindest du dein Kind (je nach Alter) aktiv mit ein, indem du es fragst, wie es sich fühlt und worauf es Lust hat. So lernt dein Kind, seine Bedürfnisse wahrzunehmen.

Fühlt sich dein Kind müde vom Vormittag in der Kita oder Schule, hilft ein ruhiger Nachmittag mit einer gemeinsamen Aktivität wie basteln, backen, lesen oder spielen. Ist es kraftvoll und voller Tatendrang, möchte dein Kind sich vielleicht gerne verabreden oder einen Ausflug machen.

Wichtig ist – auch deine Bedürfnisse als Bezugspersonen dürfen und sollten einen gewissen Rahmen vorgeben. Gute Elternschaft heißt nicht, alle Wünschen des Kindes immer zu erfüllen – und dabei möglicherweise die eigenen ständig zurückzustellen. Mehr dazu findest du im Kapitel »Schau nach dir« (▶ Kap. 9).

In der folgenden kleinen Übung möchten wir dich einladen, eine Situation mit deinem Kind durch die Brille der emotionalen Grundbedürfnisse zu betrachten.

Übung: Die Situation bedürfnisorientiert verstehen:

1. Erinnere dich an eine Konfliktsituation mit deinem Kind. Was waren die Umstände?
2. Welche Gefühle hat dein Kind in dieser Situation gezeigt?
3. Welche emotionalen Grundbedürfnisse könnten hinter diesen Gefühlen stehen?
4. Wie verändert sich dein Verständnis der Konfliktsituation, wenn du sie durch die »Brille der Grundbedürfnisse« neu anschaust? Hast du eine Idee, was dir und deinem Kind in der Situation geholfen hätte?

Das Zwei-Beine-Modell – deine Orientierung in der Welt der Grundbedürfnisse

Fällt es dir schwer, in allen möglichen Situationen die Bilanz von fünf Bedürfnissen im Blick zu behalten? Damit bist du nicht allein und wir möchten dir gerne entgegenkommen, indem wir dir eine hilfreiche Vereinfachung vorstellen: das Zwei-Beine-Modell, von unserem Kollegen Dr. Eckhard Roediger (Schuchardt & Roediger, 2024 oder Roediger & Valente, 2024). Es ermöglicht dir eine schnelle Orientierung über die Grundbedürfnissituation von dir und deinem Kind.

Im Zwei-Beine-Modell werden die fünf emotionalen Grundbedürfnisse in zwei zentrale Grundbedürfnisse zusammengefasst, zwei Beine (▶ Abb. 2.1):

- das »blaue Bein« der Bindung und
- das »rote Bein« der Selbstbehauptung.

Sind beide Beine gut trainiert und ausbalanciert, haben wir einen festen Stand und unsere Psyche ist stabil. Es gelingt uns dann, je nach Situation, Bindung einzugehen, Freundschaften zu schließen und zu leben sowie im Erwachsenenleben erfüllende, intime Beziehungen einzugehen. Gleichzeitig können wir für unsere eigenen Bedürfnisse einstehen und uns durchsetzen.

Ist das Gleichgewicht gestört, stehen wir also grundsätzlich eher auf dem roten bzw. blauen Bein, haben wir keinen stabilen Stand und geraten auch innerlich aus dem Gleichgewicht – unsere Grundbedürfnisbilanz wird negativ.

Menschen, die vor allem auf dem Selbstbehauptungs-Bein stehen, können sich zwar gut durchsetzen und abgrenzen, dies allerdings auf Kosten der Bindung. Kinder, die auf diesem roten Bein stehen, können gut nein sagen oder in die Rolle der*des »Bestimmer*in« gehen, tun sich aber möglicherweise schwer mit längerfristigen Freundschaften.

Menschen, die eher auf dem Bindungs-Bein stehen und dieses Bedürfnis überbetonen, legen großen Wert auf Harmonie und Zugehörigkeit, opfern aber zumindest teilweise ihre Autonomie und Selbstbestimmung. Bei Kindern, die zu viel auf dem blauen Bein stehen, kann man zum Beispiel beobachten, dass sie immer machen, was die anderen wollen, sich anpassen und in Konfliktsituationen mit anderen Kindern eher nachgeben.

Das Gefühlsspektrum des Ärgers (genervt, frustriert, ärgerlich, wütend, zornig) bringt uns eher auf das rote Bein; die Gefühle von Traurigkeit (allein, einsam, traurig) und Ängstlichkeit (unsicher, hilflos, ängstlich, ohnmächtig, in Panik) lassen uns eher »blau« reagieren.

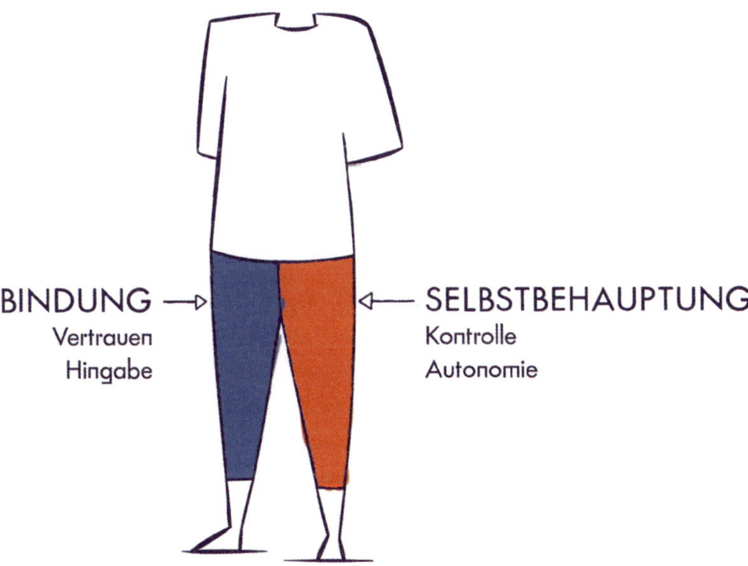

Abb. 2.1: Das Zwei-Beine-Modell

Fragen an dich

- Welche der fünf emotionalen Grundbedürfnisse hatten in deiner Kindheit Raum?
- Welche waren unzureichend erfüllt?
- Standest du als Kind eher auf dem »blauen« oder auf dem »roten« Bein?
- Bist du heute als Mutter/Vater/Bezugsperson blau-rot ausbalanciert oder eher einseitig auf einem Standbein?
- Beobachtest du bei deinem Kind eine Tendenz, auf welchem Bein es mehr steht? Falls du mehrere Kinder hast: Erkennst du Unterschiede?

Aus dem Zwei-Beine-Modell geht hervor, dass wir unsere Kinder dabei unterstützen sollten, auf beiden »Beinen« – Bindung und Selbstbehauptung – sicher zu stehen und ihr Gleichgewicht zu finden. Das gelingt, indem wir darauf achten, dass beide Bedürfnisse im Alltag ausreichend berücksichtigt werden. Nur, wenn Kinder sich geborgen und selbstwirksam fühlen, können sie nach und nach lernen, ihre Emotionen selbstständig zu regulieren.

Dafür braucht es das richtige Timing: Kinder können nur dann lernen und Einsichten entwickeln, wenn sie innerlich aufnahmebereit sind. Der Versuch, in einem ungünstigen Moment Reflexionsprozesse anzustoßen, führt dagegen meist zu Frustration – bei dir und deinem Kind – und hinterlässt möglicherweise das Gefühl, nicht zu genügen.

Doch wie erkennst du, ob dein Kind gerade in einem günstigen oder ungünstigen Zustand ist? Hier kommen neurowissenschaftliche Erkenntnisse ins Spiel, die wir dir nun vorstellen möchten.

Neurobiologische Grundlagen

In den letzten Jahren hat sich unser Verständnis von Erziehung, Kommunikation und Beziehungsgestaltung mit unseren Kindern immer wieder verändert und weiterentwickelt. Eine der Grundlagen dieser veränderten Sichtweisen liegt in den Erkenntnissen der Hirnforschung der letzten Jahre. Vor allem der amerikanische Psychiater und Autor Daniel Siegel hat es, zusammen mit seiner Co-Autorin Tina Payne Bryson, geschafft, eine bedürfnis- und -bindungsorientierte, achtsame und emotionsfokussierte Erziehung mit neurowissenschaftlichen Erkenntnissen zu verbinden. Diese Forschungsrichtung nennt er selbst »interpersonelle Neurobiologie.«

Der Begründer der Schematherapie, Jeffrey Young, hatte bereits 2005 in seinem ersten großen Buch über die Entwicklung von sogenannten Schemata die Grundlagen menschlichen Denkens in unserem Gehirn in seine Theorie miteinbezogen. Daher möchten wir dieses Kapitel nutzen, um dir einen kleinen Einblick in die Entstehung und Regulation unserer Gefühle und der unserer Kinder in unserem Kopf zu geben – soweit der aktuelle Stand der neurologischen und psychiatrischen Forschung dies erlaubt. Wir konzentrieren uns dabei auf eine stark vereinfachte Darstellung und Zusammenfassung.

Daniel Siegel (Siegel & Hartzell, 2014) hat zur Veranschaulichung des Gehirnaufbaus ein Handmodell entwickelt (▶ Abb. 2.2). Dabei wird der Daumen in die Handinnenflächen geklappt und die Finger werden als eine Art Deckel darübergelegt. Der Unterarm steht für das Rückenmark, die Handwurzel für den Hirnstamm, der Daumen für das Limbische System mit der Amygdala und die Finger für den Cortex. (Die anderen Hirnareale lassen wir hier außen vor.)

Kleiner Funfact: Moderne Hirnforscher*innen sprechen dabei vom »Kopfhirn«, da mittlerweile nachgewiesen ist, dass zumindest auch das Herz und der Darm über Neuronen (Nervenzellen) verfügen und damit auch einen Teil des menschlichen Gehirns bilden.

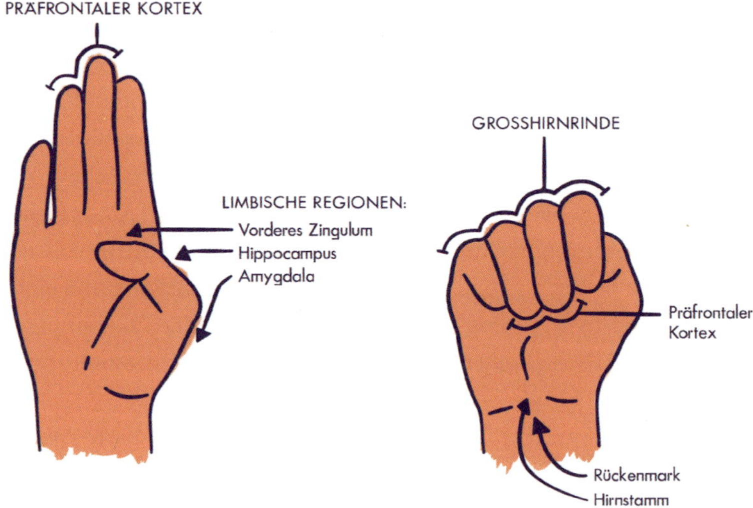

Abb. 2.2: Das einfache Handmodell nach D. Siegel

Der Hirnstamm

Der Hirnstamm ist der älteste Teil des Gehirns – ca. 500 Millionen Jahre alt – und wird daher auch Reptilien- oder Krokodilhirn genannt. Dementsprechend ist er zuständig für unsere einfachsten Reaktionen auf unsere Umwelt. Der Hirnstamm steuert unsere grundlegenden Körperreaktionen (wie Herzschlag, Atmung, Körpertemperatur, Speichel,

Schwitzen, Schlaf-Wach-Rhythmus, Bewusstsein) und er koordiniert zusammen mit verschiedenen weiteren Arealen die sehr wichtige sogenannte Kampf-Flucht-Reaktion. Zwischendurch wurde dieser Begriff immer wieder erweitert durch Kampf-Flucht-Erstarren-Totstellen-Ohnmacht (auf Englisch: fight-flight-freeze-fright-faint). Damit gemeint ist unsere Alarmreaktion, wenn uns etwas verängstigt.

Das limbische System

Der Hirnstamm arbeitet eng mit der nächsthöheren und ca. 200 Millionen Jahre alten Region, dem limbischen System, zusammen. Diese Region stammt aus der Zeit, als wir uns zu Säugetieren entwickelt haben. Das limbische System entwickelt zusammen mit dem Hirnstamm und den Körperreaktionen unsere Gefühle, unsere Triebe und Motivationen und es ist zuständig für die Bewertung von Situationen als bedeutsam, gut oder schlecht. Im limbischen System werden Erlebnisse und Sinneserfahrungen abgespeichert, und auch das Gefühl von Bindung zu unseren Bezugspersonen ist dort verankert.

Der Cortex

Der äußere Teil des Gehirns, der Neocortex (oder auch Großhirn genannt), ist die jüngste Region der menschlichen Entwicklung. Die verschiedenen Lappen und Regionen des Cortex legen eine Kartierung der verschiedenen Außen- und Sinneswahrnehmungen an und verarbeiten diese. Unsere Sprache, unsere Logik, unsere Selbstreflexion, unsere Kreativität sitzen dort. Im präfrontalen Cortex (im Stirnlappen) werden die gesamten Informationen aus den verschiedenen Hirnregionen zusammen mit der sozialen Umgebung zu einem komplexen Ganzen integriert. Gerade dieser Bereich »reift« in unserer persönlichen Entwicklung allerdings besonders spät. Das bedeutet: Je jünger ein Kind ist, desto weniger ist es in der Lage, sich selbst zu verstehen, die Bedürfnisse anderer wahrzunehmen und sich selbst zu regulieren.

Was passiert in deinem Kind, wenn es unter Stress gerät?

Um diese Frage zu beantworten, lohnt sich ein Blick auf das sogenannte Salienznetzwerk. In der neueren Forschung zur Entstehung von psychischen Erkrankungen rückt dieses Salienznetzwerk zunehmend in den Fokus. Es umspannt und verbindet mehrere Bereiche in den oben dargestellten Hirnregionen und wird immer dann aktiviert, wenn ein Reiz als bedeutsam (salient) bewertet wird.

Dieses Netzwerk spielt eine zentrale Rolle dabei, unsere nächsten Handlungen zu steuern. Es hilft, innere und äußere Signale in die Entscheidung und Verhaltenssteuerung zu integrieren. Dabei spielt vor allem auch die Amygdala, ein Teil des limbischen Systems, eine große Rolle. Sie ist dafür zuständig, das Gehirn in Alarmbereitschaft zu versetzen, wenn ein Reiz oder eine Situation als Gefahr eingestuft werden und sie löst dann im Hirnstamm die Kampf-Flucht-Reaktion aus.

Dabei gerät unser Körper in einen Zustand großer Anspannung. Die Atmung beschleunigt sich, um mehr Sauerstoff zum Kämpfen und Flüchten zur Verfügung zu stellen, unser Herz rast wie wild, damit der Sauerstoff auch überall hinkommt, die Muskeln und Sehnen spannen sich an, wir beginnen zu zittern, kalt zu schwitzen und werden blass, weil die Haut weniger durchblutet wird, damit Verletzungen nicht so viel Blutverlust verursachen. Gleichzeitig werden jedoch leider die höheren Hirnregionen, die für Logik, Wissen und Sprache zuständig sind und nicht primär für Kampf oder Flucht benötigt werden, heruntergefahren.

Das macht biologisch Sinn: Wenn wir einem Bären begegnen, sollten wir nicht erst lange darüber nachdenken müssen, ob wir lieber auf den Baum klettern oder uns mit einer Waffe verteidigen. Man muss schnell und instinktiv reagieren. Das Problem ist nur: Unsere Amygdala ist rund 200 Millionen Jahre alt und sie kennt die Gefahren, die in einer Welt voller Raubtiere und Naturkatastrophen existierten. Dafür ist Kämpfen, Flüchten und Erstarren durchaus gut geeignet. In unserer heutigen Lebenswelt mit Stressoren wie Abiklausuren, Vorstellungsgespräche und Steuererklärungen – sind solche Alarmreaktionen mehr als unpraktisch.

Denn in solchen Situationen wäre der volle Zugang zu unseren höheren Hirnfunktionen – ein klarer Kopf und Zugriff auf unser gespeichertes Wissen – doch sehr viel vorteilhafter, als ein Blackout der Regionen, die für Mathe, Logik, Kommunikation, Zuhören und komplexes Denken zuständig sind.

Warum ist dieses Wissen für uns als Eltern so wichtig und hilfreich?

Für das Lernen unserer Kinder bedeutet das, dass sie unter Angst, Stress und starker Anspannung nicht lernen können! Ihr Gehirn ist physiologisch nicht in der Lage dazu – das gilt übrigens auch für uns Erwachsene. Um das ganz klarzumachen: Wenn unsere Kinder sich also in einer emotionalen Ausnahmesituation befinden, Stress oder sogar Panik erleben oder in einem Wutanfall stecken, dann können sie nicht aufnehmen, was wir ihnen erzählen. In diesem Aktivierungszustand kann ihr Gehirn solche komplexen Informationen nicht verarbeiten. Es kann so nicht lernen. Wenn wir auf sie einreden, ihnen Vorträge über Regeln und Konsequenzen halten, während wir uns missbilligend vor ihnen aufbauen oder – noch schlimmer – sie sogar anschreien und bedrohen, dann lernen sie nichts von dem, was wir ihnen in diesem Moment sagen wollen. Sie lernen lediglich, dass sie Angst haben müssen, weil sie etwas falsch gemacht haben, oder sie verbleiben in einem Zustand tiefer emotionaler Überforderung und Verwirrung.

Jedes bindungsorientierte Säugetierjunges wendet sich bei Gefahr, Bedrohung, Verwirrung oder Überforderung instinktiv an seine Elterntiere. Es flüchtet in einen sicheren Bau, zu seiner schützenden Herde und zu seinen Eltern. Auch unsere Kinder haben diesen automatischen Instinkt, sich uns zuzuwenden, wenn sie emotional unter Stress geraten. Wenn wir sie in solchen Momenten zusätzlich bedrohen, unter Druck setzen oder überfordern, dann geraten sie in einen massiven Konflikt. Sie lernen nicht, dass wir ihnen etwas beibringen wollen – sie lernen nur, dass sie uns nicht vertrauen können.

Die daraus entstehende erhöhte Grundanspannung führt dazu, dass sie auch in ihrem weiteren Leben schneller unter Stress geraten. Ihr Lernen und ihre Fähigkeiten, sich auf emotional herausfordernde Lebenssituationen einzustellen, wird zunehmend beeinträchtigt. Je jünger das Kind, desto stärker ist es darauf angewiesen, dass seine Eltern es lieben. Es kann alleine in der Welt nicht überleben. Sobald es das Gefühl bekommt, dass seine Eltern es ablehnen, weil es etwas falsch gemacht hat oder, noch schlimmer, ohne zu verstehen, was überhaupt falsch gewesen sein soll, entsteht eine existenzielle Angst. Die Angst davor, nicht mehr gewollt oder geliebt zu sein und damit verbunden die Angst, ausgesetzt und verlassen zu werden. Für ein kleines Menschenjunges würde das – biologisch betrachtet – den Tod bedeuten.

Kinder, die sehr früh angeschrien, zurückgewiesen und durch Liebesentzug bestraft werden, entwickeln häufig eine tiefgehende, panische Angst davor, Fehler zu machen oder negativ bewertet zu werden. Wenn du selbst zu den Menschen gehörst, die in Panik geraten, sobald sie das Gefühl bekommen, abgewertet zu werden oder einen Fehler gemacht zu haben, dann hast du vermutlich ähnliche Erfahrungen gemacht. Du wurdest vielleicht von einer engen Bezugsperson angeschrien, abgelehnt, lächerlich gemacht oder hast miterlebt, wie Menschen aus deinem nahen Umfeld für Fehler abgewertet oder sogar bestraft wurden. Solche Lernerfahrung können zur Entwicklung der Lebensfallen führen, wie sie später (▶ Kap. 4) beschrieben werden.

Wenn diese Wutausbrüche deiner Eltern für dich zudem völlig unvorhersehbar waren und unabhängig von deinen Bemühungen auftraten, diese zu vermeiden (z. B., indem du dich immer bemüht hast, nicht negativ aufzufallen und alles richtig zu machen), dann hast du gelernt, dass du nie wirklich sicher bist. Ein Kind, dass solche Erfahrungen gemacht hat, geht immer davon aus, dass jederzeit etwas Schlimmes passieren kann. Das Alarmsystem steht dauerhaft auf Standby. Das kostet Energie und »Arbeitsspeicher« und führt langfristig zu einer erhöhten Grundanspannung.

Das Salienznetzwerk und die Amygdala scheinen dabei einen Einfluss darauf zu haben, wie schnell ein Signal als Gefahr bewertet wird, wie intensiv die emotionale Reaktion ausfällt und wie schnell sie anschließend wieder herunterreguliert werden kann. In diesen Punkten unterscheiden sich unsere Kinder stark voneinander.

Beispiel aus dem Alltag

Es gibt sehr emotionsstarke Menschen, die auf innere und äußere Auslöser schneller und intensiver reagieren als andere. Diese Gefühle halten dann länger an, und es dauert deutlich länger, bis sie sich an eine neue (Stress-)Situation gewöhnt und diese als »okay« bewertet haben. Wenn du ein solch emotionsstarkes Kind zuhause hast, oder selbst ein solcher Mensch bist, dann bedeutet dies, dass du für dich und dein Kind in besonderem Maße darauf achten musst, dass eure Lebensumstände dem gerecht werden. Dein Kind braucht Zeit, Ruhe und Struktur, um Eindrücke besser verarbeiten zu können, sich an Dinge zu gewöhnen, diese einzuordnen und die innere Anspannung wieder zu senken. Auf häufige Wechsel von Orten, Aktivitäten, Reizen und Bezugspersonen reagieren solche Kinder mit Stress und Anspannung. Für sie gilt ganz besonders, dass wir lernen müssen, ihre Umwelt stärker an sie anzupassen und nicht von ihnen zu erwarten, sich ständig an ihre Umwelt anzupassen.

Wenn wir für ein emotionsstarkes Kind diese Umwelt schaffen, ihm mit viel Geduld, Ruhe und tiefer Akzeptanz für ihre starken Gefühle begegnen, dann werden aus diesen Kindern warmherzige, kreative und engagierte Erwachsene. Ihre Sensibilität und Emotionsstärke kann zu ihrer Superkraft werden. Sie können die Energie aus ihrem Ärger und ihrer Wut nutzen, um ehrgeizig und motiviert ihre Ziele zu verfolgen. Sie können lernen, ihre Ängstlichkeit zu nutzen, sich einfühlsam und vorsichtig in andere hineinzuversetzen und sensible Entscheidungsträger zu werden.

Ihr starkes Bedürfnis nach Nähe und stabile Beziehungen kann ihnen helfen, langfristige und warmherzige Bindungen aufzubauen und sie können lernen, ihre bunte Emotionsvielfalt auf die Bühnen dieser Welt zu tragen und sie dadurch für uns alle ein bisschen bunter zu machen.

Die zwei Hirnhälften: Wie du eine Brücke zwischen den zwei Welten bauen kannst

Eine weitere Besonderheit unseres Gehirns ist es, dass es aus zwei im Aufbau nahezu identischen Hälften besteht. Dabei ist die linke Hälfte unter anderem zuständig für Logik, Zahlen, Schrift, Strukturen, Reihenfolgen, Regeln, Abstraktionen und analytisches Denken. Die rechte Hirnhälfte hingegen ist unter anderem spezialisiert auf Kreativität, Deuten, Integrieren, Intuition, Gefühle, Formen, Gestalten, Geräusche, Gerüche und ganzheitliches Arbeiten. Ganz einfach gesagt, ist unsere linke Hirnhälfte unser innerer Nerd und unsere rechte Hirnhälfte unser innerer Künstler, Musiker und Dichter.

Manchmal stecken unsere Kinder in einer dieser beiden Hälften regelrecht fest. Daniel Siegel (Siegel & Bryson, 2012) beschreibt dies mit dem Bild eines wilden Flusses, auf dem unsere Kinder in ihren Booten flussabwärts treiben. Am linken Ufer gibt es viel Gestrüpp, Äste und Wurzeln, in denen sie sich verhaken und festhängen können, am rechten Flussufer befinden sich hingegen wilde Stromschnellen. Als Eltern versuchen wir unsere Kinder immer wieder zurück in die ruhiger fließende Flussmitte zu navigieren.

Im Alltag erleben wir häufig Momente, in denen unserer Kinder in einer ihrer beiden Hirnhälften festhängen. Zum Beispiel, wenn wir mit unserem Dreijährigen in der Eisdiele stehen, nachdem er sich den ganzen Vormittag auf das versprochene Schokoladeneis gefreut hat und genau diese Sorte ausverkauft ist.

Beispiel aus dem Alltag

Kind: »Ich will aber Schokoladeneis!«
Eltern: »Schokoladeneis ist ausverkauft. Nimm Vanilleeis, das magst du doch auch.«
Kind: »Ich will aber Schokoladeneis!!!«
Eltern: »Schokoladeneis ist aber ausverkauft, such dir doch eine andere Sorte Eis aus.«
Kind: »Ich will aber Schokoladeneis!!!!!!«

Gefolgt von einem ordentlichen Wutanfall mit vielen Tränen und purer Verzweiflung.

Das ist ein klassisches Beispiel für eine sogenannte Right-Brain-to-Left-Brain-Kommunikation (rechte-Hirnhälfte-zu-linker-Hirnhälfte) verstehen. Das Kind steckt emotional in seiner rechtshemisphärischen Enttäuschung über das ausverkaufte Schokoladeneis fest, während die Eltern mit der nüchternen linkshemisphärischen Logik antworten. Das in den Stromschnellen der Enttäuschung gefangene, emotional aktivierte Gehirn des Kindes kann mit der wiederholten Vernunftbotschaft seiner Eltern nichts anfangen, es fühlt sich nicht verstanden und überfordert und so stehen wir als Eltern hilflos daneben, während sich unser Kind immer mehr im Chaos seiner Gefühle verstrickt.

Wenn wir jedoch begreifen, was gerade in dem Kopf unseres Kindes passiert, können wir versuchen, ihm aus diesen Stromschnellen herauszuhelfen. Dafür braucht es eine sogenannte Right-Brain-to-Right-Brain-Kommunikation (rechte-Hirnhälfte-zu-rechter-Hirnhälfte). Das bedeutet, dass wir versuchen, das Gefühl des Kindes zunächst zu verstehen und es dabei unterstützen, in Worte zu fassen, was es fühlt. Hilfreich ist es, sich auf die (Augen-)Höhe des Kindes zu begeben, eventuell tröstend Körperkontakt aufzunehmen und dem Gefühl in aller Ruhe Ausdruck zu geben, ohne es zu entwerten oder seine Daseinsberechtigung anzuzweifeln.

Eltern: »Jetzt hast du dich so auf das Schokoladeneis gefreut, das ist jetzt aber auch richtig enttäuschend, dass genau das jetzt ausgerechnet nicht da ist. Das tut mir richtig leid. So ein blödes Pech!«

Die Tränen und der Ärger dürfen da sein, sind völlig verständlich und bekommen an der Stelle auch erst einmal ihren Raum. Wenn das Kind sich verstanden und getröstet fühlt, es sich aus den Stromschnellen der rechten Hirnhälfte lösen kann und wieder in ruhigeres Fahrwasser kommt, *dann erst* können wir anbieten, eine alternative Lösung zu suchen. Wir helfen dem Kind dabei, seine beiden Hirnhälften zu verbinden und die emotionale, enttäuschte Seite durch logische Gedanken und neue Lösungswege zu unterstützen.

Je integrativer ein Gehirn funktioniert, je reibungsloser die unterschiedlichen Hirnregionen und -strukturen zusammenarbeiten, desto gesünder und psychisch stabiler kommen wir durchs Leben. Oder einfacher ausgedrückt: Je mehr ich weiß, was ich fühle, warum ich es fühle und je besser ich meine Gefühle deuten und regulieren kann, desto geringer ist mein innerer Stress. Und je weniger innere Anspannung und

Stress ich habe, desto besser geht es auch meinem Körper. Genau das ist es, was wir uns für unsere Kinder wünschen. Wir wollen, dass sie zufrieden und gesund durch ihr Leben gehen können.

Was ist also unser Fazit aus diesen neurobiologischen Grundlagen?

Kinder können nur lernen und wachsen, wenn ihre Grundbedürfnisse nach Bindung und Selbstbehauptung ausreichend erfüllt sind. Als Eltern liegt es in deiner Verantwortung, ihnen ein stabiles Umfeld zu schaffen, in dem sie sich sicher und verstanden fühlen. Dabei hilft es, Konfliktsituationen nicht mit Zwang und Hektik, sondern mit Geduld und Einfühlungsvermögen zu begegnen.

Die Erkenntnisse der Neurowissenschaften zeigen uns, in welchem Zustand wir unser Kind mit Logik und Lösungsansätzen erreichen können – und wann nicht. Je entspannter und feinfühliger du auf die Bedürfnisse deines Kindes reagierst, desto besser unterstützt du es dabei, ein gut vernetztes, integriertes Gehirn zu entwickeln – eine wesentliche Grundlage für emotionale Stabilität und Resilienz.

Es ist entlastend zu wissen, dass Eltern nicht perfekt sein müssen. Du kannst nicht jederzeit alle Bedürfnisse deines Kindes zu hundert Prozent erfüllen – und das ist völlig in Ordnung. Es kommt nicht darauf an, immer fehlerfrei zu handeln, sondern darauf, in der Summe genügend Geborgenheit, Unterstützung und Raum für Selbstständigkeit zu bieten. Kinder entwickeln sich dann gesund, wenn sie erleben, dass ihre Bedürfnisse gesehen und ernst genommen werden – auch wenn das nicht immer sofort oder vollständig gelingt. Entscheidend ist, dass du im Laufe der Zeit einen Raum schaffst, in der dein Kind »gut genug« versorgt ist.

3 Dein Beziehungskompass: Welche Grundhaltungen sollen die Beziehung zu deinem Kind prägen und wie kommst du mit deinem Kind ins Gespräch?

Erziehung steht heute in vielen Teilen der Welt in einem anderen Licht als früher. Die Wissenschaft, zum Beispiel auf dem Gebiet der Bindungsforschung, Entwicklungspsychologie und Hirnforschung (▶ Kap. 2) zeigt klar: Erziehung, wie sie früher verstanden und gelebt wurde, ist für Kinder entwicklungshemmend oder sogar schädlich.

Viele Bezugspersonen möchten es daher heute gerne anders machen, als sie es erlebt haben, aber die Frage ist: Wie soll das konkret aussehen?

Wie kann ich eine gute Beziehung zu meinem Kind aufbauen und tieferes Verständnis für seine Verhaltensweisen entwickeln – und wie soll das Klima in unserer Beziehung überhaupt sein?

Um hilfreiche Prinzipien für deine Beziehungsgestaltung zu deinem Kind zu entwickeln, möchten wir dir einige Ideen als Inspiration mitgeben.

Ein guter Anfang kann sein, dass du dir einen Moment Zeit nimmst, um mit folgenden Fragen den Erziehungsstil deiner Eltern innerlich zu beschreiben und anschließend deine eigene Vision entwickelst.

Fragen an dich

- Mit welchem Erziehungsstil bist du aufgewachsen? Welche Werte und Vorstellungen deiner Eltern haben deinen Alltag geprägt?
- Welche Verhaltensweisen deiner Eltern dir gegenüber hast du als positiv, welche als negativ erlebt und warum?
- Wie soll die Atmosphäre in deiner Familie heute sein? Welche Haltungen und Erfahrungen möchtest du aus deiner Kindheit mitnehmen und welche möchtest du nicht übernehmen?

Für eine Orientierung, welche Haltungen und Prinzipien hilfreich sein könnten, möchten wir dir gerne den Werte-Kompass der Erziehungsexpertin Katharina Saalfrank vorstellen (Saalfrank, 2021).

Ihr 7-Werte-Kompass zeigt, wie gleichwertige und konstruktive Beziehungen zwischen Eltern und Kindern entstehen können.

Saalfrank lädt zu einem Perspektivwechsel mit Blick auf das Kind ein. Gängige, »alte« Werte wie Pünktlichkeit, Ordnung, Fleiß oder Erfolg regeln zwar das soziale Miteinander, beziehen sich aber lediglich auf die Verhaltensebene und nicht auf die Beziehung zu deinem Kind selbst. Folgende sieben Werte können helfen, eine neue Perspektive zu entwickeln:

Verantwortung (statt Bewertung)

Du übernimmst die Verantwortung für die Qualität der Beziehung zu deinem Kind, deine Führung bietet ihm Orientierung (Grundbedürfnis der sicheren Bindung und Sicherheit).

Bewertungen sind meist wenig hilfreich: Eltern werden von außen bewertet und bewerten sich selbst als »gute« oder »schlechte Eltern« und labeln oft auch ihre Kinder entsprechend.

In eine Schublade stecken und ein Etikett drauf zu kleben geht schnell und einfach, es schadet aber dir selbst und auch deinem Kind. Versuche weder dich selbst zu bewerten noch dein Kind. Mit der Last eines Etiketts wie »die Sture«, »der Laute« etc. aufzuwachsen, trägt nicht zur freien Entfaltung deines Kindes bei. Statt einfachem Lob oder plakativer Entwertung versuche stattdessen, genau zu beschreiben, was du siehst und zu sagen, was du schätzt.

Beispiel aus dem Alltag

Wenn sich dein Kind zum Beispiel mit dem Schreiben schwer tut und das Übungsheft noch chaotisch und krakelig aussieht, könntest du mit Blick auf den einen sauber geschriebenen Buchstaben sagen: »Mir gefällt, wie sauber du das B hier geschrieben hast!«. Sehr wahrscheinlich wird dein Kind darauf reagieren, indem es sich in Zukunft weiter bemüht, sorgfältiger zu schreiben.

Indem du deine Reaktionen überdenkst, übernimmst du Verantwortung für die Beziehung zu deinem Kind kannst und diese positiv gestalten.

Achtsamkeit (statt Strafe)

Hinter jeder kindlichen Verhaltensweise nimmst du die Gefühle und Bedürfnisse wahr und fühlst dich in dein Kind ein – denn jedes Verhalten deines Kindes ist eine Art zu kommunizieren.

Im Umgang mit deinem Kinde bist du authentisch. Statt eine künstliche und vermeintlich erstrebenswerte »Mutter-« oder »Vaterrolle«

auszufüllen, versuchst du *du selbst* zu sein. Achtsamkeit ist dabei ein Gewahrsein, das jeden einzelnen Augenblick erfasst, ohne darüber zu urteilen (Achtsamkeitsexperte Kabat-Zinn, 2015).

Achtsamkeit üben bedeutet, die Aufmerksamkeit zu verfeinern und die Konzentration auf den gegenwärtigen Augenblick richten zu können. Unser Gehirn ist darauf trainiert, überwiegend automatisch zu reagieren und wir beurteilen unser Erlebtes im Normalfall, indem wir blitzschnell und oft unkritisch Meinungen bilden, deren Maßstab ist, was wir mögen/wollen oder nicht mögen/wollen.

Gerade im Zusammensein mit deinem Kind wird deine Wahrnehmung zusätzlich oft durch aktivierte Lebensfallen verzerrt (▶ Kap. 4): Du siehst dann dein Kind, sein Verhalten und die Welt durch eine gewisse »Schema-Brille«. Achtsamkeit hilft dir, den Schleier der automatischen Gedanken und Gefühle zu durchbrechen und zu der Wahrnehmung einer tieferen Realität zu gelangen. Diese ist weniger von Lebensfallen verzerrt und kann mehr auf die emotionalen Bedürfnisse deines Kindes fokussieren.

So bleibst du dir als Elternteil der wichtigen Dinge im Alltag bewusst. »Was ist in dieser Situation für mein Kind wirklich wichtig?« kann hier eine hilfreiche Leitfrage für dich sein.

Wertschätzung (statt Abwertung)

Du nimmst dein Kind als gleichwertigen Menschen wahr und behandelst es wertschätzend. Dabei darfst du dich mit deinen Grenzen zeigen – achte aber auch die Grenzen deines Kindes.

Es ist wichtig, Gleichwertigkeit nicht mit Gleichberechtigung zu verwechseln oder gleichzusetzen. Prinzipiell gilt: Alle Familienmitglieder sind gleich viel wert, alle sind gleich wertvoll, aber eben nicht gleichberechtigt. Eltern haben andere Rechte und Entscheidungsbefugnisse und tragen auch eine andere Verantwortung als ihre Kinder.

Besonders größere Kinder fordern oft dieselben Rechte wie ihre Eltern ein. Das ist aus ihrer Sicht nachvollziehbar, muss aber nicht immer gerechtfertigt sein. Wie auch immer du dich als Elternteil im Einzelfall selbst positionierst – du kannst das Bedürfnis deines Kindes wertschätzen, auch wenn es nicht unmittelbar erfüllbar ist.

Vertrauen (statt Kontrolle)

Ich vertraue sowohl auf mich selbst als Bezugsperson meines Kindes als auch auf die Fähigkeiten meines Kindes. Mein Kind darf seine eigenen Erfahrungen machen, ich schaffe dafür Räume und begleite, statt zu bevormunden oder übermäßig zu behüten.

Damit stärke ich auch das rote Selbstbehauptungsbein meines Kindes und es entwickelt ein Gefühl der Selbstwirksamkeit (► Kap. 2). Das wirkt sich positiv auf das kindliche Selbstvertrauen aus.

Miteinander (statt Gegeneinander)

Du als Elternteil bist ein Mensch mit eigenen Bedürfnissen und Sehnsüchten. Die Herausforderung ist oft, dass deine Bedürfnisse und die deines Kindes unterschiedlich sind. Sie sind gleichermaßen berechtigt und wichtig, aber teilweise schwer miteinander zu vereinbaren. Vor allem wenn du erschöpft und gestresst bist, kann sich daraus schnell ein Kampf entwickeln, wer seine Bedürfnisse durchsetzt.

Das Leben von dir und deinem Kind ist aber zutiefst miteinander verbunden, das heißt es ist ratsam Wege zu finden, in denen ihr beide bekommt, was ihr am meisten braucht. Denn wenn dein Kind leidet, geht es auch dir schlecht und wenn es dir nicht gut geht, leidet auch dein Kind.

Kinder wollen von Natur aus kooperieren; du gehst also nicht in den Machtkampf. Das kann besonders herausfordernd sein, wenn dein Kind seine Selbstbehauptung entwickeln und üben will (»rotes Bein«, ▶ Abb. 2.1). Hier kannst du dich über gemeinsame Aktivitäten mit deinem Kind verbinden und Räume bieten, in denen dein Kind Selbstständigkeit und Autonomie in sicheren Grenzen erproben kann.

Dabei bleibst du bei kleinen Kindern als Elternteil weiterhin in der Entscheidungs- und Verantwortungsrolle. Je älter dein Kind wird, desto mehr darf es selbst entscheiden und trägt dann auch (zumindest aus psychologischer Sicht) die Verantwortung.

Dialog (statt Monolog)

Ich höre meinem Kind achtsam und interessiert zu und bin offen für seine eigene Sichtweise. Ich nehme es ernst, übe mich, die Welt durch die Augen meines Kindes zu sehen. Auch wenn wir uns uneinig sind, habe ich Verständnis für seine Position.

Die Gefühle meines Kindes rede ich ihm nicht aus, lenke nicht davon ab oder kämpfe dagegen an, sondern begleite die Emotionen, in dem ich Worte dafür finde und mein Kind zu einem Gespräch über die Gefühle einlade.

Aber wie kann das gut gelingen?

Eine Anleitung für ein solch hilfreiches Gespräch mit deinem Kind, findest du weiter unten in diesem Kapitel.

Gleichwertige, konstruktive Beziehung (statt belasteter Beziehung)

Zwischen mir und meinem Kind besteht eine gleichwertige Beziehung voller Verbundenheit und Respekt für die gegenseitige Eigenständigkeit. Es geht nicht darum, Konflikte generell zu vermeiden, sondern darum, entstandene Unterbrechung der Verbindung zu erkennen, zu verstehen und bereit zu sein, sie zu reparieren, um so die Auseinandersetzung konstruktiv aufzuarbeiten.

Die Beziehung zwischen dir und deinem Kind stellt also einen fehlerfreundlichen Raum dar, in dem dein Kind sich frei entfalten und ausprobieren darf, aber gleichzeitig durch dich klare Grenzen gesetzt bekommt.

Eine »gute Eltern-Kind-Beziehung« wird immer noch oft als besonders harmonisch dargestellt: »Wir streiten uns nie« oder »Mein Kind hört auf mich und ist brav«. Dass dies nicht die Art von Beziehungsgestaltung ist, die wir befürworten und ermutigen möchten, ist dir sicher schon klar.

Du kannst dir die Beziehung zwischen dir und deinem Kind wie eine Achse mit zwei Polen vorstellen (► Abb. 3.1): Der eine Pol steht für Mitgefühl, Wärme, Zugewandtheit, Vergebung, Trost spenden und Verstehen. Der Pol am anderen Ende der Achse symbolisiert das klare Setzen von Grenzen, Fördern und Fordern sowie auch mal Nein zu sagen.

Am besten ist dein Kind emotional versorgt, wenn du als Elternteil beide Pole einsetzt und je nach Bedarf variieren kannst. Du kannst dann also flexibel in deinem Verhalten deinem Kind gegenüber hin und her pendeln, je nachdem, was es gerade braucht. Angeknüpft an das 2-Beine-Modell (► Kap. 2, ► Abb. 2.1) steht der Pol der Wärme und Bindung für das blaue Bein und der Pol der Grenzsetzung für das rote.

Abb. 3.1: Zwei Pole der Beziehungsgestaltung zwischen dir und deinem Kind

Du möchtest dein Familienklima noch bewusster gestalten? Die folgende Übung kann dir dabei helfen:

Übung: Beziehungsangebot beobachten

1. Nimm die Atmosphäre in deiner Familie achtsam wahr. Wo zeigen sich Strategien, von denen du dich als Bezugsperson deines Kindes verabschieden möchtest, weil sie euer Miteinander negativ beeinflussen und nicht die Botschaft an dein Kind senden, für die du stehen möchtest?
2. Wo zeigen sich Haltungen, denen du Raum geben möchtest, die du deinem Kind vermitteln und für die du stehen willst?

Mit deinem Kind ins Gespräch kommen – aber wie?

In den vergangenen und den folgenden Kapiteln werden wir immer wieder betonen, wie wichtig es ist, mit deinem Kind darüber zu reden, was ihm oder ihr passiert ist, wie es sich fühlt, um dann gemeinsam diese Gefühle einzuordnen und über die Jahre mehr Regulationsfähigkeit von Gefühlen und Impulskontrolle zu erlangen. Klingt ja (hoffentlich) nach allem, was wir bereits erklärt haben, erst einmal logisch. Wenn du jetzt aber ein Kind hast, das immer sehr im Hier und Jetzt lebt und «Reden« nicht so seins ist, dann stehst du wahrscheinlich vor einer recht schwierigen Aufgabe.

Wie kriege ich meinen wilden, ungeduldigen Sechsjährigen oder meine permanent von mir genervte Dreizehnjährige dazu, mit mir über ihren letzten Wutanfall oder das Drama beim morgendlichen Anziehen zu sprechen?

Vor allem, wenn du selbst aufgewachsen bist, ohne dass deine Eltern sich mit dir über deine Gefühle unterhalten haben und es in deinem Elternhaus in erster Linie darum ging, dass du funktioniert und dich an die Regeln hältst, dann hast du vermutlich kein Modell dafür, wie ein solches Gespräch über das Erleben deines Kindes überhaupt aussehen könnte.

Beispiel aus dem Alltag

Üblicherweise läuft ein Gespräch bei euch zuhause am Esstisch vermutlich so ab:

Eltern: »Wie war es in der Schule?«
Kind: »Gut.«
Eltern: »Gibt es was Neues?«

Kind: »Nö.«
Eltern: »Wie war die Mathe-Arbeit?«
Kind: »Ging so.«
Eltern: »Wieso ging so?«
Kind (schulterzuckend): »Gib mir mal den Ketchup!«
Eltern: »Wie lautet das B-Wort?«
Kind (genervt): »B-I-T-T-E...«

Wenn man Pech hat, wird man dann am Elternabend in derselben Woche von der Klassenlehrerin angesprochen, ob denn zuhause alles okay sei, da ihr auffalle, dass dein Kind sehr bedrückt und unmotiviert wirke und während der Mathe-Arbeit wohl einen ziemlichen Blackout hatte.

Nicht selten merkst du vermutlich selbst, dass dein Kind sehr angespannt und bedrückt wirkt. Dass es mehr Ängste vor neuen Situationen hat als sonst, ungeduldiger ist oder schneller wütend wird. Auf Nachfragen kommt eine eher ausweichende Antwort, ein Schulterzucken oder Augenrollen.

Auf allgemeine Fragen kann dein Kind meist auch nur allgemein antworten. Die meisten Kinder – und auch viele Erwachsene, die nicht häufig über ihre Gefühle sprechen – leben sehr im Hier und Jetzt. Unser Gedächtnis funktioniert so, dass es vor allem auf die Ereignisse und Gefühle zugreifen kann, die zum aktuellen Gefühl passen. Bin ich sehr traurig, erinnere ich mich eher an Dinge, die mich traurig gemacht haben. Für dein Kind sind die Gefühle und die Erlebnisse aus der Schule häufig aktuell schon nicht mehr greifbar. Manchmal hat es auch keine Lust, sich wieder dort hineinzubegeben und dieses Gefühl zu aktualisieren (es wieder erlebbar zu machen) – einfach, weil es froh ist, dass es gerade nicht mehr da ist.

Wenn ihr euch morgens wegen des Zähneputzens furchtbar gestritten habt, dann wird dein Kind abends, wenn es gerade entspannt im Bett liegt, diesem Thema vermutlich aus dem Weg gehen wollen. Gleichzeitig führt das Nicht-Darüber-Reden aber dazu, dass diese Erinnerung in einer vorsprachlichen Form in seinem limbischen System verschwindet und dein Kind nicht daraus lernen kann, was am Morgen eigentlich passiert ist.

Du möchtest aber vermutlich, dass ihr beide eine bessere Lösung für den nächsten Morgen findet und dein Kind lernt, dass es langfristig sehr wichtig ist seine Zähne zu putzen, auch wenn das bedeutet, dass es kurzfristig etwas extrem Nerviges und Langweiliges machen muss. Um dir wirklich zuzuhören, Dinge logisch zu begreifen und zu lernen, muss dein Kind in einem entspannten und aufnahmefähigen Zustand sein. Wenn es gerade mitten in einem Wutanfall steckt, dann kannst du dir den Vortrag über den nächsten Zahnarztbesuch und wieviel Zahnersatz kostet, sparen. Dein Kind wird dich nicht hören (Warum das so ist? ▶ Kap. 2, »neurobiologische Grundlagen«; ▶ Kap 4, »Treppen-Metapher«). Es kann diese Informationen nicht verarbeiten, weil der Gefühlstornado das »Obergeschoss« seines Gehirns verwüstet und die Vernunft blockiert.

Dennoch ist es wichtig, dass du deinem Kind beibringst, dass es manchmal kurzfristig langweilige, nervige, anstrengende sogar schmerzhafte Dinge tun muss, weil sie langfristig besser für es sind.

Es ist wichtig, dass du konsequent darin wirst, Situationen, in denen etwas nicht gut gelaufen oder dein Kind in emotionale Ausnahmezustände gekommen ist, nachzubesprechen. Eltern, deren Kinder nicht so »funktionieren«, wie es das Umfeld erwartet, sind oft mit dem Satz konfrontiert: »Da muss man nur konsequent sein!« In der Erziehungsberatung ist »konsequent sein« häufig das Allheilmittel für alle Probleme.

Uns begegnen aber im therapeutischen Kontext immer wieder ratlose Eltern, deren Kinder sich durch die angekündigten Konsequenzen und dem strengen Ton nicht beeindrucken lassen und trotzdem konsequent verweigern, sich die Zähne zu putzen. Dann steht man da, mit seinem Vorsatz immer konsequent zu sein und hat die Wahl zwischen Brüllen, Drohen, Zwang, körperlicher Gewalt oder eben inkonsequent zu sein.

Und bevor du deinem Kind Gewalt antust und es an Händen und Füßen die Treppe hoch in sein Zimmer zerrst, um die angekündigte Auszeit konsequent durchzuziehen, sei doch bitte hier lieber inkonsequent!

Wenn dein Kind gerade in einem Zustand ist, in dem es absolut nicht nachgeben kann, dann ist der Versuch, es durch Gewalt zum Nachgeben zu zwingen, keine Lösung!

Aber heißt das jetzt, dass es keine Folgen hat, wenn mein Kind sich nicht an die Regeln hält, es den Bruder verprügelt, nicht ins Bett geht oder seine Hausaufgaben nicht macht? Nein! Konsequent bist du, indem ihr über die Ereignisse und Gefühle, die dazu geführt haben, dass dein Kind sich nicht an die Regeln halten konnte, sprecht – und zwar möglichst, sobald dein Kind wieder in einem Modus ist, indem es dir zuhören kann.

Ein Beispiel: Wenn du morgens massiven Stress hast, weil du die Lieblingssporthose nicht gewaschen hast und deine Dreizehnjährige in Panik gerät, weil sie jetzt im Sportunterricht mit der alten Jogginghose ihrem Crush unter die Augen treten muss, und dich lautstark und Türen knallend mit Schimpfwörtern adressiert, von denen du nicht einmal wusstest, dass sie sie kennt, dann macht es an dieser Stelle keinen Sinn, Vorträge zu halten. Nicht darüber, dass so ein Tonfall ja überhaupt nicht geht, dass die Türen auch kaputt gehen können, die Nachbarn noch schlafen und sie doch bitte das nächste Mal am Abend vorher...

Atme tief durch, zähle innerlich bis zehn, sage dir, dass das alles gerade nichts mit dir zu tun hat. Du bist keine schlechte Mutter (oder »Sch...mama«). Schiebe dein Kind mit der »verf...« Jogginghose aus der

Tür und nimm dir vor, heute Abend mit ihr darüber zu reden, warum Tonfall und Wortwahl nicht angemessen sind und wie ihr das nächste Mal verhindern könnt, dass es morgens einen solchen Stress gibt. Bereite dich innerlich darauf vor, dass deine Tochter sich abends bestimmt schon ein bisschen schämt für ihren morgendlichen Auftritt und mit Sicherheit keine Lust hat, mit dir darüber zu reden. Aber genau da bist du dann bitte konsequent!

Du fragst dich jetzt vielleicht, wann denn ein guter Zeitpunkt zum Reden ist?

Entscheidend ist, dass sich dein Kind wieder etwas ruhiger fühlt. Das siehst du ihm oder ihr in der Regel auch an. Manchmal dauert das nur ein paar Minuten, manchmal länger.

Meist ist kurz vor dem Schlafengehen, wenn alle zur Ruhe kommen, ein guter Zeitpunkt noch einmal mit deinem Kind zu sprechen. Leg dich kurz mit zu deiner Dreizehnjährigen ins Bett und frage, wie ihr Tag war. Ignoriere dabei das anfänglich genervte Augenrollen – als Eltern darf und muss man auch mal ein bisschen nerven. Versuche herauszufinden, wie die Schule denn wirklich gelaufen ist, indem du möglichst konkrete Fragen stellst. Du könntest noch mal nach dem Sportunterricht fragen und ob sie es in der alten Jogginghose gut überstanden hat.

Dann sprichst du sie noch einmal auf den Morgen an. Sag ihr, dass du dir wünschst, dass ihr in Zukunft solche Eskalationen am frühen Morgen vermeiden könnt, weil das wirklich für keine von euch schön war.

Vielleicht erzählt dir deine Tochter ja dann, warum diese eine Hose so wichtig ist und ihr könnt zusammen überlegen, wann diese Hose im Einsatz sein muss und wie ihr dafür sorgen könnt. Wenn du Glück hast, erfährst du ein bisschen über das Leben deiner Tochter, zum Beispiel wie sie sich in der Klasse gerade fühlt. Möglicherweise kommt raus, dass sie sich in allen anderen Hosen zu dick fühlt und sowieso alle schöner und sportlicher sind als sie. Vielleicht wird ihre Verzweiflung am Morgen plötzlich besser nachvollziehbar– für dich und auch für sie selbst – und sie fühlt sich mit ihren Gefühlen und Ängsten weniger alleine.

An dieser Stelle wäre auch ein guter Zeitpunkt ihr wieder mal zu sagen, dass du sie für wunderschön und genau richtig hältst. Und dass die Unsportlichkeit leider in der Familie liegt –du selbst hast in deiner Jugend auch wie ein nasser Sack am Reck gehangen.

Frage sie dann, wie ihr am nächsten Mittwochmorgen vor dem Sportunterricht dafür sorgen könnt, dass sie nicht wieder so in Panik gerät und macht einen Plan. Zusammen kommt ihr vielleicht auf die Lösung, dass sie ihre Sporttasche am Abend vorher packt, und du fragst sie, ob du sie am Abend vorher daran erinnern darfst. An dieser Stelle darfst du sicherlich auch noch mal anmerken, dass das Türenknallen für die Türen zu einem Problem werden kann, und dass sie die neue Zarge von ihrem Taschengeld zahlen darf, wenn das notwendig werden sollte.

In diesen Gesprächen geht es vor allem darum, dein Kind besser zu verstehen. Das ist nicht immer einfach, weil dein Kind sich häufig selbst nicht versteht und ihr dann zusammen erst einmal herausfinden müsst, was der Grund für diesen Gefühlstornardo war.

Entscheidend dafür ist der Zeitpunkt des Gesprächs. Der gemeinsame Esstisch ist da eher schwierig. Da geht es oft trubelig zu und wir empfehlen, das gemeinsame Essen als eine angenehme und genussvolle Zeit des Miteinanders zu gestalten. Besonders hilfreich ist es, ein Ritual einzuführen, bei dem ihr einmal am Tag Zeit habt, kurz miteinander zu sprechen. Die Zeit am Abend oder das Zubettgehen bieten häufig Gelegenheiten hierfür.

Mit jüngeren Kindern kann man das Gespräch mit dem Vorlesen verbinden und häufig sind sie nicht böse, wenn sich das Einschlafen noch ein bisschen nach hinten verschiebt, weil man noch quatschen darf. Wichtig ist, dass du selbst diesen Moment ruhig und entspannt gestaltest.

Gerade jüngere Kinder brauchen besonders viel Unterstützung, um zum Beispiel über einen Wutanfall oder über die Angst vor dem Abgeben bei der KiTa sprechen zu können. Zur Einleitung eines solchen Themas könntest du dir ein Kinderbuch als Grundlage besorgen, um zum

Beispiel über die KiTa zu sprechen und zu erzählen, was es in »meiner KiTa« auch gibt und was nicht.

Anschließend könntest du deinen Vierjährigen fragen, warum es für ihn denn gerade morgens so schwierig ist und deinem Kind helfen zu verstehen, warum es so wichtig ist, dass er in die KiTa geht – zum Beispiel, weil du arbeiten gehen und Geld verdienen musst. Du kannst versuchen, mit ihm Dinge zu finden, die in der KiTa schön sind und was vielleicht doof ist und wer seine Freunde und Freundinnen sind. Vielleicht berichtet er dir, dass er immer Angst hat, weil die eine Erzieherin oft laut schimpft und dass das eine Kind häufig laut schreit und ihm das alles zu viel wird.

An dieser Stelle kannst du ihm anbieten, mit der Erzieherin zu sprechen und nach einer Lösung zu suchen, dass er einen Rückzugsort findet, wenn es ihm über den Tag hinweg zu laut wird.

Abends eine Viertel- oder halbe Stunde mit deinem Kind zu reden, kann ihm sehr dabei helfen, sich zu sortieren, seine Erlebnisse zu integrieren und so Schritt für Schritt die Fähigkeit zu entwickeln, seine Gefühle zu verstehen und zu regulieren.

Mach dir immer wieder klar, dass es für dein Kind nicht leicht ist, sich an bestimmte Situationen zu erinnern oder sich mit diesen Gefühlen auseinanderzusetzen und dafür Worte zu finden.

Du erkennst, dass du genug nachgefragt hast, daran, dass du den Schulhof, die Sporthalle oder den KiTa Alltag bildhaft vor deinem inneren Auge siehst – wie einen lebendigen kleinen Film – und du eine Idee davon bekommst, wie die Welt durch die Augen deines Kindes aussieht.

Wenn du die Erlebenswelt deines Kindes begreifst und kennst, kannst du mit ihm zusammen versuchen, die damit verbundenen Gefühle zu verstehen und den passenden Auslösern zuzuordnen. Gemeinsam könnt ihr so nach möglichen Lösungen suchen.

Wir erleben häufig, dass Eltern sehr ratlos sind, weil sie den Druck verspüren, ihr Kind dürfe sich nach einem solchen Gespräch nicht mehr traurig oder verzweifelt fühlen. Darum geht es nicht. Du musst nicht jedes Gefühl deines Kindes wegzaubern oder jedes seiner Probleme lösen.

Es geht vor allem darum, dass dein Kind sich selbst besser versteht, sich seiner Gefühle bewusst ist und diese Gefühle mit einem anderen Menschen teilen kann. Ein: »Das kann ich verstehen, das ist ja auch unfair!«, bestätigt dein Kind in seiner Gefühlswahrnehmung und damit der Wahrnehmung seiner Bedürfnisse.

3-Schritte-Übung: Drei Schritte in den Dialog

Im Folgenden zeigen wir dir eine kleine Übung, die sogenannte 3-Schritte-Übung, mit der du dich auf dein Kind einstellen kannst und ein hilfreiches Gespräch (wie oben beschrieben) mit ihm einleitest. Sie fasst zusammen, welche Schritte zentral sind, wenn du in Dialog mit deinem Kind kommen möchtest und betont die Bedürfnisorientierung, die wir für so wichtig halten.

3-Schritte-Übung

1. Nimm Kontakt zu deinem Kind auf, indem du dich ihm mit deiner ganzen Aufmerksamkeit zuwendest. Hier ist es wichtig, dass dein

Kind sich deiner Aufmerksamkeit und Achtsamkeit bewusst wird, zum Beispiel, indem du dich ihm auch körperlich zuwendest, du dich auf seine Augenhöhe begibst und in unmittelbarerer Nähe zu ihm bist.

2. Mach dir bewusst, welches Gefühl dein Kind gerade erlebt und formuliere dies deinem Kind gegenüber: »Ich sehe, dass du gerade sehr traurig bist« usw. Größere Kinder kannst du auch direkt fragen: »Irgendwas stimmt nicht, oder? Was fühlst du denn gerade?« Zentral für den zweiten Schritt ist, dass du dich den Gefühlen deines Kindes achtsam und ohne Wertung zuwendest und sie annehmend benennst.
3. Unterstütze dein Kind in der Gefühlsregulation. Das bedeutet meist zuallererst, den Gefühlen deines Kindes Raum zu geben. Gefühle auszudrücken ist ein menschliches Grundbedürfnis, also lass dein Kind weinen, ängstlich sein oder wüten. Hier darfst du natürlich auch Körperkontakt zum Trösten einsetzen, wenn es stimmig ist für dein Kind. In der Gefühlsregulation lautet die zentrale Frage für dich: Was braucht mein Kind, wenn es sich so fühlt (z. B. Trost, Verständnis, Raum zum Ärger ausdrücken) und wie kann ich ihm helfen, das zu bekommen?

Halten wir zusammenfassend fest: Das Gespräch mit deinem Kind über seine Erlebnisse und Gefühle ist ein essenzieller Bestandteil einer unterstützenden Eltern-Kind-Beziehung. Es hilft deinem Kind, Erlebtes zu verarbeiten, Emotionen zu verstehen und Worte dafür zu finden sowie langfristig seine Impulskontrolle zu stärken. Doch damit solche Gespräche fruchtbar sind, ist der richtige Zeitpunkt entscheidend. Ein Kind kann sich nicht inmitten eines Wutanfalls oder unter großem Stress selbst reflektieren – es braucht einen ruhigen Moment, in dem es sich sicher fühlt und aufnahmefähig ist. Deshalb lohnt es sich, diese Gespräche gezielt in entspannte Situationen einzubetten, beispielsweise beim Zubettgehen oder im Rahmen gemeinsamer Rituale. Dabei geht es nicht darum, jedes Problem sofort zu lösen, sondern darum, dem Kind zu helfen, sich selbst und seine Emotionen besser zu verstehen und den Gefühlen einfach Raum zu geben.

4 Schatten der Vergangenheit: Das Modell der Lebensfallen

Wir möchten euch nun das Modell der Lebensfallen (wir haben es im Vorwort ja bereits erwähnt) näher vorstellen. In der Fachsprache werden diese Lebensfallen oft »negative Schemata« bezeichnet.

Lebensfallen sind ein Zusammenspiel aus Erinnerungen, negativen Gedanken und Grundüberzeugungen, Körperwahrnehmungen und unangenehmen Gefühlen. Sie können uns in unserem Alltag stark beeinflussen und stehen uns besonders in unseren sozialen Beziehungen oft im Weg – vor allem in Beziehungen zu Menschen, die uns emotional nahestehen.

Gerade zwischen Eltern und Kindern werden Lebensfallen sehr häufig aktiviert und führen oft dazu, dass wir uns in unserer Elternrolle nicht so verhalten können, wie wir es eigentlich möchten, und die Beziehung zu unserem Kind darunter leidet.

Denkst du auch manchmal: »Mensch, ich weiß es doch eigentlich besser, wie ich mich in dieser Situation mit meinem Kind verhalten müsste, aber irgendwie schaffe ich es dann immer nicht!« Das liegt sehr wahrscheinlich daran, dass bei dir in diesem Moment eine Lebensfalle aktiviert ist und dich so stresst, dass du dich ungünstig verhältst und dadurch vielleicht sogar die Interaktion mit deinem Kind beeinträchtigt wird oder eskaliert.

Aber eins nach dem anderen.

Wie entstehen Lebensfallen?

Wenn emotionale Grundbedürfnisse (▶ Kap. 2) in der Kindheit und Jugend wiederholt nicht ausreichend befriedigt werden, bilden sich sogenannte negative Schemata bzw. Lebensfallen aus (Young, 2005). Dabei spielen schwierige, prägende Beziehungserfahrungen mit wichtigen Bezugspersonen (z. B. Eltern, Geschwister, Lehrkräfte, Gleichaltrige), ungünstige Lebensumstände (z. B. Krieg, Armut, Gewalt), also soziokulturelle Faktoren, sowie genetisch-biologische Einflüsse (z. B. angeborenes Temperament) eine entscheidende Rolle.

Da kein Mensch eine vollkommen ideale Kindheit hat und es zwangsläufig zu Frustrationen in der Befriedigung der Grundbedürfnisse kommt, starten alle Menschen mit Lebensfallen ins Erwachsensein. Lebensfallen sind also nichts Krankhaftes, sondern ein übliches Phänomen – aber leider eines, dass viel Leid und Stress verursachen kann.

Die Tatsache, dass Lebensfallen mit frühen Beziehungserfahrungen verknüpft sind, zeigt, wie zentral unsere Rolle als Eltern bei der Befriedigung der emotionalen Bedürfnisse unserer Kinder ist. Wir haben einen großen Einfluss darauf, wie unsere Kinder als Erwachsene durchs Leben gehen.

Wir verstehen unter Lebensfallen Muster oder Lebensthemen, die unbewusst und automatisch unsere Wahrnehmung und unser Denken prägen, Gefühle auslösen und damit starken inneren Stress verursachen.

Du kannst dir das vorstellen wie eine individuelle »Brille«, die jeder Mensch trägt und durch die er die Welt wahrnimmt. Trägst du eine Brille mit roten Gläsern, nimmst du die Welt anders wahr als jemand, der dasselbe durch grüne Gläser sieht. Meist merken wir gar nicht, dass wir überhaupt eine spezielle »Brille« aufhaben und denken, dass wir die Realität objektiv betrachten.

Es hat sich gezeigt, dass wir das komplexe Leben mit all seinen Themen in bestimmten Lebensfallen bündeln können, die auch wissenschaftlich überprüft wurden.

Leider liegt es in der Natur der Sache, dass wir als Bezugspersonen/Eltern unsere Lebensfallen an unsere Kinder »weitergeben«. Wir wiederholen häufig genau das, unter dem wir in der eigenen Kindheit gelitten haben – und sind uns darüber gar nicht im Klaren. Dies geschieht über unser Verhalten gegenüber unserem Kind, aber auch über unsere Vorbildfunktion, das heißt es ist entscheidend, wie wir mit uns selbst umgehen. Denn Kinder lernen stark über Modelle (▶ Kap. 6). Um bei der Brillenmetapher zu bleiben: Wir vererben unsere »Schema-Brillen« an unsere Kinder schon zu Lebzeiten bzw. leiten sie unbewusst an, die Welt durch unsere Brillen zu sehen. Diese Weitergabe »unserer Sichtweise« durch die Schema-Brille an dein Kind passiert in der Regel automatisch. Die gute Nachricht ist aber: Du kannst etwas dagegen tun und lernen, deine Schema-Brille immer wieder bewusst abzusetzen!

Was passiert im Gehirn, wenn eine Lebensfalle aktiviert ist? – Die Treppenmetapher

Unser Gehirn funktioniert weniger effizient, wenn wir eine »Schema-Brille« aufhaben. Um das zu verstehen, hilft die *Treppen-Metapher* für dein Gehirn:

Das Gehirn kann man sich vorstellen wie ein Haus mit mehreren Stockwerken. Es gibt da einen Keller mit verschiedenen Technik- und Versorgungsräumen und jede Menge Speicherplatz, wo du alles abstellst, was sich in deinem Alltag so angesammelt hat. Hier lagern deine Alltagsfunktionen aber auch deine Erinnerungen und deine starken Gefühle wie Wut, Trauer und Angst. Die Erinnerungen in deinem Keller sind zunächst vorsprachlich und noch nicht episodisch eingeordnet, also noch nicht mit einem klaren Zeitstempel versehen.

In deinem Obergeschoss befinden sich sehr viele helle, ordentliche und bunte Räume mit Fenstern zur Außenwelt. Hier gibt es einen West- und einen Ostflügel mit großen Bibliotheken voller Wissen. Im Westflügel stehen Bücher über verschiedene Wissenschaften, Mathematik, Moral und Ethik. Hier findet sich ein großer Wortschatz und ein Alphabet. Alles ist klar und im besten Fall auch aufgeräumt.

Im Ostflügel geht es sehr bunt und wilder zu. Hier gibt es Leseräume mit Gedichten und Geschichten, Musikzimmer voller Melodien, Galerien mit Kunst und Fotografien und hier tauchen immer wieder verschiedene komplexe Gefühle auf. Diese vermischen sich mit den Gefühlen und sozialen Erlebnissen aus der Außenwelt. Erinnerungen werden hier zu emotionalen und zeitlich eingeordneten Geschichten, die mit Bildern und Assoziationen verbunden und mit Daten, Orten und Bezügen aus anderen Erlebnissen verknüpft wurden.

Manchmal passiert es, dass es ein äußerer Reiz oder ein inneres Erleben im Keller unseres Gehirns das Gefühl von Wut oder Angst auslöst. Ein Gefühlstornado stürmt dann durch eine sich plötzlich öffnende

Falltür ins Obergeschoss und bringt dort alles völlig durcheinander. Auf einmal passt nichts mehr zusammen und es entsteht nur noch Durcheinander und Chaos. Viele Räume sind auf einmal versiegelt. Der Tornado »sammelt« immer wieder gezielt Wahrnehmungen, Erinnerungen und Informationen, die zu seinem Grundgefühl passen, während er alle anderen Informationen, die seinem Gefühl widersprechen ausblendet und überhaupt nicht beachtet. Diese Räume (also anderen Zugänge und Sichtweisen) bleiben ihm verschlossen. Wenn sich der Gefühlstornado beruhigt, verschwindet das zugrundeliegende Gefühl wieder im Keller und keiner weiß genau, was es wollte, wieso es aufgetaucht ist und vor allem auch nicht, wie man verhindern kann, dass es wieder auftaucht.

Das ist unser Gehirn, wenn wir eine Erfahrung nicht integrieren konnten. Wir erleben eine emotionale Überreaktion, die deutlich stärker ist, als das auslösende Ereignis erwarten lässt. Das erkennen wir daran, dass unsere Umgebung mit großen Fragezeichen über dem Kopf dasteht und nicht versteht, was denn eigentlich unser Problem ist. Bei dem Versuch, es sinnvoll zu erklären, merken wir oft, dass wir es selbst gar nicht so genau wissen.

Wie oben bereits erklärt, nennen wir diese Schemaaktivierung eine aktivierte Lebensfalle. Irgendwann in unserem Leben, meist in unserer frühen Kindheit, haben wir etwas emotional sehr Bedeutsames und Schmerzhaftes erlebt, das wir nicht in unser Obergeschoss integrieren konnten. Häufig deshalb, weil wir noch nie mit jemanden darüber gesprochen haben. Je traumatischer dieses Erlebnis war, umso stärker ist der Tornado im Obergeschoss, sobald etwas diese Erinnerung, die wir nicht integriert haben, auslöst.

Dieser Gefühlstornado wird so lange immer wieder ungefragt und völlig unvorhersehbar das Obergeschoss stürmen, bis wir eine Treppe in den Keller zu seinem Ursprung gebaut haben. Diese Treppe ermöglicht uns – mit all unseren Kompetenzen und der Logik der linken Hirnhälfte und unseren kreativen Ideen, unserer Sprache und der Warmherzigkeit unserer rechten Hirnhälfte – sowie unserer »Bibliothek« an allen hilfreichen Einflüssen und korrigierenden Erfahrungen, in den Keller zu steigen. Dort können wir den wütenden, ängstlichen oder traurigen Gefühlsanteilen, deren Erfahrungen diesen Sturm ausgelöst haben, erklären, dass wir uns jetzt gerade in einer anderen, sichereren Umgebung befinden und es keinen Grund zur Panik gibt.

Wir können das Gefühl beruhigen und verstehen, was es ausgelöst hat. Wir können die Erfahrungen und vorsprachlichen Erinnerungen, die sonst als Flashbacks immer wieder in der gleichen Intensität abgespielt werden, in Sprache packen und dadurch immer kleiner und kontrollierbarer machen. Jedes Mal, wenn ein Auslöser kommt, können wir dem Gefühl schon auf der Treppe begegnen und es annehmen. Ihm sagen, dass wir wissen, wieso es jetzt kommt und wir versuchen werden, die Situation mit all unseren Kompetenzen zu beruhigen.

Durch das Bauen dieser Treppe wird eine Verknüpfung zwischen dem Gefühl im limbischen System und den Reaktionen im Hirnstamm und den höheren kognitiven Funktionen im Cortex hergestellt (Bottom Up) (▶ Kap. 2, »neurobiologische Grundlagen«).

Wenn es dann zu einem Auslöser kommt, bei dem ein sogenanntes neuronales Erregungsmuster (der Tornado/die Lebensfalle als Paket von Gefühlen, Wahrnehmungsverzerrungen, Erinnerungen, Sinneseindrücken und Bewertungen) das System stürmt, können wir über diese Treppe von oben nach unten (Top Down) beruhigend mit all unseren kognitiven Fähigkeiten eingreifen. Dabei werden wir die aktivierte Lebensfalle zwar nicht löschen können, aber wir können lernen, die emotionale Reaktion darauf immer schneller zu beruhigen.

Diese Selbstregulation ist das, was wir trainieren wollen! Wir können unsere Kinder nicht vor negativen Erfahrungen schützen, aber wir können sie in die Lage versetzen und mit ihnen üben, flexibel auf ihre Umgebung und Erlebnisse zu reagieren. Dafür brauchen sie ein gut verschaltetes, integriertes Gehirn – in unserem Bild vom Gehirn ist dies die Treppe.

Halten wir fest: Du bist nicht für immer gefangen, denn du kannst aus deinen Lebensfallen aussteigen! Übe, die Schema-Brille immer wieder bewusst abzusetzen. Dieses Buch wird dich dabei begleiten. So machst du den Weg frei für eine befriedigendere Beziehung zu deinem Kind. Du gibst deinem Kind Nestwärme, ermöglichst Autonomie und schenkst ihm damit den bestmöglichen Grundstein für ein gesundes und zufriedenes Leben als erwachsene Person.

Lebensfallen und ihre Auswirkungen auf die Beziehung zu unseren Kindern

Wir möchten dir die 18 Lebensfallen (Young, 2005; Adenauer & Schuchardt 2024) und die dabei entstehenden problematischen Eltern-Kind-Interaktionsmuster (Louis, 2024) nun vorstellen: Denn, wenn du ein Problem benennen kannst, liegt die Lösung schon viel näher (»Rumpelstilzchen-Effekt«) und du kannst dich eher aus der Lebensfalle befreien.

Emotionale Vernachlässigung

Mögliche Kindheitserfahrungen

Erfahrung als Kind, nicht ausreichend gesehen, gehört und emotional versorgt worden zu sein; Mangel an emotionaler Wärme, Zuwendung, Trost, Geborgenheit und liebevoller Führung, obwohl Bezugsperson körperlich anwesend waren.

Heute zeigt sich meine Lebensfalle so

Ich habe das chronische Gefühl, dass andere sich nicht wirklich für mich interessieren, sich nicht kümmern oder meine Bedürfnisse nicht ernst nehmen. Ich selbst habe wenig Gespür für meine eigenen Bedürfnisse und Gefühle, habe Mühe diese auszudrücken und eine mangelnde Fähigkeit mich selbst in meinen Bedürfnissen zu befriedigen.

Verlassenheit und Instabilität

Mögliche Kindheitserfahrungen
Erfahrung als Kind, von Bezugspersonen allein gelassen worden zu sein, zum Beispiel durch deren Verlust, berufliche Abwesenheit, Unzuverlässigkeit, emotionale Instabilität oder Krankheit. Mangel an Kontakt, Bindung und Unterstützung, weil einfach niemand »da war«, der das Kind angemessen versorgt hat.

Heute zeigt sich meine Lebensfalle so
Ich habe schnell Angst, von anderen verlassen oder im Stich gelassen zu werden, und leide unter der tief verwurzelten Annahme, dass Beziehungen nicht von Dauer sind und ich am Ende immer auf mich allein gestellt sein werde. In Beziehungen fühle ich mich tatsächlich schnell im Stich gelassen und gehe oft davon aus, dass ich verlassen werde

Beispiel aus dem Alltag

Mit deinem Kind kann sich diese Lebensfalle zeigen, wenn dieses zunehmende Selbstständigkeit entwickelt und weniger Zeit mit dir als Elternteil verbringen möchte, weil die gleichaltrigen Freunde immer wichtiger werden. Diese Entwicklung erlebst du spätestens in der Pubertät deines Kindes. Trägst du nun die Schema-Brille »Verlassenheit«, wirst du vielleicht denken: »All die Jahre war ich immer für dich da, habe dir alles gegeben und nun willst du nicht mehr mit mir das Wochenende verbringen, sondern bist immer unterwegs.« Du fühlst dich vielleicht sehr traurig, einsam oder wütend. Um diesen Schmerz abzuschwächen, jammerst du deinen Teenager vielleicht voll, dass er so undankbar sei, bis er sich verpflichtet fühlt, mehr Zeit mit dir zu verbringen (entgegen seinem eigenen Bedürfnis nach Autonomie).

Misstrauen und Missbrauch

Mögliche Kindheitserfahrungen

Erfahrung als Kind, emotional, körperlich oder sexuell misshandelt, ausgebeutet, schikaniert, oder manipuliert worden zu sein. Dazu zählen zum Beispiel Demütigungen, verbale Abwertungen, Ablehnung, (passiv)-aggressive Sticheleien, körperliche Gewalt, sexuelle Grenzüberschreitungen oder emotionales Erpressen durch Bezugspersonen.

Heute zeigt sich meine Lebensfalle so
Ich habe die Befürchtung, dass ich von anderen Menschen absichtlich oder unabsichtlich verletzt, hintergangen, ausgenutzt, ausgebeutet oder missbraucht werde. Mein Stresslevel ist oft erhöht und ich bin viel auf der Hut. Ich habe eine erhöhte Wachsamkeit (mein »Gefahrenradar« ist immer an) und Misstrauen gegenüber Menschen. Es fällt mir schwer, anderen zu vertrauen; oft vertraue ich mir selbst sogar nicht.

Unzulänglichkeit und Scham

Mögliche Kindheitserfahrungen
Erfahrung als Kind, immer wieder bloßgestellt, entwertet, kritisiert, beschämt und abgelehnt worden zu sein. Die Kernbotschaft an das Kind durch die Bezugsperson war: »Mit dir als Mensch stimmt was nicht. Du bist defekt. Zu hässlich, zu langsam, zu dumm, etc.« Dies kann dem Kind verbal oder durch Gestik und Mimik vermittelt worden sein.

Heute zeigt sich meine Lebensfalle so
Ich bin tief davon überzeugt, nicht liebenswert zu sein. Ich denke, dass ich die Aufmerksamkeit, Anerkennung und die Liebe anderer Menschen aufgrund eines fehlerhaften Selbst nicht zu verdienen. Ich fühle mich »defekt«, schäme mich oft für mich oder mein Verhalten und leide unter einem geringen Selbstwertgefühl.

Soziale Isolierung und Entfremdung

Mögliche Kindheitserfahrungen
Erfahrung als Kind oder Jugendliche*r, von Gleichaltrigen abgelehnt, gehänselt und ausgegrenzt worden zu sein, wodurch das Gefühl ent-

stand »anders zu sein« und nicht dazuzugehören. Mobbingerfahrungen im Kindes- und Jugendalter können diese Lebensfalle häufig prägen. In einer Gemeinschaft (z. B. einer Schulklasse) nicht integriert zu sein und sich kaum zugehörig fühlen oder aktiv von anderen ausgestoßen zu werden.

Heute zeigt sich meine Lebensfalle so

Ich habe oft das Gefühl, nirgends dazuzugehören, anders zu sein und keine echte Verbindung zu anderen Menschen herstellen zu können. Vor allem in Gruppen fühle ich mich allein oder außen vor, was großes Unwohlsein und Traurigkeit in mir auslöst. Mir fehlt die Verbindung mit einer Gemeinschaft, oft fühle ich mich einsam.

Abhängigkeit und Inkompetenz

Mögliche Kindheitserfahrungen

Erfahrung als Kind, dass von übertrieben fürsorglichen, überbehütenden oder dominanten Bezugspersonen Entscheidungen abgenommen werden und das Gefühl vermittelt wurde, nicht allein (lebens-)fähig zu sein. Auch sogenannte »Helikopter-Eltern« können diese Lebensfalle prägen. Die Autonomieentwicklung des Kindes wurde dadurch beeinträchtigt, Selbstständigkeit konnte nicht ausreichend erlernt werden bzw. wurde aktiv unterbunden.

Heute zeigt sich meine Lebensfalle so

Ich glaube, dass ich ohne Hilfe anderer keine Entscheidungen treffen oder Dinge im Leben bewältigen kann. Ich habe ein Gefühl des Ausgeliefertseins und der eigenen Inkompetenz, mangelndes Vertrauen in meine Leistungen, Urteilskraft und Lebensfähigkeit. In Beziehungen zu anderen Erwachsenen neige ich dazu, mich an diese zu klammern. Oft leide ich auch unter einem geringen Selbstwertgefühl.

Verletzlichkeit

Mögliche Kindheitserfahrungen

Durch eine übermäßig ängstliche Haltung von Bezugspersonen wurde der Eindruck vermittelt, dass die Welt grundsätzlich gefährlich sei und die eigene psychische oder körperliche Unversehrtheit permanent bedroht ist. Das Kind hat kommuniziert bekommen, dass Gefahren nicht kontrollierbar sind. Möglicherweise reales Erleben von existenziellen Situationen wie Trennung, Krankheit, Krieg oder Tod nahestehender Bezugspersonen in der Kindheit.

Heute zeigt sich meine Lebensfalle so

Ich bin überzeugt, mich dauernd schützen zu müssen (z. B. vor Krankheiten, Naturkatastrophen, Unfällen) bzw. Gefahren ausgeliefert zu sein. Ich nehme die Welt als einen zutiefst unsicheren Ort wahr, an dem überall unkontrollierbare Gefahren lauern können. Ich habe daher oft ein erhöhtes Anspannungslevel und erlebe in vielen Situationen Ängstlichkeit oder ein Gefühl der Ohnmacht.

Beispiel aus dem Alltag

Mit deinem Kind zeigt sich diese Lebensfalle vielleicht darin, dass du dein Kind häufig vor möglichen Gefahren und Risiken von Situationen warnst, ihm wenig Freiraum für eigene Erfahrung und Autonomieentwicklung lässt, um es vor den vermeintlichen Gefahren zu beschützen und dich selbst übermäßig ängstlich fühlst und verhältst. Du hast dabei ein erhöhtes Stresslevel- und Anspannungsniveau und spürst viel Angst in alltäglichen Situationen mit deinem Kind. Vielleicht zeigt sich die Lebensfalle auch in deinem Verhalten. Überbehütende Eltern, wie sie häufig unter dem Begriff »Helikopter-Eltern« beschrieben werden, zeigen häufig Ausprägungen dieser Lebensfalle.

Verstrickung und unterentwickeltes Selbst

Mögliche Kindheitserfahrungen

Erfahrung als Kind, übermäßig mit wichtigen Bezugspersonen verbunden/verstrickt gewesen zu sein, was die Entwicklung der eigenen Identität und die Wahrnehmung eigener Gefühle, Bedürfnisse und Grenzen deutlich erschwerte. Die Identität des Kindes konnte sich nicht genügend losgelöst von den Bezugspersonen entwickeln.

Heute zeigt sich meine Lebensfalle so

Es fällt mir schwer, mich als unabhängiges Selbst zu erleben, sondern ich verschmelze oft emotional mit anderen. Ich kann meine eigenen Grenzen nicht gut spüren, kommunizieren oder dafür einstehen. Die Entwicklung meiner eigenen Identität ist blockiert, das heißt ich weiß gar nicht, wer ich bin und was ich für mich möchte, sondern orientiere mich zu stark an den Wünschen und Anliegen anderer Menschen. In Beziehungen kann ich mich kaum als getrennte Einheit von anderen wahrnehmen.

Versagen und Erfolglosigkeit

Mögliche Kindheitserfahrungen

Erfahrung als Kind, wiederholt überkritische, leistungsbezogene Rückmeldungen zu bekommen, was zu Versagensgefühlen führte. Dem Kind wurde verbal oder nonverbal vermittelt, dass es in Bezug auf Leistung unfähig sei, es nicht zum Ziel oder Erfolg schaffen könne, was zu grundlegender Entmutigung und einem Gefühl des »Nicht-genügens« führte. Eventuell gab es auch leistungsstarke andere Familienmitglieder, wie zum Beispiel Geschwister, in deren Schatten die eigene Leistungsfähigkeit stand.

Heute zeigt sich meine Lebensfalle so

Ich bin überzeugt, weniger intelligent/begabt/talentiert zu sein als andere Menschen. Ich rechne bereits im Vorfeld innerlich damit zu versagen, traue mir wenig zu und gehe davon aus, dass ich in Leistungsaufgaben scheitern werde. Ich bin daher sehr verunsichert bis ängstlich, wenn es um Bewertung oder Leistung geht. Ich neige zu Prokrastination oder Selbstsabotage, zum Beispiel beginne ich zu spät eine Aufgabe vorzubereiten und mache dann die Erfahrung, dass ich weniger gut bin als die anderen.

Anspruchshaltung und Besonders-Sein

Mögliche Kindheitserfahrungen

Erfahrung als Kind, besonders und herausragend behandelt worden zu sein bzw. den Eindruck vermittelt bekommen zu haben, eine besondere Behandlung oder Stellung zu verdienen. Gleichzeitig erlebt das Kind oft eine mangelnde Begrenzung durch die Bezugspersonen. Teilweise wird das Kind materiell verwöhnt, dabei aber emotional unzureichend versorgt, so dass es innerlich sehr einsam ist.

Heute zeigt sich meine Lebensfalle so

Ich bin überzeugt, dass Regeln und Konventionen, die für andere gelten, für mich selbst aufgrund der eigenen Besonderheit nicht gelten. Oft habe ich Probleme mit mangelnder Impulskontrolle und meine Fähigkeit für Bedürfnisaufschub/-verzicht ist eingeschränkt, das heißt, wenn ich etwas will, dann sofort und wehe ich bekomme es nicht – dann werde ich möglicherweise wütend. Von anderen erwarte ich eine »Sonderbehandlung«; die Verantwortung für Probleme sehe ich generell eher bei den anderen.

Beispiel aus dem Alltag

Diese Lebensfalle kann sich im Umgang mit deinem Kind zeigen, indem du es wie einen Prinzen oder eine Prinzessin mit Sonderstatus behandelst. Dabei setzt du deinem Kind wenig Grenzen und lässt ihm vieles durchgehen. Es hat »Narrenfreiheit« und bekommt meistens, was es will – auch materiell wird es bevorzugt. Dein Kind lernt, dass es sich »alles erlauben darf«, weil es so besonders ist. Dein soziales Umfeld reagiert deswegen möglicherweise mit Unverständnis.

Vielleicht legst du auch großen Wert darauf, die herausstechenden Talente oder Begabungen deines Kindes hervorzuheben und intensiv zu fördern. Das kann Druck in die Beziehung zu deinem Kind bringen. Dir ist dann wichtig, dass dein Kind sich von der Menge strahlend abhebt.

Unzureichende Selbstkontrolle

Mögliche Kindheitserfahrungen

Als Kind häufig zu wenig Anleitung oder Vorbilder hinsichtlich angemessener Disziplin und Durchhaltevermögen erhalten. Das Kind hatte wenig Lernmöglichkeiten, um einen gesunden Umgang mit angemessenen Leistungsforderungen und damit einhergehenden Frustrationen zu erlernen.

Heute zeigt sich meine Lebensfalle so

Ich tue mich schwer mit Selbstdisziplin und Frustrationstoleranz. Damit einher geht eine andauernde Schwierigkeit, begonnene Aufgaben fertig zu stellen. Ich habe vor allem Probleme, monotone oder langweilige Aufgaben durchzuhalten. Ich bin leicht ablenkbar, chaotisch oder desorganisiert und habe wenig Durchhaltewillen. Dieser Mangel an Selbstkontrolle hat möglicherweise negative Folgen für mein Berufsleben, für meine Gesundheit oder für meine Beziehungen.

Unterordnung und Unterwerfung

Mögliche Kindheitserfahrungen

Erfahrung als Kind, dass eigene Bedürfnisse systematisch übergangen wurden und ausschließlich Außenorientierung und Anpassung gefordert waren. Das Kind hat zum Beispiel die Erfahrung autoritärer, kontrollierender, strenger oder besserwissender Eltern gemacht. Den kindlichen Bedürfnissen wurde zu wenig Bedeutung beigemessen, es wurde kein Widerspruch geduldet, devotes Verhalten des Kindes wurde mit Zuwendung belohnt.

Heute zeigt sich meine Lebensfalle so

Ich tendiere dazu, mich in Beziehungen anderen Menschen unterzuordnen und eigene Bedürfnisse hintanzustellen. Ich glaube, kein Recht auf eigene Gefühle und Bedürfnisse zu haben. Ich habe Angst vor Strafe und Rache und erwarte Desinteresse durch andere gegenüber meinen Bedürfnissen. Ich ordne mich dem Willen anderer unter und schlucke eigene Gefühle (besonders Ärger/Wut) hinunter.

Selbstaufopferung

Mögliche Kindheitserfahrungen
Erfahrung als Kind, sich um überforderte, kranke oder emotional bedürftige Eltern gekümmert zu haben und so früh Verantwortung für sich selbst, die Eltern, Geschwister oder Finanzen übernehmen zu müssen. Die eigenen Bedürfnisse mussten gegenüber denen der hilfsbedürftigen Person größtenteils zurückgestellt werden und wurden so vernachlässigt.

Heute zeigt sich meine Lebensfalle so
Ich bin überzeugt, immer für andere da sein und dabei eigene Bedürfnisse hintanstellen zu müssen. Ich spüre meine eigenen Bedürfnisse nicht ausreichend und räume anderen automatisch ein stärkeres Recht auf Bedürfnisbefriedigung ein als mir selbst. Ich fühle mich schnell verantwortlich für andere und habe starke Schuldgefühle, wenn ich eigenen Bedürfnissen Raum gebe. Es fällt mir sehr schwer, Nein zu sagen, mein Selbstwert hängt stark vom Erbringen emotionaler Leistungen ab.

Beispiel aus dem Alltag

Mit deinem Kind zeigt sich diese Lebensfalle vielleicht darin, dass du dich weit über deine Kraftreserven hinaus für dein Kind aufopferst und permanent verfügbar bist. Auch wenn dein Kind älter wird, und seine Bedürfnisse durchaus aufschieben könnte, wirst du nie zur deiner eigenen Priorität Nummer 1. Deine Bedürfnisse stehen immer am Schluss und das bedeutet in deinem Alltag: sie kommen eigentlich nie dran. Auf Dauer kann dies zur Folge haben, dass du ausbrennst, innerlich aus dem Gleichgewicht kommst, vielleicht sogar körperlich oder psychisch krank wirst.

Streben nach Zustimmung und Anerkennung

Mögliche Kindheitserfahrungen

Erfahrung als Kind, Anerkennung und Bindung nur durch aktives Bemühen um Aufmerksamkeit erfahren zu haben – und in Abhängigkeit von Leistung, sozialer Anpassung und gesellschaftlichen Vorstellungen. Die Eltern vermitteln dem Kind, dass äußere Erscheinung und Status sehr wichtig sind, die Erwartungen der Eltern sind von Bedürfnissen des Kindes weitgehend abgekoppelt. Das Kind soll im Sinne der elterlichen Interessen »gut funktionieren«.

Heute zeigt sich meine Lebensfalle so

Ich habe ein starkes Bedürfnis, einen guten Eindruck zu hinterlassen und bin immer auf der Suche nach bestätigendem Feedback und Lob. Für meinen eigenen Selbstwert sind die äußere Erscheinung, soziale Anerkennung, Leistung, Geld, Erfolg und der soziale Status besonders wichtig. Mein Wohlbefinden und Selbstwertgefühl sind extrem auf Bestätigung von außen angewiesen. Ich neige dazu, mich mit anderen zu vergleichen. Komme ich zu dem Ergebnis, dass ich selbst dabei schlechter abschneide, setzt mich das unter Druck und spüre Unwohlsein.

Beispiel aus dem Alltag

Mit deinem Kind zeigt sich diese Lebensfalle vielleicht, indem du es häufig mit anderen Kindern vergleichst. Der Schein nach Außen muss unbedingt gewahrt werden, zum Beispiel ist es wichtig, dass dein Kind in der Schule sehr gute Leistungen zeigt und im Vergleich mit den Mitschüler*innen besser abschneidet. Benehmen und Verhalten deines Kindes sollen immer untadelig und vorbildlich sein. Schwächen, Fehlbarkeiten oder Krankheiten werden nach außen hin überspielt oder kleingeredet, um ein perfektes Bild zu vermitteln. Es geht in hier also weniger darum, was dein Kind braucht, als das die Wirkung in die soziale Außenwelt stimmt. Leistungssituationen in der Schule, im Sport oder während der Freizeit deines Kindes, können diese Lebensfalle bei dir schnell triggern.

Emotionale Gehemmtheit

Mögliche Kindheitserfahrungen

Erfahrung als Kind, dass das Äußern und der Ausdruck von Gefühlen und Bedürfnissen bestraft, abgewertet wurde oder unbeachtet blieb. Die Eltern sind sachlich-distanziert, kühl oder eher rational, das Kind wird für spontanen Gefühlsausdruck beschämt oder bestraft, verspieltes Verhalten, Herumalbern oder Spontanität wird sofort begrenzt oder sogar abgewertet.

Heute zeigt sich meine Lebensfalle so

Ich vermeide es, Gefühle offen auszudrücken und bemühe mich stark um Kontrolle über meine eigenen Impulse. In spontanem Verhalten fühle ich mich sehr gehemmt und unterdrücke positive Gefühle wie Freude, Spaß und sexuelle Erregung genauso wie unangenehme Zustände wie Ärger oder Traurigkeit. Ordnungsstrukturen geben mir inneren Halt, daher halte ich stark daran fest.

Beispiel aus dem Alltag

Mit deinem Kind zeigt sich diese Lebensfalle vielleicht darin, dass der Ausdruck starker Gefühle bei deinem Kind unerwünscht ist, in dir großes Unwohlsein hervorruft oder von dir sogar bestraft wird. In eurem Alltag spielt Ordnung vermutlich eine wichtige Rolle, zum Beispiel stets aufgeräumte und saubere Zimmer. Dies ist wichtiger als ein entspanntes und fröhliches Miteinander. Unordnung löst bei dir großes Unwohlsein aus. Im Zusammensein mit deinem Kind, mag es dir schwerfallen, spontanen Ideen deines Kindes Raum zu geben, euer Alltag ist auch nach der KiTa/Schule geprägt von einer festen Terminstruktur, die wenig Zeit für Spontanität und Entspannung lässt.

Unerbittliche Ansprüche und Perfektionismus

Mögliche Kindheitserfahrungen

Erfahrung als Kind, dass nur sehr gute Leistungen belohnt wurden und Spiel und Spaß keinen Wert besaßen oder sogar bestraft wurden. Eltern sind wettbewerbsorientiert, bewerten Erfolglosigkeit des Kindes als Faulheit, es gibt kaum Lob. Ist ein Ziel erreicht, rückt die Messlatte gleich weiter nach oben. Möglich sind hier auch Eltern, die selbst sehr hart für ihren Erfolg arbeiten und dabei ihre eigenen emotionalen Bedürfnisse unzureichend versorgen (Modellfunktion).

Heute zeigt sich meine Lebensfalle so

Ich habe eine extrem kritische Haltung und unverhältnismäßig hohe Standards gegenüber mir selbst und/oder anderen. Ich fühle mich ständig unter Druck und habe das Gefühl, mehr machen und besser sein zu müssen als andere. Dabei habe ich eine »Alles-oder-nichts«-Haltung, ich fühle mich getrieben, kann schwer entspannen, Freude oder Lust empfinden oder loslassen. Ich erlege mir selbst und anderen starre Regeln auf und verfolge hoch gesteckte moralische, kulturelle, oder leistungsbezogene Wertvorstellungen. Ich habe wenig Selbstachtung, Selbstwertgefühl und Selbsteffizienzerleben.

Beispiel aus dem Alltag

Mit deinem Kind zeigt sich diese Lebensfalle vielleicht darin, dass es »nie genug ist«. Dies kann sich zum Beispiel im Leistungsbereich wie der Schule zeigen. Hier erwartest du von deinem Kind stets das Maximum seiner Leistungsfähigkeit bzw. die besten Noten. Performance ist weit wichtiger als Leichtigkeit und Spaß. Auf Unvermögen oder Fehler deines Kindes reagierst du mit Ungeduld, Unverständnis und Härte. Wenn dein Kind eine Hürde erfolgreich genommen hat, rutscht deine Messlatte der Erwartung direkt wieder ein Stückchen höher. Kommt dein Kind mit einer 2 im Test nach Hause, ist deine erste Bemerkung möglicherweise: »Warum keine 1? Diese zwei Fehler waren doch wirklich unnötig. Schade!«

Negatives Hervorheben

Mögliche Kindheitserfahrungen

Erfahrung als Kind, immer wieder enttäuscht worden zu sein oder emotional instabile Eltern erlebt zu haben mit einer pessimistischen Grundstimmung und Angst vor Neuem. Das Kind musste eventuell frühe Schicksalsschläge, Entbehrung oder Verluste erfahren.

Heute zeigt sich meine Lebensfalle so

Mein Fokus liegt auf den negativen Aspekten des Lebens (z. B. Schmerz, Tod, Verlust, Schuld, Enttäuschung, Misserfolg, ungelöste Probleme, Fehler) oder peinlichen Situationen. Ich bin oft besorgt und innerlich angespannt, unentschlossen, neige zu Katastrophisierungen und übersehe die positiven Aspekte des Lebens. Ich leide unter übertriebener Angst vor Kontrollverlust und Fehlern mit katastrophalen Folgen in schulischer, beruflicher, finanzieller oder zwischenmenschlicher Hinsicht. Mein Leben fühlt sich an wie eine einzige »Aneinanderreihung von Problemen«.

Strafneigung

Mögliche Kindheitserfahrungen

Erfahrung als Kind, dass Fehlverhalten, Bedürftigkeit und Schwächen hart bestraft wurden. Das Kind ist machtausübenden Eltern hilflos ausgesetzt, die sich herzlos, strafend, kalt, verächtlich oder gnadenlos verhalten.

Heute zeigt sich meine Lebensfalle so

Ich habe große Schwierigkeiten, eigene Schwächen und Fehler – auch die anderer – zu akzeptieren oder zu verzeihen. Fehler trage ich mir selbst und anderen nach. Für menschliche Unvollkommenheit bringe ich keine Akzeptanz auf und habe einen Mangel an Mitgefühl für mich selbst oder andere. Werden meine Erwartungen mir selbst oder anderen gegenüber nicht erfüllt, reagiere ich wütend, ungeduldig, unerbittlich, strafend oder erbarmungslos.

Was sind meine eigenen Lebensfallen?

Nachdem du die Lebensfallen nun allgemein kennengelernt hast, wollen wir dich mit folgenden Fragen und einer Übung unterstützen, deine eigenen Lebensfallen zu identifizieren.

Fragen an dich

- In welchen Lebensfallen erkennst du dich generell wieder?
- Welche Lebensfallen hindern dich in deinem Alltag am stärksten daran, ein zufriedenes Leben zu führen, zum Beispiel, weil du dich überfordert fühlst oder als Folge ausbrennst?
- In welche Lebensfallen tappst du in der Beziehung zu deinem Kind/deinen Kindern öfter?

Der erste Schritt im Umgang mit den eigenen Lebensfallen ist, diese zu kennen und zu verstehen, wie sie entstanden sind. Und denk daran: Jeder Mensch trägt Lebensfallen in sich, weil niemand eine »perfekte Kindheit« hatte, in der immer alle emotionalen Bedürfnisse erfüllt wurden.

In der folgenden Übung kannst du analysieren, wie sich deine Lebensfallen im Zusammensein mit deinem Kind zeigen und welche Folgen das auf euer Miteinander haben kann.

Übung: Schatten der Vergangenheit überführen und die Schema-Brille absetzen

1. Erinnere dich an eine stressige Situation mit deinem Kind/er und lasse sie mit allen Sinnen nochmal vor deinem inneren Auge ablaufen.
2. Überlege nun mit dem Abstand von heute, welche Lebensfalle in dieser Situation bei dir möglicherweise aktiviert war (für einen Überblick über die Lebensfallen ▶ Tab. 5.1)?
3. Wenn du die Lebensfalle bewusst hinter dir lässt, wie würde sich das auf dein Verhalten und deine Wahrnehmung der Situation auswirken?

Das Aussteigen aus den Lebensfallen ist natürlich nicht einfach. Sie sind ja schon viele Jahre Teil deines inneren Erlebens und damit automatisiert. Doch es ist möglich, neue Wege zu gehen. Hilfe hierfür bekommst du in den Kapiteln »Was macht eine positive Eltern-Kind-Beziehung aus« (▶ Kap. 5) und »Schau nach dir« (▶ Kap. 9) sowie im folgenden Abschnitt.

Von Lebensfallen zu Modi: Dynamiken im Alltag verstehen

Wie wir oben dargestellt haben, beeinflussen die Lebensfallen, wie wir denken, fühlen und handeln, und bestimmen unsere Reaktionen auf bestimmte Situationen. Doch diese Lebensfallen wirken nicht statisch, sondern zeigen sich in unterschiedlichen Ausprägungen und dynamischen Wechselwirkungen – den sogenannten Modi.

Ein Modus ist eine aktivierte, »lebendige« Version einer Lebensfalle, die durch bestimmte Umstände oder Auslöser in einem Moment geprägt wird. Die Modi kannst du dir vorstellen, wie verschiedenen Seiten deiner Persönlichkeit oder innere Anteile: Du bist, handelst, fühlst und denkst anders, je nachdem wie die Situation ist. Mal bist du warmherzig und zugewandt, mal eher analysierend, mal erschöpft, überfordert oder gelassen.

Alle diese Zustände nennen wir Modi oder Anteile, und wir möchten dir dieses Konzept im Folgenden vorstellen, da diese Modi im Familienalltag besonders relevant sind. Sie prägen nämlich häufig die Art und Weise, wie wir mit unseren Kindern und Partner*innen umgehen.

Nicht nur unsere eigenen Anteile beeinflussen den Familienalltag – auch unsere Kinder entwickeln Modi, die sich daran orientieren, welche Anteile sie bei uns beobachten und wie sie lernen, mit bestimmten Familiendynamiken umzugehen. Kinder greifen auf diese Modi beispielsweise zurück, um Aufmerksamkeit zu gewinnen oder sich vor Überforderung oder Aggression zu schützen. Ihre Strategien spiegeln häufig die Reaktionen der Eltern wider und können im Laufe der Zeit zu automatisierten Stress-Reaktionen werden, die ihre Persönlichkeit und ihr Verhalten langfristig prägen.

Warum Modi wichtig sind

Während eine Lebensfalle beschreibt, *was* uns innerlich stresst, zeigt ein Modus, *wie* wir in einem bestimmten Moment denken, fühlen und handeln. Modi sind wie wechselnde Rollen, die wir in verschiedenen Situationen einnehmen. Manche dieser Rollen unterstützen uns – etwa der *Gesunde-Erwachsenen-Modus*, der für Klarheit, Gelassenheit und emotionale Stabilität sorgt. Andere Modi hingegen können den Alltag erschweren, wenn sie dysfunktional sind, wie etwa der *Innere-Kritiker* oder der *Selbstaufopferungs-Modus*.

Beispiel aus dem Alltag: Verschiedene Modi in einer Familie

Susan wird von ihrem älteren Bruder regelmäßig gehänselt. Er verspottet sie wegen ihres Aussehens und macht abwertende Bemerkungen über ihre Fähigkeiten – ein Verhalten, das aus einem *Aggressiven-Modus* kommt und dringend begrenzt werden müsste. Die Eltern sind im Spagat zwischen Arbeit und Familienleben häufig überfordert und greifen in diesen Situationen nicht ein. Statt Susan zu schützen, reagieren sie aus ihrem *Vermeidungs-Modus* heraus, indem sie die Konflikte herunterspielen oder ignorieren. Aussagen wie:

»Das ist doch nur Spaß, nimm das nicht so ernst« zeigen ihre Strategie, unangenehmen Situationen aus dem Weg zu gehen.

Susan fühlt sich in diesem Umfeld allein und hilflos. Die ständigen Abwertungen durch ihren Bruder und das fehlende Eingreifen der Eltern hinterlassen in ihr ein tiefes Gefühl von Unzulänglichkeit. Sie fühlt sich häufig hilf- und schutzlos (*Überforderter-Gefühls-Modus*). Um mit diesen schmerzhaften Erfahrungen zurechtzukommen und weitere Konflikte zu vermeiden, passt Susan sich an. Sie verhält sich ruhig, äußert ihre Bedürfnisse nicht und versucht, möglichst keine Angriffsfläche zu bieten. Diese Verhaltensweise entspricht einem *Unterwerfungs-Modus*, der kurzfristig Frieden schafft, langfristig jedoch Susans Selbstwert weiter schwächt und sie daran hindert, selbstbewusst für sich einzustehen.

Wichtige Modi im Familienkontext

Ein bewusster Umgang mit deinen eigenen Modi ermöglicht es dir, ein stabiles und gesundes Umfeld zu gestalten, in dem sich dein Kind sicher fühlt. Gleichzeitig bietest du ein Modell dafür, wie man konstruktiv mit Herausforderungen, Emotionen und Konflikten umgeht. So hilfst du deinem Kind, gesunde innere Anteile zu entwickeln und die Grundlage für eine gesunde emotionale Entwicklung zu legen. Hierzu geben wir dir im Kapitel »Schau auch nach dir« (▶ Kap. 9) einige konkrete Hinweise.

Im Familienleben treten einige Modi besonders häufig in den Vordergrund, da die komplexen Anforderungen an Eltern und Kinder unsere Ressourcen stark beanspruchen. Im Folgenden beschreiben wir die wichtigsten Modi und ihre Rolle im Familienalltag:

1. **Der Gesunde-Erwachsenen-Modus**
   Dieser Modus ist in Kontakt mit deinen Grundbedürfnissen, und balanciert diese aus. Er steht – bildlich gesprochen – fest auf beiden Beinen: dem Bein der Selbstbehauptung und dem Bein der Bindung (▶ Kap. 2). Wenn du dich im Gesunden-Erwachsenen-Modus befindest, reagierst du klar, empathisch und überlegt. Du kannst die Bedürfnisse deines Kindes wahrnehmen, ohne deine eigenen zu vernachlässigen, und du bewahrst in Konflikten einen kühlen Kopf. Ein starker Gesunder-Erwachsenen-Modus ermöglicht es dir, den Überblick zu behalten und auch bei Herausforderungen lösungsorientiert zu handeln. Er ist essenziell, um die Balance zwischen Fürsorge und Eigenverantwortung in der Familie zu wahren.
2. **Der Innere-Kritiker-Modus**
   Dieser Modus basiert auf verinnerlichten, nicht hilfreichen Stimmen oder Erwartungen aus der eigenen Kindheit. Der Innere-Kritiker äußert in belastenden Situationen häufig Sätze wie: »Du bist keine gute Mutter«, »Du bist ein schlechter Vater« oder »Warum kannst du das nicht besser?«. Er erhöht den inneren Druck auf dich und sorgt dafür, dass du dich unzureichend oder überfordert fühlst. Im Umgang mit Kindern kann der Innere-Kritiker-Modus zum Beispiel dazu führen, dass du zu hart mit dir selbst umgehst oder Erwartungen an dein Kind stellst, die ihm nicht gerecht werden. Beim Inneren-Kritiker handelt es sich also um übermäßig kritische Gedanken dir selbst oder anderen gegenüber. Angemessene Selbstkritik und Offenheit für eigene Entwicklung ist dagegen dem Gesunden-Erwachsenen-Modus zuzuordnen.

3. **Der Gefühls-Modus**
   In diesem Modus fühlst du dich zum Beispiel von den Anforderungen des Alltags überwältigt. Hier werden alle Gefühle verortet, also zum Beispiel Traurigkeit, Ängstlichkeit, Verunsicherung, Hilflosigkeit, Ärger oder Wut. Oft sind es auch Gefühle, die du schon als Kind häufig erlebt hast. Wenn bei dir eine Lebensfalle aktiviert ist, sind deine Gefühle meist besonders stark, weil der unangenehme »Film aus der Vergangenheit« parallel zur Gegenwart in dir abläuft.
   Susan aus unserem Beispiel fühlt sich in ihrem späteren Leben oft hilflos und klein. Diese Gefühle sind nachvollziehbar und angemessen – in Bezug auf die Bedingungen ihres Aufwachsens. Im Erwachsenenleben jedoch hindern diese Gefühle sie daran, sich stark und selbstbewusst zu fühlen und handeln zu können.
4. **Der (Selbst-)Aufopferungs-Modus**
   Dieser Modus tritt häufig bei Eltern auf, die stark auf die Bedürfnisse ihrer Kinder fokussiert sind und dabei ihre eigenen Bedürfnisse übergehen. Auf den ersten Blick mag der Aufopferungs-Modus positiv erscheinen, da er mit Fürsorge und Engagement verbunden ist. Doch auf Dauer führt er zu Erschöpfung, Frustration und dem Gefühl, sich selbst zu verlieren. Im Familienalltag ist es entscheidend, die eigenen Grenzen zu erkennen und sie liebevoll zu kommunizieren. Sonst brennst du aus und wirst unzufrieden.
5. **Der Aggressive-Modus**
   Stressige Situationen, ungelöste Konflikte oder die Aktivierung einer Lebensfalle in dir können dazu führen, dass Eltern in den Aggressiven-Modus wechseln. In diesem Zustand stehen dominantes und teils aggressives oder impulsives Verhalten im Vordergrund. Häufig liegt hinter diesem Modus ein Gefühl des Ärgers oder der Wut. Im Umgang mit Kindern ist der Aggressive-Modus besonders schädlich, da er Angst und Unsicherheit bei diesen auslöst. Verbale, emotionale, körperliche und sexuelle Gewalt gehören zu diesem Modus. Wir vertreten die Haltung, dass dieser Modus nie hilfreich

oder angemessen in der Erziehung ist. Eine bewusste Selbstreflexion und der Aufbau von Strategien zur Stressregulation können helfen, diesen Modus zu entschärfen.

6. **Der Vermeidende-Modus**
   Im Vermeidenden-Modus gehen wir Stress und Spannungen aus dem Weg, ziehen uns in unser inneres Schneckenhaus zurück, meiden Konflikte oder sind emotional so verschlossen, dass wir kaum noch etwas fühlen. Eltern im Vermeidenden-Modus sind emotional nicht gut mit ihren Kindern verbunden, es fehlt Nähe und Probleme werden oft »unter den Teppich gekehrt«. Als Bezugsperson bist du dabei weder im Kontakt mit deinem Kind noch im Kontakt mit deinem eigenen Erleben und deinen Bedürfnissen. Dies kann z.B. daran liegen, dass du emotional selbst sehr gepanzert bist und wenig spürst, vielleicht lenkst du dich aber auch aktiv ab mit Medienkonsum (immer das Handy in der Hand?), extrem viel Arbeit oder betäubst deine Gefühle in diesem Modus mit Alkohol oder anderen Substanzen.

In der folgenden Abbildung (▶ Abb. 4.1) findest du eine visuelle Darstellung der Modi.

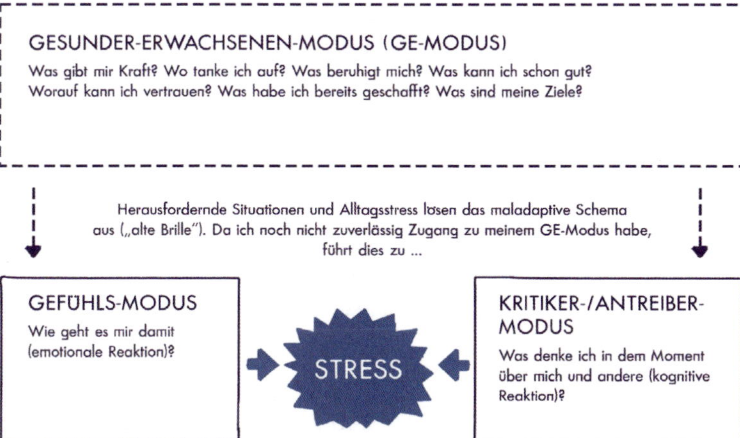

Der STRESS löst unspezifisches dysfunktionales Bewältigungsverhalten aus (je nach Situation, Gefühl und Prägung ist die Reaktion eher bindungsorientiert oder eher selbstbehauptungsorientiert) und ich gehe in den …

UNTERORDNUNGS-MODUS	VERMEIDUNGS-MODUS	KAMPF-MODUS
Tue ich etwas, um in Verbindung mit der anderen Person zu bleiben? Tue ich das, weil ich mir nicht mehr zugestehe oder zutraue, auf Kosten meiner Bedürfnisse?	Tue ich etwas, um aktiv oder passiv meine Gefühle zu unterdrücken?	Tue ich etwas, um meinen Selbstwert zu stabilisieren und wieder Kontrolle zurückzugewinnen auf Kosten von anderen?

Abb. 4.1: Meine verschiedenen Modi (Adenauer & Schuchardt, 2024)

Wie Modi den Familienalltag beeinflussen

Die Modi beeinflussen nicht nur, wie du mit deinen Kindern interagierst, sondern auch, wie deine Kinder auf dich reagieren. Ein Kind spürt beispielsweise genau, wenn du im Überforderten-Gefühls-Modus bist, und kann daraufhin selbst unsicher oder unruhig werden. Ein dysfunktionaler Modus eines Elternteils wirkt sich also unmittelbar auf die Stimmung und das Verhalten in der Familie aus.

Gleichzeitig können Modi als hilfreiche Wegweiser dienen. Sie zeigen dir, welche Lebensfallen in bestimmten Situationen aktiviert werden, und geben dir damit die Chance, bewusst gegenzusteuern. Die Fähigkeit, die eigenen Modi zu erkennen und zu regulieren, ist daher ein wesentlicher Schlüssel, um im (Familien-)Alltag gelassener und bewusster zu agieren.

Im folgenden Kasten findest du eine Anleitung, wie du deine eigenen Modi besser erkennen kannst. Weiteres dazu findest du auch im Kapitel »Schau nach dir« (▶ Kap. 9).

Selbsterfahrungsübung: Deine Modi im Familienalltag erkennen

Ziel der Übung: Diese Übung hilft dir dabei, typischen Reaktionen und Verhaltensmuster im Familienalltag zu erkennen und besser zu verstehen, wie verschiedene Modi in bestimmten Situationen aktiviert werden.

Schritt 1: Eine typische Familiensituation auswählen

Denke an eine Situation aus dem Familienalltag, in der du dich stark emotional oder gestresst gefühlt hast. Zum Beispiel:

- Eine Meinungsverschiedenheit mit deinem Kind.
- Eine stressige Situation, in der du dich überfordert gefühlt hast.
- Ein Moment, in dem du dich besonders fürsorglich oder aufopfernd verhalten hast.

Frage: Welche Situation kommt dir als erstes in den Sinn?

Schritt 2: Deine Gedanken und Gefühle beobachten

Versetze dich zurück in die Situation und notiere:

- **Gedanken:** Was ging dir in diesem Moment durch den Kopf? (z. B. »Warum hört niemand auf mich?«)
- **Gefühle:** Welche Gefühle waren dominant? (z. B. Wut, Traurigkeit, Überforderung, Frustration, Ängstlichkeit)
- **Körperliche Reaktionen:** Gab es spürbare körperliche Anzeichen? (z. B. Herzklopfen, verspannter Nacken)

Schritt 3: Deinen Modus identifizieren

Betrachte deine Gedanken, Gefühle und Verhaltensweisen und überlege, welcher Modus bei die wahrscheinlich aktiv war:

- **Innerer-Kritiker:** Warst du besonders streng mit dir selbst? Hattest du den Eindruck, nicht gut genug zu sein?
- **Überforderter-Gefühls-Modus:** Warst du emotional überwältigt und wusstest nicht, wie du reagieren sollst?

- **Aggressiver-Modus:** Hast du laut oder impulsiv reagiert? Warst du gereizt oder frustriert?
- **Vermeidender-Modus:** Hast du dich innerlich oder äußerlich zurückgezogen? Wolltest du der Situation entfliehen?
- **Gesunder-Erwachsenen-Modus:** Konntest du ruhig, klar und lösungsorientiert handeln?

Frage: Welcher Modus war deiner Meinung nach am stärksten? Warum?

Schritt 4: Perspektivwechsel einnehmen

Betrachte die Situation aus der Sicht deines Kindes oder aus der der anderen beteiligten Person(en):

- Wie könnte dein Verhalten auf gewirkt haben?
- Welche Modi könnten beim Gegenüber durch deine Reaktion ausgelöst worden sein?

Schritt 5: Alternativen überlegen

Denke darüber nach, wie du in einer ähnlichen Situation künftig reagieren könntest:

- Was hätte der Gesunde-Erwachsenen-Modus in dieser Situation getan?
- Welche Strategien kannst du nutzen, um diesen Modus zu stärken?

Notizen: Führe diese Übung regelmäßig durch, um Muster in deinem Verhalten zu erkennen und gezielt daran zu arbeiten, in herausfordernden Momenten häufiger aus deinem Gesunden-Erwachsenen-Modus heraus zu handeln.

Gemeinsam wachsen: Modi als Chance

Fällt es dir noch schwer, Schritt 5 der Übung (Alternativen erkennen) umzusetzen? Das ist völlig normal – vielen Leser*innen geht es genauso. Deshalb findest du im Kapitel »Schau nach dir selbst« (▶ Kap. 9) eine vertiefte Anleitung und Übung, die diesen Schritt nochmals aufgreift und in der sich auch einiges bewusst wiederholt. So profitierst du vom Übungseffekt. Denn mit dem Gesunden-Erwachsenen-Modus ist es wie mit einem Muskel: Regelmäßiges Training bringt letztlich den Fortschritt. Erkenntnis allein ist ein erster wichtiger Schritt, reicht allein aber meist nicht aus.

Das Ziel ist es nicht, alle »negativen« Modi zu vermeiden, sondern sie als wichtige Hinweise zu verstehen. Wenn du dich in einem dysfunktionalen Modus befindest, nutze dies als Einladung innezuhalten und deine eigenen Bedürfnisse zu reflektieren.

Der Gesunde-Erwachsenen-Modus hilft dir, einen Schritt zurückzutreten und einen neuen, stimmigeren Weg einzuschlagen.

Modi sind keine Schwäche, sondern ein Spiegel unserer inneren Welt. Sie zeigen, wo wir noch wachsen können – und geben uns die Chance, durch Achtsamkeit und Reflexion nicht nur für dich selbst, sondern auch für dein Kind ein stabiles Fundament zu schaffen.

5 Was macht eine positive Eltern-Kind-Beziehung aus? Einführung in das Modell der positiven Lebensmuster und der positiven Eltern-Kind-Interaktionsmuster als Wegweiser für Eltern

Wir erachten es als wertvoll und hilfreich, wenn Eltern sich ihrer eigenen Lebensfallen bewusst sind, um dann bewusst gegenzusteuern und ihrem Kind möglicherweise eine andere Erfahrung zu schenken. Das ist leichter gesagt als getan. Es bedarf einiger Übung.

Um es für dich greifbarer und konkreter zu machen, was hilfreiche Qualitäten in der Beziehung zu deinem Kind sind, stellen wir dir nun die »Gegenstücke« zu den Lebensfallen, die positiven Lebensmuster (Schematherapeut Christoph Loose, 2016) vor.

Diese positiven Schemata werden auch mit Resilienz in Verbindung gebracht (Chi et al., 2022), das heißt, wenn du diese Qualitäten in der Beziehung zu deinem Kind einfließen lässt, förderst du seine psychische Widerstandskraft – es wird eher in der Lage sein, äußere Krisen gesund zu überstehen.

Wo soll die Reise hingehen? Positive Lebensmuster als Gegenentwurf zu den Lebensfallen

- **Emotionale Zuwendung***:* Das Gegenstück zur Lebensfalle »emotionale Entbehrung« ist das positive Lebensmuster der emotionalen Zuwendung. Dein Kind fühlt sich beachtet, verstanden, angenommen, respektiert und ernst genommen in seinen emotionalen Bedürfnissen und seinen Gefühlen. Es erlebt durch dich verlässliches Mitgefühl durch entgegengebrachtes Verständnis, interessiertes Zuhören, Austausch über Gefühle und Rücksichtnahme.
- **Verbundenheit und Stabilität***:* Diese Qualität ist das Gegenstück zu der Lebensfalle »im Stich gelassen sein«. Dein Kind weiß, dass es sich auf dich verlassen kann, Dein Wort zählt, du bist für dein Kind da und verbringst auch freie Zeit mit deinem Kind. Vor allem, wenn es in emotionale Not gerät, bist du zuverlässig und verständnisvoll an seiner Seite.
- **Vertrauen**: Mit diesem Gegenstück zu der Lebensfalle »Misstrauen« entwickelt dein Kind Vertrauen in dich und seine Umgebung. Es hat gelernt, dass Menschen in seinem Umfeld wohlwollend sind und seine Grenzen respektieren und wahren. Dein Kind erwartet, von wichtigen Menschen des sozialen Umfeldes nicht emotio-

nal verletzt, misshandelt, missbraucht, belogen oder manipuliert zu werden. Es erlebt Sicherheit und Loyalität in sozialen Beziehungen. Die Beziehung zu dir erlebt dein Kind als überdauernd und unerschütterlich.

- **Zugehörigkeit:** Das Gegenstück zur Lebensfalle »soziale Isolation«. Dein Kind fühlt sich innerhalb der Familie sowie in sozialen Gruppen, wie zum Beispiel der Kindergartengruppe oder der Schulklasse, zugehörig. Es vertraut auf Wertschätzung und Akzeptanz durch andere und pflegt auch außerhalb des Familiensystems Freundschaften.
- **Selbstwertgefühl und Stolz:** Als Gegenstück zur Lebensfalle »Unzulänglichkeit/Scham« steht dein Kind zu sich selbst, fühlt sich als wertvoller Mensch und kann auf manches stolz sein. Die Selbstwahrnehmung ist generell positiv – mit allen Stärken und Schwächen– und es scheut den Vergleich mit anderen nicht. Dein Kind erfährt, dass seine Privatsphäre respektvoll beachtet und gewahrt wird.
- **Erfolg, gesundes Selbstvertrauen und Selbstwirksamkeit:** Diese Erfahrungen bilden das Gegenstück zum Schema »Versagen«. Dein Kind erlebt sich als kompetent und erfolgreich und kann seine eigenen Möglichkeiten und Fähigkeiten ausschöpfen. Es fühlt sich anderen nicht grundsätzlich unterlegen und ist zuversichtlich, dass es Probleme lösen und seine Ziele erreichen kann. Du hilfst deinem Kind mit Misserfolgen umzugehen, ohne es zu bestrafen und zeigst ihm Lösungsmöglichkeiten sowie eine fehlertolerante Perspektive auf. Du würdigst die Fähigkeiten und Kompetenzen deines Kindes, lobst und förderst es.
- **Unabhängigkeit und Kompetenz:** Die Qualitäten stehen der Lebensfalle »Abhängigkeit« entgegen. Dein Kind hat das Gefühl, dass es sich (altersentsprechend) gut um seine Angelegenheiten kümmern kann, vertraut auf die eigene Urteilsfähigkeit und stellt sich gerne neuen Aufgaben oder Herausforderungen. Anforde-

rungen und Belastungen im Alltag kann es bewältigen. Du stärkst dieses Zutrauen in die eigenen Fähigkeiten, gibst – wo nötig – aber auch praktische Anleitung und emotionalen Schutz. Du ermutigst dein Kind, Eigenverantwortung zu übernehmen und förderst seine Unabhängigkeit.

- **Sicherheit, Gesundheit und Unversehrtheit**: Der Lebensfalle »Verwundbarkeit« stehen Sicherheit, Gesundheit und Unversehrtheit gegenüber. Dein Kind erlebt, dass es ausreichend Kontrolle über Gefahren hat und sich sicher fühlen kann. Es ist zuversichtlich, dass es Herausforderungen und Bedrohungen bewältigen kann und vertraut in die eigene Fähigkeit, mit Risiken umzugehen. Dafür vermittelst du deinem Kind eine positive Lebenseinstellung und spendest ihm Sicherheit und Trost bei Verletzungen oder Unfällen.
- **Individualität und Autonomie:** Diese Qualitäten sind die Gegenstücke zur Lebensfalle »Verstrickung/unterentwickeltes Selbst«. Dein Kind entwickelt eine individuelle Identität und kann eigene Präferenzen und Fähigkeiten wahrnehmen. Es kann sich von dir lösen ohne Schuld zu empfinden. Dafür vermittelst du ihm gesunde Grenzen und bist ein Modell für den achtsamen Umgang mit Privatsphäre. Du förderst bei deinem Kind das Selbstvertrauen. Du gibst bei Bedarf Anleitung und Unterstützung, aber ermutigst dein Kind auch (altersentsprechend) eigene Erfahrungen zu machen und etwas auszuprobieren. Fehlverhalten begegnest du, indem du auf Lösungen und Möglichkeiten der Wiedergutmachung fokussierst.
- **Rücksicht und Respekt**: Entgegenwirkend zur Lebensfalle »Besonders sein«, stehen Rücksicht und Respekt. Dein Kind hält die Balance zwischen der Befriedigung eigener Bedürfnisse und der Rücksichtnahme auf die Bedürfnisse anderer (das geht im Säuglingsalter natürlich noch nicht). Es sucht Kompromisse zwischen eigenen Rechten oder Privilegien und denen anderer und kann eigene Bedürfnisse auch mal (altersangemessen) zurückstellen und warten. Dafür leitest du dein Kind an, sich in Gemeinschaften einzu-

fügen, ohne auf eigene Bedürfnisse verzichten zu müssen. Du hast das soziale Miteinander im Blick und stärkst dein Kind in seiner Eigenverantwortung für Alltagspflichten, Entscheidungen und Routineanforderungen. Du würdigst die Bedürfnisse deines Kindes, gibst aber gleichzeitig Struktur und angemessene Grenzen vor.

- **Gesunde Selbstkontrolle und Selbstdisziplin:** Sie ist der Gegenpart zur Lebensfalle »mangelnde Selbstdisziplin«. Dein Kind kann (altersentsprechend) mit seinen Gefühlen umgehen und Bedürfnisse aufschieben, um langfristige Ziele zu erreichen. Bei Alltagspflichten und Routineaufgaben zeigt es meist Gewissenhaftigkeit und Ausdauer – auch wenn diese langweilig oder lästig sind. Dafür bist du ein Modell für selbstdiszipliniertes Verhalten und ermutigst und leitest dein Kind an, sich nicht von einem Ziel oder einer Aufgabe ablenken zu lassen.
- **Gleichwertigkeit und Durchsetzungskraft:** Der Lebensfalle »Unterordnung« steht Gleichwertigkeit gegenüber. Dein Kind hält sich für genauso wichtig und wertvoll wie andere Menschen und kann seine Ziele und Bedürfnisse auch bei Widerständen im Blick behalten und weiterverfolgen. Seine eigene Meinung oder seinen Ärger kann es angemessen äußern, ohne Angst vor Strafe oder Zurückweisung. Eigene Bedürfnisse, Gefühle und Meinungen hält dein Kind für berechtigt. Dafür ermutigst du dein Kind darin, sich eine eigene Meinung zu bilden und diese auch zu äußern. Du bist Vorbild für hilfreiches Streitverhalten und zeigst dabei Möglichkeiten zur Versöhnung und Wiedergutmachung auf oder lebst sie vor. Du gibst deinem Kind Anleitung zum angemessenen Umgang mit Konflikten, Ärger wird als Gefühl gewürdigt, in seinen destruktiven Facetten aber begrenzt.
- **Selbstfürsorge:** Sie ist das Gegenstück zur Lebensfalle »Selbstaufopferung«. Dein Kind kann eigene Bedürfnisse wahrnehmen und äußern und fühlt, dass es ein Recht auf diese hat. Es kann (altersentsprechend) zu seinem eigenen Wohlergehen beitragen und

sich auch verwöhnen. Es begegnet sich selbst in einer liebevollen und wertschätzenden Haltung. Dafür hast du deinem Kind Selbstfürsorge durch dein eigenes Verhalten vorgelebt und es ermutigt, seine Bedürfnisse und Interessen spontan und frei zum Ausdruck zu bringen.

- **Gelassenheit/Souveränität:** Dieses positive Lebensmuster steht der Lebensfalle »Beachtung suchen« gegenüber. Dein Kind fühlt sich selbstsicher und kann sich als Teil einer Gruppe wohlfühlen, ohne immer im Mittelpunkt stehen zu müssen. Es ist nur begrenzt auf Zustimmung, Bewunderung und Anerkennung von außen angewiesen. Es kann mit Ablehnung, Kritik oder Forderungen bereits gut umgehen und vertraut auf sein eigenes Auftreten und seine Fähigkeiten. Dafür schenkst du deinem Kind Anerkennung und Akzeptanz, unabhängig von Leistung, sozialer Anpassung und gesellschaftlichen Vorstellungen. Du achtest darauf, dein Kind nicht in seinen eigenen Möglichkeiten zu überfordern.
- **Spontanität:** Sie ist das Gegenstück zur Lebensfalle »emotionale Gehemmtheit«. Dein Kind steht zu seinen Gefühlen und kann sie spontan ausdrücken. Es akzeptiert auch unangenehme Empfindungen und lässt positive Impulse, wie zum Beispiel Freude oder Zuneigung, offen und passend zu der Situation zu. Du bist im Umgang mit deinem Kind warmherzig, offen und achtsam und ermutigst Spontanität und Herumalbern. Als Mutter/Vater zeigst du selbst deine eigenen Gefühle und Bedürfnisse, ohne dein Kind damit zu überfordern.
- **Realistische Standards/Erwartungen:** Dieses Lebensmuster steht der Lebensfalle »unerbittliche Ansprüche« gegenüber. Dein Kind kann eigene Erfolge wahrnehmen und feiern, nimmt Abstand von unerreichbaren Zielen und kann Pausen/Spiel und Pflichten abwechseln. Du vermittelst deinem Kind einen gesunden Umgang mit Misserfolgen und lobst es auch für kleine Teilerfolge. Deine Haltung ist geprägt von der Überzeugung, dass Fehler und Scheitern zum

Lernen dazugehören. Deine Erwartungen an dein Kind, zum Beispiel bezüglich Leistung oder Kooperation, sind altersangemessen und nicht überfordernd. Liebe und Anerkennung schenkst du deinem Kind unabhängig von seinen Leistungen. Du achtest darauf, dass dein Kind neben den Pflichten/Leistungsbereichen im Alltag genügend Zeit für Pausen, Regeneration, Spiel und Spaß hat.

- **Optimismus:** Er bildet das Gegenstück zur Lebensfalle »negatives Hervorheben«. Dein Kind blickt zuversichtlich in die Zukunft und entwickelt eine lebensbejahende Haltung mit einem positivem Selbstbild. Es vertraut in die eigene Funktionsfähigkeit; erfreuliche Ereignisse und Erfolge schreibt es auch sich selbst zu. Dafür erlebt dein Kind dich als Modell für einen guten Umgang mit Schicksalsschlägen, Entbehrungen oder Verlusten mit einer lebensbejahenden, positiven Grundhaltung. Du würdigst das Positive, feierst Erfolge und leitest dein Kind an, Schwierigkeiten zu lösen. Euer Glas ist also »halb voll« bzw. freust du dich darüber, dass du überhaupt ein Glas hast.
- **Nachsicht und Toleranz:** Diese stehen der Lebensfalle »Bestrafungsneigung« gegenüber. Dein Kind entwickelt Mitgefühl mit sich selbst und kann mit den eigenen Schwächen freundlich umgehen. Bei Misserfolgen oder Scheitern erlebt sich dein Kind weiterhin als wertvoll und ist freundlich mit sich selbst. Du lebst ihm vor, dass es in Ordnung ist, unvollkommen und menschlich zu sein und bleibst auch dir selbst gegenüber liebevoll bei eigenen Fehlern, bist also ein Modell für Selbstfürsorge und Mitgefühl. Bei Fehlverhalten begegnest du deinem Kind mit einem gütigen und warmherzigen Blick, bist verständnisvoll und verzeihend ihm gegenüber, gibst Unterstützung und Halt.

Lass uns mit den folgenden Fragen den Blick gezielt auf deine positiven Lebensmuster richten. Nimm dir dafür ein paar Minuten Zeit und mach dir gerne auch Notizen.

Fragen an dich

- In welchen positiven Lebensmustern erkennst du dich generell wieder?
- Mit welchen Menschen aus deiner eignen Kindheit verbindest du diese positiven Lebensmuster?

Im folgenden Abschnitt möchten wir erläutern, welche wichtigen Erkenntnisse wir aus der Forschung von John Louis (Schematherapeut und klinischer Forscher, Singapore, 2015) zu der Gestaltung eines positiven Familienklimas gewinnen können. Die von ihm beschriebenen Interaktionsmuster knüpfen an die positiven Lebensmuster an und zeigen noch genauer, welche Art des Miteinanders zwischen dir und deinem Kind die Familienatmosphäre positiv beeinflusst und so zu eurem gemeinsamen Wohlbefinden beiträgt.

Inhaltlich findest du diese Themen auch in den positiven Lebensmustern wieder, daher möchten wir die positiven Interaktionsmuster nach John Louis hier zusammengefasst aufzeigen:

Wie schaffst du mit deinem Kind ein positives Klima, in dem es sich gesund entwickeln kann und ihr euch alle wohlfühlt?

- **Autonomie unterstützen und ermöglichen:** Damit ist gemeint, dass du an die Fähigkeiten, Talente und Möglichkeiten deines Kindes glaubst und gleichzeitig dabei hilfst, seine Autonomie zu fördern. Wenn dein Kind zum Beispiel ein Händchen für kreative Aktivität hat und mit allen möglichen Materialien des Haushaltes kleine Kunstwerke herstellt, reagierst du begeistert und würdigst seine Selbstständigkeit, Kreativität und Ausdrucksstärke. Darüber hinaus investierst du – im Rahmen deiner Möglichkeiten – auch in Farben, Pinsel, Ton oder ähnliches, um seine Weiterentwicklung zu fördern. Vielleicht darf dein Kind sogar am Nachmittag zur Kunstschule gehen, um dort noch weiter Anregungen zu bekommen. Du ermöglichst deinem Kind also, seine eigenen Vorlieben zu entdecken, seine Ressourcen zu entfalten und etwas ganz Eigenes zu tun.
- **Bedingungslose Liebe, Zuwendung, emotionale Offenheit und Verspieltheit:** Diese Qualitäten findest du bereits in den positiven Lebensmustern (▶ Kap. 5). Du gibst deinem Kind Liebe und Zuwendung, ohne sie an Bedingungen zu knüpfen – du liebst und akzeptierst es also um seiner selbst willen. Gleichzeitig bist du spontan und verspielt. Teilen sich mehrere Menschen die Beelterung eines Kindes, ergibt sich manchmal eine Rollenaufteilung – je nach Temperament der Eltern. Vielleicht übernimmst du in eurer Konstellation eher den Part, bei dem öfter herumgealbert wird und die Familienregeln auch mal mit einem zwinkernden Auge betrachtet werden. Eigentlich bekommt dein Kind abends immer ein Kapitel aus dem dicken Buch vorgelesen, wenn es sich zügig bettfertig gemacht hat. Wenn du das Abendritual übernimmst, albert ihr aber

oft noch beim Zähneputzen herum oder erzählt euch beim Umziehen witzige Geschichten. Dann wird es eben auch mal etwas später. Dein Interaktionsmuster mit dem Kind folgt in dem Moment der Verspieltheit. Das stärkt eure Bindung und lässt ein fröhliches Kind in den Schlaf finden. Gerade wenn du tagsüber viel arbeiten musst und daher unter der Woche wenig gemeinsame Zeit bleibt, kann ein solches Abendritual eine gute Gelegenheit sein, um die Beziehung zu pflegen.

- **Zuverlässigkeit:** Zuverlässigkeit ist eine wichtige Komponente in deiner Beziehung zu deinem Kind. Sie bedeutet, dass du verantwortlich handelst und dass sich dein Kind auf deine Worte und Versprechen verlassen kann. So entsteht für dein Kind Vorhersagbarkeit, die ihm ein Gefühl von Sicherheit und Kontrolle gibt. Zuverlässigkeit zeigt sich auch darin, dass du die Umgebung strukturgebend gestaltest und deinem Kind wenn nötig angemessen Grenzen aufzeigst.
- **Selbstvertrauen und Kompetenz als Rollenmodell:** Hier geht es darum, wie du als Mutter oder Vater als Rollenmodell auf dein Kind wirkst. Auf dem großen und manchmal stürmischen Ozean des Lebens wünscht sich jedes Kind eine*n souveräne*n und kompetente*n Kapitän*in: Hast du Selbstvertrauen und bist dir bewusst über deine Kompetenzen, wirkt sich das positiv auf deine Interaktion mit deinem Kind aus. Damit ist aber nicht gemeint, dass du als Elternteil immer alles wissen und können musst. Auch Ratlosigkeit und Unsicherheit dürfen sein und gehören zum Leben dazu. Du bleibst ein gutes Rollenmodell, wenn du in solchen Momenten um Hilfe oder Unterstützung bittest. So verwandelst du deine vermeintliche »Schwäche« in eine Stärke.

In der folgenden Tabelle (▶ Tab. 5.1) findest du nochmal alle Lebensfallen und dazugehörigen positiven Lebensmuster zusammengefasst:

Tab. 5.1: Übersicht aller Lebensfallen und positiven Lebensmuster

Negative Lebensfalle	Positive Lebensmuster
emotionale Entbehrung	emotionale Zuwendung
im Stich gelassen	Verbundenheit und Stabilität
Misstrauen	Vertrauen
soziale Isolation	Zugehörigkeit
Unzulänglichkeit und Scham	Selbstwertgefühl und Stolz
Versagen	Erfolg und gesundes Selbstvertrauen
Abhängigkeit	Unabhängigkeit und Kompetenz
Verwundbarkeit	Sicherheit, Gesundheit und Unversehrtheit
Verstrickung und entwickeltes Selbst	Individualität und Autonomie
Besonders-sein	Rücksicht und Respekt
mangelnde Selbstdisziplin	gesunde Selbstkontrolle und Selbstdisziplin
Unterordnung	Gleichwertigkeit und Durchsetzungskraft
Selbstaufopferung	Selbstfürsorge
Beachtung suchen	Gelassenheit und Souveränität
emotionale Gehemmtheit	Spontanität
unerbittliche Ansprüche	realistische Standards und Erwartungen
Negatives hervorheben	Optimismus
Bestrafungsneigung	Nachsicht und Toleranz

In der folgenden Übung möchten wir dich dazu anregen, über deine positiven Lebensmuster nachzudenken und zu überlegen, wie du diese noch weiter stärken kannst.

Es tut gut, den Blick nicht nur auf das Schwierige zu richten, sondern bewusst auch auf das Positive zu schauen – vor allem, wenn es um die Weiterentwicklung deiner Beziehung zu deinem Kind geht.

Übung: Positives fokussieren und fördern

1. Denke an eine positive Situation mit deinem Kind (oder deinen Kindern) zurück und lasse sie mit allen Sinnen nochmals vor deinem inneren Auge ablaufen.
2. Überlege nun, welches positive Lebensmuster bei dir und deinem Kind in dieser Situation möglicherweise aktiviert war oder angelegt wurde?
3. Wie könntest du diesem positiven Muster zwischen dir und deinem Kind im Alltag noch mehr Raum geben? Nimm dir dazu eine konkrete Sache vor, die du ausprobieren oder fortsetzen möchtest!

6 Macht des Modells: Warum sie eine riesige Chance ist

»Wir können unseren Kindern erzählen, was wir wollen, sie machen uns sowieso alles nach« (frei nach Karl Valentin). Kinder lernen durch Nachahmung – eine zentrale Erkenntnis der Entwicklungspsychologie (z. B. Bandura, 1977). Die Werte, Einstellungen und Verhaltensweisen, die Eltern vorleben, prägen die Entwicklung ihrer Kinder tiefgreifend. Die Familie ist der erste und wichtigste Ort der Wertebildung, da Kinder in den frühen Lebensjahren eine besonders starke Bindung zu ihren Eltern entwickeln. Sie orientieren sich an deren Handlungen, Haltungen und Entscheidungen und übernehmen unbewusst grundlegende Prinzipien für ihr eigenes Denken und Handeln.

Studien zeigen, dass die Familie nicht nur die moralischen und sozialen Werte eines Kindes beeinflusst, sondern auch langfristige Einstellungen zu Themen wie Selbstfürsorglichkeit, Beziehung, Gerechtigkeit, Verantwortung und Gemeinschaft. Jugendliche betonen in Befragungen immer wieder, dass ihre Eltern wichtige Orientierungspunkte bleiben – auch in Phasen der Rebellion und Loslösung (z. B. Albert et al., 2019).

Werte wie Empathie, Respekt, Traditionsbewusstsein oder Verantwortungsbewusstsein werden dabei vor allem durch das gelebte Beispiel der Eltern vermittelt, weniger durch explizite Anweisungen oder

Belehrungen. Eltern, die im Alltag Rücksicht und Hilfsbereitschaft zeigen, bieten ihren Kindern ein glaubwürdiges Modell für zwischenmenschliche Beziehungen. Dabei ist Authentizität entscheidend. Kinder merken schnell, ob das Verhalten ihrer Eltern mit deren Überzeugungen übereinstimmt. Nur durch konsequentes Vorleben können Werte wirklich verinnerlicht werden (Hüther, 2016).

Andersherum gibst du auch deine eher ungünstigen Muster an dein Kind weiter. Und das ist nicht als negative Bewertung gemeint – denn wir alle bestehen nicht nur aus empathischen, selbstfürsorglichen, werte- und bedürfnisorientierten Anteilen. Wenn du also in deinen negativen Lebensfallen (▶ Kap. 4) feststeckst und diese deinem Kind »vorlebst«, wirst du die Lebensfallen auch an dein Kind weitergeben. Eine Lebensfalle kann sich dabei darauf auswirken, wie du mit deinem Kind umgehst, aber auch darauf hinweisen, wie du mit dir selbst umgehst. Sie wirkt also nach innen (in dir selbst) und nach außen (in deine Umwelt, wie zum Beispiel die Beziehung zu deinem Kind).

Wenn du zum Beispiel in der Lebensfalle »unerbittliche, hohe Ansprüche« feststeckst, ist es wahrscheinlich, dass du sehr hart mit dir selbst umgehst und hohe Leistungsstandards an dich stellst. Deine inneren Antreiber sagen dir dann: »Es ist nie genug, ich darf keine Pausen machen, es ist nicht ok, die Pflichten mal ruhen zu lassen« usw. Du fühlst dich, als würdest du ständig »im Hamsterrad rennen«, nimmst dir kaum Zeit für Regeneration und Spaß, bist gehetzt und erschöpft. Und es ist sehr wahrscheinlich, dass du dieselben hohen Ansprüche auch an dein Kind stellst. Und selbst, wenn du mit deinem Kind wohlwollender und milder umgehst als mit dir selbst, wird es die Lebensfalle über deine Vorbildfunktion »vererbt« bekommen.

Ähnlich verhält es sich mit der Qualität der Paarbeziehung, auch hier spielt Modelllernen eine große Rolle für dein Kind. Je näher dir ein Mensch emotional steht, desto stärker werden deine Lebensfallen im Zusammensein mit diesem Menschen aktiviert. Das ist leider eine Art Lebensfallen-Grundgesetz. Daher hast du es – wie jeder von uns – in der Beziehung zu deinem Kind, aber eben auch in der zu deinem Partner oder deiner Partnerin besonders häufig mit quälenden Lebensfallenaktivierungen zu tun. Um diesen Stress auszugleichen, greifen Menschen in Paarbeziehungen besonders häufig auf aggressive Kampfmodi, gefühlstaubes Funktionieren (Vermeidender-Modus) oder unterordnende Modi als langfristig negative Bewältigungsstrategien zurück. Dein Kind wird nicht nur Zeuge oder Zeugin dieser negativen Dynamik, sondern oft auch Leidtragende*r.

Weil wir um die Macht des Modells wissen, möchten wir dich ermutigen, hier genau hinzuschauen. Dabei geht es gar nicht darum, in der Partnerschaft allumfassende Befriedigung eigener Bedürfnisse und Harmonie zu erreichen, das wäre unrealistisch und ist für ein gutes Modell auch gar nicht nötig.

Einige Anregungen, wie das Aussteigen aus ungünstigen eigenen Mustern gelingen kann, geben wir im Kapitel »Schau nach dir!« (▶ Kap. 9). Dort wird ausgeführt, wie du es schaffen kannst, eigene Lebensfallen zu überwinden. Denn wie die oben erwähnte Forschung zeigt: Das ist auch gut für dein Kind!

Die »Macht des Modells« ist vor allem eine enorme Chance. Sie gibt dir die Möglichkeit, durch bewusstes Handeln langfristig positive Weichen für die Entwicklung deines Kindes zu stellen.

Beispiel aus dem Alltag: Kinder übernehmen Werte von ihren Eltern: Wie das gelingen kann

Die Eltern von Susan (8 Jahre) und Leo (11 Jahre) zeigen durch ihr Handeln, wie Werte wie Mitgefühl und Gemeinschaftssinn im Alltag gelebt werden können. Die Kinder erleben dies auf eine prägende Weise.

Jeden Sonntag helfen die Eltern in einer lokalen Suppenküche und nehmen ihre Kinder mit. Leo und Susan sehen, wie ihre Eltern freundlich mit Menschen umgehen, die Unterstützung brauchen, und lernen dabei, dass jede*r einen Beitrag leisten kann, um anderen zu helfen. So erfahren die Kinder ein tiefes Verständnis für Mitgefühl und soziale Verantwortung.

Parallel dazu pflegen die Eltern eine enge Verbindung zur Gemeinschaft in ihrem Wohnort. Beim jährlichen Nachbarschaftsfest organisieren sie Spiele für Kinder und laden Neuankömmlinge herzlich ein. Susan und Leo beobachten, wie ihre Eltern aktiv auf andere zugehen und Beziehungen knüpfen. Sie entwickeln dadurch selbst Offenheit und Freude am sozialen Austausch.

Das Vorbild ihrer Eltern beeinflusst Susan und Leo nachhaltig: Sie übernehmen das aktive Engagement und die Empathie, die ihnen täglich vorgelebt werden, in ihr eigenes Verhalten. Beide Kinder zeigen zunehmend Eigeninitiative, sei es, einem neuen Klassenkameraden zu helfen oder selbst Vorschläge zu machen, wie sie sich in der Gemeinde einbringen können.

Fragst du dich gerade, welche Werte du deinen Kindern vorlebst? Vielleicht kann die folgende kleine Vorstellungsübung dabei helfen, hier genauer hinzuschauen.

Übung: Welche Werte lebe ich meinem Kind vor?

Nimm dir einen Moment Zeit, um innezuhalten und über die Werte nachzudenken, die in deinem Leben eine Rolle spielen und die du bewusst oder unbewusst an dein Kind weitergibst. Stell dir vor, du würdest deinen Alltag von außen beobachten – was lebst du deinem Kind vor?

Überlege zunächst Situationen, in denen dein Handeln einen dir wichtigen Wert vermittelt. Vielleicht sind es die Gespräche, die du führst, oder Entscheidungen, die du triffst. Diese Werte könnten mit

Bereichen wie Ehrlichkeit, Freiheit, Altruismus, Gerechtigkeit, Mitgefühl, Religion, Gemeinschaft, politischer Haltung, Loyalität, Toleranz, Natur(-schutz), Gesundheit oder Bildung zu tun haben.

Dann denke an gemeinsame Momente mit deiner Familie: In welchen Gesprächen teilst du deine Überzeugungen, etwa über Gerechtigkeit oder Gemeinschaftssinn? Erzählst du Geschichten, in denen Traditionen oder persönliche Werte sichtbar werden? Unternehmt ihr gemeinsam Dinge, die auf eine bestimmte Haltung schließen lassen – gehst du beispielsweise gemeinsam mit deinem Kind in die Natur oder auf politische Kundgebungen?

Lässt du Raum für die Meinung deines Kindes und für seine eigene Werteentwicklung? Zeigst du durch dein Handeln, dass du dich auch für Dinge einsetzt, von denen du unmittelbar »nichts hast«? Oder ganz allgemein gefragt: In welcher Weise lebst du deinem Kind die Werte vor, die dir wirklich wichtig sind?

Stell dir abschließend vor, wie dein Kind deine Werte erlebt und welche es vielleicht schon übernommen hat. Spiegelt dein Kind in seinen Handlungen und Worten etwas von deiner Haltung wider? Oder zeigt es womöglich, dass es manche Werte ganz anders sieht?

Diese Vorstellung kann dir helfen, bewusster darauf zu achten, in welchen Bereichen du bereits Vorbild bist – und welche Werte du vielleicht noch stärker leben möchtest.

Im hektischen Alltag bleibt oft wenig Raum, um bewusst die Werte zu leben, die einem wirklich wichtig sind. Doch gerade in diesen Momenten ist es entscheidend, an den eigenen Überzeugungen festzuhalten. Deine Werte sind der innere Kompass, sie helfen dir, Entscheidungen zu treffen, die deinem Leben Sinn und Richtung geben. Wenn du sie konsequent in dein Handeln einbindest, stärkst du nicht nur dein eigenes Wohlbefinden, sondern bist auch ein authentisches Vorbild für die Menschen in deinem Umfeld – besonders für deine Kinder.

Ein einfacher Weg, um deine Werte im Alltag zu leben, ist es, kleine Rituale zu schaffen, die deine Überzeugungen widerspiegeln. Wenn dir beispielsweise Klimaschutz wichtig ist, könntest du einige Wochentage in der Woche vegetarisch oder vegan Kochen. Ist Gemeinschaftssinn ein zentraler Wert für dich, kannst du bewusst Zeit für gemeinsame Aktivitäten mit Familie oder Freund*innen reservieren. Rituale helfen, auch in stressigen Zeiten den Blick für das Wesentliche nicht zu verlieren.

Nimm dir regelmäßig ein paar Minuten Zeit, um dich zu fragen: »Welche meiner Entscheidungen oder Handlungen der letzten Tage spiegeln meine Werte wider?« Auf diese Weise kannst du Schritt für Schritt sicherstellen, dass du authentisch lebst und deinen inneren Kompass nutzt, um dem Alltag mit mehr Klarheit zu begegnen.

7 Vater-Mutter-Kind? Familie in unterschiedlichen Konstellationen gestalten

Vorbemerkungen

In diesem Kapitel möchten wir dich ansprechen, wenn du in einer Familie lebst, die in irgendeiner Weise von der weißen, heterosexuellen cis-Norm abweicht. Natürlich kann das Thema auch für dich interessant sein, wenn du selbst nicht in einer unkonventionellen Familie lebst, aber die Werte Toleranz und Vielfalt hochhältst – und Anregungen suchst, wie du nonkonforme Familien in deiner Umgebung unterstützen kannst.[2]

Welche Familienformen meinen wir damit konkret?

Wir denken an Familien mit queeren Eltern, zum Beispiel zwei lesbische Mütter oder trans*Personen, die gemeinsam Kinder großziehen; Familien in Mehrelternschaft – also der Zusammenschluss mehrerer Personen zu einer Familie mit Kind; Ein-Eltern-Familien; Patchworkfamilien; multikulturelle Familien; Familien mit einer von der Mehrheitsgesellschaft abweichenden Religion und Kultur; Familien mit Pflege- oder Adoptivkindern; Familien, in denen Menschen mit Behinderung leben und noch einige mehr.

In manchen Familien kommen mehrere dieser Merkmale gleichzeitig vor, zum Beispiel zwei lesbische Frauen unterschiedlicher Hautfarbe, die gemeinsam ein Kind haben. In solchen Fällen sprechen wir von »Intersektionalität«: Verschiedene Diskriminierungsformen (z.B. Rassismus, Sexismus, Klassismus) überschneiden und verstärken sich gegenseitig, die betroffenen Menschen erleben oft stärkere Diskriminierungserfahrungen.

Fakt ist: Nicht alle Familien entsprechen der weißen, heteronormativen, cis-geschlechtlichen, akademisierten Norm!

Eigentlich könnte man ein ganzes Buch oder sogar mehrere Bücher dazu schreiben, um alle Perspektiven darzustellen, die im Zusammenhang mit unkonventionellen Familien interessant sind: Fragen zu Reproduktion, sozialer Sichtbarkeit, Bildung, Chancengleichheit, recht-

---

2 Wir benutzen in diesem Kapitel verschiedene Begriffe synonym, zum Beispiel nicht-normentsprechend, nonkonform, unkonventionell etc., um Familien zu beschreiben, die in irgendeiner Hinsicht von der gesellschaftlichen Norm abweichen. Diese Begriffe zielen auf eine respektvolle und inklusivere Sprache ab, die verschiedene Lebensrealitäten und Familienstrukturen anerkennt. Sie vermeiden eine Wertung und betonen die Vielfalt von Familien, die von der weißen, traditionellen, heteronormativen Norm abweichen.

lichen Aspekten, Sensibilisierung gegen Diskriminierung – und vieles mehr.

Während diese Aspekte wichtig sind, um die strukturellen Rahmenbedingungen nicht-normkonformer Familien zu verstehen, liegt der Fokus dieses Kapitels auf den emotionalen Bedürfnissen der Kinder, die in solchen Familienformen aufwachsen. Wie erleben Kinder die Vielfalt ihrer Familie? Welche Herausforderungen begegnen ihnen und wie können wir sie darin unterstützen, Resilienz, Stolz und ein starkes Selbstwertgefühl zu entwickeln?

Im Kontext von Diskriminierungen spricht man auch von »Empowerment« (Rappaport, 1987). Ziel des Empowerments ist es, Diskriminierung etwas entgegenzusetzen, indem man nicht ausschließlich Defizite und Nachteile benennt, sondern vor allem Stärken und Möglichkeiten innerhalb einer Gemeinschaft fördert.

Bevor wir unsere Ideen zum Empowerment mit dir teilen, möchten wir zunächst die Frage klären, warum wir in unserem Elternratgeber ein eigenes Kapitel schreiben, dass sich an Eltern nicht-normentsprechender Familien richtet. Schließlich haben wir oben bereits betont, dass die Grundbedürfnisse angeboren und universell sind. Für uns ist jedes Kind gleich wichtig und wertvoll. Warum brauchen wir also besondere Unterstützung für von der Norm abweichende Familien?

Wir möchten dich gerne sensibilisieren für den Fakt, dass zwar alle Kinder gleiche Bedürfnisse haben, aber nicht alle Familien in der Gesellschaft gleichgestellt sind und gleichbehandelt werden. Insofern stehen bestimmte Familien vor besonderen Herausforderungen. Wenn du selbst zu einer unkonventionellen Familie gehörst, müssen wir dir das nicht erklären, denn du erlebst es wahrscheinlich jeden Tag.

Die Kinder in nicht normkonformen Familien sind oft mit Fragen zur eigenen Identität, Zugehörigkeit und Akzeptanz konfrontiert. Sie müssen lernen, mit gesellschaftlichen Normen und Erwartungen umzugehen, die oft eine andere Familienstruktur voraussetzen und machen mitunter die Erfahrung von Ausgrenzung oder sogar Gewalt.

Eltern in diesen Konstellationen stehen vor der Aufgabe, ihren Kindern ein stärkendes und liebevolles Zuhause zu bieten – sie gegebenenfalls vor Anfeindungen zu schützen und gleichzeitig mit emotionalen Belastungen wie der Angst vor Ablehnung, Gewalt und Stigmatisierung oder Wut über Ungerechtigkeit umzugehen. Gesellschaftliche Ausgrenzung bedeutet natürlich nicht nur für die Kinder, sondern auch für die Eltern, eine Bedürfnisverletzung, und sie reagieren darauf mit ihren eigenen individuellen Bewältigungsstrategien, zum Beispiel Leugnung, Rückzug oder Feindseligkeit.

Wir möchten in diesem Kapitel unsere Ideen vorstellen, wie du als Elternteil günstig (d. h. im Sinne des Gesunden-Erwachsenen-Modus, ▶ Kap. 4) auf diese Herausforderungen reagieren kannst, sodass deine Kinder möglichst optimal versorgt sind.

Falls du selbst nicht Teil einer solchen nicht-normentsprechenden Familie bist, kann dir vielleicht das folgende kleine Gedankenexperiment helfen, dich ein Stück weit in die in die Lage solcher Familien hineinzuversetzen.

Übung: Wir und die Anderen

Stell dir vor, du ziehst mit deiner Familie in eine neue Stadt, in der die meisten Menschen andere Traditionen haben als ihr. Das merkt man sofort, wenn ihr euren Namen nennt, oder bestimmte Verhaltensweisen zeigt. In eurer neuen Umgebung ist beispielsweise Körperkontakt unüblich und ihr fallt auf, wenn ihr eure Kinder beim Abschied umarmt.

Du bemerkst mit der Zeit, dass Menschen in deiner Umgebung, zum Beispiel die anderen Eltern in der Schule, subtil auf Distanz gehen oder dich und deine Familie ignorieren. Die Eltern auf dem Schulhof schauen oft weg, wenn du sie freundlich ansprichst, oder sie wechseln in Gesprächen plötzlich das Thema, sobald du etwas über deine Kultur erzählst. Gelegentlich hörst du, dass sie Andeutungen machen, die nahelegen, dass mit eurer Familie etwas »nicht richtig« sei.

Euer Kind kommt nach der Schule traurig nach Hause, weil es keine Freund*innen findet und geärgert wird. Euer anderes Kind zeigt zwar keine Traurigkeit, verhält sich aber in der Schule »auffällig«, gerät in Konflikte und möchte nicht mehr hingehen.

Wie fühlt es sich an, wenn du erlebst, dass deine Kinder leiden, und wenn du weißt, dass dieses Leiden mit eurer Identität und Herkunft zu tun hat? Stell dir vor, dass du versuchst, deine Kinder zu unterstützen, gleichzeitig aber selbst immer wieder auf Ablehnung stößt. Was bedeutet es, Eltern zu sein, die ihren Kindern erklären müssen, warum andere sie ablehnen – ohne dass es einen rationalen Grund gibt?

Was empfindest du bei diesem Gedankenexperiment? Wo spürst du Hilflosigkeit oder vielleicht auch Wut? Welche Gefühle entwickelst du gegenüber der Gesellschaft und was bräuchtest du von dieser Gesellschaft, um dich willkommen und akzeptiert zu fühlen? Was kannst du tun, um deine Kinder in dieser Situation zu stärken? Was davon tust du bereits? Und wofür hast du noch keine Lösung? Vielleicht magst du hier eine kurze innerliche Notiz machen und schauen, ob sich im Laufe dieses Kapitels noch die ein oder andere Idee ergibt.

Wir schließen uns den Autor*innen der Broschüre des Regenbogenfamilienzentrums Lichtenberg (2022) an: Von der gesellschaftlichen Norm abweichende Familien (in all ihrer Vielfalt) brauchen emotionale, strukturelle und gesellschaftspolitische Unterstützung, um ihre Familie als gleichwertig und erwünscht erleben zu können.

Lange Zeit wurde Familiengründung vor allem im Kontext der Mehrheitsgesellschaft gedacht (weiß, heterosexuell, cis-geschlechtlich, arbeitstätig, gesund etc.). Familienkonzepte außerhalb dieser Norm waren kaum denk- und sichtbar. In den letzten Jahren hat sich gesellschaftlich schon einiges in die richtige Richtung bewegt, zum Beispiel durch die »Ehe für alle«, die 2017 in Deutschland eingeführt wurde und die einen bedeutenden Schritt zur rechtlichen Anerkennung gleichgeschlechtlicher Paare darstellt. Diese können seitdem beispielsweise auch gemeinsam ein Kind adoptieren.

Gleichzeitig wurde jedoch eine Reform des Abstammungsrechts versäumt. Kinder, die in eine gleichgeschlechtliche Ehe hineingeboren werden, haben weiterhin nicht automatisch zwei rechtliche Eltern, sondern müssen vom nicht-gebärenden Elternteil über ein von vielen als belastend empfundenes Stiefkindadoptionsverfahren adoptiert werden – und das, obwohl es sich um gemeinsam geplante Wunschkinder handelt!

Darüber hinaus zeigen Studien, dass jedes zweite Kind aus Regenbogenfamilien in Deutschland verbale Ausgrenzungen von Gleichaltrigen erlebt (vgl. Rupp, 2009).[3]

Mit dem folgenden Fallbeispiel wollen wir dir exemplarisch am Beispiel einer Regenbogenfamilie vor Augen führen, wie Diskriminierungserfahrungen die Grundbedürfnisse der Familienmitglieder beeinträchtigen können.

---

3 Die Studie zeigt jedoch zum Glück auch, dass diese Kinder offenbar von den Eltern sehr gut begleitet werden, was ihre Resilienz fördert.

Beispiel aus dem Alltag: Besondere Herausforderungen in nicht-normentsprechenden Familien: Tom, Luka, Leo und Susan

Tom und Luka haben gemeinsam zwei Kinder: Leo und Susan. Luka hatte vor zwei Jahren sein Coming-Out als trans* und lebt seither in seinem Identitätsgeschlecht als Mann. Leo und Susan sind die leiblichen Kinder von Tom und Luka.

Nach dem Coming-Out sah sich Luka mit unterschiedlichen Arten von Diskriminierung erheblichen Ausmaßes konfrontiert: Die fehlende Anerkennung als Mann und Vater durch Gesellschaft, Familienangehörige und Lehrpersonal in der Schule der Kinder. In diesen Kontexten für Akzeptanz zu kämpfen, erforderte viel Kraft – ein großer persönlicher Aufwand, der Luka gerade in der Umbruchphase stark belastete. Denn parallel musste er sich in seiner Beziehung zu Tom auch mit dessen Reaktion auf sein Coming Out als trans Mann auseinandersetzen. Es gab damals viel Unverständnis und Streit, zum Teil auch vor den Kindern.

Das soziale Umfeld reagierte sehr unterschiedlich: Während viele Freund*innen von Tom und Luka ohnehin eine tolerante, diversitätsfreundliche Haltung mitbrachten, und relativ einfach »umschalten« und Luka als Mann sehen konnten, war es in der Schule der Kinder deutliche schwieriger. Als Luka zum ersten Mal sichtbar in seinem Identitätsgeschlecht als Mann zu einem Elternabend ging, verstummten alle im Raum, es gab vereinzeltes Lachen und abschätzige Bemerkungen. Luka fühlte sich ausgesprochen unwohl.

Die Kinder, damals 8 und 11 Jahre alt, wurden von den Mitschüler*innen teilweise ignoriert oder neugierig ausgefragt, in manchen, sehr belastenden Situationen aber auch geärgert. Leo entwickelte mit Beginn der Pubertät soziale Auffälligkeiten. Er bekam häufig Wutanfälle in der Schule. Die Lehrkraft sagte den Vätern auf Nachfrage, keine Ausgrenzung Leos durch die anderen Schüler*innen bemerkt zu haben und vertrat den Standpunkt »Bei uns sind alle Kinder gleich.«

Als Tom und Luka eine Erziehungsberatung aufsuchten, bemerkte Luka direkt, dass die beratende Person Leos Schwierigkeiten vorschnell mit Lukas Transition erklärte (»Es muss für Leo wirklich sehr schwer sein, die ›Mutter zu verlieren‹ und zu akzeptieren, dass er seine ›Mutter‹ jetzt Papa nennen soll…«).

Luka ist also von Diskriminierungen durch unterschiedliche Stellen betroffen. Für ihn ist es besonders verletzend, dass ausgerechnet in der Erziehungsberatungsstelle, von der er sich Unterstützung für Leo erhofft hatte, selbstverständlich angenommen wird, dass seine Transition, nicht etwa die Reaktion der Anderen darauf und die Ausgrenzung, die Leo erfahren hat, als hauptsächlicher Belastungsfaktor Leos Schwierigkeiten erklären soll. Luka und Tom fragen sich, wie sie ihre Kinder in dieser schwierigen Umbruchzeit unterstützen können. Gleichzeitig merken sie, wie ihnen selbst langsam die Kraft aus geht…

Die emotionalen Grundbedürfnisse von Kindern in unkonventionellen Familien

Oben im Kapitel »Was brauchen unsere Kinder wirklich« (▶ Kap. 2) hatten wir dir bereits die Idee vorgestellt, dass sich die emotionalen Kernbedürfnisse auf zwei zentrale Achsen zurückführen lassen: »Bindung/Zugehörigkeit« und »Autonomie/Selbstbehauptung«. Wir hatten ausgeführt, dass man sich diese Bedürfnisse wie zwei Beine vorstellen kann, auf denen man sicher steht (▶ Abb. 2.1). In diesem Abschnitt wollen wir uns anschauen, wie diese Bedürfnisse im Kontext nonkonformer Familien gelebt werden können bzw. worin ihre spezifischen Bedrohungen bestehen.

Das »blaue Bein«: Das Bedürfnis nach Bindung und Zugehörigkeit

Kinder wollen dazu gehören. Als Teil einer nonkonformen Familie machen sie aber früher oder später die Erfahrung, »anders« zu sein als die gesellschaftliche Norm. Hier könnte also potenziell das Bindungsbedürfnis der Kinder durch die Reaktion der Mehrheitsgesellschaft frustriert werden, nicht durch eine bestimmte Atmosphäre innerhalb der Familie selbst.

Vielleicht hast du ja am Anfang dieses Kapitels bei unserem Gedankenexperiment mitgemacht, in dem eine Familie ausgegrenzt wird. Wie kannst du deinem Kind helfen, damit klarzukommen?

Wir glauben: Ausgrenzung lässt sich mit der Herstellung von Bindung begegnen! Es geht darum, Verbindungen zu schaffen mit Personen, die in einer ähnlichen Lage sind wie du. Schaffe dir und deiner Familie eine Community, in der Zugehörigkeit real ist, indem du ein positives, inklusives und selbstbewusstes Umfeld aufsuchst, in dem deine Eigenschaften, die dich von der Mehrheitsgesellschaft unterscheiden, geteilt werden.

Einerseits ist das wohltuend für dein Kind, weil es sich dann in einem gesellschaftlichen Raum bewegen kann, in dem es nicht »das Andere« ist, sondern in dem sein So-Sein als normal erlebt wird. Das befriedigt wunderbar das Bindungsbedürfnis!

Andererseits hilft dir das Vernetzt-Sein auch im Umgang mit eigener Unsicherheit – einer Unsicherheit, die dir in vielen Fällen von der Mehrheitsgesellschaft »verpasst wird«, weil ihr euch als Familie von der Norm unterscheidet. Wenn wir als Familie nicht der gesellschaftlichen Norm entsprechen, brauchen wir Eltern selbst Unterstützung, um dieser Unsicherheit etwas entgegensetzen zu können, damit wir sie nicht unbewusst auf unsere Kinder übertragen.

Wir haben ja bereits oben (▶ Kap. 6) schon gezeigt, wie sich Facetten des elterlichen Erlebens auf Kinder übertragen können. Und auch in unserem Gedankenexperiment am Anfang dieses Kapitels hast du wahrscheinlich gespürt, wie unheimlich anstrengend es ist, stark für dein Kind zu sein, wenn du selbst gleichzeitig gegen Diskriminierung kämpfen muss.

Das heißt: Indem du dir selbst durch Vernetzung etwas Gutes tust, hilfst du auch indirekt deinem Kind! Vielleicht motiviert dich genau das, etwas für »das blaue Bein« eurer Familie zu tun.

Bist du als Teil einer nonkonformen Familie schon gut vernetzt? Dann spürst du wahrscheinlich schon die wohltuende Wirkung gegenseitiger Unterstützung, denn das brauchen wir als soziale Wesen unbedingt!

Falls du dich bisher noch nicht in einer Community befindest, die dir den Rücken angesichts deines So-Seins stärkt, dann erkundige dich doch einmal, welche Angebote es in deiner Nähe gibt.

In Deutschland gibt es verschiedene Anlaufstellen und Netzwerke, die Familien unterstützen, die sich außerhalb der klassischen Familiennorm verorten und sich vernetzen wollen bzw. Unterstützung suchen.

Diese Organisationen und Plattformen bieten Raum für Austausch, Beratung und Vernetzung und sind oft auf die spezifischen Bedürfnisse unterschiedlicher Familienformen ausgerichtet.

Einige Anlaufstellen:

- Verband alleinerziehender Mütter und Väter (VAMV)
- Verein für Solo-Mütter: Solomütter Deutschland e. V. (SMD e. V.)
- Anlaufstelle für Regenbogenfamilien: LSVD+ – Verband queere Vielfalt.
- Für trans*Personen: Bundesverband Trans*
- Für inter*Personen: Intergeschlechtliche Menschen e. V.
- Für Familien mit Migrationshintergrund: DaMigra – Dachverband der Migrantinnenorganisationen in Deutschland und der Verband binationaler Familien und Partnerschaften
- Patchwork Familien e. V.
- Pro Familia – Beratung für Familien und Eltern
- Lokale Initiativen und Familienberatungszentren vor Ort (über das Internet lässt sich leicht rausfinden, was in deinem Wohnort angeboten wird)

Neben dem Vernetzt-Sein mit anderen Familien bzw. mit Strukturen, die dein So-Sein teilen, ist es natürlich für dein Kind (wie für alle anderen Kinder auch) wichtig, zuhause liebevolle Ansprechpartner*innen zu haben. Wir haben in diesem Buch schon ausgeführt, welche Bindungsangebote Kinder innerhalb der Familien brauchen, um ein starkes »blaues Bein« zu entwickeln. Das gilt natürlich ganz genauso für Kinder, die in nonkonformen Familien aufwachsen!

Am Ende des Kapitels findest du noch einige Ideen, wie das konkret aussehen könnte (siehe Abschnitt: Ein Anwendungsbeispiel: Hilfe für Leo)

Das »rote Bein«: Das Bedürfnis nach Autonomie und Selbstbehauptung.

Autonomie und Selbstbehauptung bedeutet, die Fähigkeit zu haben, das Leben selbstbestimmt zu gestalten, die eigenen Rechte wahrzunehmen und das eigene Potenzial auszuschöpfen. Für deinen Umgang mit deinen Kindern bedeutet das, ihnen dabei zu helfen, ihre individuelle Stimme zu finden, Selbstbewusstsein zu entwickeln, fair behandelt zu werden und selbstbestimmt an der Gesellschaft teilhaben zu können – kurz: fest auf dem roten Bein zu stehen!

Wie kann das gelingen?

Vorleben von Authentizität und Selbstakzeptanz

Echtheit vorleben: Eltern aus nonkonformen Familien können ihren Kindern zeigen, dass es möglich ist, sich selbst zu akzeptieren, unabhängig von gesellschaftlichen Normen. Wenn Eltern ihre eigene Identität mit Stolz leben und offen damit umgehen, sind sie den Kindern ein Modell dafür, sich selbst zu lieben und keine Angst davor zu haben, anders zu sein. Hier kann es beispielsweise eine schöne Idee sein, Rituale und Traditionen aktiv zu leben – wie Schabbat zu feiern, kulturelle Gerichte zu kochen oder Feste der eigenen Community zu zelebrieren. Ein weiteres hilfreiches Mittel, um Kindern positive innere Bilder zu geben, ist es das Erzählen ermutigender Geschichten: Neben der Thematisierung von Herausforderungen sollten Kinder auch Geschichten von Menschen hören, die Diskriminierung überwunden und Großes erreicht haben.

Natürlich ist das »Vorleben von Selbstakzeptanz« manchmal leichter gesagt als getan. Wenn du selbst viel Abwertung erfahren hast, sei es in der Gesellschaft für dein So-Sein, sei es innerhalb deiner eigenen Familie oder durch »Mobbing« in der Schule, dann kann es herausfordernd sein, deinem Kind authentisch Selbstwert vorzuleben. Denn in einem diskriminierenden Kontext werden ganz automatisch deine eigenen Schemata aktiviert (▶ Kap. 4). Du und dein Kind habt hier Unterstützung verdient! Du darfst dich an unterstützenden Personen aus deinem Bekanntenkreis wenden, zu Beratungsstellen gehen auch eine Psychotherapie in Anspruch nehmen! Einige erste Ideen zum »Aussteigen« aus eigenen Lebensfallen stellen wir dir auch hier im Kapitel »Schau nach dir (▶ Kap. 9) vor.

Förderung von (Selbst-)Akzeptanz und Respekt

Vielfalt als Normalität: Eltern können ihren Kindern vermitteln, dass Vielfalt etwas Wunderschönes ist. Das bedeutet eine Einladung für alle Formen von Verschiedenheit – sei es im Hinblick auf sexuelle Orientierung oder -Identität, Herkunft, Religion, soziale Hintergründe, Fähigkeiten und jegliche anderen Merkmale, die euch von der Mehrheitsgesellschaft unterscheiden. Akzeptanz und Respekt zu fördern ist natürlich nicht nur Aufgabe in nonkonformen Familien, sondern im Gegenteil: Falls du Teil der Mehrheitsgesellschaft bist, kannst du deinen Kindern aktiv vorleben, dass du den Unterschied feierst.

Das kann ganz konkret bedeuten, dass du die Familie aus unserem Gedankenexperiment am Anfang des Kapitels nicht nur nicht abwertest, sondern aktiv unterstützt. Zum Beispiel indem du eine beginnende Freundschaft zwischen deinen Kindern und den Kindern aus dieser Familie ermöglichst, dich für deren Kultur interessierst, innerhalb und außerhalb deiner Familie auf eine respektvolle Sprache achtest und Diskriminierungen entgegentrittst, selbst wenn diese von deinem eigenen Kind ausgehen.

Kindern kann von Anfang an vermittelt werden, wie wichtig es ist, für andere einzustehen, sich für Gleichberechtigung stark zu machen und gegen Diskriminierung und Vorurteile anzukämpfen. In unserer Familie gehen wir zum Beispiel gerne auf Solidaritätskundgebungen und Demonstrationen, um uns gegen intolerante politische Strömungen und gegen Diskriminierung zu stellen und für Demokratie und Vielfalt die Stimme zu erheben. Hier können unsere Kinder sehen, dass es uns nicht »egal« ist, was in der Welt und mit den Menschen passiert.

Empowerment kann auch durch Beispiele aus dem eigenen Leben geschehen, indem Eltern für ihre eigenen Rechte als nonkonforme Menschen eintreten, mit ihren Kindern offen über Diskriminierung sprechen, um sie darauf vorzubereiten und ihnen Werkzeuge an die Hand zu geben, selbstbewusst zu reagieren: Ein Gesprächseinstieg könnte sein: »*Manche Menschen verstehen nicht, wie wertvoll Vielfalt ist. Aber du kannst ihnen zeigen, wie toll deine Kultur/deine Identität/deine Familie ist. Hast du Lust, dass wir einmal gemeinsam überlegen, wie das konkret aussehen könnte?*«

Auch als Teil der Mehrheitsgesellschaft kannst du Vorbild sein, indem du Ausgrenzung von nonkonformen Personen ablehnst. Kinder sind grundsätzlich kooperativ, empathisch und neugierig, und es schadet nicht, ihnen zum Beispiel die Frage zu stellen: »*Wie würdest du dich denn fühlen, wenn du neu in der Klasse wärst, die Sprache noch nicht so gut kannst und dann als einziges Kind nicht zum Geburtstag eingeladen wirst? Wenn du dir das klar machst, was möchtest du tun?*« Oder: »*Was meinst du, wie das für Susan ist, wenn jetzt alle darüber tuscheln, dass ihre ›Mama‹ einen Bart bekommt? Was glaubst du, würde ihr guttun?*«. Solche Fragen helfen Kindern, sich in andere hineinzuversetzen. Vielleicht fällt dir beim Lesen auf, dass die Fragen nicht nur auf Probleme verweisen, sondern dein Kind auch ermutigen, nach Lösungen zu suchen. Das gilt generell: Kinder können dann einen starken Gesunden-Erwachsenen-Modus entwickeln, wenn wir gezielt ihre Stärken betonen und fördern. Auch das spielt im Kontext von Empowerment eine Rolle.

Grundsätzlich gilt: Mit dem eigenen Kind im Gespräch zu bleiben ist der Schlüssel. Du kannst ihm helfen, Diskriminierung, die unkonventionelle Menschen in unserer Gesellschaft erfahren, zu erkennen und zu verstehen, egal ob du selbst Teil einer nonkonformen Familie bist, oder zur Mehrheitsgesellschaft gehörst. Du kannst über die Stärken eurer

Familie und über seine eigene Kraft sprechen. Indem du es unterstützt, eine offene, selbstbewusste, respektvolle und tolerante Haltung zu entwickeln, stärkst du die Resilienz deines Kindes. Das leuchtet als Ziel auf Anhieb ein, wenn dein Kind von Diskriminierung betroffen ist, doch selbst wenn das im Moment nicht der Fall ist, kann sich das ändern, zum Beispiel durch Krankheit, einen Umzug in ein anderes Land, die Entdeckung einer von der Norm abweichenden sexuellen Orientierung und so weiter. Darüber hinaus leistest du einen Beitrag zur Entwicklung einer offenen, bunten und freundlichen Gesellschaft, in der es keinen Platz für Hass und Ausgrenzung gibt.

Beispiel aus dem Alltag: Unterstützung für Leo

Schauen wir noch einmal zurück auf unsere Familie mit Luka, Tom, Leo und Susan. Du erinnerst dich: Leo, der Sohn von Tom und Luka, zeigt Belastungsreaktionen und die Frage ist, wie wir ihn unterstützen können. Um Leo zu helfen, sollten sowohl seine individuellen Bedürfnisse als auch die besonderen Herausforderungen seiner familiären Situation berücksichtigt werden. Dabei spielen die Grundbedürfnisse nach *Bindung/Zugehörigkeit* und *Autonomie/Selbstbehauptung* eine zentrale Rolle. Lass uns zunächst die Situation analysieren:

Bindung/Zugehörigkeit
Leo wächst in einer nonkonformen Familie auf, was ihn mit gesellschaftlicher Ausgrenzung und Vorurteilen konfrontiert. Diskriminierende Kommentare, Ablehnung durch Mitschüler*innen und eine unzureichend unterstützende Schulumgebung haben sein Gefühl der Zugehörigkeit geschwächt. Dass er außerdem Streitigkeiten zwischen seinen Eltern miterlebt hat, könnte ihm zusätzlich Angst davor gemacht haben, dass seine Familie zerfällt.

Autonomie/Selbstbehauptung
Leos Wutanfälle könnten ein Ausdruck von Hilflosigkeit und Frustration darüber sein, wie er und seine Familie von der Gesellschaft behandelt werden. Sein Bedürfnis, fair behandelt zu werden, seine Individualität und seine Gefühle auszudrücken, findet möglicherweise nicht genügend Raum oder wird nicht ausreichend verstanden. Auch weiß er vielleicht nicht, wie er sich gegen Diskriminierungen wehren kann.

Schauen wir uns jetzt an, was konkret getan werden könnte, um Leos blaues und rotes Bein zu stärken.

Stärkung von Bindung und Zugehörigkeit

- **Eine unterstützende Community aufbauen:**
  Luka, Tom und die Kinder könnten sich gezielt mit anderen Regenbogenfamilien oder Eltern mit ähnlichen Erfahrungen vernetzen. So bekommt Leo die Möglichkeit, andere Kinder zu treffen, deren familiäre Situation ähnlich ist, und kann das Gefühl entwickeln, »normal« und akzeptiert zu sein. Ein regelmäßiger Austausch, zum Beispiel in Form von gemeinsamen Treffen, schafft emotionale Sicherheit.

- **Ein positives Zuhause fördern:**
  Luka und Tom sollten Leo aktiv zeigen, dass seine Gefühle gehört und respektiert werden. Gemeinsame Aktivitäten und regelmäßige Gespräche, in denen Leo seine Ängste und seine Wut äußern kann, bieten ihm emotionale Sicherheit. Dabei ist es wichtig, dass Leo die Sicherheit (wieder-)finden kann, dass seine Eltern zu ihm stehen und ihm nicht verloren gehen, auch wenn sich in der Familie viel verändert hat und es Streit gibt. Leo braucht einen Raum, in dem seine Sorgen thematisiert werden dürfen – sofern er das möchte. Wir raten aber davon ab, in der familiären Situation ausschließlich auf Probleme zu fokussieren. Mindestens ebenso wichtig ist entspannte und unbeschwerte Zeit miteinander! Sorgen lassen sich durch Gespräche und Validierung lindern, aber ganz sicher auch durch Ablenkung, Stärkung der Zusammengehörigkeit, Lachen, spannende gemeinsame Erlebnisse und so weiter. Leo zum Beispiel liebt Schwimmen, Tom und Susan sind eher wasserscheu. Deshalb geht Luka jetzt einmal in der Woche mit Leo ins Schwimmbad mit der extragroßen Rutsche und danach gibt es eine riesige Portion Pommes!

- **Die Schule und das soziale Umfeld sensibilisieren:**
  Es ist entscheidend, dass die Schule als Teil von Leos Lebenswelt die Verantwortung übernimmt, ein diskriminierungsfreies Umfeld zu schaffen. Luka und Tom können das Gespräch mit der Lehrkraft suchen, um auf Leos Bedürfnisse aufmerksam zu machen und über die Herausforderungen nonkonformer Familien aufzuklären. Auch andere Personen könnten angesprochen werden: Mit welchem Kind hat Leo früher am liebsten Zeit verbracht? Und wie verhält sich dieses Kind, wenn Leo heute geärgert wird? In Leos Alter ist es oft noch nicht möglich, selbst aktiv um Unterstützung zu bitten – hier sind die Eltern gefragt. Warum nicht die Eltern von Leos bestem Freund ansprechen, und ihnen erklären,

wie es gerade für Leo läuft? Vielleicht kann man gemeinsam Ideen entwickeln, die den Zusammenhalt der beiden Kinder stärken. Klar ist: Leider führen auch perfekt ausgeführte Sensibilisierungsversuche nicht immer zu einer achtsameren Haltung beim Gegenüber. Wir haben nur Kontrolle über unser eigenes Handeln, nicht über die Reaktion der anderen und es gibt offensichtlich Personen, die sich für Diverses nicht öffnen wollen oder können. Das heißt in der Konsequenz: Ist zum Beispiel die Schule nicht offen für die Versuche von Luka und Tom, über Leos Situation zu informieren, dann ist es legitim, über einen Schulwechsel nachzudenken – wenn Leo das möchte. Und der beste Freund kann auch »ausgetauscht« werden, wenn sich trotz guter Angebote keine Verbundenheit mehr herstellen lässt. Das hört sich für dich nach Vermeidung an? Vielleicht. Aber die Realisierung von Leos Bindungsbedürfnis hat für uns Priorität!

Förderung von Autonomie und Selbstbehauptung

- **Empowerment durch Vorbilder:**
  Luka und Tom können Leo zeigen, dass Anderssein eine Stärke ist. Luka kann dabei seine eigenen Erfahrungen nutzen, um Leo zu vermitteln, wie wichtig es ist, stolz auf seine Familie zu sein. Sichtbare Vorbilder aus der LGBTQ+-Community oder aus anderen Bereichen, in denen Vielfalt gefeiert wird, können Leo zusätzlich inspirieren. Luka könnte mit Leo darüber sprechen, was ihm selbst geholfen hat, die Schwierigkeiten im Zusammenhang mit struktureller Ausgrenzung zu überstehen, beispielsweise hat seine Beharrlichkeit ihm bei der Aufgabe geholfen, sein Umfeld für sein So-Sein zu sensibilisieren. Sie können gemeinsam überlegen, welche Eigenschaften oder Fähigkeiten Leo mitbringt, die ihm helfen können, die aktuell belastende Zeit gut zu bewältigen.

- **Kommunikationsstrategien entwickeln:**
  Leo sollte lernen, wie er mit Fragen und Kommentaren anderer souverän umgehen kann. Rollenspiele oder praktische Übungen, bei denen er schlagfertige und respektvolle Antworten auf diskriminierende Aussagen übt, stärken sein Selbstbewusstsein. Dabei darf auch gelacht werden: »*Was ist die bescheuertste Frage oder der dämlichste Kommentar, den du jemals gehört hast? Was wäre eine witzige Antwort?*«.
  In solche Gespräche kann auch Leos Schwester Susan eingebunden werden! Denn sie wird ähnliche Erfahrungen machen und kann von diesen Ideen gleichermaßen profitieren. Übrigens müssen diese Gespräche nicht ausschließlich in der Vierer-Familie geführt werden: Andere Menschen aus der Community, wohlwollende Freund*innen, Oma und Opa etc. haben ganz sicher auch hilfreiche Vorschläge. Hier gilt: Je spielerischer, desto besser. Nichts schüttelt das Gefühl der Demütigung und Hilflosigkeit so effektiv ab, wie gemeinsames, herzhaftes Lachen!

- **Therapeutische Unterstützung:**
  Falls Leos Wutanfälle und emotionale Belastung anhalten, kann eine begleitende Therapie hilfreich sein. Dabei sollte jedoch darauf geachtet werden, dass die therapeutische Fachperson für Diskriminierungserfahrungen und die spezifischen Dynamiken nonkonformer Familien sensibilisiert ist. Dies verhindert zum Beispiel, dass Leos Schwierigkeiten fälschlich auf Lukas Transition zurückgeführt werden. Luka und Tom können sich in einschlägigen Foren (z. B. »Queermed«) informieren, welche Erfahrungen andere queere Familien mit Therapeut*innen schon gemacht haben und gezielt nach einer Person suchen, die eine trans-affirmative Haltung hat.

Zusammenfassung: Hilfe für Leo

Leo braucht ein Umfeld, in dem er sich geborgen fühlt und in dem seine Familie nicht nur toleriert, sondern auch willkommen geheißen, akzeptiert und respektiert wird. Dazu gehört eine stärkere Vernetzung seiner Familie, Unterstützung durch die Schule und ein gezieltes Empowerment. Wichtig ist, dass Luka und Tom Leos Gefühle ernst nehmen und ihm durch authentisches Vorleben und bewusste Stärkung zeigen, wie man Diskriminierungen mit Resilienz und Stolz begegnet.

Gemeinsam können Luka und Tom Leo dabei helfen, ein starkes »blaues Bein« für Bindung sowie ein ebenso starkes »rotes Bein« für Selbstbehauptung aufzubauen. So wird Leo lernen, mit den Herausforderungen seines Lebensumfelds umzugehen und gleichzeitig ein gesundes Selbstwertgefühl zu entwickeln.

Fazit

Diskriminierung gegenüber Menschen, die von gesellschaftlichen Normen abweichen, ist Realität. Dein Kind braucht in diesem Kontext besondere Unterstützung, damit die emotionalen Grundbedürfnisse gut genug versorgt werden. Es gibt hierfür keine universelle Lösung – wir müssen den jeweiligen Kontext deiner individuellen nonkonformen Familie berücksichtigen. Wir plädieren jedoch übergeordnet dafür, Ausgrenzung wahrzunehmen und ihr aktiv zu begegnen.

Unkonventionelle Familien brauchen Strategien, um Kinder zu stärken – sowohl in Bezug auf ihr Bindungs- als auch auf ihr Selbstbehauptungsbedürfnis. Das kannst du tun, indem du eine Umgebung schaffst, die von Liebe, Respekt und Authentizität geprägt ist. Indem ihr eure Identität und Selbstbestimmung selbstbewusst vorlebt, Akzeptanz und

Vielfalt fördert, und damit euren Kindern helft, ein starkes, gesundes Selbst(-bewusstsein) zu entwickeln.

Damit schafft ihr die Grundlage für eine Generation, die nicht nur ihre eigene Identität selbstbewusst lebt, sondern auch für eine Welt der Akzeptanz und des Respekts eintritt. Auch wenn du selbst Teil der Mehrheitsgesellschaft bist, kannst du nonkonforme Familien dabei unterstützen, sich akzeptiert und willkommen zu fühlen – denn Resilienz ist nicht nur ein individueller, sondern auch ein sozialer Prozess.

Wir hoffen, dir mit diesem Kapitel einige Ideen gegeben zu haben, wie das konkret gelingen kann.

8 Immer im Wandel: Eltern-Kind-Beziehung vom Säugling zum jungen Erwachsenen

Die Entwicklung der Grundbedürfnisse von Autonomie und Bindung im Älterwerden des Kindes

Die Grundbedürfnisse nach Autonomie und Bindung sind ein lebenslanger Bestandteil des Menschseins – sowohl für dein Kind als auch für dich selbst. Was sich verändert, ist die Art und Weise, wie diese Bedürfnisse wahrgenommen, gewichtet und erfüllt werden.

Kennst du das auch? Immer wenn ich mich gerade auf mein Kind eingestellt habe, verstanden habe, welches Verhalten für welches Bedürfnis steht, und es im Alltag »rund läuft«, verändert sich etwas und ich muss mein Verhalten wieder neu anpassen. Achtsam wahrnehmen, hinhören, verstehen und feinfühlig reagieren. Ganz schön anstrengend!

Jede Altersphase deines Kindes bringt neue Herausforderungen mit sich, die dich einladen, deinen Umgang mit ihm immer wieder anzupassen. Dabei spielt nicht nur das Alter, sondern auch die Persönlichkeit und das Temperament deines Kindes eine zentrale Rolle.

Dieses Kapitel bietet dir Orientierung und einen kleinen Überblick, wie du auf die sich wandelnden Bedürfnisse deines Kindes eingehen kannst, um ihm sowohl Geborgenheit als auch Raum zur Entfaltung seiner Autonomie zu geben.

Für eine vertiefte Einführung zu den Grundbedürfnissen nach Autonomie und Bindung schaue bitte in Kapitel »Was brauchen unsere Kinder wirklich« (▶ Kap. 2).

Die Bedürfnisse im Wandel der Altersstufen

Das Baby (0–12 Monate): Nimm dir Zeit für Bindung

Aus der psychologischen Forschung wissen wir, wie bedeutsam die Erlebnisse in den ersten Lebensjahren eines Menschen sind (▶ Kap. 2). Es lohnt sich also, dass du dir als Bezugsperson deines Kindes Zeit nimmst, um für dein Kind da zu sein.

Oft haben wir das Gefühl, dass wir es uns nicht leisten können, im Beruf zu reduzieren oder ganz zu pausieren, um der Beelterungsaufgabe den vollen Raum zu geben – weil die Karriere gebremst oder abgeblockt wird, weil wir um den Arbeitsplatz bangen müssen, weil wir Sorge haben, alle anderen zögen an uns vorbei oder weil es dem Rollenbild bzw. Selbstverständnis entspricht, einer Berufstätigkeit stetig nachzugehen. Hier spielen natürlich nicht nur inhaltliche, sondern auch finanzielle oder sozialpolitische Gründe eine Rolle.

Es liegt uns fern, hier eine konkrete Empfehlung oder Bewertung abzugeben! Wenn du selbst nicht überwiegend Zeit mit deinem Kind verbringen kannst, kann diese Funktion auch von einer anderen Person übernommen werden. Hier gute Entscheidungen zu treffen, ist ein sehr individueller und komplexer Vorgang. Wir möchten dich ermutigen, deine Entscheidungen mit vollem Bewusstsein über die enorme Wichtigkeit der ersten Jahre deines Kindes zu treffen.

In den ersten Lebensmonaten steht das Bedürfnis nach *Bindung* im Vordergrund. Dein Baby braucht eine verlässliche und feinfühlige Bezugsperson, die Sicherheit und Nähe bietet, auch körperlich durch Halten, Kuscheln, Schmusen etc. *Autonomieentwicklung* zeigt sich in dieser Phase durch erste Erkundungsversuche, bei denen dein Kind sich allmählich im Raum von dir entfernt und Interesse an der Welt um es herum entwickelt.

Dein Umgang:

- Reagiere möglichst schnell und feinfühlig auf die Signale (Gestik, Mimik, Lautäußerungen, Schreien, Weinen etc.) deines Babys und gehe auf seine Bedürfnisse ein – so lernt dein Kind, dass es sich auf dich verlassen kann und du es in seinen Bedürfnissen regulierst. In diesem jungen Alter hat dein Baby noch nicht die Fähigkeit, seine Bedürfnisse aufzuschieben, daher ist eine prompte und einfühlsame Reaktion von dir oder einer anderen Bezugsperson gefragt.
- Fördere das Erkunden in einem sicheren Rahmen, zum Beispiel durch eine anregende, aber sichere Umgebung. Das Erkunden dient zur Entfaltung der Autonomie – dein Kind beginnt also bereits in dieser Lebensphase, seine »Flügel« zu entwickeln.

- Schaffe Rituale, die Geborgenheit geben, wie regelmäßige Schlafenszeiten mit einem fürsorglichen Ritual (Vorlesen, Kuscheln, Singen etc.) oder ruhige Momente beim Füttern.

Es braucht viel Kraft und Geduld, dein Kind im ersten Lebensjahr zu begleiten und bedeutet oft, dass deine eigenen Bedürfnisse zu kurz kommen: angefangen bei deinem Schlaf, der durch die nächtliche Versorgung unterbrochen wird. Tagsüber bist du körperlich durch Stillen, Füttern, Säubern, Halten etc. gefordert und emotional durch Trösten, Wiegen, Schaukeln, Kuscheln etc. Viele Eltern erleben in dieser Phase intensive Glücksgefühle, denn auch unser Bindungsbedürfnis wird natürlich wunderbar durch die Nähe zu unserem Kind befriedigt.

Gleichzeitig ist es völlig normal und in Ordnung, dass auch Erschöpfung oder schwierige Gefühle, zum Beispiel Überforderung, Genervtsein oder Ärger Teil deines Alltages sind. Deine Gefühle sind Botschaften deiner in dieser Lebensphase frustrierten Grundbedürfnissen. Bleibe trotz der intensiven Elternrolle mit dir selbst in Kontakt:

- Wer kann dich in dieser Phase deines Lebens unterstützen?
- Wer hört dir zu?
- Wo kannst du kleine Pausen einlegen?

Du hast gerade eine wirklich anspruchsvolle Balanceaufgabe zwischen deinen eigenen Bedürfnissen und denen deines Kindes, die dir besonders in der ersten Lebensphase viel Präsenz abverlangen! Und diese Aufgabe ist nicht in allen Familien gleich schwer. Wenn du beispielsweise dein Kind allein erziehst und eventuell zusätzlich mit Geldsorgen kämpfst, hast du natürlich viel weniger Entlastung als jemand, der in eine größere Familie eingebunden ist.

Auf die besonderen Bedürfnisse gehen wir in den Kapiteln »Schau auch nach dir« (▶ Kap. 9) und »Vater-Mutter-Kind? Familie in unterschiedlichen Konstellationen gestalten« (▶ Kap. 7) noch einmal gezielt ein.

Das Kleinkind (1–3 Jahre): Investiere Zeit in Bindung, Autonomie gewinnt an Bedeutung

Mit dem Kleinkindalter beginnt eine spannende Phase: Autonomie gewinnt zunehmend an Bedeutung, während Bindung weiterhin eine wichtige Basis bleibt und ausgebaut wird. »Will alleine!« ist ein typischer Ausruf in diesem Alter, oft begleitet von Trotzreaktionen (zum Umgang mit Wutanfällen schau ins Kapitel »Was tun, wenn's nicht rund läuft«, ▶ Kap. 10).

Dein Umgang:

- Lass dein Kind altersgerechte Entscheidungen treffen, wie die Wahl der Kleidung oder des Frühstücks (innerhalb von vorgegebenen, angemessenen Optionen).
- Reagiere gelassen auf Frustrationen und Trotz. Diese sind in der Regel Ausdruck des Wunsches, selbstständig zu handeln, und nicht gegen dich persönlich gerichtet. Reagiert dein Kind wütend oder trotzig, steht es auf seinem roten Selbstbehauptungsstandbein. Vielleicht empfindest du in diesen Situationen Verständnis oder auch Amüsement angesichts der Selbstbehauptungsversuche deines Kindes. Vielleicht fühlst du dich in solchen Situationen aber auch nicht genügend respektiert oder erlebst dein Kind als zu fordernd. Achtung, hier besteht eine große Wahrscheinlichkeit, dass bei dir eine Lebensfalle aktiviert wird. Welche könnte es sein? (▶ Kap. 4) Wie könntest du in deinen Gesunden-Erwachsenen-Modus wechseln, um deinem Kind weniger gestresst zu begegnen?
  Detaillierte Schritte und Beispiele dazu findest du in den Kapiteln »Schau nach dir selbst« (▶ Kap. 9) und »Was tun, wenn's nicht rund läuft« (▶ Kap. 10).

- Biete weiterhin Nähe, Trost und Bindung an, besonders in Momenten der Unsicherheit oder Erschöpfung. Das Bindungsbedürfnis besteht lebenslang, und in den ersten drei Jahren wird der Grundstein für die Qualität der späteren Bindungsfähigkeit gelegt (Bowlby, 1969). Du hast hier also nicht nur eine Verantwortung, sondern auch eine wunderbare Chance.
- Setze Grenzen und halte diese durch eigene Positionierung. Grenzen geben Struktur und Orientierung und werden in jeder Beziehung gebraucht. Dein Kind wird die Grenzen leichter annehmen, wenn du dich selbst definierst und nicht dein Kind.
  Dein Kleinkind ist zum Beispiel von deinem Smartphone fasziniert und will es unbedingt halten? Du könntest sagen: »*Ich werde nicht zulassen, dass du mit meinem Handy spielst*« (Selbstdefinition). Das ist hilfreicher und erfolgversprechender als: »*Ich habe dir schon tausend Mal gesagt, dass du für ein Handy noch zu klein bist.* (Definition deines Kindes).«
  Kinder sind von Natur aus kooperationsbereit und -willig, denn das sichert die lebensnotwendige Bindung. Wenn du deine Grenzen klar spürst, sie benennst und dich dabei selbst definierst, wird dein Kind dich und deine Grenzen auch respektieren.

Das größere Kind (4–10 Jahre): Die Flügel wachsen mit deiner Unterstützung

In dieser Phase entdeckt dein Kind zunehmend die Welt außerhalb der Familie. Freundschaften, Hobbys, Kindergarten und die Schule nehmen einen wichtigen Platz im sozialen Miteinander ein. Dein Kind sucht Anerkennung, Spiel und Zugehörigkeit im Außen, ohne dabei die emotionale Sicherheit der Familie aufgeben zu wollen.

Das Bedürfnis nach Autonomie nimmt weiter zu – dein Kind möchte immer mehr Dinge allein machen, Entscheidungen treffen und seine eigene Persönlichkeit entdecken. Gleichzeitig bleibt das Bedürfnis nach

Bindung bestehen: Es möchte spüren, wie du weiterhin verlässlich da bist, ihm Rückhalt gibst und es liebevoll begleitest.

Je sicherer sich dein Kind mit der Bindung fühlt, desto besser gelingt die Autonomieentwicklung im Außen. Wie schnell sich dein Kind in Richtung Selbstständigkeit bewegt, hängt auch stark vom Temperament deines Kindes ab. Ermuntere dein Kind dazu, aber dränge es nicht.

Dein Umgang:

- Ermutige dein Kind, seine Interessen zu verfolgen, und unterstütze es in neuen Herausforderungen. Dein Kind interessiert sich vielleicht gerade brennend für Dinosaurier und möchte ein großes Buch dazu mit dir durchstöbern. Nimm dir (soweit möglich – uns ist klar, dass das nicht immer geht!) Zeit, dich darauf einzulassen, auch wenn es nicht dein eigenes Lieblingsthema ist. Oder dein Kind entdeckt seine kreative Ader und möchte allein ein Bild malen, obwohl du gerade beim Aufräumen helfen wolltest.
  Unterstütze solche Initiativen, denn sie fördern das Selbstbewusstsein und die Freude am eigenständigen Entdecken.
- Bleib offen für Gespräche und biete eine verlässliche Anlaufstelle für Sorgen und schwierige Gefühle wie Ängste oder Traurigkeit.
  Hilf deinem Kind, seine Bedürfnisse und Gefühle in Worte zu fassen. Wenn es dir zum Beispiel von einem Konflikt auf dem Schulhof berichtet, höre aufmerksam zu und ermutige es, seine Gefühle auszudrücken. Du könntest sagen: »*Das klingt, als hättest du dich heute richtig geärgert. Magst du mir erzählen, was genau passiert ist?*« Indem du zeigst, dass du die Gefühle ernst nimmst und bereit bist zuzuhören, gibst du deinem Kind Sicherheit und das Gefühl, dass es mit seinen Sorgen zu dir kommen kann.
  Eine ausführliche Anleitung, wie du hilfreich mit deinem Kind ins Gespräch kommen kannst, findest du im Kapitel »Dein Beziehungskompass« (▶ Kap. 3).

- Fördere Eigenverantwortung, indem du deinem Kind Aufgaben überträgst, die zu seiner Entwicklung passen.
  Kinder lieben es, Verantwortung zu übernehmen, wenn die Aufgabe ihrem Entwicklungsstand entspricht. Du kannst dein Kind bitten, die Schultasche selbst zu packen oder den Tisch fürs Abendessen zu decken.
  Ein Beispiel: »*Möchtest du heute aussuchen, welche Servietten wir nehmen?*« Solche kleinen Aufgaben fördern das Gefühl von Kompetenz und Selbstständigkeit. Bleib dabei jedoch im Austausch – wenn etwas vergessen wird, kannst du unterstützend eingreifen und gemeinsam überlegen, wie es das nächste Mal besser klappt.
- Gib deinem Kind Raum für eigene Entscheidungen, aber setze gleichzeitig realistische Grenzen.
  Dein Kind möchte vielleicht beim Einkaufen unbedingt Süßigkeiten haben, und du entscheidest dich, das heute nicht zu erlauben.
  Du kannst freundlich, aber bestimmt sagen: »*Heute kaufen wir keine Süßigkeiten, wir haben zu Hause noch welche.*« Dabei bleibt dein Ton ruhig und respektvoll. Kinder lernen so, dass ihre Wünsche zwar gehört werden, du als Elternteil aber eine klare Orientierung gibst.

Jugendliche (11–18 Jahre): Jedes Verhalten ist Kommunikation

Die Pubertät ist geprägt von einer starken Orientierung nach außen. Dein Kind sucht zunehmend Unabhängigkeit und erprobt die »Flügel« mit ersten »unbegleiteten Flugversuchen« außerhalb des Familiensystems. Dabei kann es vorkommen, dass es für die emotionale Ablösung deines Kindes von dir auch nötig wird, dich ein Stück weit wegzustoßen.

Sätze wie »*Ihr nervt, lasst mich!*« oder »*Ihr seid so peinlich!*« können nun häufiger fallen.

Das kann dich verletzen und manchmal vielleicht auch undankbar wirken: »*All die Jahre habe ich alles für dich getan, und jetzt behandelst du mich so?!*«

Achtung, genau hier steckt wieder großes Potenzial für Aktivierungen deiner eigenen Lebensfallen (▶ Kap. 4).

Jugendliche vermitteln teils den Eindruck, als wäre ihnen elterliche Zuwendung völlig gleichgültig. Doch das liegt am stark ausgeprägten Autonomiebedürfnis, welches sich nun Bahn bricht und ganz normal und gesund ist. Du darfst aber trotzdem im Hinterkopf behalten, dass das Bedürfnis nach Bindung auch in dieser Phase weiterhin bestehen bleibt.

Angesichts der oft erlebten Verunsicherung bei Jugendlichen über den sich wandelnden Körper und der noch wackeligen Identitätsentwicklung, ist Bindung in der Pubertät sogar von besonderer Bedeutung. Das Bindungsbedürfnis deines Kindes ist teils subtiler als zuvor, emotional aber weiter zentral. Die Befriedigung von Kontakt, Zugehörigkeit, Trost und Verständnis erfolgt in dieser Lebensphase im Elternhaus, aber auch im Außen durch Freundschaften, Gruppen oder erste intime Beziehungen.

Dein Umgang:

- Gib Raum für Privatsphäre und individuelle Entscheidungen, respektiere aber auch deine eigenen Grenzen.
  Kommuniziere klar, wenn deine Grenzen verletzt werden.
  Beispielsweise ist es nachvollziehbar, dass dein Sohn abends länger unterwegs sein und viel Zeit mit seinen Freund*innen verbringen will. Das sollten wir als Teil einer gesunden Entwicklung unterstützen, auch wenn das Familienleben sich dadurch verändert. Nein, er hat eben *keine* Lust mehr, den 4. Geburtstag seines kleinen Cousins zu feiern. Wenn es sich aber in eine Richtung entwickelt, dass er gleichzeitig Aufgaben nicht mehr übernimmt, auf die du wert legst, wie zum Beispiel Schulverpflichtungen nachzukommen oder seinen Teil der Hausarbeit zu erledigen, dann darfst du hier ruhig standhaft bleiben. Denn realistische Grenzen gesetzt zu bekommen, ist ein Bedürfnis von Jugendlichen.

- Sei präsent und ansprechbar, auch wenn dein Teenager dies nicht aktiv einfordert.
  Das erfordert manchmal auch etwas Kreativität.
  Antworten wie »Nee danke, geht schon...« oder »Nerv mich nicht...« sind keine Ablehnung deiner Person, sondern ein Zeichen für eine gesunde Entwicklung deines Kindes. Reagiere nicht verletzt, sondern versuche doch lieber mal, zu überlegen: Was sind unsere Gemeinsamkeiten? Wofür interessiert sich mein Kind? Kann ich mich darauf einlassen?
  Wir haben mit unseren Kindern beispielsweise schon Horrorfilme geschaut, oder Mangas gelesen – ganz sicher kein vorher schon bestehendes Interesse von uns. Echter Kontakt entsteht oft nicht nur dadurch, dass dein Kind sich deinen Freizeitvorstellungen unterordnet und dich beispielsweise weiterhin brav auf Sonntagsausflüge begleitet. Echter Kontakt entsteht in dieser Phase dann, wenn du dich in die Lebenswelt deines Kindes einfühlst und dich auch seinen Vorstellungen anpasst, schließlich ist es inzwischen fast erwachsen.
- Unterstütze dein Kind darin, eigenverantwortlich zu handeln, und biete bei Bedarf Rat an, ohne ihn aufzudrängen.

Übung: Die Bedürfnisse deines Kindes reflektieren

Diese Übung hilft dir, die Entwicklung deines Kindes bewusster wahrzunehmen und deine eigene Reaktion darauf zu überprüfen. Sie unterstützt dich dabei, achtsam mit der Balance zwischen Bindung und Autonomie umzugehen – sowohl in der Gegenwart als auch mit Blick auf die Zukunft.

1. **Rückblick auf die Vergangenheit:**
   Denke an eine konkrete Situation aus einer früheren Lebensphase deines Kindes, zum Beispiel als es ein Kleinkind oder Baby war:
   - Wie hat dein Kind damals Bindung oder Autonomie eingefordert? (Zum Beispiel: Hat es nachts oft deine Nähe gesucht? Oder hat es beim Anziehen darauf bestanden, alles selbst zu machen?)
   - Wie hast du damals darauf reagiert (Wie hast du das Bedürfnis deines Kindes nach Nähe beantwortet? Wie hast du ihm Raum gegeben, selbstständig zu handeln?)
   - Was hat gut funktioniert? (Gab es etwas, das damals entspannt oder hilfreich war?)
   - Gibt es etwas, das du aus heutiger Sicht anders machen würdest? (Wenn ja, was genau?)

2. **Beobachtung der Gegenwart:**
   Nun richte deinen Blick auf die aktuelle Lebensphase deines Kindes:
   - In welchen Situationen sucht dein Kind Bindung?
     (Zum Beispiel: Es möchte abends länger kuscheln, es erzählt dir ausführlich vom Tag oder sucht bei Unsicherheit deine Nähe.)
   - Was sind typische Situationen, in denen dein Kind Autonomie einfordert?
     (Zum Beispiel: Es möchte selbst entscheiden, was es anzieht, mit wem es spielt oder wie es seine Hausaufgaben organisiert.)
   - Wie nimmst du diese Bedürfnisse im Alltag wahr und wie gehst du auf sie ein?
     Gibt es etwas, das du verstärken möchtest?
     (Zum Beispiel könntest du versuchen, deinem Kind häufiger kleine Entscheidungen zu überlassen oder ihm noch mehr Raum zum Ausprobieren zu geben [Autonomiebedürfnis]. Oder vielleicht könntest du ein tägliches kurzes Gespräch oder gemeinsames Ritual einführen, das deinem Kind Sicherheit und Geborgenheit gibt [Bindungsbedürfnis]).

3. **Vorbereitung auf die Zukunft:**
   - Welche Veränderungen erwartest du in der nächsten Entwicklungsphase deines Kindes?
     (Zum Beispiel: Geht es bald in eine neue Schule? Steht der Übergang in die Pubertät bevor?)
   - Welche Bedürfnisse könnten in dieser Phase stärker in den Vordergrund treten?
     (Möglicherweise wird dein Kind mehr Autonomie verlangen, z. B. länger draußen bleiben oder selbst über seine Freizeitgestaltung entscheiden wollen.)

- Welche Strategien kannst du schon jetzt entwickeln, um dein Kind in dieser Phase gut zu begleiten?
  (Zum Beispiel: Wie kannst du deinem Kind zeigen, dass du für es da bist, ohne es einzuengen?)
- Wie kannst du dich selbst in der nächsten Phase unterstützen? (Wen könntest du um Rat oder Hilfe bitten, wenn du selbst unsicher bist? Welche Gewohnheiten könntest du etablieren, um deine eigenen Bedürfnisse im Blick zu behalten, während du dein Kind begleitest?

Tipp:

Wenn du magst, kannst du diese Übung regelmäßig wiederholen, z. B. alle drei bis sechs Monate. So bleibst du bewusst in Kontakt mit der Entwicklung deines Kindes und kannst frühzeitig auf neue Herausforderungen reagieren.

Unterschiedliche Persönlichkeiten – unterschiedliche Bedürfnisse

Kein Kind ist wie das andere. Manche Kinder sind von Natur aus unabhängig und neugierig, während andere mehr emotionale Sicherheit und Bestätigung suchen. Achte darauf, deinem Kind den Raum zu geben, den es braucht – ohne es zu über- oder unterfordern. Der Schlüssel liegt darin, aufmerksam zu beobachten, wie dein Kind auf bestimmte Situationen reagiert, und ihm entsprechend Unterstützung oder Freiraum zu geben.

Beispiele aus dem Alltag

- **Das zurückhaltende Kind**
  Ein eher schüchternes und zurückhaltendes Kind profitiert von behutsamer Ermutigung und Schutz. Wenn es zum Beispiel in einer neuen Umgebung wie einem Kindergeburtstag anfangs zögert, mit den anderen zu spielen, könntest du anbieten: »*Soll ich erst mal mit dir zusammenbleiben, bis du Lust hast, selbst hinzugehen?*«
  So gibst du ihm die Sicherheit, die es braucht, bis es sich eigenständig traut, die Situation zu erkunden.
  Ausführlicher gehen wir auf das Thema »Schüchternheit« auch im Kapitel »Was tun, wenn's nicht rund läuft« (▶ Kap. 10) ein.

- **Das abenteuerlustige Kind**
  Ein abenteuerlustiges und unabhängiges Kind hingegen braucht möglicherweise klare Regeln und Grenzen, um sich sicher zu fühlen. Wenn dein Kind etwa alleine auf dem Spielplatz klettern möchte, könntest du sagen: »*Du darfst gerne auf das Klettergerüst, aber bleib bitte in meiner Sichtweite.*«

So ermöglichst du deinem Kind, seine Neugier (Grundbedürfnis nach Autonomie) auszuleben, während du gleichzeitig als Bindungsbasis im Hintergrund präsent bleibst.

- **Das gefühlsstarke Kind**
  Ein gefühlsstarkes Kind zeigt schnell intensive Reaktionen wie Weinen oder Wut, wenn es frustriert ist. In solchen Momenten kannst du sagen: »*Ich sehe, dass du gerade sehr wütend bist. Ich bin hier, wenn du darüber reden möchtest.*«
  Solche kleinen Gesten helfen ihm, seine Emotionen besser zu regulieren, ohne sich dabei allein gelassen zu fühlen.

Indem du individuell auf die Persönlichkeit und das Temperament deines Kindes eingehst, hilfst du ihm, seine eigenen Bedürfnisse zu erkennen und gesund auszuleben. Manche Kinder brauchen in bestimmten Phasen mehr Rückhalt und Schutz, während andere mehr Freiheit und Raum zur Selbstverwirklichung benötigen. Mit deiner Feinfühligkeit kannst du diese Balance finden und deinem Kind genau das geben, was es gerade braucht.

Fazit

Die Grundbedürfnisse nach Autonomie und Bindung verändern sich nicht, aber die Art und Weise, wie sie im Leben deines heranwachsenden Kindes zum Ausdruck kommen, wandelt sich ständig. Indem du diese Veränderungen bewusst wahrnimmst und deine Strategien entsprechend anpasst, hilfst du deinem Kind, sich sicher und selbstbewusst zu entwickeln.

Egal ob Baby, Kleinkind, Grundschulkind oder Teenager – dein Verständnis und deine Flexibilität sind der Schlüssel, um deinem Kind sowohl Geborgenheit als auch Freiraum zu schenken.

9 Schau auch nach dir: Warum elterliche Selbstfürsorge und Ausgleich zur Elternrolle auch für dein Kind so wichtig sind

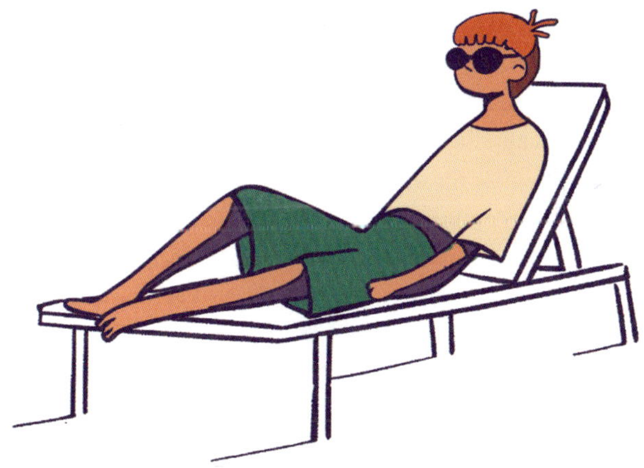

Wenn wir in diesem Buch über »Fürsorge« sprechen, steht das Wohl des Kindes im Mittelpunkt. Aber wie kannst du für dein Kind da sein, wenn du selbst erschöpft, frustriert oder überfordert bist? Eine gute Elternschaft beginnt bei dir selbst. Es ist kein Egoismus, sondern eine Notwendigkeit, auf deine eigenen Bedürfnisse zu achten. In diesem Kapitel möchten wir dir zeigen, warum Selbstfürsorge so wichtig ist und wie du sie in deinem Alltag umsetzen kannst. Wir richten uns dabei an alle Bezugspersonen von Kindern – unabhängig von der Familienform.

Uns ist bewusst, dass regelmäßige Selbstfürsorge auch eine Frage der verfügbaren Ressourcen ist und nicht alle Eltern günstige Bedingungen dafür haben. Finanzielle Sicherheit oder zusätzliche Zeitressourcen machen den Zugang zu Selbstfürsorge leichter und möglicherweise auch vielseitiger, während beispielsweise alleinerziehende Personen es aufgrund der alleinigen Versorgungsaufgabe oft schwerer haben, abends auszugehen und Freund*innen zu treffen.

Viele Dinge, die uns Freude bereiten, uns entspannen oder Kraft geben, können Geld kosten, wie zum Beispiel ein Besuch in der Sauna, im Kino oder ein Abend mit Freund*innen. Das ist nicht immer möglich! Wir vertreten dennoch die Haltung, dass gute Selbstfürsorge nicht zwingend daran gekoppelt sein *muss*. Sich selbst zu spüren, die eigenen Bedürfnisse wahrzunehmen, eine Pause einzulegen, an der frischen Luft zu spazieren, sich Zeit für ein Schläfchen nehmen oder einfach innezuhalten und achtsam zu atmen – all das kann jede*r von uns lernen und in einem gewissen Rahmen umsetzen. Dazu wollen wir dich ermutigen.

Fragen an dich

Vielleicht möchtest du dir kurz die Zeit nehmen, die folgenden Fragen zu beantworten, die dir dabei helfen können, dein aktuelles Wohlbefinden einzuschätzen.

1. Fühlst du dich meistens ruhig und innerlich ausgeglichen?
2. Hast du im Moment das Gefühl, mit den Herausforderungen deines Alltags gut umgehen zu können?
3. Kannst du dir selbst gegenüber wohlwollend und geduldig sein, auch wenn etwas nicht perfekt läuft?
4. Hast du in letzter Zeit Freude oder Zufriedenheit bei Aktivitäten gespürt, die dir wichtig sind?
5. Fühlst du dich mit anderen Menschen verbunden und von ihnen unterstützt?

Falls du mehrere dieser Fragen mit »Nein« beantwortest, könnte dies ein Hinweis darauf sein, dass es dir gerade nicht optimal geht und du dir Zeit für dich selbst nehmen solltest. Wir möchten dir im Folgenden Anregungen geben, wie du Selbstfürsorge wieder stärker in dein Leben integrieren kannst

Warum Selbstfürsorge so wichtig ist

Wir gehen davon aus, dass jeder Mensch mit emotionalen Grundbedürfnissen auf die Welt kommt und haben das ausführlich im Kapitel »Was brauchen unsere Kinder wirklich« (▶ Kap. 2) beschrieben. Diese Grundbedürfnisse verschwinden nicht, wenn wir erwachsen werden – sie bleiben ein lebenslanges Fundament für unser Wohlbefinden. Als Eltern oder Bezugsperson hast du jedoch oft den Reflex, deine eigenen Bedürfnisse hintanzustellen, um dich ganz auf die deines Kindes zu konzentrieren. Doch auf Dauer führt das zu Erschöpfung. Es ist wie bei der Sauerstoffmaske im Flugzeug: Du musst zuerst für dich selbst sorgen, um für andere da sein zu können.

Wir halten fest: Deine Bedürfnisse sind wichtig.

Gleichzeitig ist es oft besonders schwer, sich gut um sich zu kümmern, gerade im Kontext von Familie. Vielleicht denkst du auch manchmal mit Wehmut an die Zeit, als noch keine Kinder zu versorgen waren, die Partnerschaft noch nicht vom ständigen Ressourcenmangel belastet war und genug Zeit da war, um dich ausreichend um dich selbst zu kümmern. Manchmal war uns da sogar langweilig! Ein Gefühl, das für viele Menschen mit Kindern schon längst einem Zustand des ständigen Gehetzt-Seins gewichen ist.

Allgemein machen sich viele Eltern Sorgen, ob sie den emotionalen, zeitlichen und finanziellen Anforderungen gewachsen sind. Dazu kommen individuelle Befürchtungen, ob du als Elternteil genug Geduld und Liebe aufbringen kannst oder ob deine eigenen Kindheitserfahrungen dich als Mutter oder Vater beeinflussen werden. Auch die Sorge, ob dein Kind in einer diskriminierungsfreien Umgebung aufwachsen wird, kann eine große Belastung sein (▶ Kap. 7).

Wir halten fest: Selbstfürsorge im Kontext von Familie ist besonders wichtig und gleichzeitig in vielen Fällen besonders schwierig.

Bevor wir dir einige Ideen vorstellen, wie du Selbstfürsorge in deinem Leben umsetzen kannst, lass uns gemeinsam noch kurz klären, was Selbstfürsorge eigentlich genau ist.

Die Kunst besteht darin, Selbstbehauptung und Bindung so auszubalancieren, dass du für dein Kind da sein kannst, ohne dich selbst zu verlieren.

Das erfordert:

- **Flexibilität und Achtsamkeit:** Manche Tage verlangen, dass du als Elternteil stärker in die Bindung gehst, während du an anderen Tagen mehr Selbstbehauptung leben kannst. Eine bewusste Reflexion über dein eigenes Gleichgewicht hilft, die richtige Balance zu finden. Achtsames In-dich-Hineinhorchen, hilft dir zu spüren, wie es um deine Kraftreserven steht.
- **Zeitmanagement:** Zeitmanagement in der Elternschaft bedeutet, eine ausgewogene Verteilung der Zeit zwischen unterschiedlichen Lebensbereichen zu schaffen, also die Bedürfnisse des Kindes (so-

wohl exklusive als auch familiäre Zeit), der Partnerschaft, der Arbeit und dir selbst im Blick zu behalten.

- **Grenzen setzen:** Es ist wichtig, Kindern liebevoll zu vermitteln, dass auch Eltern eigene Bedürfnisse haben, zum Beispiel: »*Ich kümmere mich gleich um dich, aber zuerst trinke ich meinen Tee zu Ende.*« Grenzen setzen bedeutet auch, in anderen Bereichen klar zu formulieren, dass sich mit der Elternschaft persönliche Kapazitäten verändern. Dass kann heißen, durch Priorisierung von Familie zum Beispiel im Job zu signalisieren, dass Nachtarbeit oder übermäßige Überstunden nicht mehr möglich sind, weil du die Balance zwischen Beruf und familiären sowie persönlichen Bedürfnissen wahren willst.

Leichter gesagt als getan, oder? Das ist es, wie wir dir aus eigener Erfahrung bestätigen können und wir wollen hier auf keinen Fall Druck aufbauen oder bewerten. Es ist vollkommen okay, wenn es Phasen in deinem Leben gibt, in denen die oben formulierten Ideale nicht optimal umgesetzt werden können.

Besonders herausfordernd wird es immer dann, wenn uns eigene Lebensfallen und Problem-Modi (▶ Kap. 4) den klaren Blick auf unsere Bedürfnisse verstellen. Deshalb lohnt es sich, hinzuschauen, welche eigenen Anteile uns im Hinblick auf Selbstfürsorge häufig behindern.

Selbstfürsorge versus Stress und Überforderung: Die Rolle der Modi

Je nachdem, welcher Anteil (Modus) in uns gerade aktiv ist, fällt es uns mal leichter, mal schwerer, gut für uns selbst zu sorgen.

Kennst du das Gefühl, bei all dem Stress das Essen zu vergessen? Oder das Gefühl zu haben, dass Pausen gar nicht möglich oder kaum erholsam sind und du ständig im Hamsterrad rennst? Vielleicht hast du schon einmal erlebt, dass allein der Gedanke, etwas für dich selbst zu tun, sich einfach nicht richtig anfühlt und stattdessen Schuldgefühle aufkommen? Warst du schon einmal ungeduldig oder sogar aggressiv deinem Kind gegenüber, einfach weil du nicht anders konntest?

Lass uns gemeinsam anschauen, welche inneren Anteile (Modi) dabei eine besondere Rolle spielen (siehe dazu auch das Kapitel »Schatten der Vergangenheit«, ▶ Kap. 4). Vielleicht hast du dich ja beim Lesen schon in einem dieser Anteile wiedergefunden?

Gesunder-Erwachsenen-Modus: In diesem Modus bist du in Bezug auf deine Bedürfnisse ausbalanciert, kannst ruhig nachdenken und liebevoll handeln. Dir selbst und deiner Umwelt gegenüber. Du kannst dein eigenes Bedürfnis wahrnehmen und berücksichtigen und gleichzeitig für dein Kind, deine Freund*innen, deine Partnerperson, deine Arbeit etc. da sein.

Ein Beispiel dafür wäre, dass du tagsüber liebevoll für dein Kind da bist, arbeitest, mit der Familie Zeit verbringst und dir dann irgendwann der Gedanke kommt: »*Eigentlich bräuchte ich mal ein bisschen Zeit für mich.*«

Im Gesunden-Erwachsenen-Modus nimmst du diese Regung in dir ernst. Du entscheidest also, heute Abend nicht selbst vorzulesen, sondern erlaubst, dass dein Kind ein Hörspiel hören darf oder du bittest jemand anderes die Aufgabe des Vorlesens zu übernehmen. Währenddessen tust du etwas, das dir gut tut.

Dabei hast du zwei Bedürfnisse abgewogen: Das Bedürfnis, deinem Kind ein pädagogisch wertvolles Angebot zu machen, und dein eigenes Ruhebedürfnis.

Da du feststellst, dass du deinem Kind heute schon viel gegeben hast, dir selbst aber noch nichts, gewichtest du jetzt dein Ruhebedürfnis höher, damit die Bilanz am Ende des Tages wieder stimmt.

Herzlichen Glückwunsch, dein Gesunder-Erwachsenen-Modus hat gut für dich und für andere gesorgt!

Überforderter-Gefühls-Modus und Selbstaufopferungs-Modus: Im Überforderten-Gefühls-Modus fühlst du dich gestresst und hilflos, vielleicht auch ängstlich. Im Selbstaufopferungs-Modus stellst du die Bedürfnisse anderer ständig über deine eigenen, bis du dich erschöpft fühlst.

Wenn du im Überforderungs- oder Selbstaufopferungs-Modus bist, leidet nicht nur dein eigenes Wohlbefinden, sondern auch die Qualität der Beziehung zu deinem Kind. Falls es dir in diesen Situationen schon passiert ist, dass du dann in einen Aggressiven-Modus gegenüber deinem Kind gerutscht bist, dann bist du damit nicht allein.

Der Schlüssel ist, dich wieder in den Gesunden-Erwachsenen-Modus zu bringen. Es könnte sein, dass es dir schwerfällt, diesen bedürfnisorientierten Modus zu aktivieren, eventuell weil sich in dir der Modus des Inneren-Kritikers/Antreibers meldet.

Innere-Kritiker-/Antreiber-Modus: Viele Menschen haben einen Inneren-Kritiker- oder Antreiber-Modus. Dieser flüstert dir immer wieder ungünstige Botschaften ein, die sich aus deiner individuellen Lerngeschichte entwickelt haben. Solche Botschaften könnten beispielsweise sein: »*Du bist selbst schuld, wenn es dir schlecht geht.*« Oder: »*Du müsstest mehr für andere da sein, Selbstfürsorge ist egoistisch.*« Manche haben auch Gedanken im Kopf wie: »*Du hast sowieso keine Chance auf ein entspannteres Leben*« oder »*Wir müssen als Familie nach außen perfekt dastehen, es ist also eine Katastrophe, wenn mein Kind nicht performt.*«

Solche Überzeugungen können das Wohlbefinden stark beeinträchtigen. Gerade in der Familie und insbesondere im Umgang mit den eigenen Kindern werden die inneren antreibenden Stimmen oft lauter. Schließlich tragen wir tatsächlich eine große Verantwortung für das Wohlergehen unserer Kinder, und es ist unser Wunsch, dass sie bei uns gut aufgehoben sind.

Besonders schwierig wird es, wenn unsere Inneren-Kritiker die ohnehin bestehende Zerrissenheit zwischen Arbeit, familiären Verpflichtungen, Selbstfürsorge und anderen Anforderungen zusätzlich verstärken. In solchen Momenten fühlen wir uns in einer Zwickmühle gefangen. Das Ergebnis ist dann häufig der bereits erwähnte Modus der Selbstaufopferung oder Überforderung, in manchen Fällen auch ein Aggressiver-Modus, der sich schädigend auf deine Beziehung zu deinem Kind auswirken kann.

Wie können wir also lernen, diese Inneren-Kritiker zu zähmen und einen ausgewogeneren Umgang mit unseren eigenen Bedürfnissen und Verpflichtungen zu finden?

Im Folgenden möchten wir dir ein strukturiertes Vorgehen zeigen, denn die Aufgabe ist ganz schön komplex.

Übung: In die Selbstfürsorge wechseln

Step 1: Reduzierung von inneren Antreibern: Dieser Teil hilft dir dabei, die oft überfordernden und leistungsorientierten inneren Antreiber zu erkennen, zu verstehen und zu reduzieren.

Antreiber erkennen: Schreibe auf, welche inneren Stimmen oder Gedanken dir sagen, was du tun »musst«, um »gut genug« zu sein. Solche Antreiber könnten zum Beispiel sein:

- »Deine Bedürfnisse sind nicht wichtig.«
- »Du musst alles für die anderen geben.«
- »Du musst es allen recht machen.«
- »Du musst alles alleine schaffen.«

Die Auswirkungen betrachten: Denke darüber nach, wie dich diese Antreiber im Alltag beeinflussen. Welche körperlichen oder emotionalen Reaktionen treten auf, wenn du versuchst, ihnen gerecht zu werden? Bist du gestresst? Fühlst du dich erschöpft oder frustriert?

Die Ursprünge verstehen: Überlege, woher diese Antreiber stammen könnten. In welchem Umfeld oder in welcher Lebensphase hast du diese Überzeugungen möglicherweise übernommen? Gibt es Erfahrungen in deiner Kindheit oder Jugend, die diese Antreiber verstärkt haben könnten?

Step 2: Den Gesunden-Erwachsenen-Modus in dir wecken: Dieser Teil hilft dir, in der Belastung des Alltags immer wieder in deine selbstfürsorgliche Seite zu kommen und aus ihr heraus zu handeln.

Ein Gegenmittel entwickeln: Wähle einen Antreiber aus, den du besonders spürst, und formuliere einen beruhigenden, entspannenden Gedanken, der ihn herausfordert. Beispiel:

- Statt »Ich darf mir nichts Gutes tun, solange nicht alle anderen perfekt versorgt sind« könntest der neue Gedanke lauten: »*Das ist Quatsch. Ich darf, muss sogar, auf mich schauen. Erst wenn ich gut für mich sorge, kann ich authentisch für andere da sein.*«
- Statt »Ich darf keine Schwäche zeigen« könntest du denken: »*Es ist menschlich, auch mal Hilfe zu brauchen.*«

Neue Perspektive einnehmen: Stell dir vor, jemand, den du liebst, wäre von denselben inneren Antreibern geplagt. Was würdest du ihm oder ihr raten? Dann übertrage diese liebevolle Haltung auf dich: Wie könntest du dich beruhigen, wenn du unter Druck stehst? Wie kannst du dir Selbstfürsorge erlauben?

Neue Verhaltensweisen einüben: Wenn du deinen liebevollen Umgang mit dir selbst ernst nimmst: Was folgt konkret daraus? Wo könntest du erste kleine Schritte machen, die dir zeigen, dass sich wirklich etwas verändert? Experimentiere doch mal ein wenig: Geht die Welt wirklich davon unter, wenn du sonntagmorgens keine frischen Brötchen holst? Wenn du deine Partnerin bittest, die Spülmaschine auszuräumen? Wenn heute mal das Hobby deines Kindes ausfällt, weil du zum Arzt musst?

Übung und Achtsamkeit: Wenn du in der nächsten Zeit wieder einen dieser inneren Antreiber bemerkst, halte einen Moment inne. Atme tief durch und erinnere dich an deine liebevolle Haltung. Das kann dir helfen, dich selbst daran zu erinnern, gut für dich zu sorgen.

Gesund-Erwachsen durch den Alltag: Wie gelingt die Balance zwischen Selbstbehauptung und Bindung?

Wir möchten dir hier einige Anregungen geben, wie du den oben beschriebenen Fahrplan im Alltag umsetzen kannst. Mit welchen kleinen Life-Hacks kann das gelingen?

Praktische Tipps für den Alltag

1. **Mikropausen einbauen:** Gönn dir im Alltag kleine Auszeiten. Das können fünf Minuten Atemübung sein, ein kurzer Spaziergang oder eine Tasse Tee ohne Ablenkung.
2. **Unterstützung annehmen:** Trau dich, um Hilfe zu bitten – sei es bei deiner Partnerperson, Freund*innen oder in der Familie. Wenn du versuchst, alles allein zu stemmen, bleibt wenig Raum für deine eigene Regeneration.
3. **Realistische Erwartungen setzen:** Perfektionismus ist ein häufiger Stolperstein. Akzeptiere, dass du nicht immer alles richtig machen kannst – und auch nicht musst. Dein Kind braucht keine perfekte, sondern eine liebevolle Bezugsperson. Stets pädagogisch optimal zu handeln, bringt nichts, wenn dadurch Stress in der Familie entsteht.
4. **Grenzen setzen:** Kommuniziere im Beruf offen, dass sich deine Prioritäten geändert haben, und plane deine Arbeit so, dass sie mit deinem Familienleben vereinbar ist. Auch zuhause darfst du Grenzen setzen, dein Kind kann auch mal warten (außer es ist noch ein Säugling: dann muss dich jemand ablösen).
5. **Freude planen:** Nimm dir bewusst Zeit für Aktivitäten, die dir Spaß machen – auch ohne dein Kind. Vielleicht ein altes Hobby, das du wiederaufnehmen möchtest, ein gesellschaftliches Engagement, das dir wichtig ist, oder eine Stunde, in der du ein Buch liest oder die Nähe zur Natur suchst. Aus der Forschung wissen wir, dass besonders die Komponenten Bewegung, Tageslicht und Kontakt zur Natur deine Stimmung stabilisieren und dein Wohlbefinden fördern können.
6. **Selbstreflexion:** Notiere dir regelmäßig, was dich belastet und was dir guttut. Eine Liste mit Dingen, die dir Kraft geben, kann dir in schwierigen Momenten Orientierung bieten.

7. **Hilfe holen:** Wenn du merkst, dass du alleine nicht aus Lebensfallen und Problemen herausfindest, kannst du dir professionelle Hilfe suchen. Du hast ein Recht darauf! Ob Psychotherapie, Erziehungsberatungsstelle oder Jugendamt: Nicht alle Probleme lassen sich alleine mit ein paar guten Strategien lösen!

Es klingt vielleicht herausfordernd, all diese Tipps im Alltag umzusetzen. Manche Menschen – vielleicht auch du selbst – sind im Moment einfach nicht in der Lage, sich liebevoll, stabil und fürsorglich um ihr Kind zu kümmern. Wir möchten dir an dieser Stelle den Druck nehmen: Manchmal bringt das Leben schwere Herausforderungen mit sich – ein Elternteil kann zum Beispiel krank sein, durch persönliche Probleme belastet oder schlicht nicht in der Lage sein, seinem Kind gerade emotional viel zu geben.

Daniel J. Siegel und Tina Payne Bryson betonen in ihrem Buch »The Power of Showing Up« (2020), dass Kinder dennoch gesund heranwachsen können, wenn sie zumindest *eine* verlässliche und psychisch stabile Bezugsperson an ihrer Seite haben. Diese wichtige Person muss nicht zwangsläufig ein Elternteil sein – auch eine Großelternperson, Tante oder ein anderer Mensch, der regelmäßig Zeit mit dem Kind verbringt, kann diese Rolle übernehmen.

Das bedeutet: Selbst, wenn du oder deine Partnerperson gerade große Schwierigkeiten durchlebt, musst du dir keine übermäßigen Sorgen machen. Entscheidend ist, dass dein Kind wenigstens eine konstante, liebevolle Quelle der Sicherheit und Geborgenheit hat. Diese Unterstützung ist oft ausreichend, damit es sich trotz belastender Umstände gut entwickeln kann.

Auch wenn es Phasen gibt, in denen nicht alles rund läuft – weder bei dir noch in deiner Familie – kann dein Kind dennoch gesund und glücklich heranwachsen. Es geht nicht darum, immer alles im Griff zu haben, sondern darum, auch dich selbst im Blick zu behalten. Du bist es wert, gut für dich zu sorgen!

Unser kleiner Selbstfürsorge-Check kann dir helfen, einmal innezuhalten und zu schauen, wie es dir gerade wirklich geht.

Siehe dazu die folgende Übung:

Übung: Der Selbstfürsorge-Check

1. Setz dich an einen ruhigen Ort und schließe die Augen. Aktiviere in dir den Gesunden-Erwachsenen-Modus (siehe oben, Kasten »In die Selbstfürsorge wechseln)
2. Stell dir folgende Fragen:
   - Wie geht es mir gerade? Bin ich ruhig, fröhlich, entspannt? Oder eher gestresst, aggressiv, hilflos, einsam?
   - Was brauche ich gerade, um mich wohlzufühlen? Ist es eher mehr Nähe, z. B. zu meinem Kind? Oder Unterstützung? Oder brauche ich einen Freiraum für mich? Brauche ich gerade eher *blau* (Bindung) oder *rot* (Selbstbehauptung)?
   - Welche inneren Antreiber (z. B. »Ich muss alles allein schaffen«) hindern mich daran, für mich zu sorgen? Was ist meine Gesunde-Erwachsenen Antwort darauf?
3. Schreibe dir drei konkrete Dinge auf, die du in dieser Woche für dich tun kannst.

Es eskaliert? Was Eltern brauchen, die ihrem Kind gegenüber aggressiv sind

Es ist ein heikles Thema, das oft Scham und Schuldgefühle auslöst: aggressives Verhalten gegenüber dem eigenen Kind. Aus unserer Sicht ist es wichtig, dieses Verhalten nicht moralisch zu verurteilen, sondern als ein Zeichen dafür zu sehen, dass Eltern selbst in einem momentanen inneren Ungleichgewicht gefangen sind.

Meist ist der Gesunde-Erwachsenen-Modus, der sonst liebevoll, achtsam und reflektiert handelt, in solchen Momenten von anderen Modi – etwa dem Aggressiven- oder Überforderten-Modus – überlagert. Was du dann brauchst, ist Unterstützung, um Impulskontrolle zu lernen und zunächst liebevoll auf dich selbst zu schauen. Denn nur wenn du innere Balance findest, kannst du auch aus deinem Gesunden-Erwachsenen-Modus heraus auf dein Kind blicken und angemessen handeln.

Wir möchten dir im Folgenden Methoden an die Hand geben, wie du es schaffen kannst, aus einem aggressiven Impuls auszusteigen. Denn dein Kind braucht eine Umgebung, in der es nicht geschädigt wird.

Dabei vertreten wir klar die Haltung:

Aggressives Verhalten dem Kind gegenüber (z. B. anschreien, beschimpfen, entwerten, demütigen, auslachen, schlagen etc.) ist niemals eine hilfreiche pädagogische Handlung. Es schadet dem psychischen Wohlergehen deines Kindes immer und nachhaltig.

Übung: Schritte zu mehr Balance, wenn die Wut bei dir hochkommt

1. **Distanz schaffen und den Impuls kontrollieren:**
   Wenn die Wut hochkocht, ist der erste Schritt, den Raum zu verlassen oder einen Moment innezuhalten, um durchzuatmen. Ein kurzer Abstand hilft, die Kontrolle zurückzugewinnen und den überforderten oder wütenden Modus zu beruhigen. Einfache Skills wie das Zählen bis zehn, drei tiefe Atemzüge in den Bauch, ein Schluck Wasser oder das bewusste Wahrnehmen des Bodens unter den Füßen können hier Wunder wirken.
   Die Lösung liegt in der Zeit zwischen Reiz und Reaktion, diesen Raum gilt es mithilfe dieser Skills auszudehnen. Der Reiz ist dabei etwas, das deine Wut triggert, zum Beispiel ein Verhalten deines Kindes. Die Reaktion ist dein Verhalten darauf. Wenn du innerlich einen großen Schritt zurücktrittst, kannst du deinen spontanen Impuls (z. B. zu schreien) zurückhalten und stattdessen nach einer kleinen Pause ruhiger reagieren. Hab allerdings Geduld mit dir: Das erfordert Übung und bedarf auf deiner Seite auch eine starke Motivation, dein aggressives Verhalten wirklich verändern zu wollen.

2. **Stabilen Stand finden:**
   Eltern können sich symbolisch »auf beide Beine stellen« – eines steht für *Bindung*, das andere für *Selbstbehauptung*. Das bedeutet: Einerseits an die Beziehung zum Kind erinnern (»Was braucht mein Kind jetzt?«), andererseits für sich selbst sorgen, um aus der Überforderung herauszukommen (»Was brauche ich jetzt, um mich zu beruhigen und wieder handlungsfähig zu sein?«). Ein Moment der Reflexion könnte sein: »Warum hat mich das Verhalten meines Kindes so getriggert? Hat es etwas mit meinen eigenen Lebensfallen zu tun?« (Mehr Input dazu findest du im Kapitel »Schatten der Vergangenheit«, ▶ Kap. 4)

3. **Zurück zum Kind:**
   Wenn die innere Balance wiederhergestellt ist, kannst du mit einem liebevollen und klaren Schritt auf dein Kind zugehen. Dazu gehören:
   - **Sich entschuldigen:** »Es tut mir leid, dass ich laut geworden bin. Das war nicht in Ordnung.«
   - **Ein liebevolles Angebot machen:** Zum Beispiel Nähe oder Trost anbieten, falls dein Kind durch die Aggression verunsichert wurde.
   - **Behutsame Grenzen setzen:** »Ich war wütend, weil du etwas gemacht hast, das nicht okay ist. Aber wir reden darüber, ohne dass ich laut werde.«
     Hier ist die Botschaft für dein Kind entscheidend, dass sein Verhalten nicht ok war, dass es aber nicht als Mensch falsch oder nicht liebenswert ist. Achte also auf deine Wortwahl.

Diese Schritte erfordern Übung und Geduld, aber sie sind essenziell, um den Teufelskreis aus Wut und Schuld zu durchbrechen. Eltern, die lernen, ihre eigenen Modi zu erkennen und zu regulieren, stärken nicht nur sich selbst, sondern auch die Bindung zu ihrem Kind. Sie schaffen eine Atmosphäre, in der sich ihr Kind sicher und geliebt fühlen kann – auch wenn Fehler passieren. Denn Fehler sind menschlich, und ihre Reparatur bietet die Chance, die Beziehung zu vertiefen.

Was passiert, wenn du gut für dich sorgst?

Es gibt Studien (z. B. Neff & Faso, 2015), die zeigen, dass Eltern, die gut für sich selbst sorgen, auch glücklichere und gesündere Kinder haben. Forschungen belegen, dass Eltern, die auf ihre eigenen emotionalen Bedürfnisse achten, ein positiveres und unterstützenderes Umfeld schaffen. Dies führt zu besseren emotionalen, sozialen und kognitiven Entwicklungen bei den Kindern.

Wir wissen aus der Forschung (z. B. Bögels & Restifo, 2014), dass Selbstmitgefühl und Achtsamkeit bei Eltern mit weniger Stress und mehr Zufriedenheit in der Elternrolle einhergehen. Davon profitieren Kinder psychologisch und zeigen insgesamt weniger Verhaltensprobleme.

Außerdem wirkt die Zufriedenheit der Eltern oft ansteckend und sorgt für eine familiäre Atmosphäre, in der Resilienz und emotionale Stabilität entstehen können. Eltern, die gut für sich selbst sorgen, vermitteln ihren Kindern wichtige Lebenskompetenzen: den gesunden Umgang mit Stress und das Setzen klarer Grenzen.

Indem du deine eigenen Grundbedürfnisse ernst nimmst, wirst du stärker. Du reagierst geduldiger auf die Herausforderungen des Alltags und kannst deinem Kind ein Modell dafür sein, wie man gesund mit Stress und Gefühlen umgeht. Selbstfürsorge ist ein Geschenk – für dich und deine Familie. Wenn du dir erlaubst, deine Bedürfnisse zu erfüllen, Pausen einzulegen, Freude zu empfinden und Selbstfürsorge in deinen Alltag zu integrieren, stärkst du nicht nur dich selbst, sondern auch deine Fähigkeit, liebevoll und geduldig für dein Kind da zu sein.

Kinder profitieren enorm von Eltern, die emotional ausgeglichen sind und ihnen ein gutes Beispiel für ein gesundes Selbstwertgefühl geben (▶ Kap. 6). In Partnerschaften reagieren die Partner*innen jedoch nicht immer verständnisvoll oder unterstützend auf deine Praxis der Selbstfürsorge. Das könnte daran liegen, dass sie selbst überlastet sind oder nicht gut genug für ihre Bedürfnisse im Alltag sorgen können. Das kann zu Spannungen innerhalb der Partnerschaft führen. Dies heißt aber nicht, dass du deine Bedürfnisse zurückstellen solltest.

In solchen Momenten ist dein »rotes Selbstbehauptungsbein« wichtiger als dein blaues »Bindungsbein«. Du darfst Grenzen setzen und auch mal »Nein« sagen – das macht dich zu einer starken, authentischen Bezugsperson. Erinnere dich: Nur aus einer vollen Kanne kannst du auch anderen einschenken.

Dich selbst gut zu behandeln, ist daher kein Luxus, sondern eine Notwendigkeit. Ganz egal, ob du in einer klassischen Familienkonstellation, einer Patchworkfamilie, einer queeren Familie oder als Alleinerziehende*r lebst, und ganz gleich, ob du zur Mehrheitsgesellschaft gehörst oder nicht – du verdienst es, dich um dich selbst zu kümmern. Trau dich, diesen Raum für dich einzufordern. Und wenn es schwerfällt, dann denk daran: Du bist es wert.

Übung: Neue Wege gehen

1. Stelle dir eine Situation mit deinem Kind vor, in der du sagst, dass du jetzt Zeit für dich brauchst. Dein Kind protestiert oder signalisiert, dass es darüber nicht glücklich ist.
2. Überlege nun genau, wie du in dieser Situation reagieren möchtest. Welche Worte wählst du, um deinem Kind verständlich zu machen, dass diese Auszeit für dich sehr wichtig und richtig ist.

10 Was tun, wenn's nicht rund läuft? Anwendungsbeispiele anhand häufiger Problemsituationen

In diesem Kapitel möchten wir mit dir einige »Klassiker« der Problemsituationen mit Kindern durchgehen und zeigen, welche Herangehensweisen und Lösungsmöglichkeiten es in diesen Themen geben könnte. Die Theorien und Modelle aus den Kapiteln »Was brauchen unsere Kinder wirklich« (▶ Kap. 2), »Schatten der Vergangenheit« (▶ Kap. 4) und »Was macht eine positive Eltern-Kind-Beziehung aus« (▶ Kap. 5) sind dafür unsere Basis.

Alleine schlafen

Mein Kind soll im eigenen Zimmer alleine ein- und durchschlafen

Chronischer Schlafentzug ist vor allem bei Eltern von Säuglingen und Kleinkindern ein häufiges Belastungsthema. Wie kann es kindgerecht gelingen, dass mein Kind alleine ein- und durchschläft?

Das Internet und die sozialen Medien sind voll davon: Karikaturen von Elternbetten, in denen die Dreijährige wie ein Seestern ausgebreitet von dem 1,90 Meter breiten Kingsize-Bett im Elternschlafzimmer die Hälfte inklusive sämtlicher Decken für sich selbst beansprucht.

Hast du auch einmal die Vorstellung gehabt, dass man abends das Kind um 19:00 Uhr ins Bett bringt, ihm was vorliest, einen Gute-Nacht-Kuss gibt, sich liebevoll verabschiedet, die Decke noch einmal zurecht zieht, das Licht ausmacht und dann den gemütlichen Abend mit »Erwachsenensachen« verbringt?

Der Mythos vom »leichten Einschlafen«

Ich habe eine Freundin, bei der dieser Mythos Wirklichkeit wurde. Abends kündigte ihr fröhlicher, ausgeglichener Dreijähriger selbst an, dass er nun müde sei und ins Bett wolle und das Abendritual spielte sich genauso ab, wie oben dargestellt. Im gemeinsamen Urlaub mit zwei weiteren Freundinnen schüttelten die Eltern dieses ungewöhnlich pflegeleichten Kindes immer mitleidig die Köpfe und murmelten etwas von: »Kein Wunder, wenn man...« oder: »Da muss man einfach nur konsequent sein.«, während die beiden anderen Mütter eine Stunde lang in den Zelten lagen und versuchten, mit Händchen halten, Singen, Kraulen und Beschwören ihre Kinder zum Schlafen zu bringen.

Hast du vielleicht auch so ein »Schlafkind« zu Hause? Eins, das sich abends einfach ins Bett legt, müde und erschöpft vom Fußballtraining, Schwimmunterricht oder einem anstrengenden Tag in der KiTa und dann sofort einschläft? Dann hast du wirklich Glück gehabt!

Soll ich dir verraten, wie es bei meiner Freundin weiterging? Dieselben Eltern, die den unkomplizierten Schläfer großzogen, bekamen drei Jahre später ein zweites Kind. Seitdem entschuldigen sie sich regelmäßig bei ihren Freundinnen für die vielen mehr oder weniger klugen Ratschläge. Inzwischen sind sie Mitglieder im Club der Eltern, die ihr Bett mit einem (durchaus tretfreudigen) Seestern teilen und ein Elternteil wacht regelmäßig mit Rückenschmerzen im Kinderzimmer oder auf der Couch auf, weil es nachts das Feld geräumt hat.

Nicht selten fragen sich Eltern eines unruhig schlafenden Kindes, was sie »falsch« gemacht haben oder was sie »besser« machen müssten. Dabei überschätzen sie systematisch ihren eigenen Einfluss. Kindliches Verhalten reflektiert nicht ausschließlich die mehr oder weniger erfolgreichen Strategien ihrer Eltern. Kinder bringen von Geburt an ihre eigenen genetischen Voraussetzungen mit. Gehe deshalb nicht zu hart mit dir (oder anderen Eltern) ins Gericht. Falls Selbstkritik oder ein starkes Kontrollbedürfnis für dich ein Thema sein sollten, schau gerne in unser Kapitel »Schau nach dir« (▶ Kap. 9). Dort haben wir für dich zusammengefasst, wie du mit dir selbst insgesamt wohlwollender und mitfühlender umgehen kannst.

Die Medien sind voll von Diskussionen und Theorien, ob, warum und wie Kindern schlafen sollten. Immer wieder wird das Thema »alleine Schlafen« zu einem Thema in psychotherapeutischen Praxen und Beratungseinrichtungen. Daher widmen wir ihm dieses Kapitel und betrachten es im Lichte deiner Bedürfnisse und der deiner Kinder.

Jedes Kind ist anders!

Auch, wenn wir uns hier wiederholen, aber man kann es sich vermutlich nicht oft genug sagen: Jedes Kind ist anders! Das zeigt auch das Beispiel meiner Freundin: Die Genlotterie hat bei beiden Kindern sehr unterschiedliche Charaktere und Temperamente hervorgebracht und diejenigen unter euch, die mehr als ein Kind haben, können das vermutlich bestätigen: Jedes Kind kommt anders zur Welt.

Und: Jedes Kind kommt auch zu anderen Eltern. Auch, wenn du dieselbe Person bist, bist du nicht mehr dieselbe, die du warst, als dein erstes Kind geboren wurde. Das kleine Geschwisterkind ist kein Einzelkind, es hat Eltern, die ihre Aufmerksamkeit aufteilen, Eltern, die bereits einige Jahre als berufstätige Mütter oder Väter hinter sich haben, Eltern, die schon ein Kind großgezogen haben, die in der Zwischenzeit bestimmte Lebens- und Lernerfahrungen gemacht haben, die vielleicht auch den Stress eines Neugeborenen oder Kleinkindes als Paar erlebt und überstanden haben etc.

Vor allem in ihrem Schlafbedürfnis, ihrem Schlafrhythmus und ihrer Fähigkeit, ein- und durchzuschlafen sind Kinder sehr verschieden.

Fragt euch selbst einmal, wie gut euer Kind als Säugling geschlafen hat. Das Kind meiner Freundin zum Beispiel hat im Säuglingsalter fast jeden Abend zur Schlafenszeit eine halbe Stunde bis Stunde geweint, teils geschrien, und war nur schwer zu beruhigen.

Manche Kinder haben es schwer, nach all den Eindrücken des Tages, die Aufgabe des Einschlafens gut zu bewältigen. Sie brauchen dabei sehr viel Nähe, Sicherheit und Unterstützung. Anderen Kindern hingegen fällt das Loslassen und der Übergang in den Schlaf sehr leicht. Diese Kinder haben in der Regel keine Schwierigkeiten alleine einzuschlafen. Sie schlafen meist schnell ein, wachen nachts seltener auf und wenn doch, dann schlafen sie auch schnell wieder ein.

Wenn du ein Kind hast, das schon immer schlecht einschlafen konnte, dann hast du vermutlich ein Kind, dass in diesem Bereich einfach mehr Hilfe braucht. In der Regel handelt es sich dabei um Kinder, die sehr sensibel und feinfühlig auf ihre Umwelt reagieren. Sie sind oft emotionsstark, reizoffen und brauchen abends mehr Begleitung dabei, sich herunter zu regulieren und ihre Gefühle zu sortieren.

Vom guten zum schlechten Schläfer: Was ist da los?

Manche Eltern kommen in die Beratung und berichten, dass das Thema »alleine Schlafen« bei ihrer mittlerweile Zehnjährigen eigentlich nie ein Problem gewesen sei. Sie sei immer gut eingeschlafen, habe durchgeschlafen und erst seit einigen Monaten bekomme sie abends Angstattacken, wenn es um das alleine Schlafen geht. Häufig tauchen dabei Ängste vor der Dunkelheit auf, aber auch Ängste vor einem Einbruch, davor, dass jemandem in der Familie oder ihnen selbst etwas passieren könnte, manchmal auch Ängste vor Naturereignissen oder sogar schwarzen Löchern.

In solchen Fällen gilt es erst einmal zu verstehen, was passiert ist, dass sich das Kind nicht mehr sicher in seinem Bett fühlt, obwohl es eigentlich damit zuvor kein Problem hatte. Meist hat es ein Ereignis gegeben, dass diesem Kind das Gefühl genommen hat, dass die Eltern es beschützen können und es in seinem eigenen Zuhause, in seinem eigenen Bett, sicher sind.

Irgendwann wird den meisten Kindern bewusst, dass sie in einer Welt leben, in der es reale Risiken gibt, vor denen auch ihre Eltern sie nicht beschützen können. Wenn dein Kind Glück hat, dann wird ihm das erst bewusst, wenn es schon so alt ist, dass es darüber sprechen und für sich selbst eine Haltung dazu finden kann, die ihm hilft, mit diesen Ängsten und Unsicherheiten durch solche Gefahren zurechtzukommen.

Manche Kinder werden jedoch schon sehr viel früher mit diesen Gefahren konfrontiert, durch das, was ihnen oder jemanden in ihrer Umgebung passiert. Vielleicht ist jemand krank geworden, es gab eine Trennung, einen Todesfall oder andere Verlusterfahrungen, ohne dass diese Kinder alleine einen Weg finden konnten, damit umzugehen. Diese Kinder können auf einmal Ängste entwickeln, weil sie die kindliche Naivität, dass sie in ihrem Zuhause und in ihrem Bett sicher sind, verlieren.

Sind die Erfahrungen besonders intensiv oder langanhaltend, kann sich die Lebensfalle »Verletzbarkeit« entwickeln (▶ Kap. 4). Diese Kinder brauchen Hilfe und Zuwendung, damit sie lernen, mit den Risiken umzugehen, die das Leben mit sich bringt.

Es kann auch sein, dass du selbst damit ein Problem hast und dir deine Eltern nicht gut beibringen konnten, wie du mit deinen Ängsten umgehen kannst. Im Kapitel »Schatten der Vergangenheit« (▶ Kap. 4) findest du Informationen darüber.

In Bezug auf das alleine Schlafen sei an dieser Stelle aber gesagt, dass es sein kann, dass dein Kind in solchen Phasen wieder mehr Unterstützung dabei braucht, sich auch allein im Bett sicher fühlen zu können.

Was ist die natürliche Schlafumgebung eines Kindes?[4]

Grundsätzlich gilt erst einmal: Die Vorstellung eines Kinderzimmers, in dem ein Kind alleine schläft, ist eine sehr moderne Erfindung. Vor noch nicht allzu langer Zeit konnten es sich Familien schlichtweg nicht leisten, jedem Kind ein eigenes Kinderzimmer zu geben. Meist schlief die gesamte Familie, manchmal der gesamte Hausstand und nicht selten auch noch der eingemietete Pensionsgast in dem einen beheizten Raum des Hauses.

Selbst meine Eltern haben sich ihre gesamte Kindheit hindurch ihre Kinderzimmer geteilt, häufig sogar ihre Betten, mit mindestens einem ihrer Geschwister, als sie jünger waren sogar nicht selten mit allen dreien.

Wenn man heute historische Herrenhäuser in England oder Frankreich besichtigt, kann man gut die damalige Wohnsituation von Kindern aus wohlhabenden Familien betrachten. Die Kinderstube war zwar räumlich getrennt von den Eltern, allerdings schliefen Nanny, Amme, Gouvernante oder Erzieherin entweder mit im Raum der Kinder oder zumindest in der kleinen Nachbarkammer. Hinzu kommt, dass die Schlafräume der kleineren Kinder in den ersten Lebensjahren nicht getrennt waren. So gut wie kein Kind musste zu dieser Zeit alleine schlafen.

Der Luxus, dass wir es uns leisten können, jedem Kind ein eigenes Zimmer einzurichten, das gemütlich, sicher und geheizt ist, ist tatsächlich noch ein sehr junges Phänomen. Zum ersten Mal in der Geschichte der modernen Menschheit leben wir in einer Welt, in der wir unsere Kinder nicht permanent vor Raubtieren, plündernden Menschen oder eisiger Kälte schützen müssen. Sie allein in einen Raum zu legen, von ihnen zu erwarten, dass sie die Augen schließen und ruhig einschlafen –

4 Die Ausführungen beziehen sich vorwiegend auf westlich geprägte Gesellschaften und deren historische Entwicklungen.

einfach im guten Glauben an die eigene Sicherheit – ist für Kinder eine große Herausforderung. Dafür braucht es sehr viel Vertrauen in die Umgebung und ein tiefes Gefühl von Sicherheit und Bindung.

Menschen sind soziale Wesen – Herdentiere. Nur in der Gruppe war früher unsere Sicherheit gewährleistet. Nähe bedeutet Schutz. Unser Kind muss heute also tief davon überzeugt sein, dass es sicher ist, dass es beschützt wird und dass wir sofort zur Stelle sind, wenn das einmal nicht der Fall sein sollte.

Allein einzuschlafen, bedeutet für ein Kind gewissermaßen, gegen seine Instinkte zu handeln.

Wir haben diese sicheren Umgebungen geschaffen: Unsere Häuser sind warm, trocken, solide und in der Regel sind sie sicher.

Nur unsere Gene wissen das nicht.

Wenn die Bedürfnisse von dir und deinem Kind gegensätzlich sind

Falls du zu den Eltern gehörst, die ihren Achtjährigen jeden Abend bis zum Einschlafen begleiten, dich dann um halb zehn völlig übermüdet aus dem Kinderzimmer schleichst, nur um dann nachts geweckt zu werden, weil dir jemand im Dunkeln mit dem Sorgenfresser in der Hand auf die Nase tippt – dann bist du damit nicht allein. Warum ist das trotzdem ein Problem? Hier treffen zwei sehr unterschiedliche Bedürfnisse aufeinander – die deines Kindes und deine eigenen.

Wir Eltern brauchen Schlaf. Wenn wir jede Nacht geweckt, gestört oder gar aus dem Bett vertrieben werden, sind wir unausgeschlafen und gestresst, können den Alltag und unsere Arbeit nicht mehr gut bewältigen und werden häufiger krank. Wir müssen ruhig und ausreichend schlafen.

Hinzu kommt, dass wir auch als Erwachsene und als Paar Bedürfnisse haben, die massiv darunter leiden, wenn wir nur noch als Versorger*innen unserer Kinder existieren. Somit kollidieren die Bedürfnisse unserer Kinder nach Nähe, Sicherheit und emotionaler Versorgung mit unseren eigenen Bedürfnissen nach Freiheit, Selbstverwirklichung, aber auch nach Nähe und Geborgenheit durch unsere Partner*innen.

Dann kommen noch erschwerende Lebensumstände hinzu, die diese Bedürfniskollision weiter verschärfen.

- Wenn der zahnende Säugling nachts das Schlafzimmer zusammenbrüllt, während die Drittklässlerin am nächsten Morgen eine Mathearbeit schreiben muss.
- Wenn Papa um sechs Uhr auf Dienstreise oder Mama schon um acht Uhr zur Vorstandssitzung konzentriert auftreten muss.
- Wenn die alleinerziehende Mutter sich vielleicht zum ersten Mal seit Langem auf ein Date verabreden möchte und sich jetzt schon fragt, wo dann ihr neuer Partner überhaupt übernachten soll, wenn das Kind in ihrem Bett liegt.
- Oder zwei Mamas, die sich nach einem langen Tag endlich mal in Ruhe austauschen möchten, ohne dass mindestens eine von beiden todmüde ist.

Weitere Bedingungen können sein, dass wir ja auch möchten, dass unsere Kinder ihre Fähigkeiten weiterentwickeln. Wir wollen, dass sie unabhängig werden, lernen, sich selbst zu helfen, wenn sie nicht einschlafen können. Vor allem die anstehende Klassenfahrt in der dritten Klasse ist häufig ein Anlass, dass die üblichen Einschlafstrategien hinterfragt werden, und bei den Kindern, die noch ausschließlich im Elternbett schlafen, entstehen dann oft große Ängste, wie sie das jetzt auf einmal schaffen sollen.

Es gibt viele sehr gute Gründe, warum es aus heutiger Sicht sinnvoll ist, dass unsere Kinder in ihren eigenen Betten in ihren Kinderzimmern schlafen. Wir haben die Möglichkeiten, die Zimmer sind sicher, warm und gemütlich. Das Ziel ist also, dass unsere Kinder lernen, dass ihr Bett der sicherste Ort auf dieser Erde für sie ist – ein Ort, an dem sie sich geborgen und wohlfühlen können. Da wollen wir hin.

Wenn wir unsere Kinder zu uns ins Elternbett kommen lassen, weil sie Angst haben vor dem morgigen Diktat, nicht einschlafen können oder einen Albtraum hatten, dann haben wir ihnen beigebracht, dass der sicherste Ort auf der Welt das Elternbett ist. Das ist kurzfristig oft leichter für uns, weil wir nicht nachts durch die Wohnung stolpern müssen, um für unser Kind da zu sein, wir schlafen einfach weiter (auf großzügig überlassenen 50 cm Liegefläche und ohne Kopfkissen). Langfristig lernt unser Kind aber: Der einzig sichere Ort zum Schlafen ist bei Mama oder Papa.

Das ist dann kein Problem, wenn ihr kein Problem damit habt. Auch diese Kinder schlafen in den allermeisten Fällen irgendwann allein in ihren Zimmern, wenn sie ein gewisses Alter erreicht haben. Die allerwenigsten 16-Jährigen liegen noch bei ihren Eltern im Bett, weil sie Angst vor Einbrüchen haben.

Wenn du aber das Gefühl hast, dass die Bedingungen bei dir zuhause und deine eigenen Bedürfnisse (▶ Kap. 9) erfordern, dass dein Kind in seinem eigenen Bett schläft, dann ist das Ziel, dass das sicherste, tollste und gemütlichste Bett im Haus das Bett im Kinderzimmer ist.

Bevor wir uns Gedanken machen, wie wir dieses Ziel erreichen, möchten wir dich einladen, deine Situation genauer zu betrachten. Wie bereits gesagt: Jedes Kind ist anders. Die folgenden Fragen sollen dir dabei helfen, dir bewusst zu machen, was für eine Schlafpersönlichkeit dein Kind hat. Außerdem können sie dir helfen, wichtige Lernmomente in der Geschichte deines Kindes zu erkennen, die das Schlafverhalten beeinflusst haben können[5].

---

5 Übrigens lassen sich diese Fragen – leicht abgewandelt – auch auf andere plötzlich auftretende oder auffällige Verhaltensänderungen deines Kindes anwenden, etwa auf Schulverweigerung, Trennungsängste oder aggressives Verhalten.

Wenn dir dabei Dinge auffallen, die dein Kind möglicherweise irritiert haben, kannst du diese gemeinsam mit deinem Kind in Gesprächen aufarbeiten und ihm oder ihr helfen, die damaligen Erfahrungen zu korrigieren (siehe dazu die neurobiologischen Grundlagen im Kapitel »Was brauchen unsere Kinder wirklich«, ► Kap. 2 und Hinweise zum Gespräch im Kapitel »Dein Beziehungskompass«, ► Kap. 3).

Fragen an dich

1. War dein Kind immer ein schlechter Schläfer? Gab es schon früh Phasen, in denen es deinem Kind schwergefallen ist, einzuschlafen? Musstest du oft zu Hilfsmitteln greifen, wie Wippen, Schaukeln oder Herumtragen? Brauchte dein Kind viel Körperkontakt beim Einschlafen?
2. Gab es in der frühen Kindheit Situationen, in denen du dein Kind abgeben musstet? Krankenhausaufenthalte bei dir oder deinem Kind? Wart ihr für längere Zeit voneinander getrennt? Hat sich dein Kind nach diesen Ereignissen in seinem Verhalten verändert?
3. Gibt es Ereignisse, die im Kinderzimmer deines Kindes stattgefunden haben, die dazu führen könnten, dass es diesen Raum mit etwas Negativem verbindet? Gab es Unfälle oder Vorfälle, die dein Kind verstört oder es über das Übliche hinaus verschreckt haben?

4. Hat sich im Leben deines Kindes in den letzten Monaten etwas Entscheidendes verändert? Kam ein Geschwisterkind hinzu? Gab es eine Trennung? Einen Todesfall? War jemand schwer krank?
5. Wurde bei euch oder in der Nachbarschaft eingebrochen? Hat dein Kind Nachrichten mitbekommen, die es irritiert haben könnten?
6. Hat dein Kind Inhalte in den Medien gesehen, die es irritiert haben? Hat es plötzlich Ängste, von denen du nicht weißt, wo diese herkommen?
7. Gab es einen Entwicklungssprung bei deinem Kind? Ist es sehr schnell gewachsen?
8. Kam es gerade in die KiTa, wurde es eingeschult oder gab es einen Schulwechsel? Wurden die ersten benoteten Arbeiten geschrieben? Ist es sehr laut und unruhig in der Schulklasse? Wird von den Lehrkräften viel gebrüllt?
9. Leidet dein Kind unter Albträumen, Nachtschreckattacken, Schlafwandeln oder Schlafparalyse? Hat es Wachstumsschmerzen? Merkst du deinem Kind an, wenn es einen Wachstumsschub hat? Sind bei deinem Kind Phasen spürbar, in denen es reizbarer und emotionaler ist als sonst, obwohl es keine offensichtlichen Gründe dafür gibt?
10. War dein Kind schon immer sensibel, wenn es um Kleidung, Essen, Lärm, Gerüche geht? Reagiert es sehr gestresst auf Veränderungen? Beschwert sich dein Kind, wenn ihr Dinge im Haus verändert? Ist es sehr schreckhaft und zeigt eine ungewöhnlich starke Angstreaktion etwa auf Insekten, Alarmsirenen oder Gewitter?
11. Habt ihr viele Schwierigkeiten bei Übergangssituationen, bei denen du es von einer Situation abholst und in eine andere Situation wechselst? Braucht dein Kind lange, um sich in neue Situationen einzugewöhnen?

12. Ist dein Kind sehr zurückhaltend und schüchtern im Kontakt mit Fremden? Trifft das für Kinder und Erwachsene gleichermaßen zu? Wie schnell gewöhnt sich dein Kind an neue Menschen? Ist dein Kind sehr still? Nur bei Fremden oder auch bei vertrauten Personen? Weißt du, was im Kopf deines Kindes vorgeht? Wie oft sprecht ihr über seine Gefühle?

Erschaffe das sicherste Bett der Welt für dein Kind

Um das Kinderzimmer zum gemütlichsten Ort für dich und dein Kind zu machen – einem Ort, an dem es sich sicher und geborgen fühlt – solltest du dir zunächst einmal die Frage stellen, wie das Bett eigentlich für dich richtig gemütlich werden könnte. Betrachte das Kinderbett: Wie komfortabel ist es für dich? Gemeint bist hier du, nicht dein Kind. Wenn du gerade vor einem 90 x 160 cm großen Bett stehst, wirst du vermutlich feststellen, dass du dort nicht wirklich bequem hinein passt.

Die erste Aufgabe ist also, eine Schlafsituation im Kinderzimmer zu schaffen, in der ihr beide gut liegen und auch schlafen könnt. Ein kuscheliges, großes Bett mit mindestens 120 cm, besser noch 140 cm Breite wäre ideal. Und du ahnst es sicher schon: Du wirst die nächste Zeit viel Zeit in genau diesem Bett verbringen. Falls der Platz für ein großes Bett fehlt, versuche zumindest, eine Lösung zu finden, in der ihr beide möglichst gut schlafen könnt, um einen sicheren Wohlfühlort für dich und dein Kind zu schaffen.

Hat dein Kind einen sehr unruhigen Schlaf, wühlt es viel und wandert im Bett, wenn es schläft? Oder schläft es am liebsten in deinem Arm? Für diese Kinder sind Seitenschläferkissen in U-Form eine sinnvolle Anschaffung, damit sie im großen Bett eine kuschlige Begrenzung haben und nicht heraus purzeln können. Zudem simulieren diese Kissen eine Art elterliche Armkuhle – nur eben ohne eingeschlafenen Arm oder lahmen Rücken.

Eine kleine Nachtbeleuchtung oder vielleicht Leuchtsticker, die den Raum zwar gut abdunkeln aber für Orientierung sorgen, wenn dein Kind nachts wach wird, sind wahrscheinlich in den meisten Kinderzimmern bereits vorhanden.

Wenn das Kinderzimmer nicht direkt neben deinem Schlafzimmer liegt, sondern weiter weg oder sogar in einer anderen Etage, kann auch für etwas ältere Kinder ein Babyphone oder irgendeine Art von Gegensprecheinrichtung sinnvoll sein, damit dein Kind dich rufen kann, wenn es dich nachts braucht.

Der sanfte Weg zum guten Schlaf

Wenn du diese Voraussetzungen geschaffen hast und du und dein Kind sehr froh und glücklich über das neu gestaltete Bett seid, dann kann es losgehen. Du setzt einen Zeitpunkt fest, ab dem dein Kind nicht mehr in deinem Bett im Elternschlafzimmer schlafen wird. Ab diesem Zeitpunkt schläft dein Kind ausschließlich in seinem eigenen Bett.

Zunächst schläfst du mit dem Kind gemeinsam in diesem Bett. So lange, bis es sich an die neue Umgebung gewöhnt hat. Das kann zwei bis drei Wochen dauern oder eben noch länger. Wenn du langsam das Gefühl bekommst, dass dein Kind gut in seinem neuen Bett angekommen ist und nachts zur Ruhe findet, dann hilf deinem Kind weiterhin beim Einschlafen.

Das Abendritual, dass du einführst, soll deinem Kind helfen, zur Ruhe zu kommen, den Tag zu reflektieren, zu kuscheln, zu lesen, zu singen, zu lachen und ein Gefühl von Entspannung und Geborgenheit entstehen zu lassen. Du erfüllst damit das Bindungsbedürfnis deines Kindes und stärkst so sein »blaues Bein« (▶ Kap. 2). Denn Bindung beruhigt. In dieser Zeit können schlimme Erlebnisse und Erinnerungen verarbeitet, Verluste betrauert und Irritationen besprochen werden. Wenn Sorgen, Ängste oder Stress da sind, hilf deinem Kind, Worte dafür zu finden – auch das wirkt beruhigend (eine Anleitung dazu findest du im Kapitel »Dein Beziehungskompass«, ▶ Kap. 3).

Versuche, ein möglichst gleichbleibendes Ritual einzuführen und bestimme, wann es genug ist und das Licht ausgemacht wird. Kinder, die viel Hilfe beim Einschlafen benötigen, brauchen an dieser Stelle mehr Unterstützung. Sobald das Licht aus ist, kannst du durch sanfte Ermahnungen immer wieder darauf hinweisen, dass dein Kind jetzt schlafen soll. Manche Kinder brauchen Kraulen oder Singen, andere eine Geschichte, manche einfach nur Ruhe. Sprich mit deinem Kind ab, dass du, nachdem es eingeschlafen ist, ab sofort nachts wieder in dein eigenes Bett gehst, aber sofort kommst, wenn es dich ruft.

In den nächsten Nächten wanderst du also, sobald dein Kind eingeschlafen ist, in dein Bett im Elternschlafzimmer. Wenn dein Kind nachts wach wird und nicht mehr einschlafen kann, sich allein und unsicher fühlt oder sogar einen Albtraum hatte, gehst du zu ihm zurück ins Kinderzimmer.

Gerade am Anfang kann es sein, dass dein Kind dich häufiger ruft. Das passiert meist, wenn es sehr unruhig schläft, viel zu verarbeiten hat und sich noch an diese neue Schlafsituation gewöhnen muss. Oft geht es auch darum zu testen, ob du wirklich zuverlässig da bist. Das kann sehr anstrengend werden, vor allem, wenn du mehrmals nachts aus dem Tiefschlaf gerissen durch die dunkle Wohnung flitzt (Tipp: Wege freihalten, sonst kann es schmerzhaft werden!). Aber mit der Zeit wirst du merken, dass dein Kind immer häufiger alleine in seinem Bett durchschläft.

Kurzfristig ist das ein sehr viel aufwändigeres Programm, als dein Kind einfach zu dir ins Bett kommen zu lassen. Langfristig wird es aber dazu führen, dass dein Bett wieder dir allein oder euch als Paar gehört.

Wieviel Zeit braucht es, bis dein Kind wirklich alleine einschlafen kann?

Das lässt sich pauschal nicht sagen – hier wird es sehr große Unterschiede geben. Je nach Lerngeschichte, Genetik und Alltagsbelastung wird dein Kind dich kürzer oder länger beim Schlafen brauchen.

Wenn du einige oder mehrere der oben im Kasten gestellten Fragen mit »Ja« beantworten musstest, hast du vielleicht bereits eine Hypothese gefunden, warum dein Kind Schwierigkeiten mit dem »alleine Schlafen« hat. Ist das Leben deines Kindes gerade besonders stressig? Ist es sehr sensibel und emotionsstark? Hat es ein besonders belastendes Erlebnis zu verarbeiten? Dann ist der Abend ein besonders wichtiger Moment des Tages. Denn dann braucht dein Kind dich, um den Tag zu reflektieren und Gefühle zu benennen und einzuordnen.

Dabei spielt nicht immer Angst die zentrale Rolle.

Bei meiner Tochter zum Beispiel ist die Zeit abends, die sie zum Einschlafen braucht, die Zeit, in der wir unsere Beziehung wirklich leben. An manchen Tagen komme ich erst am späten Nachmittag oder Abend nach Hause – wir haben uns also den ganzen Tag nicht gesehen. Die Gespräche beim Abendessen sind dann häufig eher oberflächlich und finden nicht in der Ruhe statt, die wir erleben, wenn wir abends im Bett noch miteinander »quatschen«. Dann berichtet sie mir von der Schule, den Freundinnen, was in der Klasse los war, ob sie Mathe verstanden hat oder ob sie sich über etwas Sorgen macht oder ärgert.

Diese Zeit hilft ihr, ihr episodisches Gedächtnis aufzubauen (▶ Kap. 2), ihre Gefühle zu verstehen und zu bewältigen und hilfreiche Strategien für die Herausforderungen des nächsten Tages zu entwickeln. Nach einer guten halben Stunde bis Stunde ist sie dann »bindungssatt« und fühlt sich sicher. Dann kann sie beruhigt einschlafen und ist innerlich vorbereitet für das, was am nächsten Tag kommt.

Wenn du das alles jetzt gelesen hast und dir den Kopf zerbrichst, wie das in deinem Alltag umsetzbar sein soll, dann liegt das vermutlich daran, dass du mehr als ein kleines Kind hast. Schon bei zwei Kindern wird es mit dem beschriebenen Zubettgehritual schwierig (nicht zuletzt, da es immer wieder Phasen geben kann, indem dein Kind sehr auf ein Elternteil fixiert ist und das motiviert gemeinte Angebot des »falschen« Parts vehement ablehnt), aber zumindest meist machbar, wenn du nicht alleinerziehend bist.

Bist du jedoch alleinerziehend und hast mehrere Kinder, stehst du vor der großen Herausforderung, allen Kindern gerecht zu werden.

Mit verschiedenen alleinerziehenden Müttern und Vätern habe ich bereits versucht, Strategien zu entwickeln, wie man dem Aufmerksamkeits- und Bindungsbedürfnis aller Kinder möglichst gut gerecht werden kann. Häufig stellen sich diese Eltern mit einem ihrer Kinder in der Praxis vor, weil dieses Kind emotionale Probleme entwickelt hat und sich die Eltern fragen, wie sie es besser emotional unterstützen können.

Das oben beschriebene Vorgehen ist als Leitfaden zu verstehen, der eine Richtung vorgibt, die dann an die individuelle Realität deiner Familie angepasst werden muss. Dabei spielen vor allem die Altersabstände der Geschwister und die Qualität ihrer Beziehung zueinander häufig eine große Rolle.

Bei größeren Altersunterschieden kann es sinnvoll sein, die Kinder nacheinander ins Bett zu bringen und jedem Kind seine eigene halbe Stunde Zeit zur Verfügung stellen. Manchmal bietet es sich auch an, sich mit zwei oder drei Kindern zusammen zu kuscheln und über den Tag zu reden, wobei die Kinder dann sehr gefordert sind, weil sie aufeinander Rücksicht nehmen und zuhören müssen.

Manche jüngeren Kinder profitieren häufig davon, ein Zimmer mit ihren Geschwistern zu teilen, weil sie sich dann weniger alleine fühlen. Andere Kinder stören sich gegenseitig sehr oder sind altersmäßig so weit auseinander, dass die Große sich ein eigenes Zimmer wünscht, während der Kleine noch mehr Kontakt braucht.

Wie auch immer du dich entscheidest: Wenn du ein Kind hast, das dir signalisiert, dass es emotional überfordert ist, dann braucht dieses Kind mindestens einmal am Tag ungeteilte Zeit mit dir. Mindestens eine halbe Stunde, um sich zu sortieren, seine Erfahrungen und Probleme zu besprechen, seine Gefühle zu verstehen und wieder zu Kräften zu kommen für die Herausforderungen des nächsten Tages.

Insgesamt geht es immer wieder um die Balance zwischen deinen eigenen Bedürfnissen und denen deiner Kinder. Das Ziel ist, dass du einen Ablauf findest, der für dich stimmig ist (zum Beispiel indem du nicht in einem zu kleinen oder unbequemen Bett schlafen musst) und deinen Kindern gleichzeitig das Maß an Sicherheit und Aufmerksamkeit bietet, dass sie brauchen, um von einem sicheren Standbein aus selbstständig und gestärkt den Herausforderungen entgegenzutreten, die auf sie zukommen.

Trennungsangst

Mein Kind hat Trennungsangst: Warum ist das so? Und was könnte helfen?

»Ich möchte nicht in den Kindergarten!«, brüllt die fünfjährige Hannah ihrer Mutter Sabine entgegen, während diese versucht, ruhig zu bleiben und sie dazu zu überreden, ihre Schuhe anzuziehen.

»Komm jetzt, wir müssen los, ich muss doch arbeiten.«

»Ich gehe nicht in den Kindergarten!« Hannah sitzt in ihrem Zimmer vor den Bausteinen und verschränkt Arme und Beine.

»Warum möchtest du denn auf einmal nicht mehr in den Kindergarten gehen?«

»Ich möchte bei dir bleiben!«

»Du kannst nicht bei mir bleiben, Schatz, ich muss arbeiten.«

»Immer musst du arbeiten! Ich will bei dir bleiben. Warum kann ich nicht einfach mit dir hierbleiben?«

Sabine hat ein schlechtes Gewissen. Sie ist alleinerziehend und arbeitet Vollzeit. Sie weiß, dass ihre Tochter früher und länger in die KiTa gehen muss als viele andere Kinder, weil sie berufstätig ist. Seit der Pandemie arbeitet sie allerdings häufiger im Homeoffice und spart dadurch etwas Zeit, die sie dann für den Haushalt nutzt. Seit Hannah mitbekommen hat, dass ihr Mutter mehr zuhause ist, verhandelt sie immer häufiger, dass sie zuhause bleiben möchte.

Sabine weiß aber, dass das nicht funktioniert. Sie kann nicht in Meetings sein und sich konzentrieren, wenn sie gleichzeitig »nur mal eben schnell« für Hannah Dinge erledigen soll und ständig unterbrochen wird. Sie weiß auch, dass sie ihrer Tochter so nicht gerecht werden kann und Hannah durch das Tages-Programm in der KiTa sehr viel besser versorgt ist als bei ihr zuhause.

»Wenn du jetzt kein Theater machst beim Abgeben, dann kaufe ich uns für heute Abend Sushi.« Sushi ist eigentlich zu teuer für das knappe Familienbudget, aber Sabine weiß sich nicht anders zu helfen. In einer halben Stunde beginnt ihr erstes Meeting.

Murrend zieht Hannah ihre Schuhe an und lässt sich sehr viel Zeit dabei. Sabine atmet tief durch und versucht nicht zu viel zu drängeln. Sie weiß, dass die Situation dann wieder kippen könnte. Fröhlich, ihre Anspannung überspielend, hilft sie Hannah beim Anziehen der Jacke und setzt sie mit ihrem Rucksack in den Kindersitz im Auto. Hannah hat Tränen in den Augen und lässt sich nicht aufmuntern. Auch Sabine hat einen Kloß im Hals, versucht sich aber nichts anmerken zu lassen und ihre Kleine durch ein Gespräch über den geplanten Wochenendausflug abzulenken. Hannah reagiert nicht.

Auf dem Parkplatz angekommen, steigt Sabine aus, geht um das Auto herum und schnallt Hannah ab. Diese fängt laut an zu weinen und zu jammern.

»Ich will nicht! Lass mich! Ich will bei dir bleiben! Ich will nicht in den blöden Kindergarten! Immer lässt du mich alleine! Die sind alle so gemein zu mir. Niemand versteht mich da. Ich mag es nicht, wenn du weg bist.«

Langsam verliert Sabine die Nerven. Sie ist bereits spät dran. Rechts und links von ihr steigen immer wieder andere Eltern mit ihren Kindern aus den Autos und schauen mitleidig zu ihr herüber.

Schließlich wird sie laut: »Ich möchte, dass du jetzt sofort aus dem Auto aussteigst, oder ich trage dich in die KiTa!«

Hannah weint daraufhin noch lauter. Sabine schnappt das Kind und zerrt es aus dem Auto. Hannah wehrt sich halbherzig und Sabine trägt sie auf ihrem Arm, den Rucksack am Ärmel hängend, in die Einrichtung. Als sie sie absetzen will, klammert sich Hannah an sie. Sabine setzt sich mit ihr auf die viel zu kleine Garderobenbank und hält ihr weinendes Kind im Arm. Die Zeit drängt und mittlerweile weiß sie, dass sie zu spät in ihr Meeting kommen wird.

»Hannah, komm. Du weißt doch, dir passiert hier nichts. Du kennst hier doch alle.«

Sabine ist ratlos. Hannah besucht die Einrichtung seit ihrem zweiten Lebensjahr. Seit der Eingewöhnung hat es keine Probleme beim Abgeben gegeben – bis vor ein paar Wochen.

»Ich möchte bei dir bleiben!«

Mittlerweile sind schon fast alle Kinder der Gruppe angekommen. Peinlich berührt stellt Sabine fest, dass ihr Kind heute das einzige ist, das sich so schwer trennen kann.

Schließlich kommt Hannahs Lieblingserzieherin heraus und kniet sich vor die beiden. Hannah dreht den Kopf weg, als sie angesprochen wird.

»Na, komm Hannah. Wir wollten doch heute deine Laterne fertig basteln. Guck mal, wir machen auch gleich gemeinsames Frühstück und die Nele ist auch schon da.«

Hannah klammert sich noch fester an ihre Mutter. Die Erzieherin schaut Sabine fragend an, aber Sabine zuckt nur mit den Schultern. Sie weiß selbst nicht, was mit ihrem Kind los ist.

Schließlich steht Sabine mit einem Ruck auf.

»So! Du bleibst jetzt bei der Nadja. Ich muss los.«

Sie übergibt das Kind der Erzieherin, löst die festgekrallten Hände aus Pulli und Haaren, dreht sich um und verlässt die KiTa. Hinter sich hört sie ihr Kind weinen. Sabine fühlt sich hundeelend als sie mit Tränen in den Augen in das Auto steigt und nach Hause zu ihrem Meeting fährt.

Beim Abholen erfährt Sabine zu ihrer Erleichterung, dass Hannah sich zwar erst nach etwa 45 Minuten wieder beruhigt hat, am Nachmittag aber sehr fröhlich mit den anderen Kindern gespielt hat. Als Sabine sie abholt, kommt Hannah ihr entgegengerannt und verkündet, dass sie »nur noch ganz kurz« mit ihrer Freundin Nele den Sandkuchen fertig dekorieren müsse und rennt gleich wieder weg.

Die KiTa-Leiterin spricht Sabine daraufhin an, was denn los sei, dass das morgendliche Abgeben derzeit zu schwierig sei. Sie teilt ihr mit, dass man sich zeitnah zusammensetzen müsse, da Hannah morgens sehr viel Aufmerksamkeit brauche. Der gesamte Ablauf sei für die Erzieherinnen schwierig, da Hannah zum Beispiel beim Morgenkreis auf dem Schoß einer Erzieherin säße, was auf Dauer nicht umsetzbar sei.

Wie findest du mögliche Ursachen für die Trennungsangst?

Die Leiterin fragt Sabine, ob sich in letzter Zeit zuhause irgendetwas verändert habe und ob etwas vorgefallen sei, weil diese Veränderung so plötzlich aufgetreten sei. Sabine beginnt, nachzudenken und kann die Frage zunächst nicht beantworten.

An dieser Stelle könnte sich Sabine folgende Fragen stellen, um Hannahs Gesamtsituation besser zu verstehen und den möglichen Ursachen für ihre plötzlichen Trennungsängste auf den Grund zu gehen:

1. Ist in der KiTa etwas vorgefallen, dass Hannah verunsichert haben könnte?
2. Hat sich zuhause bei Sabine und Hannah etwas verändert, dass zu Stress geführt oder die Beziehung zwischen beiden belastet hat?
3. Macht Hannah gerade einen wichtigen Entwicklungsschritt durch und ist dadurch verunsicherter?
4. Hat sie in der Vergangenheit Erfahrungen gemacht, die dazu führen, dass sie sich bei Trennungen besonders unsicher fühlt?

Zu 1.: Tatsächlich war in den letzten Monaten einiges bei Sabine und Hannah passiert. Die COVID-19-Pandemie hatte dazu geführt, dass die Gruppen in der KiTa stark voneinander getrennt wurden und die Kinder nur noch mit wenigen anderen Kindern und Erzieher*innen Kontakt hatten. Viele Aktivitäten wurden vorübergehend ausgesetzt. Die Tage liefen immer gleich ab und es passierte wenig Interessantes. Hannah sagte seitdem immer wieder, dass sie sich in der KiTa langweile und keine Lust mehr habe, dahinzugehen. Es waren noch fünf Monate bis zur Einschulung, ein bisschen musste sie also noch durchhalten. Sie berichtete, dass es vermehrt zu Schreien und Schimpfen in der KiTa gekommen sei. Auch wenn sie nicht direkt betroffen war, habe dies die Atmosphäre stark belastet.

Zu 2.: Wie bereits beschrieben, arbeitet Sabine inzwischen häufiger im Homeoffice. Das macht es Hannah schwerer zu verstehen, warum sie trotzdem in der KiTa sein muss, schließlich ist Sabine ja eigentlich »zuhause«, um auf sie aufzupassen. Aus ihrer kindlichen Wahrnehmung heraus stört sie doch nicht, wenn sie einfach auch zuhause ist. Schließlich habe das während der Lockdowns doch auch gut funktioniert. Für Sabine war die Doppelbelastung aus Kinderbetreuung und Arbeiten aber extrem herausfordernd und anstrengend. Nur durch ein hohes Maß an Toleranz, auch seitens ihres Arbeitgebers, konnte sie das überhaupt bewältigen. Mittlerweile hat sich der Arbeitsalltag von Sabine jedoch so weit normalisiert, dass sie beruflich wieder voll eingefordert wird. Durch die verstärkte soziale Isolation ist Sabine selbst viel belasteter und gestresster als noch vor der Pandemie und muss vieles ohne Unterstützung stemmen. Dadurch ist sie selbst häufiger traurig und überfordert, was Hannah vermutlich ebenfalls spürt. Sie krabbelt wieder öfter zu Sabine ins Bett und fragt immer wieder nach, ob sie sie noch liebhat, besonders nachdem es Streit gab und Sabine die Nerven verloren hat.

Zu 3.: Sabine bemerkt auch, was für einen Entwicklungssprung ihre knapp Sechsjährige gerade macht. Hannah langweilt sich zunehmend mit den jüngeren Kindern und orientiert sich sehr an den älteren, die aber inzwischen in der Schule sind. Die eingeschränkten Kontaktmöglichkeiten durch die getrennten Gruppen in der KiTa nerven sie außerdem sehr.

Zu 4.: Auf die vierte Frage fällt Sabine wieder ein Ereignis aus der Eingewöhnungszeit ein, als Hannah noch nicht einmal zwei Jahre alt war.

Sie erinnert sich, dass Hannah die Eingewöhnung zunächst sehr fröhlich und mutig anging, bis eines Tages Hannahs Bezugserzieherin krank war. Als Sabine Hannah abholen wollte, saß die knapp Zweijährige seit über einer halben Stunde alleine mit einer anderen Erzieherin in einem Gruppenraum und weinte, weil sie zu ihrer Mama wollte. Ihr war versprochen worden, dass diese käme, wenn sie nicht mehr bleiben wolle und dieses Versprechen war nicht eingehalten worden. Danach traute sich Hannah nicht mehr von Sabine weg und konnte nur mit viel Zusprache zum in der Kita Bleiben bewogen werden. Bedenken und Ängsten blieben. Hannah hatte das Vertrauen verloren, dass sich Erwachsenen an Absprachen halten. Als die Bezugserzieherin wieder gesund war, stoppte sie die ganze Eingewöhnung, da sie »das stille Weinen« nicht mehr mitansehen konnte. In Absprache mit Sabine begannen sie die Eingewöhnung erneut von vorne. Auf Sabines Frage, warum sie sich danach nicht mehr auf die Kontaktversuche mit ihrer Bezugserzieherin einlassen wollte, antwortete die knapp Zweijährige damals: »Weil du dann weggehst, Mami.«

Diese Zeit war sowohl für Sabine als auch für ihre Tochter sehr schwierig und für beide gab es seitdem immer wieder Situationen, durch die dieses Gefühl aktualisiert wurde. Auch, wenn Hannah sich bewusst nicht mehr daran erinnern kann, reagiert sie auf Situationen, die dieses Gefühl in ihr auslösen mit einer emotionalen Überreaktion. Sie hat eine kleine Verlassenheits-Lebensfalle entwickelt (▶ Kap. 4): Das Gefühl, dass sie allein gelassen wird und sich nicht darauf verlassen kann, dass ihre Mutter ihr Versprechen einhält und kommt, wenn sie sie braucht. So, wie sie es ihr damals versprochen hatte.

Um die Treppenmetapher aus einem früheren Kapitel (▶ Kap. 2) aufzugreifen: Die Verlassenheits-Lebensfalle ist aktiviert und der »Gefühlstornado« (Angst, Verzweiflung, Traurigkeit) stürmt aus dem Keller ins Obergeschoss. Viele Räume im Obergeschoss sind nun nicht mehr zugänglich (kognitive Fähigkeiten wie zum Beispiel Kommunikation oder Selbstberuhigung). Das System meldet einen Notfallzustand mit akuter Gefahr, den es objektiv betrachtet in der gegenwärtigen Situation in der KiTa ja gar nicht gibt.

Hannah wird seitdem in unangenehmen Situationen, die sie überfordern, weinerlich und verhält sich kleinkindlicher als es ihrem Alter entspricht. Sie reagiert nicht mehr situationsangemessen. Sie gerät in den Unterordnungs-Modus, in dem sie sich anklammernd verhält, um die Bindung zu ihrer Mutter sicherzustellen (▶ Kap. 4).

Durch die Aktivierung der Lebensfalle »Verlassenheit« kann Hannah nicht mehr auf ihre altersentsprechenden Fähigkeiten zugreifen: sich Hilfe zu suchen, sich auf andere einzulassen, zu kommunizieren, wie es ihr geht, darauf zu vertrauen, dass sie wieder abgeholt wird (in der Sprache der Treppenmetapher des Gehirns sind dies alles Fähigkeiten, die in den Zimmern im Obergeschoß lagern, ▶ Kap. 2). Sie verfällt in das kleinkindliche Gefühl, dass nur ihre Mama ihr helfen kann, so wie sie es in der auslösenden Situation als Zweijährige erlebt hat.

Hannah hat also keine Angst vor der KiTa oder der Trennung an sich, sondern sie hat Angst davor, dass dieses Gefühl wieder kommt und sie es alleine aushalten muss. Da das unangenehme Gefühl nicht auftritt, wenn ihre Mutter da ist, möchte sie sich nicht von ihr trennen, um es so zu vermeiden.

Daher helfen auch all die gut gemeinten Sätze nicht, die ihr vermitteln sollen, dass es in der KiTa nicht gefährlich sei, dass alle nett zu ihr sind und dass ihre Lieblingserzieherin da ist. Das, was Hannah als gefährlich und als nicht aushaltbar erlebt, ist »dieses Gefühl«, das die Aktivierung der Lebensfalle in ihr auslöst (nicht die KiTa).

Sinnvoller Umgang mit Hannahs Trennungsangst

Um das Gefühl von der Auslösesituation zu trennen, ist es sehr wichtig, dass Hannah die Situation nicht vermeiden darf, das heißt, dass sie sich nicht im Vermeidungs-Modus einrichtet. Denn sonst lernt sie, dass Vermeidung die einzige Möglichkeit ist, das Gefühl loszuwerden.

Hätte Sabine sie wieder mit nach Hause genommen oder sie von Anfang an zuhause gelassen, dann wäre das Gefühl vermutlich sofort weggegangen. Das nennt man negative Verstärkung. Dabei handelt es sich um die stärkste Belohnung, die wir erleben können: Ein sehr negatives Gefühl hört sofort auf. Das bedeutet, dass Hannah beim nächsten Mal sehr wahrscheinlich wieder die Situation vermeiden hätte wollen, da sie gelernt hätte, dass es kurzfristig hilft, um das negative Gefühl loszuwerden.

Langfristig wird das negative Gefühl sehr wahrscheinlich immer häufiger auftreten.

Sabine möchte aber, dass ihre Tochter lernt, dass das Gefühl, das sie hat, nicht zur aktuellen Situation gehört. Das heißt, sie muss Hannah helfen, das Gefühl von der Auslösesituation »in die KiTa gehen« zu trennen. Dafür muss sie Hannah motivieren, sich in die Situation (KiTa) zu begeben und so lange in der Situation zu bleiben, bis das Gefühl nachlässt.

Sicherlich kennt ihr das von euren eigenen Kindern: Selbst an Tagen, an denen das Abgeben eine Katastrophe war, holt ihr in den meisten Fällen Kinder ab, die gerade vertieft in ihr Spiel sind und die sich keine Gedanken mehr um das Gefühl vom Morgen machen. Sie haben also gelernt, dass sie das Gefühl aushalten können, ohne zu vermeiden und sie haben gelernt, dass das Gefühl ganz von alleine wieder weggeht. Auch, wenn ihr nicht da seid, um ihnen zu helfen.

Sabine hat in den folgenden Abenden immer wieder Gespräche mit ihrer Fünfjährigen geführt, um ihr, auf Grundlage der oben beschriebenen Zusammenhänge zu erklären, warum es so wichtig ist, dass sie in die KiTa geht.

Sabine hat ihrer Tochter von ihren eigenen Erinnerungen an die Situation während der Eingewöhnung erzählt. Hannah konnte das ergänzen mit verschiedenen anderen Situationen, in denen es ihr ähnlich gegangen war. Schließlich konnten beide sich darauf einigen, dass es nicht gefährlich sei, in die KiTa zu gehen und dass das Gefühl nur dann wieder weggehen wird, wenn sie nicht vermeidet und zuhause bleibt, sondern wenn sie sich dem Gefühl stellt.

Auch dafür haben beide zusammen Beispiele aus Hannahs Erfahrungen gesammelt – Situationen, in denen Ängste verschwunden sind, weil sie sich ihnen gestellt hatte.

Sabine hat ihrer Hannah geholfen, ihr Erleben in Worte zu fassen, ihren Gefühlen eine Sprache zu geben und hat den starken Gefühlstornado von der Kindergartensituation »abgekoppelt«. Dafür sind sie zusammen die Treppen vom Keller ins Obergeschoss gegangen (▶ Kap. 2 für Erläuterungen zur Treppenmetapher). Dabei war für Sabine die innere Haltung immer wichtig, also sich klarzumachen, dass es absolut zumutbar ist, Hannah in die KiTa zu schicken und ihr auch zu vermitteln, dass es für sie selbst, für ihre Arbeit und auch für Hannahs Bedürfnisse wichtig ist, dass sie betreut ist. Sabine hat also immer wieder bewusst ihren Gesunden-Erwachsenen-Modus angesteuert, um nicht selbst von ihren Gefühlen überwältigt zu werden. Kinder brauchen ab dem Alter von drei Jahren den Kontakt mit Gleichaltrigen, um sich gesund entwickeln zu können. Und auch Eltern brauchen Zeit, um zu arbeiten oder sich ein wenig zu erholen. Elterliche Schuldgefühle sind hier also nicht angebracht und werden – falls vorhanden – vom Inneren-Kritiker-Modus ausgelöst.

Sabine und Hannah haben auch darüber gesprochen, dass ihre Bindung zueinander nicht davon abhängig ist, ob sie beieinander sind, sondern dass sie auch dann besteht, wenn sie weit voneinander entfernt sind. So haben sie eine neue Abschiedsformel eingeführt, bei der Sabine Hannah eine Hand auf die Stirn und eine auf das Herz legt, beide zusammen tief durchatmen und Sabine ihr sagt, dass sie sie liebhat und dass sie immer da drin ist, egal, wo Hannah ist und wo sie selbst gerade ist.

Schließlich hat Sabine Hannah gefragt, was es ihr das Abgeben denn leichter machen würde. Und Hannah hat – zu Sabines Überraschung – gesagt, dass ihr die ganze Aufmerksamkeit der anderen sehr unangenehm sei und sie viel lieber ihre Ruhe hätte – und ihr Lieblingskuscheltier!

Anpassung des Abgebe-Rituals in der KiTa

In Absprache mit der KiTa-Leitung wurde das Abgeben nun so verändert, dass Hannah am nächsten Tag eine große Tasche mit einer Decke, einem Kuscheltier und zwei Kissen mitbringen durfte. Diese durfte sie nutzen, um sich in einer stillen Ecke im Gruppenraum eine Kuschelecke einzurichten. Das Ziel war, dass Hannah nicht mehr so viel Einzelaufmerksamkeit für das Weinen und Trauern bekam, sondern dass sie sich dort nach ihrer Ankunft zurückziehen und beruhigen konnte. Denn sonst bestand die Gefahr, dass sie für ihre Trauer und das Äußern ihrer Ängste permanent belohnt oder dass die Situation für sie unangenehmer (peinlicher) geworden wäre.

Außerdem wurde so vermieden, dass sie den gesamten Ablauf aufhielt, indem sie auf dem Schoß ihrer Lieblingserzieherin saß und diese sich nicht um die anderen Kinder kümmern konnte.

Sabine hat ihrer Tochter erklärt, dass sie sich zurückziehen dürfe und dass sie, wenn sie soweit ist, in die Gruppe zum Morgenkreis dazukommen könne. Das Dazukommen wurde von ihren Erzieherinnen positiv verstärkt, zum Beispiel dadurch, dass sie sich neben sie setzen durfte.

Auf diese Weise wurde der Teufelskreis unterbrochen, dass sie für ihr Problemverhalten belohnt wurde. Gleichzeitig wurden aber ihre Bedürfnisse nach Geborgenheit und Sicherheit gewürdigt und die Selbstregulation unterstützt (▶ Kap. 2 für mehr Informationen zu den Grundbedürfnissen).

Sabine hat für sich noch einmal an ihrer inneren Haltung gearbeitet, dass es absolut okay ist, dass sie ihre Tochter in die KiTa gibt. Dafür musste sie sich selbst immer wieder klarmachen, dass sie Hannah in eine vertraute Umgebung zu vertrauten Menschen abgibt. Das dies eine sichere Umgebung ist und sie sich keine Sorgen machen muss, dass diese Umgebung ihrem Kind schadet (das hat sie ja in den letzten drei Jahre auch nicht, in denen Hannah gerne gegangen ist).

Die Aussicht, dass das dort vielleicht langweilig ist und sie viel lieber andere Dinge machen würde, ist für eine Fünfjährige absolut zumutbar. Das passiert ihr zuhause auch. So ist das Leben.

Diese Haltung hat Sabine geholfen, selbst ruhiger und bestimmter zu bleiben und Hannah so durch ihre Eindeutigkeit und Klarheit viel mehr Sicherheit in der Situation geben zu können.

Wichtig diesbezüglich war in dem Gespräch mit der KiTa-Leitung, dass auch die Erzieherinnen sich diese Haltung bewusst machen mussten. Sie waren selbst sehr verunsichert, weil Hannah nicht mehr freudestrahlend und lächelnd, sondern abweisend und weinend in die KiTa kam und das zunächst auch für sie sehr schwer auszuhalten war.

In solchen Situationen vermehrter Anspannung gilt zu bedenken, dass nicht nur das Kind gestresst ist, sondern auch die Elternteile und/oder Erzieher*innen von Lebensfallenaktivierungen betroffen sein können und dann schlussendlich auf allen Seiten emotionaler Stress vorliegt.

Und je gestresster die Bezugspersonen des Kindes sind, desto weniger wird es gelingen, das Kind wirksam zu beruhigen oder in der Hilfe zur Selbstberuhigung zu unterstützen (wirf daher mal einen Blick in das Kapitel »Schau nach dir«, ▶ Kap. 9).

Beispiel für Trennungsängste nach traumatischen Erlebnissen

Trennungsängste können sehr unterschiedliche Ursachen haben. Jedes Kind kommt mit seiner eigenen Geschichte, seinem eigenen Temperament und seinen eigenen Erfahrungen.

Ich habe einmal eine Achtjährige kennengelernt, deren Eltern ganz verzweifelt waren, weil ihre Tochter es nicht einmal mehr ertragen konnte, wenn ihre Mutter nur kurz den Müll rausbrachte, ohne sofort panisch zu werden. Sie war überzeugt, das aufkommende Gefühl nicht aushalten zu können. Sie musste immer und überall ihre Mutter sehen oder hören, was für die gesamte Familie zur Zerreißprobe wurde.

Bei der Betrachtung der Vorgeschichte dieser Trennungsangst wurde schnell deutlich, dass dieses sehr kluge und temperamentvolle Kind im Alter von vier Jahren die Erfahrung machen musste, dass ihre Mutter aufgrund einer Schwangerschaftskomplikation plötzlich und unerwartet in akute Lebensgefahr geriet. Aus einer fröhlichen Situation, bei der sie selbst zum ersten Mal bei einem Ultraschall dabei sein durfte, kippte die Situation ganz plötzlich und für alle völlig unvorhersehbar in eine Familienkatastrophe.

Das Gefühl, dass von jetzt auf gleich etwas Schlimmes passieren kann und die Gefahr bestand, ihre Mutter zu verlieren, wollte die mittlerweile Achtjährige nie wieder erleben. Sie hatte daraufhin die Lebensfalle »Verletzbarkeit« entwickelt (▶ Kap. 4).

Die einzige Strategie, die sie gelernt hatte, um die (Re-)Aktivierung der Lebensfalle zu vermeiden, war es, immer in der Nähe ihrer Mutter zu sein, um sicherzugehen, dass es dieser gut geht. Sie regulierte den Lebensfallen-Schmerz also durch anklammerndes Verhalten im Unterordnungs-Modus. Dieser Modus hatte die Regel, dass sichere Bindung zu der Mutter nur bei Sichtkontakt mit dieser vorhanden war.

Im Auflösen dieses Problemverhaltens war es sehr wichtig für alle Beteiligten, dass die Achtjährige den Zusammenhang zwischen dem erlebten Trauma und ihren Ängsten und Kontrollzwängen erkannte. In den ersten Jahren nach dem Vorfall hatte sie nämlich diese Trennungsängste noch nicht gezeigt. Dies erklärt sich dadurch, dass viele Kinder ihre eigenen Bedürfnisse zunächst stark zurücknehmen, solange die Erwachsenen um sie herum nicht belastbar sind. Häufig entwickeln sie erst Symptome, wenn die Situation sich so weit beruhigt hat, dass die Kinder sozusagen endlich »ausatmen« können.

Im Fall dieser Achtjährigen war es entscheidend, dass sie das Trauma bearbeiten, und die Verbindung zu ihren Ängsten erkennen konnte. So konnte sie selbst sich besser verstehen und lernen, ihre Ängste der eigentlichen Auslösesituation zuzuordnen und dieses Gefühl von gegenwärtig sicheren Situationen (zum Beispiel, wenn ihre Mutter den Müll rausbringt) zu trennen.

Sie erkannte, dass das Kontrollieren der Mama und Bei-ihr-Bleiben nur kurzfristig dazu führte, das Gefühl verschwinden zu lassen. Durch die Vermeidung der Trennung von der Mutter lernte sie nur, dass ihrer Mutter nichts passiert, wenn sie in ihrer Nähe ist und sie nur dann das unangenehme Gefühl aushalten kann. Langfristig führte das allerdings dazu, dass sie immer häufiger Ängste hatte, sobald ihre Mutter nicht anwesend war. Die Anspannung und der Stresspegel der gesamten Familie stiegen mit der Zeit, da die Angst- und Wutanfälle der Kleinen eine große Belastung darstellten und die Mutter zunehmend einengten. Die massive Anspannung verstärkte wiederum die Trennungsängste des Kindes, da die Achtjährige zusätzliche Ängste entwickelte, dass ihre Mutter sie nicht mehr lieb habe, weil sie so häufig genervt und wütend reagierte.

Das Training, die Mutter nicht permanent kontrollieren zu müssen, war ein zentraler Baustein der Veränderung. Schritt für Schritt machte das Mädchen die korrigierende Erfahrung: Es passiert nichts Schlimmes, auch wenn sie die Mutter nicht sehen kann. Parallel dazu führten die beiden intensive, fast philosophisch anmutende Gespräche darüber, wie das Mädchen mit dem durch die traumatische Erfahrung viel zu früh entwickelten Bewusstsein umgehen kann, dass jederzeit jedem von uns unvorhersehbare, lebensgefährliche Dinge passieren können, die sich nicht kontrollieren lassen.

Wie das Beispiel zeigt, gibt es in Familien, KiTas und Schulen auch Probleme, die Eltern alleine nicht lösen können. Zögere also nicht, dir professionelle Hilfe und Unterstützung zu holen – in der Psychotherapie, in Beratungsstellen, geeignete Bücher etc., um das Problem ganzheitlich zu verstehen und Unterstützung bei der Lösung zu bekommen. Und genau damit hast du ja im Grunde schon begonnen, indem du dieses Buch zur Hand genommen hast.

Trennungsängste nach Scheidung und Verlust

Häufig entwickeln auch Kinder mit getrennten Eltern Trennungsängste. Vor allem dann, wenn sie das Gefühl haben, dass sie nur einen Elternteil haben, auf den sie sich wirklich verlassen können, entstehen manchmal große (und völlig nachvollziehbare) Ängste, genau diesen Elternteil zu verlieren.

Ich treffe in solchen Situationen häufig auf sehr verunsicherte Mütter oder Väter, die sich zusätzlich mit Vorwürfen des anderen Elternteils oder aus dem Umfeld konfrontiert sehen. Ihnen wird dann unterstellt, dass sie das negative Gefühl durch Überbehütung, ihre eigenen Ängste oder ihre Unfähigkeit loszulassen, verursachen. Auch hier gilt: Genau hinschauen! Was hat dein Kind gelernt? Welche Erfahrungen hat es gemacht? Und vor allem: Was sagt dein Kind, wovor es Angst hat?

Wenn dein Kind eine über das übliche Maß hinausgehende Angst entwickelt hat, dich zu verlieren, dann ist es wichtig, dass es viele Bezugspersonen an seiner Seite hat, auf die es sich verlassen kann, die ihm zugewandt sind, denen es vertrauen und bei denen es sich wohlfühlen kann. Wenn das nicht das andere Elternteil ist, braucht es andere Personen, mit denen dein Kind solche positiven Gefühle erleben kann und das solltet ihr gemeinsam üben.

Sprich mit deinem Kind über seine Gedanken. Gib ihm Sicherheit, dass es gut versorgt und geschützt ist, auch für den Fall, dass dir selbst etwas passieren sollte. Diese Sicherheit solltest du auch für dich selbst herstellen.

Zwischen Behüten und Loslassen

Wenn du ein Kind zuhause hast, dass auf einmal unter starken Ängsten leidet, wenn es sich von dir trennen muss, dann atme erst einmal tief durch und mach dir bewusst, dass sehr viele Kinder einmal eine oder auch mehrere solcher Phasen in ihrem Leben haben können. Die Mutter oder der Vater zu sein, die/der das klammernde, weinende Kind vor aller Augen beim Schwimm- oder Klavierunterricht, vor der Schule oder der KiTa abzugeben versucht, während alle anderen Eltern einen mitleidig betrachten, kann bei einem selbst starke Scham-, Versagens- und Schuldgefühle auslösen. Mach dir immer wieder klar, dass es deinem Kind nicht hilft, wenn du so streng zu dir selbst bist. Setze dich mit einer Person zusammen, der du vertraust, die dich und dein Kind gut kennt und dann überlege mit ihr gemeinsam, wie du deinem Kind und dir helfen kannst, diese Phase zu überwinden.

Die Fragen zu Beginn des Kapitels können dir helfen, dein Kind besser zu verstehen und eine Idee zu entwickeln, warum es zu den Ängsten gekommen ist. Dann überlege dir, wie du mit deinem Kind schrittweise einen Weg finden kannst, dass es die Trennung von dir besser aushalten kann. Dabei ist es wichtig, dass auch dein Kind lernt, dass eine Vermeidung der Trennung zwar kurzfristig erleichternd ist, dadurch aber langfristig die Angst nicht weggehen wird. Meist wird sie sogar schlimmer und überträgt sich auf andere Situationen.

Gespräche mit deinem Kind und Kinderbücher zum Thema Angst und Vermeidung können euch dabei helfen, über die Angst und die Sorgen zu reden und zu verstehen, warum es wichtig ist, sich zu trauen. Freut euch zusammen über kleine Schritte und kleine Erfolge und vertraue darauf, dass sich auch dieses Problem verwachsen wird, wenn du achtsam und vertrauensvoll mit deinem Kind ein Ziel ansteuerst.

An dieser Stelle solltest du dich noch mal mit deinen eigenen Gefühlen beschäftigen. Die Balance zwischen Fürsorge, Behütung und Loslassen bzw. der Förderung von Autonomie ist eine schwierige Aufgabe (► Kap. 3). Gerade, wenn unsere Kinder Trennungsängste entwickeln, stellen wir uns häufig selbst infrage, ob wir diese Balance erreicht haben. Manchmal behindern unsere eigenen Ängste und Erfahrungen unserer Fähigkeit, unsere Kinder angemessen loszulassen und ihre Autonomieentwicklung zu fördern.

Häufig werden wir mit verunsichernden Äußerungen aus unserem Umfeld konfrontiert, die uns aus dem Gleichgewicht bringen und ein schlechtes Gewissen machen, was dann dazu führt, dass wir unserer Intuition nicht mehr vertrauen und unsere Kinder in Situationen überfordern, in denen unser Gefühl uns sagt, dass sie noch nicht so weit sind und noch Zeit brauchen.

Deinen Kindern helfen deine Schuldgefühle nicht! Wenn du dich als schlechte Mutter oder schlechter Vater fühlst, verzweifelst und dir Vorwürfe machst, dann blockierst du dich in einer klaren Sicht auf dein Kind und die Probleme, die du lösen willst. In diesem Fall ist es wichtig, dass du noch einmal deine eigenen Gefühle und Bedürfnisse betrachtest und dich mit den Anteilen in dir beschäftigst, die dich abwerten, demotivieren (Innerer-Kritiker-Modus: ▶ Kap. 2) und so lähmen, dass du dich nicht in der Lage fühlst, die Ärmel hochzukrempeln und für dein Kind eine Lösung zu finden.

Kehre in solchen Momenten noch einmal zurück zu den ersten Kapiteln dieses Buches und suche deinen inneren, Gesunden-Erwachsenen-Modus (▶ Kap. 4, »Von Lebensfallen zu Modi«).

Nur, wenn du im Gesunden-Erwachsenen-Modus bist, kannst du deinem Kind in einer Krisensituation eine hilfreiche Bezugsperson sein. Wenn du dich hingegen selbst hilflos, überfordert, ängstlich oder wütend fühlst, bist du nicht in einem Modus, in dem du deinem Kind angemessen zur Seite stehen kannst.

Diese Anteile haben wir alle in uns. Wir alle machen Fehler. Du machst Fehler, wir machen Fehler und auch deine Eltern haben Fehler gemacht, egal, wie sehr wir alle versucht haben, alles richtig zu machen.

Wenn du jetzt merkst, dass du bei deinem Kind eine ungünstige Entwicklung zugelassen oder diese sogar mitverursacht hast, dann helfen deinem Kind weder dein schlechtes Gewissen und deine Schuldgefühle noch Wut auf andere (Erzieher*innen, Lehrkräfte, Ärzt*innen, Trainer*innen usw.). Dein Kind braucht dich jetzt als einen logisch denkenden »Sherlock Holmes« auf der Suche nach dem Ursprung des

Problems, um daraus gemeinsam (mit deinen Erziehungspartner*innen und deinem Kind) eine Lösung zu entwickeln.

Die Frage ist nicht: »Warum habe ich das nur gemacht?« Oder: »Warum habe ich nichts unternommen?«

Die Frage lautet: »Wie hat mein Kind dieses Verhalten und diese Gefühle entwickelt und wie kann ich es jetzt darin unterstützen, dass es sich wieder anders fühlen und verhalten kann.«

Medien

Herausforderung unserer Zeit: Der Stress mit den Medien

Ein immer häufiger werdendes Konfliktthema in Familien ist der Umgang mit dem Medienkonsum der Kinder. Die Spannbreite der Regeln innerhalb der Familien unterscheidet sich enorm und nicht selten betrachten Kinder und Eltern die Regeln und den Umgang der jeweils anderen Seite mit den diversen Geräten mit Unverständnis oder sogar abschätzig.

Ein Blick in die Broschüre der Bundeszentrale für gesundheitliche Aufklärung (BZgA) zeigt, wie weit entfernt die Empfehlungen sogenannter Expert*innen von der Alltagsrealität unserer Kinder sind. Viele Eltern legen diese Broschüre schnell wieder weg, weil sie vor allem Schuldgefühle und ein schlechtes Gewissen auslösen.

Daher versuchen wir in diesem Kapitel uns dem Thema Medien aus einer anderen Perspektive zu nähern.

Ein zentrales Problem allgemeiner Empfehlungen ist die grundlegende Annahme, dass alle Kinder gleich sind und das Gleiche brauchen. Eine »One-Fits-All«-Strategie haben wir an anderer Stelle bereits kritisch hinterfragt. Starre Zeitangaben, unabhängig von der Art des Mediums, den Eigenschaften des Kindes und seiner allgemeinen Lebensumstände, sind unserer Meinung nach wenig zielführend.

Halten wir also einmal fest, was wir im Umgang mit Medien für unsere Kinder eigentlich erreichen wollen:

Unsere Kinder werden in ihrer Zukunft mit zahlreichen und unterschiedlichen Medien konfrontiert sein. Sie wachsen in eine digitalisierte Welt mit all ihren Chancen und Risiken hinein. Derzeit befinden wir uns in einem großen Spannungsfeld zwischen Alt und Neu. Während sich unsere Teenager in ihrer Freizeit mit ihren Freund*innen in perfekt animierten Fantasiewelten zu epischen Schlachten im virtuellen Raum verabreden, sitzen sie am nächsten Tag in der Schule – konfrontiert mit schlecht kopierten Schwarz-Weiß-Arbeitsblättern über das Kolosseum, mit denen ihnen ihr Geschichtslehrer versucht zu vermitteln, was für ein bildgewaltiges Schauspiel dort stattgefunden haben muss.

Gleichzeitig wollen wir unsere Kinder zu selbstbewussten, toleranten Erwachsenen erziehen, während soziale Medien ihnen beibringen, permanent alles und jeden zu bewerten: alles cool zu finden, was von anderen für toll erklärt wurde, und gnadenlos abzuwerten, was nicht einer gerade als Trend erklärten Norm entspricht.

Unsere Kinder werden durch hochentwickelte Algorithmen gezielt am Abschalten gehindert. Basierend auf ihren bisherigen medialen Aktivitäten und Interessen werden ihnen immer neue auf ihre Interessen zugeschnittene Themen eingespielt. Das Dopaminsystem (ein Botenstoff im Gehirn, der für Belohnung und Motivation zuständig ist) eines Teenagers wird dabei ständig stimuliert. Die Spannungsbögen und Belohnungssysteme der beliebten Onlinegames bringen das träge Motivationssystem in Höchstform.

Und dann kommen wir Eltern mit den Lateinvokabeln um die Ecke.

Das kann nur zu massivem Widerstand führen.

Was wollen und müssen wir unseren Kindern also beibringen?

Sie müssen lernen, die Geräte auszuschalten! Am besten aus eigenem Antrieb. Denn es ist langfristig besser für uns, wenn wir all unseren Bedürfnissen gerecht werden und auch die Dinge nicht vernachlässigen, die kurzfristig zwar nicht so reizvoll, langfristig aber wichtig und gesund für uns sind.

Wenn wir jetzt starre Medienzeiten einführen, bringen wir unseren Kindern bei, dass sie auch andere Dinge im Leben tun können und das ist gut so! Sie werden gezwungen, sich auch anderen Aktivitäten zu widmen und vielleicht entdecken sie dabei sogar, dass aus Langeweile heraus sehr viel Kreativität entstehen kann. Was sie allerdings leider auch lernen, ist: Medien sind das Tollste auf der Welt. Es ist das Highlight des Tages zu zocken, Kurzvideos zu schauen oder Bilder zu liken.

Viele Kinder warten den ganzen Tag auf glühenden Kohlen, bis endlich Zeit für ihre Medien ist. Sie tricksen und lügen, um an die Geräte zu kommen. Nicht selten spielen sie in der Schule, bei Freund*innen, hacken sich mit erstaunlichem Eifer in die Router der Eltern (oder der Schulen), um irgendwelche Sperren zu umgehen und zocken nachts heimlich, obwohl sie am nächsten Tag eine Mathearbeit schreiben.

Wenn wir ihnen also dieses Muster beigebracht haben, was passiert dann, wenn wir sie in ihre Selbstständigkeit entlassen?

Wir halten starre Medienzeiten daher für nicht sinnvoll, empfehlen aber sehr wohl klare Regeln bzw. Bedingungen aufzustellen, die dein Kind im Zusammenhang mit Mediennutzung einhalten oder erfüllen muss. Diese Regeln legst du als Elternteil individuell fest. Der Vorteil daran ist, dass du nicht jedes Mal wieder neu verhandeln musst, ob jetzt Medienkonsum gerade erlaubt ist, weil es ja einen fest vereinbarten Rahmen gibt, der dauerhaft gilt.

Was du für dein Kind festlegst, hängt stark ab von eurem Lebens- und Arbeitsalltag, der Zeit, die ihr unter der Woche zusammen verbringt und deiner persönlichen Lebensphase mit all ihren Stressoren. Der wichtigste Orientierungspunkt sollte aus unserer Sicht sein, dass du als Mutter oder Vater die Grundbedürfnisse deines Kindes (▶ Kap. 2) im Blick behältst und dass diese nicht dauerhaft durch die Menge des Medienkonsums bedroht werden.

Da Klarheit, Grenzen und Orientierung selbst zu den menschlichen Grundbedürfnissen gehören, ist es für viele Kinder hilfreich, einen gewissen Zeitrahmen für Medien zu haben. Für ein Kind passt es gut, Medienzeit am Ende des Nachmittags zu erlauben: dann, wenn die Hausaufgaben erledigt sind, und dein Kind müde von Hobbys, Sport oder Treffen mit Freund*innen heimkommt. Einem anderen Kind kann es vielleicht guttun, mittags nach der Schule Medienzeit zu haben, um sich vom Vormittag erstmal in einer anderen »Welt« zu erholen. Es wird dann die Zeit am späteren Nachmittag oder frühen Abend für Hausaufgaben oder Hobbys, Sport etc. nutzen können.

Wann auch immer dein Kind Medien nutzen darf, achte auf einen klar kommunizierten Orientierungsrahmen. Dieser Rahmen darf gerne eine Zeitangabe beinhalten und auch noch einen Fixpunkt im Alltagsverlauf – also zum Beispiel 30 Minuten, eine Stunde oder 1,5 Stunden, immer am späten Nachmittag. Innerhalb dieser festgelegten Zeit kannst du deinem Kind dann erlauben, selbst einen passenden Ausstieg zu finden: niemand möchte mitten in einer Sendung, einem Game o. ä., abrupt abbrechen müssen.

In der Umsetzung dieses Rahmens plädieren wir aber für Flexibilität, das heißt wenn dein Kind krank ist, darf der Zeitrahmen beispielsweise aufgehoben werden. Oder auch, wenn du selbst erschöpft oder viel beschäftigt bist, dann ist es in Ordnung, deinem Kind mehr Medienzeit zuzugestehen, weil es dir in dem Moment Entlastung verschafft.

Wenn du so einen Orientierungsrahmen von Anfang an mit deinem Kind besprichst und umsetzt, kann das Konfliktpotenzial rund um die Mediennutzung etwas reduziert werden.

Ab einem gewissen Alter deines Kindes (Teenagerzeit), wird dieser Rahmen nach und nach aufgeweicht und dein Teenager lernt selbst, sich die Zeit einzuteilen. Auch in dieser Phase bleibt es aber hilfreich und wichtig, dass deine Grenzen weiter Orientierung geben. Bei uns zuhause sind zum Beispiel Medien am Esstisch immer untersagt, weil wir die Essenszeit als einen Raum für Austausch und Gespräch gestalten möchten.

Wenn für dich ein Zeitrahmen zur Mediennutzung inhaltlich oder organisatorisch nicht umsetzbar ist, empfehlen wir als wichtigste Orientierung die Grundbedürfnisse deines Kindes im Blick zu behalten.

Generell gilt: Je jünger dein Kind ist, desto weniger Zeit sollte es vor dem Bildschirm verbringen. Wir wissen aus der Forschung, dass Medienkonsum die Hirnregionen in der Tiefe stimuliert. Das kann unter anderem dazu führen, dass die Schlafqualität beeinträchtigt wird, vor allem, wenn Medien kurz vor dem Schlafengehen konsumiert werden. Daher ist es besonders bei kleineren Kindern wichtig, dass es mindestens eine Stunde vor dem Zubettgehen keine Medien mehr gibt.

Wir empfehlen den Konsum jeglicher Medien frühestens ab dem zweiten Geburtstag deines Kindes. Das Handy der Eltern hat also in den Händen eines Kleinkindes nichts verloren.

Wenn wir nun aus bedürfnisorientierter Sichtweise auf das Thema Medien schauen, dann erkennen wir dahinter die zentralen Bedürfnisse nach Spiel, nach Entspannung, nach Nervenkitzel und nach sozialem Austausch (Bindung – blaues Bein, ▶ Kap. 2). Aber auch das Bedürfnis nach Selbstverwirklichung (Autonomie/Selbstbehauptung – rotes Bein, ▶ Kap. 2), nach einer Peergroup (Bindung und Abgrenzung von den Eltern), nach Austausch, nach Abgrenzung und Ablösung von der Elterngeneration (Autonomie/Selbstbehauptung, ▶ Kap. 2) spielen eine Rolle. Das alles können Medien bieten.

Aber vieles eben auch nicht.

Was Medien nicht bieten können

Haptisches Erleben, Reizarmut, Ruhe im Kopf, Durchatmen, Selbstreflexion, reale Berührungen wie Umarmungen, sich selbst spüren, die Natur erleben. Rennen, sich bewegen und dabei motorische Fertigkeiten üben und verfeinern, sich austoben, Sport machen. Frische Luft atmen, Menschen und Kontakt spüren und wirklich erleben. Dem Gehirn Ruhe geben, um zu wachsen und Löcher in die Luft zu starren.

Dein Kind braucht das alles.

Es braucht Austausch, Kontakt, gemeinsames Erleben und Gespräche mit dir, mit der Umwelt, der Natur, den Tieren und seinen Freund*innen. Nur in der analogen Welt können diese Erfahrungen mit allen Sinnen gemacht werden und das Gehirn deines Kindes ist darauf angewiesen, dass es diese Erfahrungen machen kann, um sich gesund zu entwickeln.

Kinder reagieren unterschiedlich stark auf die Tricks der Medienentwickler. Manche sind weniger anfällig für das Flimmern der Bildschirme. Sie langweilen sich irgendwann, wenn der Fernseher läuft, und beginnen trotz laufender Bilder und Getöse zu malen, zu spielen, zu tanzen und zu turnen. Sie kommen nach zehn Minuten aus dem Kinderzimmer, obwohl du ihnen gerade eben erst einen Film angemacht hast, weil sie sich langweilen und lieber spielen wollen. Sie schalten irgendwann selbstständig mit ihren Freund*innen die Switch, Playstation oder Xbox aus, weil sie lieber Roller oder Hoverboard fahren wollen.

Diese Kinder sind beim Thema Medien leichter zu steuern. Sie haben ein geringeres Risiko, einen ungesunden Umgang damit zu entwickeln.

Bei anderen Kindern merkst du sehr deutlich, wie groß der Sog von Bildschirmen ist. Sie sitzen wie festgenagelt vor den Tablets, vergessen zu trinken, zu essen oder zur Toilette zu gehen und blenden die ganze Welt aus. Fast scheinen sie zu vergessen, zu atmen! Sie tauchen völlig ein in ihre Filme, Games und Kurzvideos. Danach wirken sie überdreht, gestresst und genervt. Sie rasten bei Kleinigkeiten aus, sind unausgeglichen und hyperaktiv.

Wenn du ein solches Kind hast, solltest du wirklich genau darauf achten, wann und unter welchen Bedingungen du Medienkonsum zulässt.

Medien ausmachen ist eine schwierige Aufgabe für dein Kind

Beobachte genau, welche Medien deinem Kind guttun. Gleichzeitig brauchst du sehr gute Nerven und einen langen Atem, wenn es darum geht, die Funktion der Stopp- und Austaste zu erlernen.

Dein Kind wird viele Kämpfe mit dir führen, wenn es um das Ausmachen geht. Der Sog der Bildschirme ist groß und entsprechend stark ist das Gefühl von Frustration, wenn du möchtest, dass dein Kind das Gerät ausschaltet, um zum Essen zu kommen, Zähne zu putzen oder Hausaufgaben zu machen.

Überlege dir gut, zu welchen Tageszeiten du selbst in der Lage bist, diese Auseinandersetzung geduldig, ruhig, bestimmt und mit einem langen Atem zu führen. Es ist völlig normal, dass dein Kind diese Frustration nur schwer regulieren kann. Du brauchst eine tiefe Akzeptanz dafür, dass dein Kind hier eine sehr schwierige Aufgabe bewältigen muss, wenn es seinen Medienkonsum einschränken oder beenden muss. Das Training, genau das zu tun, also bewusst auszuschalten, wird eine zentrale, aber anstrengende Aufgabe deiner Erziehung sein.

Unterschätze das nicht und gehe es mit der Haltung an, dass es okay ist, wenn dein Kind damit Schwierigkeiten hat.

Denn: Eine ganze Industrie mit extrem schlauen Köpfen arbeitet daran, dich und dein Kind möglichst lange und intensiv zu binden und das Ausmachen zu verhindern. Mach dich und dein Kind stark, sich dessen bewusst zu werden, zu verstehen, wie diese Mechanismen funktionieren, und sich Schritt für Schritt zu regulieren, um gewappnet zu sein für einen selbstständigen und verantwortungsbewussten Umgang mit Medien.

Ein gern zitierter Mythos ist, dass man, wenn man nur konsequent und hart genug in der Durchsetzung starrer Regeln ist, diese Fähigkeiten leichter vermittelt. Doch auch hier unterscheiden sich unsere Kinder stark.

Hast du ein Kind, dass tief in Medienwelten eintaucht, wird es auch bei konsequentem Vorgehen immer wieder schwierig werden. Und das ist in Ordnung! Dein Kind soll ja lernen, langfristig seinen Medienkonsum selbstständig zu regulieren. Das bedeutet: Es wird immer wieder scheitern. Zusammen überlegt ihr dann, warum das passiert ist und wie es beim nächsten Mal besser laufen kann.

So lernt dein Kind, in sich hineinzuhorchen, sich selbst zu regulieren und nicht einfach zu gehorchen, sich Strafen und Konsequenzen zu beugen, um dann bei der nächstbesten Gelegenheit heimlich, und mit dem Gefühl einer Henkersmahlzeit, stundenlang vor dem Bildschirm zu hängen.

Missbrauch im Netz

Grundsätzlich musst du natürlich darauf achten, dein Kind vor negativen Einflüssen und Missbrauch (z.B. Cybergrooming) zu schützen. Hier helfen die Broschüren, Internetseiten und Infoveranstaltungen der BZgA sehr (z. B. unter https://shop.bzga.de/themen/kinder-und-jugendgesundheit/umgang-mit-medien/).

Beachte außerdem die Jugendschutzeinstellungen der verschiedenen Apps und Streamingdienste, passe sie entsprechend an und bleib mit deinem Kind in einem engen Austausch. Bring deinem Kind frühzeitig bei, keine persönlichen Informationen an Fremde weiterzugeben und erkläre ihm möglichst früh und kindgerecht, warum das so wichtig ist.

Ein hilfreiches Bild, das ich einmal bei einer Schulveranstaltung zum Thema Internetsicherheit gehört habe und nie wieder vergessen konnte:

Poste und veröffentliche im Netz nichts, was du nicht auch an deiner Haustüre für alle Passant*innen sichtbar aufhängen würdest.

Schau dir genau an, was dein Kind anschaut. Probiere die Spiele und Seiten selbst aus.

Lass dein Kind möglichst nicht unbeaufsichtigt mit den Geräten, bevor es alt genug ist, um wirklich verantwortungsbewusst damit umzugehen.

Halte dich an die Altersbeschränkungen und nutze das Angebot von Kursen und Infoveranstaltungen an der Schule deines Kindes zum Thema Internetsicherheit.

Unterschätze nicht die Macht der sozialen Medien! Gerade in Phasen der Selbstunsicherheit und Selbstfindung – vor allem in der Pubertät – solltest du dein Kind nicht den sozialen Bewertungen fremder, gesichtsloser Menschen aussetzen. Inhalte, die dein Teenager postet, sollten mit dir abgesprochen werden. Die Accounts sollten möglichst auf »privat« gestellt sein und die Kommentarfunktion sollte idealerweise ausgeschaltet sein.

Dein Kind braucht keine Follower.

Es braucht keine Bestätigung oder Likes von Fremden.

Es braucht den liebevollen Kontakt zu seinen Freund*innen und engen Bezugspersonen und die Begleitung durch vertrauensvolle Menschen, von denen es lernen kann und bei denen es sich sicher fühlt.

Dein Kind sollte Medien nutzen dürfen, um mit Familie, Freund*innen, Klassen- und Teamkamerad*innen in Kontakt zu bleiben. Manchmal ist der schnelle Draht zur besten Freundin überlebenswichtig. Unsere Kinder treffen sich heute seltener einfach so auf der Straße und gehen fast nie spontan alleine raus, um jemanden zu besuchen. Sie sind beschäftigt mit Fußballtraining, Klavierstunden, Volleyball, Schachklub oder Roboter-AGs. Nicht selten sind sie bis zum späten Nachmittag in der Schule und danach noch im Training.

Das Bedürfnis, mit Freund*innen zu sprechen, lässt sich gut online überbrücken.

Dabei solltest du dein Kind aber aktiv darin unterstützen, seine Freund*innen auch möglichst oft im echten Leben zu treffen. Häufig benötigt es dafür deine Hilfe bei der Organisation. Tu das so oft, wie es dir möglich ist und gehe nicht davon aus, dass das von allein passiert. Andere treffen ist heute deutlich komplizierter geworden!

Versuche mit deinem Kind in Kontakt zu bleiben, wenn es mit der Kommunikation mit seinen Freund*innen überfordert ist. Chatten und telefonieren bergen viele Kommunikationsfallen. Die Körpersprache und Mimik fallen beim Telefonieren weg, beim Chatten sogar die Stimmlage. Gleichzeitig ist die Hemmschwelle für bestimmte Rückmeldungen und Gefühlsäußerungen geringer, weil ich es meinem Gegenüber nicht direkt ins Gesicht sagen muss. Das kann zu Unsicherheiten, Missverständnissen und Verletzungen führen. Hierbei können Gespräche und ein vertrauensvoller Kontakt deinem Kind helfen, sich dessen bewusst zu werden. Natürlich gilt das für uns Erwachsene genauso.

Wenn du dein Kind um 15:00 Uhr von der Ganztagsschule abgeholt hast, es einen schnellen Snack gegessen hat, zum Schwimmtraining gefahren wurde, danach seine Hausaufgaben gemacht hat und dann völlig erschöpft auf die Couch fällt, musst du dir weniger Sorgen um die

Menge der Medienzeiten machen, sondern eher darum, dass das Kind rechtzeitig ausmacht, um entspannt ins Bett zu kommen, wo ihr euch hoffentlich noch ein bisschen über den Tag austauschen könnt.

Wenn ihr am Wochenende zusammen mit dem Hund im Wald wart, dein Kind danach mit einer Freundin durchs Haus getobt ist, dann kannst du auch ganz entspannt den Fernseher einschalten, das Popcorn in die Mikrowelle werfen und einen dreistündigen Harry Potter Film mit deiner 12-Jährigen genießen.

Aufmerksam und nachdenklich solltest du werden, wenn dein Kind am Samstagmorgen schon vor dem Frühstück in sein PC-Spiel abgetaucht ist, du immer lauter werdendes Wutgebrüll aus dem Kinderzimmer hörst – gerichtet an irgendwelche »Digger« – und dir beim Heimkommen vom Einkaufen, nach dem Badputzen, ein übellauniger Zombie mit ungeputzten Zähnen im Schlafshirt entgegenkommt, der nicht die geringsten Anstalten macht, sich irgendwie nach draußen zu bewegen.

Wenn dieses Szenario mehr als einmal die Woche bei euch vorkommt, dann solltet ihr dringend am Sonntag mal zusammen auf die Eisbahn gehen und anschließend ein Gespräch über den Medienkonsum und das Bedürfnis nach Sport, Begegnung, Erlebnissen und frischer Luft führen.

Wenn du also darauf achtest, dass die Grundbedürfnisse deines Kindes in einem guten Gleichgewicht erfüllt sind (► Kap. 2), musst du dir über starre Medienzeiten weniger Gedanken machen. Wenn du jedoch das Gefühl hast, dass hier etwas zu kurz kommt, dann überlege dir zuerst, wie du das Angebot erweitern kannst: Welche alternativen Aktivitäten und Entspannungsmöglichkeiten kannst du anbieten? Wie kannst du dein Kind bei der Ausweitung seiner Sozialkontakte unterstützen?

Wenn ihr dann einen schönen Tag im Wald beim Hüttebauen mit seinem besten Freund oder seiner besten Freundin hattet, könnt ihr euch anschließend darüber unterhalten, wie das Leben eine bessere Balance bekommen kann.

Wenn du aber gerade deine dreijährigen Zwillinge vor das Tablet gesetzt und sie über ein kindgerechtes Streamingprogramm das ABC üben, damit sie sich für eine Weile nicht mit den Bausteinen die Zähnchen einschlagen, während du versuchst ein gesundes Mittagessen zu zaubern, dann leg alle Broschüren über Medienzeiten mal ganz entspannt beiseite.

Denn sind wir mal ehrlich, manchmal sind Medien für Eltern pure Überlebensstrategie. In Zeiten, in denen nicht mehr die Großmutter im Haus der Großfamilie die Wäsche macht und das Essen kocht, während die Männer arbeiten und die Mama den restlichen Haushalt schmeißt, den Gemüsegarten pflegt und die Kinder erzieht, sondern die alleinerziehende, berufstätige Zwillingsmama den ganzen Laden alleine schmeißen muss, da sind kindgerechte Medien manchmal eben der einzig verfügbare Babysitter.

Und das Letzte, was diese Powereltern gebrauchen können, ist ein schlechtes Gewissen, weil ihre Kleinen mehr als die empfohlenen fünfzehn Minuten am Tag vor dem Tablet sitzen.

Wut

Von Wutzwergen und feuerspeienden Teenagern

Beispiel aus dem Alltag

Morgens, 07:27 Uhr, tönt ein gellender Schrei aus dem Kinderzimmer. Papa Max lässt alles stehen und liegen und rast los. Im Kinderzimmer steht sein Achtjähriger mit wutentbranntem Gesicht vor seinem Adventskalender, das Schokobonbon des Tages in der Hand, und schreit los. Er beschwert sich lautstark, ob das *alles* gewesen sei, dass er sich sooo auf den Adventskalender gefreut habe und nun sei da jeden Tag so ein Mist drin! Die anderen Kinder in der Klasse hatten viel mehr in ihren Kalendern. Er hätte sich so sehr gewünscht, dass mal ein kleines Spielzeug drin wäre, aber EIN minikleines Schokobonbon!?

Er feuert das gute Stück in die Ecke des Kinderzimmers, tritt gegen den vor ihm liegenden Fußball, trifft dabei die Wasserflasche, die mit einem lauten Knall zu Boden kracht.

Jetzt hat Papa Max genug. Er schimpft los, dass es ja wohl nicht sein könne, dass sein Sohn sich wegen einer solchen Lappalie so aufführe. Mit strengem Ton beginnt er zu erklären, wie viel Mühe sich seine Mutter mit dem Basteln des Adventskalenders gegeben habe, obwohl sie doch immer so viel zu tun habe und dass er sein Kind als extrem verwöhnt und undankbar empfinde. Er solle sich gefälligst zusammenreißen, die Flasche aufheben und sich die Schuhe anziehen, da sie nun los müssten.

Ben schreit ihn an, dass er überhaupt keine Lust habe, in die Schule zu gehen, und dass die Schule sowieso total bescheuert sei. Demonstrativ setzt er sich auf den Fußboden und starrt seinen Vater provokativ an.

Jetzt gerät Max unter Zeitdruck. Der Blick auf die Uhr sagt ihm, dass er zur Arbeit muss und dass sein Sohn den Bus verpassen wird, wenn er sich jetzt nicht anzieht. Er geht in den Flur, nimmt Bens Turnschuhe und wirft sie ihm vor die Füße. »Los! Anziehen!«

Ben schnappt sich die Schuhe und wirft sie seinem Vater ins Gesicht. Jetzt platzt Max endgültig der Kragen. Er geht schnurstracks auf den am Boden sitzenden Achtjährigen zu und droht von oben herab: »Wenn du dir jetzt nicht sofort die Schuhe anziehst, kannst du deine Medienzeit für heute vergessen!«

Ben springt auf und brüllt: »Du bist so unfair! Dann hau ich eben ab und dann kannst du sehen, was du machst.« Er versucht, sich an seinem Vater vorbeizudrängen, der ihn am Arm packt und festhält.

»Du tust mir weh«, tobt Ben und fängt an, wild um sich zu schlagen. Dabei erwischt er seinen Vater schmerzhaft am Kinn. In einer Abwehrbewegung schubst Max das Kind grob auf das Bett. Ben landet unsanft auf der Bettkante und rast heulend und tobend mit dem Kopf voran in den Bauch seines Vaters. Dieser verliert das Gleichgewicht und kracht gegen die Wand.

Ben brüllt, heult und tobt. Max stehen mittlerweile selbst die Tränen in den Augen, weil er sich hilflos fühlt. Er hält seinen Erstgeborenen mit beiden Händen von sich weg und sieht erschrocken dabei zu, wie dieser in die Luft boxt, tritt und immer wieder versucht, ihn zu attackieren.

Schließlich schnappt Max sein Kind, hält es fest und setzt sich mit ihm auf den Boden. Ben brüllt die gesamte Wohnung zusammen. »Lass mich los!!! Du tust mir weh!!!« Max bekommt Panik – was, wenn die Nachbarn die Polizei rufen? Was, wenn plötzlich das Jugendamt vor der Tür steht?

Immer wieder versucht er, seinen Sohn zu beruhigen. Er atmet tief durch, achtet darauf, ihm nicht weiter wehzutun, und lockert seinen Griff so weit wie möglich, ohne Ben loszulassen. Nach endlosen Minuten verliert der drahtige Achtjährige seine Energie und beruhigt sich. Er sinkt in Max´ Armen zusammen und weint bitterlich. »Es tut mir so leid, Papa!«, stammelt er völlig außer Atem.

»Mir tut es auch leid, Großer!«, antwortet sein Vater fix und fertig. »Ich wollte dir nicht wehtun!« Er wischt Ben die Tränen weg und streift ihm die Haare aus dem Gesicht. »Jetzt lass uns mal Schuhe anziehen.«

Ben steht auf, sucht seine Schuhe zusammen und läuft zur Tür. Max packt ihm die Brotdose in den Ranzen, kniet sich vor sein Kind und zieht ihm den Reißverschluss der Jacke hoch. »Ich habe dich sehr lieb, mein Großer!«

»Ich hab dich auch lieb, Papa!«, schnieft sein sonst so cooler Fußballer und drückt seinen Papa ganz fest.

Am Abend bringt Max seinen Ben ins Bett. Er legt sich neben ihn und fragt, wie sein Tag in der Schule war. Ben antwortet, wie immer: »Gut.« Max hakt nach: Was sie im Sportunterricht gemacht habe, ob er sein Gedicht schon aufgesagt hat und mit wem er in der Pause gespielt hat.

Da bricht es aus Ben heraus: Er berichtet, dass er momentan in den Pausen mit niemanden spiele, weil er Streit mit Louis habe und der habe ihn daraufhin vom Fußballspielen auf dem Pausenhof ausgeschlossen. Plötzlich öffnen sich die Schleusen. Ben erzählt, dass er sich in der Schule schon seit einiger Zeit nicht mehr wohlfühle und mit den Situationen mit Louis überfordert sei.

Max hört sich alles genau an, was genau vorgefallen ist und wie es Ben geht. Ben seufzt und sagt: »Deswegen bin ich heute Morgen auch so ausgeflippt!« Max ergänzt, dass er nicht stolz auf seine Reaktion sei und dass er die Nerven verloren habe, weil er Angst hatte, zu spät zur Arbeit zu kommen und Ben könne den Bus verpassen. Er entschuldigt sich noch einmal für das Anbrüllen, das Schubsen und dass er sich nicht die Zeit genommen hat, herauszufinden, was eigentlich los war.

Schließlich fragt er Ben: »Wie können wir denn vermeiden, dass uns das wieder so passiert?« Ben überlegt lange und antwortet: »Wenn du mir ein bisschen Zeit gibst und nicht sofort laut wirst, dann schaffe ich es vielleicht, mich wieder zu beruhigen.«

Max nickt und antwortet: »Da werde ich mir wohl mehr Mühe geben müssen! Ich finde ja auch, dass es vollkommen okay ist, wenn du mal die Nerven verlierst, wütend bist oder dich über etwas beschweren willst. Aber was überhaupt nicht geht, ist, wenn du Sachen kaputt machst, trittst oder schlägst.«

Ben nickt geknickt und erklärt, dass er das eigentlich auch überhaupt nicht wolle. Er schäme sich immer hinterher, dass er so ausraste, aber wenn er so richtig wütend sei, dann er sehe er einfach rot und hätte keine Kontrolle mehr über seine Gefühle.

Max antwortet, dass er das gut verstehe, da er ja offensichtlich selbst auch nicht sonderlich gut darin sei, »cool« zu bleiben. Beide grinsen sich an und Ben frotzelt: »Dann liegt das ja an dir, dass ich so bin! Die Mama bleibt immer viel ruhiger.« Max lächelt und erzählt eine Geschichte aus seiner eigenen Kindheit – wie er mitten im Fußballturnier einen totalen Wutausbruch hatte und heulend vom Platz gerannt ist, weil er Stress mit seinen Mannschaftskameraden hatte.

Ben ist zutiefst beeindruckt und vor allem erleichtert, dass er nicht der einzige »Wüterich« zu sein scheint. Gemeinsam überlegen sie, wie Ben mit Louis Provokationen auf dem Schulhof besser umgehen könnte, damit er sich in der Schule wieder wohler fühlt.

Wut ist das Gefühl, welches uns im Umgang mit unseren Kindern wohl am häufigsten erschreckt und an unsere Grenzen bringt.

Hast du auch ein Kind zu Hause, das immer wieder solche tobenden Wutanfälle bekommt, bei denen es völlig außer Kontrolle gerät? Kennst du vielleicht selbst dieses rasende Gefühl von Kontrollverlust? Oder bist du in deiner Vergangenheit mit Menschen konfrontiert gewesen, die dich durch ihre Wut und ihre Aggression erschreckt haben?

Wut gehört – genau wie Angst, Trauer und Ekel – zu den Gefühlstornados, die unser limbisches System in das sogenannte »Obergeschoss« unseres Gehirns schleudert und dort ordentlich Chaos verbreiten (Treppen-Metapher: ► Kap. 4). Es ist ein sehr energievolles, überwältigendes Gefühl und genau darin liegt sowohl seine Funktion als auch sein Risiko.

Wut hat die wichtige Aufgabe, Energie bereitzustellen, um unsere Bedürfnisse durchzusetzen, uns bei Gefahr zu schützen und zu verteidigen. Sie bringt uns also auf unser »rotes Selbstbehauptungsbein« (► Kap. 2).

Wenn du in deiner Zielerreichung blockiert wirst, wirst du wütend. Wenn du zum Beispiel an einer Ampel stehst, es furchtbar eilig hast, zu deinem Termin zu kommen und der Fahrer vor dir eine gefühlte Ewigkeit nicht losfährt, obwohl die Ampel längst grün ist, dann steigt in dir Wut auf. Oder wenn du dich deinem dreijährigen Kind in den Weg stellst, das gerade die superfiligrane, in der Sonne bunt funkelnde und bestimmt sehr teure Muranoglasvase deiner Schwiegermutter mit seinen Schokoladenhänden erkunden möchte, wird *er* wütend werden.

Wut entsteht auch oft, wenn du dich ungerecht behandelt fühlst oder jemand deine Grenzen überschreitet. Sie kann daher auch eine Art »Gatekeeper-Funktion« haben und dir so helfen, deine Grenzen und Bedürfnisse nach außen zu verteidigen.

Manchmal taucht das Gefühl von Wut auch auf, wenn wir eigentlich Angst haben, traurig oder verletzt sind. Dann wird Wut zur Beschützerin. Ganz im Sinne von: Angriff ist die beste Verteidigung!

Tritt zum Beispiel in einer Gruppe Jugendlicher ein Teenager aggressiv auf, benutzt schnell abwertende Sprache oder spricht Drohungen aus wie: »Halt bloß dein dummes Maul, sonst mach ich dich fertig!«, hält er andere damit auf Abstand und positioniert sich als »überlegen« – angsteinflößend. Hinter diesem Verhalten kann ein ängstlicher oder unsicherer Mensch stecken, dessen größter Alptraum es ist, von anderen entwertet oder verspottet zu werden.

Das Gefühl von Wut entwickelt sich bei Kindern im Laufe des ersten Lebensjahres. Am häufigsten erleben Kinder Wutanfälle in der sogenannten Trotzphase[6] im Alter zwischen zwei und vier Jahren. Aber, wie wir an vielen Stellen in diesem Buch bereits erwähnt haben, unterscheiden sich unsere Kinder sehr darin, wie stark ihre Emotionen individuell ausfallen. Dementsprechend mehr oder weniger intensiv sind sie über ihre gesamte Entwicklung hinweg ihrer Wut ausgeliefert. Emotionsstarke Kinder können, wenn sie wütend sind, regelrechte Ausraster bekommen, bei denen sie Dinge zerstören oder sogar aggressiv gegen sich selbst oder andere werden. Das ist für die Umgebung und uns als Eltern oft erschreckend. Schnell kommen wir mit unseren Vorstellungen davon, wie man Kinder erzieht, an unsere Grenzen.

Falls du ein solches Kind zuhause hast, dann kennst du vielleicht das Gefühl der Hilflosigkeit, das auch Max in dem geschilderten Beispiel erlebt hat. Gerade, wenn unsere Kinder in rasender Wut uns oder anderen wehtun oder Dinge zerstören, müssen wir selbst aufpassen,

---

6 Der Begriff »Trotzphase« gilt heute eher als veraltet und ist missverständlich, weil er das Verhalten von Kleinkindern als »bockig« oder schwierig einstuft, obwohl es sich um eine wichtige Entwicklungsphase handelt, in der Kinder lernen, eigene Bedürfnisse auszudrücken und erste Schritte in Richtung Selbstständigkeit machen – weshalb die Bezeichnung »Autonomiephase« eigentlich treffender ist.

dass nicht unser eigenes Wutmonster geweckt wird. Diese Aggression kann bei uns ein inneres Gefahrensignal auslösen und wir werden nicht selten selbst wütend. Es kann sogar passieren, dass wir aggressiv reagieren. Dann wird es für unsere Kinder sogar gefährlich.

Was also tun?

Umgang mit Wutanfällen

Der erste Schritt für dich an dieser Stelle wäre, das Gefühl von Wut als absolut notwendiges und wichtiges Gefühl anzuerkennen. Dein Kind ist nicht krank oder unnormal, weil es häufiger Wutanfälle hat. Es ist ein emotionsstarkes Kind, das deine Hilfe braucht, um zu lernen, wie es dieses intensive Gefühl regulieren kann.

Dein Kind hat offensichtlich sehr viel Energie zur Verfügung, um für sich einzustehen und motiviert ein Ziel zu verfolgen. Es kann aber noch nicht wissen, wie es diese Energie sinnvoll für sich einsetzen kann. Dabei kannst du ihm helfen.

Schau dir noch einmal das Beispiel von Max und Ben genauer an. Die Stelle, an der die Situation eskaliert, ist die, als Max – unter Zeitdruck – versucht, Ben durch Drohungen und Lautwerden zu zwingen, sofort aufzuhören wütend zu sein und sich die Schuhe anzuziehen. Max hatte zunächst versucht, den logischen Fehler in Bens Empfinden durch seinen Vortrag über Bens Undankbarkeit aufzuzeigen, mit der Erwartung, dass sein Achtjähriger aufgrund seines Vortrags einsichtig wird, vielleicht sogar sagt: »Stimmt Papa, du hast recht!« und die Wut daraufhin verschwindet.

Wie bereits im Kapitel »Was brauchen Kinder wirklich« (▶ Kap. 2) dargestellt, appelliert Max mit seinem Vortrag an die logisch denkende linke Hirnhälfte seines Sohnes, die für Einsicht und Vernunft zuständig ist. Wenn wir uns aber das Bild eines Tornados (Treppen-Metapher: ▶ Kap. 4) noch einmal in Erinnerung rufen, wird deutlich, dass Ben gerade physiologisch nicht in der Lage ist, auf die Inhalte seiner vernünftigen, logischen und kontrollierten linken Hirnhälfte zuzugreifen. Er ist gefangen im Sturm seiner Gefühle.

Jeder Vortrag über Undankbarkeit und Unangemessenheit seines Verhaltens rauscht an ihm vorbei. Sein Gehirn ist aktuell nicht in der Lage, diese Informationen aufzunehmen und zu verarbeiten. In diesem Zustand ist jede noch so gut gemeinte Lektion über Konsequenzen seines Verhaltens schlicht nicht zielführend. Bens Gehirn kann, während der Tornado tobt, nicht lernen.

Das Einzige, was Ben in diesem Zustand wahrnimmt, ist, dass sein Vater anfängt ihm zu drohen. Das wiederum bestätigt seine Frustration und sein Ungerechtigkeitsempfinden. Alles, was bei ihm ankommt, ist Gefahr, Schmerz, Bedrohung und absolute Ungerechtigkeit. In dem Moment, in dem die Schuhe fliegen und Max brüllt, ist der Wutsturm nicht mehr aufzuhalten. Vielleicht kennst du den Moment bei deinem eigenen Kind, wenn es völlig die Kontrolle verliert?

An dieser Stelle macht Max das einzig Richtige. Er versucht, sich selbst und sein Kind vor weiterem Schaden zu schützen. Dabei zeigt er in diesem Beispiel sehr viel Selbstkontrolle: Er schafft es, sich von seiner eigenen Aggression so weit wie möglich zu distanzieren und mit seinem Kind zusammen auszuharren, bis der Tornado vorübergezogen ist.

Insgesamt können solche Ausraster nicht selten zwanzig Minuten oder sogar bis zu einer halben Stunde dauern. Zehn Minuten, in denen sich das Gefühl aufbaut, zehn Minuten, in denen der Tornado tobt, zehn Minuten, in denen sich das Kind langsam wieder beruhigt. Endlose dreißig Minuten für Kind, Eltern, gegebenenfalls andere anwesende Familienmitglieder und nicht selten auch die pädagogischen Fachkräfte.

Das ist für alle Beteiligten eine große Herausforderung und gerade für dich als Elternteil, wirkt ein Wutausbruch deines Kindes oft wie ein Trigger für deine eigenen Lebensfallen (▶ Kap. 4). In solchen Momenten wird die Selbstregulation für dich besonders schwierig, weil du diese herausfordernde Situation nun auch noch durch deine Schema-Brille siehst und möglicherweise selbst von unangenehmen Gefühlen und Gedanken überflutet wirst.

An welcher Stelle hätte dieser Tornado wie verhindert werden können?

Als Max in das Kinderzimmer gerannt kam und seinen völlig aufgelösten Sohn vorfand, wäre es hilfreich gewesen, wenn er sich zunächst bewusst gemacht hätte, dass Ben hier in einem emotionalen Ausnahmezustand war. In so einem Zustand braucht ein Kind Hilfe bei der Regulation seiner Gefühle – Logik und Maßregelung helfen hier erst einmal überhaupt nicht.

Es wäre natürlich schön für alle Beteiligen gewesen, wenn an dieser Stelle das berühmte »Machtwort« sofort dafür gesorgt hätte, dass sich alles in Wohlgefallen auflöst und Ben von jetzt auf gleich aus seiner Wut kann. Aber genau das hat Max versucht und ist, wie so häufig bei emotionsstarken Kindern, damit gescheitert und hat eher die Situation verschärft.

Der erste Schritt in solchen Momenten ist daher: Nimm Kontakt zu deinem Kind auf und nimm dir Zeit zu verstehen, was los ist, ohne zu werten, ob du das erlebte Gefühl für angemessen hältst oder nicht.

Max hätte sich auf die Bettkante setzen und seinen Ben fragen können: »Was macht dich so wütend?« Dann hätte Ben vermutlich losgewettert und sich über seinen Adventskalender beschwert. Max hätte ihm helfen können zu verstehen, was eigentlich mit ihm los ist.

Max: »Du hast dich sehr auf den Adventskalender gefreut und jetzt bist du total enttäuscht. Das haben wir wohl nicht gut hingekriegt.«

Er hätte versuchen können, körperlich Kontakt zu Ben aufzunehmen. Sich vor ihn knien, ihm die Hand auf den Arm legen, Augenkontakt aufnehmen und sagen: »Es tut mir leid, dass nicht das Richtige für dich im Türchen war, Großer.«

Vielleicht hätte Ben an dieser Stelle schon ein wenig nachgeben können. Er hätte vielleicht ein bisschen geweint, und sein Vater hätte weiter nachfragen können, warum er den ganzen Morgen schon so bedrückt wirke.

Max: »Du wirkst schon seit einigen Tagen irgendwie bedrückt. Hat das was mit der Schule zu tun?«
Ben: »Schule ist scheiße!«
Max: »Ist denn in letzter Zeit irgendetwas anders in der Schule?«
Ben: »Weiß nicht.«
Max: »Hast du mit jemanden Streit?«
Ben: »Louis.«
Max: »Oh, das tut mir leid. Was ist denn passiert?«

Wenn Max Glück gehabt hätte, hätte Ben ihm vielleicht erzählt, dass er sich schon seit Tagen Sorgen macht wegen der Situation mit Louis. Der Schulbus wäre weggefahren und Max wäre zu spät zur Arbeit gekommen, weil er Ben noch hätte zur Schule fahren müssen. Aber vielleicht hätte er den Tornado verhindert.

Der zweite, sehr wichtige Schritt ist: Sprich mit deinem Kind über das, was passiert ist, wenn es in einem Zustand ist, in dem es dir auch wieder zuhören kann (▶ Kap. 2, ▶ Kap. 3). Hilf deinem Kind, seine Gefühle zu verstehen und einzuordnen.

An dieser Stelle kannst du auch Grenzen und Regeln ansprechen, die dir im Umgang miteinander wichtig sind. Dein Kind braucht diese Regeln und Grenzen. Allerdings braucht es diese zu einem Zeitpunkt, an dem es bereit ist, sie auch anzunehmen und in sein Erleben einzuordnen. Deshalb solltest du dieses Gespräch auf keinen Fall weglassen.

Genau hier ist tatsächlich deine Konsequenz gefordert. Dein Kind braucht deine Führung – es braucht Grenzen und Regeln, um sich in der Welt orientieren zu können (▶ Kap. 2). Du setzt diese Grenzen aber erst, nachdem du ihm geholfen hast, in einen Modus zu kommen, in dem es deine Botschaft annehmen und von dir lernen kann. Die vernünftige, logisch denkende linke Hirnhälfte muss verfügbar sein.

Ein solches Gespräch mit dir zu führen, muss dein Kind erst lernen – und du kannst es ihm Schritt für Schritt beibringen.

Beim geschilderten Gespräch am Abend gelingt es Max, seinem Sohn dabei zu helfen, die Erfahrung, die er gemacht hat, in sein Gehirn zu integrieren. Er spricht mit ihm über das Erlebte und hilft ihm dabei, die Zusammenhänge zu verstehen. Ben kann eine Verbindung herstellen zu seinen Konflikten in der Schule, der Angst, ausgeschlossen zu werden, der Frustration und zu dem Wutausbrauch, der sich über den Adventskalender entladen hat.

Ben kann sich bei seinem Vater entschuldigen, dass er so ausgerastet ist und ihm wehgetan hat. Er kann das Gefühl benennen, dass er Angst habe, »nicht normal« zu sein. Max kann ihm dieses Gefühl wieder nehmen, indem er ihm berichtet, dass er selbst ein sehr wütendes Kind gewesen ist, was Ben spürbar entlastet und die Bindung zwischen beiden stärkt.

An dieser Stelle kannst du deinem Kind vermitteln, dass es nicht in Ordnung ist, wenn es andere verletzt und in solchen Momenten kannst du auch die »Lektion« platzieren, worum es beim Adventskalender eigentlich ging, und warum sein Verhalten undankbar wirken kann. Dein Kind lernt in so einem Gespräch, dass sein Verhalten kränken kann. In diesem entspannten Zustand kann sein Gehirn diese Rückmeldung besser aufnehmen und wirklich daraus lernen.

In solchen Momenten kannst du mit deinem Kind auch darüber sprechen, was denn eine angemessene Wiedergutmachung dafür ist, wenn etwas kaputt gemacht wurde.

Abschließend könnt ihr zusammen überlegen, wie ihr beim nächsten Mal verhindern könnt, dass es wieder zu einem solchen Ausraster kommt.

Hilfreich kann es außerdem sein, wenn ihr zusammen Bücher über Wutanfälle lest und immer wieder übt, euch gemeinsam zu entspannen.

Denn: Je geringer die allgemeine Grundanspannung deines Kindes (und auch deine eigene), desto weiter ist der Weg zum nächsten Gefühlstornado.

Atmen hilft!

Außerdem kannst du mit deinem Kind daran arbeiten, dass es lernt sich selbst durch tiefes Atmen in den Bauch zu beruhigen. Eine hilfreiche Vorstellung dabei: erst an einer Blume riechen und dann eine Kerze auspusten. Dein Kind kann sich dazu die eine Hand auf seinen Brustkorb und die andere auf seinen Bauch legen. Dann gemeinsam:

»Riechen.« – durch die Nase tief in den Bauch einatmen.

»Pusten.« – durch den Mund kräftig ausatmen.

Das kannst du mit deinem Kind immer wieder in verschiedenen Momenten üben, wenn es versucht, sich zu beruhigen.

Im Kapitel »Was brauchen unsere Kinder wirklich« (▶ Kap. 2) haben wir bereits erklärt, dass vor allem die Hirnregionen, die dafür zuständig sind, dass dein Kind seine Gefühle zuordnen, verstehen und regulieren kann, sehr spät reifen. Vor allem der dafür sehr wichtige präfrontale Kortex reift besonders spät. Die Hirnreife deines Kindes ist erst mit ca. 25 Jahren abgeschlossen.

Zwischendurch gibt es immer wieder schubartige Entwicklungsphasen, in denen das Gehirn deines Kindes von »Baustellen« überzogen ist und die Emotionsregulation entsprechend schlechter funktioniert als sonst. Die Pubertät ist dafür ein klassisches Beispiel.

Mach dir immer wieder bewusst, dass jede Situation, die dein Kind emotional überfordert, eine Möglichkeit ist, mit ihm zu üben, mit diesen Tornados zurechtzukommen. Erziehung bedeutet nicht, dass du einen Zauberstab mit der richtigen Maßnahme schwingst und dein Kind plötzlich »funktioniert«.

Erziehung bedeutet in unseren Augen Beziehung.

Es bedeutet, dass du dein Kind begleitest und unterstützt, wenn es emotional überfordert ist und dass du ihm langfristig sinnvolle Strategien vermittelst. Aber nicht im Moment des Tornados, sondern dann, wenn es ruhig und aufnahmebereit ist.

Je nachdem, wie emotionsstark dein Kind ist – und wie lang dein Geduldsfaden –, kann dabei immer wieder der Wunsch auftreten, ob es nicht doch einen Trick gäbe, eine Strategie, die das Kind lernen kann, damit dieser ganze Prozess schneller abgeschlossen ist. Ein Mittel, mit dem dein Kind ohne Gefühlstornados möglichst schnell erwachsen wird, reif und emotional stabil durchs Leben geht.

Das ist ein sehr nachvollziehbarer, menschlicher Wunsch!

Aber leider ein sehr unrealistischer.

Wie gerne würden wir dir einen Zauberspruch geben, der dein Kind über Nacht in einen entspannten und ausgeglichen Menschen verwandelt. Aber so funktioniert Entwicklung leider nicht.

Entwicklung ist ein langjähriger Prozess, der nicht linear erfolgt.

Es wird mit den Wutanfällen nicht immer besser und besser werden, bis sie völlig verschwunden sind.

Entwicklung erfolgt in Wellen. Es wird Wellen geben, in denen es besser läuft – und dann plötzlich wieder vermehrt Ausraster, die dich zweifeln lassen, ob sich überhaupt etwas verbessert hat.

Wenn du aber genauer hinschaust, dann wirst du mit den Jahren merken:

Die Abstände zwischen den Ausrastern werden größer.

Dann bist du mit deinem Kind auf einem guten Weg. Bleib also dran!

Wie gehe ich mit wütenden Teenagern um?

Das Lebensalter deines Kindes spielt für den Umgang mit seiner Wut gar keine so große Rolle. Ist dein Kind schon etwas älter, werden die Beschimpfungen, die du in einem Wutanfall zu hören bekommst, eventuell noch etwas drastischer: *»Ich hasse dich. Du bist so peinlich, wer will* *schon hören, was deine Meinung ist.«, »Ich ziehe aus und schmeiße die Schule, weil ihr alle so krass nervt!«, »Du hast keine Ahnung vom Leben, dafür bist du viel zu alt.«* Oder so ähnlich.

Drückt dein Teenager seine Wut auch körperlich aus, wird es oft noch brenzliger, weil es sich ja schon um kräftige Menschen handelt. Und reagierst du ebenfalls wütend und handelst im Impuls, besteht eine sehr reale Gefahr, dass einer von euch oder ihr beide zu Schaden kommt.

So kann ein emotionaler oder sogar körperlicher Gewaltzyklus entstehen.

Umso wichtiger ist es also, dass du an deiner Selbstbeherrschung arbeitest und deine eigenen Lebensfallen kennst (▶ Kap. 4). Der hilfreiche Umgang mit Wut ist bei Teenagern vom Ablauf her genau derselbe wie bei jüngeren Kindern.

Begleite dein Kind mit seinen Gefühlen durch diese Entwicklung hindurch. Wenn du für dein Kind da bist, es unterstützt, seine Gefühle zu verstehen, zu regulieren und zu integrieren, dann wird es lernen, diese Wut in Motivation, Antrieb und mitreißende Energie zu verwandeln und für das einzusetzen, wofür sie eigentlich gedacht ist: Zur angemessenen Durchsetzung eigener Bedürfnisse und Ziele.

Zusammenfassung zum Umgang mit Wut

1. Das Gefühl von Wut als absolut notwendiges, natürliches und wichtiges Gefühl anzuerkennen, ohne es abzuwerten.
2. Nimm Kontakt zu deinem Kind auf und nimm dir Zeit zu verstehen, was los ist, ohne zu bewerten, ob du das erlebte Gefühl für angemessen hältst oder nicht. Sollte dein Kind bereits im Teenageralter sein, kann es gut sein, dass es erstmal eine Auszeit braucht und sich zum Beispiel Türen knallend in sein Zimmer zurückzieht, um später gesprächsbereit zu sein. Lass dich davon nicht einschüchtern oder entmutigen.

3. Sprich mit deinem Kind über das, was passiert ist, wenn es in einem Zustand ist, in dem es dir zuhören kann. Hilf deinem Kind, seine Gefühle zu verstehen und einzuordnen. Falls notwendig, kannst du an dieser Stelle auch unangemessenes Verhalten deines Kindes während des Wutanfalls benennen und begrenzen. Hier ist die Botschaft wichtig, dass du zwar sein grenzüberschreitendes Verhalten während des Wutanfalls nicht gutheißt, dein Kind aber als Menschen in Gänze wertschätzt.
4. Überlegt abschließend gemeinsam, wie ihr beim nächsten Mal verhindern könnt, dass es wieder zu einem solchen Ausraster kommt.

Im Kapitel »Dein Beziehungskompass« (▶ Kap. 3) findest du eine Hilfestellung, wie du allgemein günstig mit deinem Kind ins Gespräch kommen kannst.

Schüchternheit

Mein Kind ist so schüchtern!

Mama Luisa fährt mit ihrer Tochter Marie zum Reitunterricht. Marie liebt die Ponys und das Reiten. Trotzdem sitzt sie neben Luisa im Auto und verhandelt, dass sie nicht zum Reiten möchte, dass sie aufhören wolle, und dass sie überhaupt alles total doof finde. Bereits zuhause wäre sie fast nicht zu Luisa ins Auto gestiegen und sitzt nun in Tränen aufgelöst neben ihr. Luisa fühlt sich schlecht, weil sie sie gezwungen hat, einzusteigen und fragt sich, ob Marie das mit dem Reiten sowieso nur gemacht hat, um ihr einen Gefallen zu tun. Sie versucht ihre Schuldgefühle abzuschütteln, weil sie jetzt nicht hilfreich sind und vielleicht auch gar nichts mit der aktuellen Situation zu tun haben. Stattdessen versucht sie zu verstehen, was mit ihrer Tochter los ist.

Marie hat vor einem guten halben Jahr mit dem Reiten begonnen und war mutig nach nur wenigen Stunden im Einzelunterricht an der

Longe in die Abteilung zu den anderen Kindern in die kleine Halle gewechselt. Das war schon sehr aufregend, da sie die Kinder nicht kannte und sie sich häufig Sorgen macht, wenn sie sich neuen Kindern und Situationen stellen muss. Trotzdem ist sie wochenlang sehr gerne zum Reiten gegangen.

Dann konnte sie ihre Freundin Paula überreden, mitzukommen. Vor vier Monaten ist Paula in die kleine Halle in Maries Gruppe gewechselt und die letzten Wochen sind sie meist zusammen zum Reiten gegangen. Marie war nicht mehr allein und seitdem war der Spaß umso größer. Wechsel bei der Reitlehrerin und neue Kinder waren auf einmal kein Problem mehr.

In den letzten Wochen kam Paula allerdings immer seltener mit. Sie hat immer häufiger abgesagt und schließlich entschieden, überhaupt nicht mehr zu kommen. Jetzt ist sie das zweite Mal offiziell nicht mehr dabei. In der letzten Stunde ist die siebenjährige Marie tapfer allein hingefahren – nur um vor Ort zu erfahren, dass es einen Wechsel in der Gruppenzusammensetzung gegeben hatte und sie die anderen Mädchen alle nicht kennt. Beim anschließenden Gespräch im Auto stellt sich heraus, dass sie die neuen Mädchen »total doof« findet, »sowieso nicht mehr reiten will« und »genau wie Paula« aufhören möchte.

Luisa hört heraus, dass ihre Tochter die plötzliche und vor allem völlig unvorhersehbare Veränderung überhaupt nicht gut bewältigen kann. Bei vorsichtigem Nachfragen erfährt sie, dass Marie befürchtet, von den anderen abgewertet wird und dass ihr etwas passieren könnte »bei dem sie alle anstarren«, und sie im schlimmsten Fall auch noch ausgelacht wird. Das Gefühl, die Einzige zu sein, die niemanden kennt, völlig alleine und isoliert zu sein, scheint für sie so unerträglich zu sein, dass sie lieber die Ponys aufgeben möchte, als sich dem auszusetzen.

Hintergründe von Maries Schüchternheit

Ist bei Marie möglicherweise eine Lebensfalle aktiviert, dass sie sich plötzlich von ihrem geliebten Hobby abwenden will?

Bei Marie hat sich durch ihre Schüchternheit und verschiedene Erfahrungen, in denen sie sich im Mittelpunkt unangenehm beobachtet oder bloßgestellt gefühlt hat, die Lebensfalle »Unzulänglichkeit/ Scham« entwickelt. Dabei spielte auch das Modell ihres Vaters eine große Rolle, der selbst unter starken sozialen Ängsten leidet und ihr immer wieder vermittelt, wie schlimm es ist, wenn einem vor anderen etwas Peinliches passiert.

Hinzu kommt, dass Marie sehr sensibel ist und viele Dinge intensiver und auch anders wahrnimmt als andere Kinder. Daraus hat sich bei ihr das Gefühl entwickelt, »anders zu sein« und dass es kaum Kinder gibt, die so sind wie sie. Ihr Eindruck »außen vor zu sein« deutet auf die Lebensfalle »soziale Isolation« hin.

Mit der Aktivierung dieser beiden schmerzhaften Lebensfallen gerät Marie im Auto in den Vermeidungs-Modus und ist bereit, auf ihr geliebtes Reiten zu verzichten, um den Stress innerlich zu reduzieren (für einen Überblick über die Lebensfallen und Modi: ▶ Kap. 4).

Mama Luisa hat im Hinterkopf, dass sie ihre Tochter in diesem Zustand auf keinen Fall eine Entscheidung treffen lassen möchte und dass sie nicht möchte, dass Marie das unangenehme Gefühl vermeidet. Sie weiß, dass es hier nur einen guten Weg gibt: Marie muss sich ihrer Angst stellen, weil sie nur so die korrigierende Erfahrung machen kann, dass sie das Gefühl aushalten kann.

Luisa versucht, eine Verbindung zu ihrer Tochter herzustellen, indem sie sich bemüht, sie genau zu verstehen und ihr viele Fragen zu ihrem Erleben stellt. Gleichzeitig bleibt sie klar in der Aussage, dass Marie heute zum Reiten gehen muss, da sie bereits für die Stunde zugesagt hat.

Mit viel Klarheit und der Haltung, dass Vermeiden nicht in Frage kommt, bietet Luisa ihr an, dass sie nach der Reitstunde entscheiden dürfe, ob sie weitermachen möchte oder nicht. Zähneknirschend steigt Marie ins Auto ein.

Um ihr den Einstieg in die neue Gruppe zu erleichtern, bringt Luisa sie bis in die Halle, wo die Trainerin bereits auf sie wartet. Marie versteckt sich hinter ihrer Mutter und ist den Tränen nahe. Die Reitlehrerin fragt sie, welches Pony sie reiten möchte und lächelt sie freundlich an. Marie klammert sich trotzdem an ihrer Mutter fest.

Luisa nutzt den Moment und erklärt der Trainerin, dass Marie der Gruppenwechsel schwerfällt. Die junge Reitlehrerin nickt verständnisvoll und sagt zu Marie, dass sie es als Kind auch überhaupt nicht leiden konnte, wenn sich plötzlich etwas verändert habe. Der Griff der Kleinen am Bein lockert sich.

Luisa fragt, ob die Trainerin heute vielleicht ein paar Spiele einbauen könnte, bei denen die Kinder sich ein bisschen kennenlernen können. Zum Glück greift diese die Idee gleich auf und verwickelt Marie in ein Gespräch über ein neues Fohlen im Stall, fragt noch einmal, welches Pony Marie reiten möchte, und geht mit ihr zusammen in die Halle.

Als Luisa eine Dreiviertelstunde später vor der Halle steht, um Marie abzuholen, hört sie schon von Weitem das Lachen der Kinder. Der Blick in die Halle zeigt, dass die Kinder auf den Ponys sitzen und Fangen spielen. Dabei sprechen sie sich mit Namen an, feuern sich gegenseitig an und scheinen sehr viel Spaß miteinander zu haben.

Nachdem Marie ihr Pony abgesattelt hat, fliegt sie in Luisas Arme und berichtet, dass es »total toll« gewesen sei und sie jetzt alle Freundinnen seien. Auf die Frage, ob sie immer noch aufhören wolle zu reiten, schaut sie ihre Mutter grinsend an und verkündet: »Auf gar keinen Fall!«

Dem Gehirn neue Wege zeigen durch »dran bleiben«

Einige Monate später wechselt Marie in die größere Halle zu den älteren Kindern und wieder ist sie sehr nervös und möchte am liebsten gar nicht hingehen. Gemeinsam spricht sie mit ihrer Mutter über die Erfahrung vom letzten Mal und beginnt zu verstehen, warum dieses Gefühl bei ihr immer wieder ausgelöst wird. Das hilft ihr, die Situation nicht zu vermeiden, obwohl sie sehr aufgeregt ist. Nach der Reitstunde ist sie erneut erleichtert. Wieder einmal umsonst aufgeregt!

Dennoch taucht dieses Gefühl bei Marie immer wieder auf. Jedes Mal, wenn sie in eine neue Gruppe kommt, wird ihre Lebensfalle erneut aktiviert und sofort ist der Impuls da, das unangenehme Gefühl unbedingt durch Vermeidung zu beseitigen (Vermeidungs-Modus). Aber jedes Mal macht sie auch die Erfahrung, dass sie hinterher froh darüber ist, wenn sie sich der Situation gestellt hat. Und jedes Mal fällt es ihr ein bisschen leichter, auf ihre bisherigen positiven Erfahrungen zurückzugreifen.

Die »neuronale Erregungsbereitschaft« ist immer noch da. Ihr Gehirn signalisiert, – durch die Aktivierung der Lebensfalle – weiterhin »Gefahr«, wenn sie sich einer neuen Gruppe stellen muss. Was sie aber immer mehr lernt, ist, dass sie sich beruhigen kann, indem sie das Gefühl der eigentlichen, vergangenen Erfahrungen zuordnet. Sie lernt, das Gefühl von Unzulänglichkeit und Isolation von der aktuellen Herausforderung zu trennen.

Marie steigt also aus ihren Lebensfallen aus. Sie kann dadurch besser auf ihre bisherigen Erinnerungen und Kompetenzen zugreifen und sich durch ihr zunehmend integriertes Gehirn auch in neuen Situationen besser regulieren.

Maries Mutter unterstützt Marie sehr gut darin, nicht in den Vermeidungs-Modus abzutauchen (also das Reiten aufhören), und hilft ihr, Erfahrungen und Gefühle zu verstehen und in Worte zu fassen. Dabei ist sie einfühlsam und liebevoll, aber zugleich beharrlich und freundlichfördernd. Entwertung oder Strafen für Maries emotionalen Stress sind nicht Teil von Luisas Vorgehen (▶ Kap. 3, »Dein Beziehungskompass«).

Vielleicht ist es bei deinem Kind der Schwimmunterricht, die Ballettstunde, der Chor oder auch nur der Besuch bei der Uroma zum Geburtstag. Manche Kinder sprechen nicht mit Fremden. Sie verstecken sich hinter ihren Bezugspersonen, verweigern jeden Blickkontakt und sagen selbst auf die freundlichste Ansprache kein Wort.

Manchmal betrifft das sogar Menschen, die dir sehr vertraut sind, etwa deinen besten Freund oder deine Patentante. Dein Kind dreht den Kopf weg, will nicht vom Arm runter, klammert sich an dich und verweigert jeden Versuch, ein neues Hobby zu finden.

Oder es sitzt wie festgenagelt in der Schuleingangsuntersuchung, während du verzweifelt versuchst, es zum Reden zu bringen, um zu zeigen, wie weit es eigentlich für sein Alter schon ist, während die Amtsärztin sich mit kritischem Blick fleißig Notizen macht.

Was macht die Schüchternheit deines Kindes mit dir?

Welches Gefühl löst so eine Situation bei dir aus? Ist es dir peinlich, wenn dein Kind schon wieder den Kontakt verweigert und beharrlich schweigt, klammert und sich zurückzieht? Nicht selten bekommt man in solchen Momenten Kommentare – oder zumindest Blicke – von den anderen Erwachsenen um sich herum. Später heißt es dann, dass Kind könne ja nicht mal »Hallo« oder »Tschüss« sagen, und wieder einmal wird das Gefühl ausgelöst, als Eltern versagt und das Kind schlecht erzogen zu haben.

Vielleicht hast du selbst oft Angst vor der Bewertung durch andere und es fällt dir sehr schwer auszuhalten, wenn du negativ bewertet wirst? Vielleicht bist du mit Eltern aufgewachsen, die Fehler sehr streng bestraft haben und du hast ein starkes Gefühl von Angst und Bedrohung entwickelt, sobald du das Gefühl bekommst, jemand könnte nicht gut finden, was du machst.

Was tun, wenn dein Kind den Kontakt verwehrt oder sich weigert, am teuren Schwimmkurs teilzunehmen, weil es sich nicht traut, allein dort hinzugehen?

Erwischst du dich selbst dabei, wie du versuchst, dein Kind zu zwingen, doch bitte »Hallo» zu sagen, sein Gegenüber anzusehen oder »sich doch nicht so anzustellen?« Hast du schon versucht, durch Belohnungen und Drohungen Anreize zu setzen, damit das Kind die Kinderbetreuung im superteuren Familienhotel in Anspruch nimmt, nur um dich dann doch wieder in der Spielscheune statt im Wellnessbereich wiederzufinden, während du den hyperaktiven und auf einmal rotzfrechen Vierjährigen zurechtweist, der schon wieder ohne das Schwungseil von ganz oben ins Heu auf die anderen Kinder springen möchte?

Was braucht dein schüchternes Kind von dir?

Manche Kinder sind einfach schüchtern. Sie reagieren aus unterschiedlichen Gründen vorsichtig bis ängstlich, wenn sie neuen Menschen und unbekannten Situationen begegnen. Häufig merkt man schon bei Säuglingen, ob es sich um eher introvertierte (in sich gekehrte) oder extrovertierten (nach außen gerichtete und mitteilsame) kleine Menschen handelt.

Viele Kinder wirken in ihrer vertrauten Umgebung laut, temperamentvoll und quasseln den ganzen Tag, während sie im Beisein Fremder verstummen und kaum noch Luft holen. Für diese Kinder ist es besonders wichtig, dass wir sie geduldig und in ihrem eigenen Tempo darin begleiten, damit sie einen Weg finden, ihre Ängstlichkeit zu überwinden.

Hierbei brauchen sie ein gutes Modell: Indem wir sie in soziale Situationen mitnehmen und ihnen vormachen, wie man sich in diesen Kontexten verhält – zum Beispiel wenn wir uns freundlich mit dem Verkäufer beim Bäcker oder der Nachbarin unterhalten, oder höflich und bestimmt für uns einstehen, wenn wir ein verbranntes Essen im Restaurant zurückgeben (selbst wenn der Kellner mit Augenrollen oder abwertenden Kommentaren reagiert). Bei jeder Situation, in der unsere Kinder dabei sind, lernen sie etwas dazu.

Schüchterne Kinder brauchen unsere Unterstützung, aber ohne Druck und Bewertung. Sie benötigen Hilfe, um ihre Befürchtungen zu verstehen und zu begreifen, dass Vermeidung langfristig nicht dazu führt, dass ihre Ängste weniger werden.

Eine Anleitung, wie du mit deinem Kind gut in so ein Gespräch kommst, findest du im Kapitel »Dein Beziehungskompass« (▶ Kap. 3).

Gleichzeitig brauchen diese Kinder auch unsere bedingungslose Loyalität und unseren Schutz, wenn andere Menschen etwas von ihnen fordern, wozu sie noch nicht bereit sind. Wenn die Dreijährige sich bei der ihr völlig fremden Großtante weigert, zur Begrüßung die Hand zu geben, und sich eingeschüchtert hinter dir versteckt, dann ist es deine Aufgabe, sie in ihrer Überforderung zu schützen. Dann gilt es auszuhalten, dass das Kind eben nicht als »gut erzogen« gilt und du vielleicht als »schlechtes« Elternteil angesehen wirst. Tatsächlich bist du in solchen Momenten genau richtig für dein Kind!

Bei schüchternen, introvertierten, beobachtenden und eher ängstlichen Kindern brauchst du Vertrauen in die Zukunft, in das Lernen und das Wachsen deines Kindes. Wenn du dein Kind geduldig durch seine Ängste begleitest, es vor Überforderungen schützt, ihm ein gutes Vorbild bist und ihm hilfst, seine Gefühle zu verstehen, zu integrieren, zu regulieren und dadurch andere Strategien als Vermeidung zu entwickeln, wird aus deinem Kind mit Sicherheit ein (vielleicht weiterhin introvertierter) mutiger und selbstständiger Mensch, der gelernt hat, angemessen für sich einzustehen und der Welt offen und neugierig zu begegnet.

Schlusswort

Du bist am Ende dieses Buches angekommen. Wir hoffen, du konntest für dich und dein Kind Ideen, Denkanstöße, hilfreiche Einsichten, neue Verhaltensimpulse und vor allem Zuversicht mitnehmen.

Dieses Buch wollte dich nicht bewerten, sondern begleiten. Es wollte dir zeigen, wie du deinem Kind eine sichere Basis sein kannst – und wie du dabei auch für dich selbst sorgen darfst. Es ging um Verbindung und Autonomie, um das blaue Bein der Geborgenheit und das rote Bein der Selbstbehauptung. Um alte Lebensfallen, in die wir manchmal stolpern – und um neue, gesunde Lebensmuster, die wir entwickeln dürfen. Um Modi, die uns helfen oder blockieren – und um den gesunden Erwachsenen in dir, der mit etwas Übung aktiviert werden kann.

Vielleicht nimmst du eine Erkenntnis mit, die dich stärkt. Vielleicht auch einfach ein Bild, das nachwirkt. Vielleicht liest du später noch einmal ein Kapitel – an einem anderen Tag, mit anderen Augen. Alles hat seine Zeit. Du musst nicht perfekt sein. Du darfst dich entwickeln, so wie dein Kind es auch tut.

Wenn du längerfristig das Gefühl haben solltest, einfach keine Kraft mehr zu haben für dein Kind oder deinen Alltag, möchten wir dich ermutigen, dir Hilfe und Unterstützung zu suchen. Bei Freund*innen, in der psychologischen oder pädagogischen Beratungsstelle, beim Jugendamt oder in einer Psychotherapie. Hilfe in Anspruch zu nehmen ist eine Stärke.

Bleib freundlich mit dir. Vertraue deinem Gesunden-Erwachsenen-Modus. Und vor allem: Bleib in Verbindung – mit dir selbst, mit deinem Kind, und mit dem, was euch wirklich wichtig ist.

Danke für dein Vertrauen und ganz viel Freude mit deinem wundervollen Kind.

Für weitere Unterstützung findest du uns unter:
www.fluegelwerkstatt.de

Literaturverzeichnis

Adenauer, H. & Schuchardt, J. (2024). *Mein Schematherapie-Journal. Begleiter für die ambulante Schematherapie.* Paderborn: Junfermann.

Albert, M., Hurrelmann, K. & Quenzel, G. (2019). *Jugend 2019: 18. Shell Jugendstudie.* Weinheim: Beltz.

Bandura, A. (1977). *Social Learning Theory.* Hoboken: Prentice-Hall.

Bos, H., & Gartrell, N. (2020). *LGBTQ Parents and Their Children: Research on the Family Life Cycle.* Washington: American Psychological Association.

Bögels, S. M., & Restifo, K. (2014). *Mindful Parenting: A Guide for Mental Health Practitioners.* New York: Springer.

Bowlby, J. (1969). *Attachment and Loss: Vol. I. Attachment.* New York: Basic Books.

Duncan, L. G., Coatsworth, J. D. & Greenberg, M. T. (2009). Mindfulness-based parent training: The effectiveness of mindfulness practices in promoting parental well-being and effective parenting. *Journal of Child and Family Studies, 18(5),* 503–511. doi:10.1007/s10826-009-9268-7.

Grossmann, K. E. & Grossmann, K. (2021). Bindung und menschliche Entwicklung: John Bowlby, Mary Ainsworth und die Grundlagen der Bindungstheorie (7. Aufl.). Stuttgart: Klett-Cotta.

Regenbogenfamilienzentrum Lichtenberg (2022). *Familien-Vielfalt gemeinsam gestalten* (Broschüre). Verfügbar unter: https://leslefam.de/wp-content/uploads/2023/07/Manual-Familien-Vielfalt_Regenbogenfamilienzentrum-Lichtenberg_Desktop-Version.pdf (Zugriff am 26. Mai 2025) Hüther, G. (2016). Was wir sind und was wir sein könnten: Ein neurobiologischer Mutmacher. Frankfurt a. M.: Fischer Verlag.

Kabat-Zinn J. & Kabat-Zinn, M. (2015). Mit Kindern wachsen. Die Praxis der Achtsamkeit in der Familie. Freiburg: Arbor Verlag..

Louis P. L. & McDonald L. K. (2015). Good enough parenting. An in-depths perspective on meeting core emotional needs and avoiding exasperation. New York: Morgan James Publishing.

Neff, K. D. & Faso, D. J. (2015). Self-compassion and well-being in parents of children with autism. Mindfulness, 6, 938–947.

Rappaport, J. (1987). Terms of empowerment/exemplars of prevention: Toward a theory for community psychology. American Journal of Community Psychology, 15(2), 121–148.

Roediger, E. & Valente, M. (2024). Schematherapie. Kontextuell-prozessbasiert-interpersonal. Stuttgart: Schattauer.

Rupp, Marina (Hrsg.) (2009). Die Lebenssituation von Kindern in gleichgeschlechtlichen Lebenspartnerschaften. Köln: Bundesanzeiger Verlag.

Saalfrank, K. (2021). Die Reise zur glücklichen Eltern-Kind-Beziehung. Dein Kind und dich besser verstehen. Weinheim: Beltz Verlag.

Siegel, D. J. & Bryson, T. P. (2020). The power of showing up: How parental presence shapes who our kids become and how their brains get wired. Melbourne : Scribe Publications Pty Limited.

Siegel, D. J. & Bryson, T. P. (2012). The whole-brain child: 12 revolutionary strategies to nurture your child's developing mind. New York: Bantam Books.

Siegel D. J. & Hartzell, M. (2014). Parenting from the Inside Out. How a deeper understanding can help you raise children who thrive. New York: Penguin Random House LLC.

Stadler, L. & Uhlendorff, U. (Hrsg.) (2016). Familien jenseits der Norm: Diskurse, Theorien und empirische Befunde. Wiesbaden: Springer VS.

Valente, M. (2021). Schematherapie. Ein Leitfaden für die Praxis. Stuttgart: Kohlhammer.

Vogt, H. & Schäfer, I. (2019). Kinder stärken: Ein Handbuch zur Förderung von Resilienz und sozial-emotionaler Kompetenz. Weinheim: Beltz.

Young, J. E., Kiosk, J. S. & Weishaar, M. E. (2005). Schematherapie – ein praxisorientiertes Handbuch. Paderborn: Junfermann.

Empfohlene Medien

Bücher

Bowlby, John (2024). Bindung als sichere Basis. München: Ernst-Reinhardt Verlag.

Roth, G. & Strüber, N. (2014). Wie das Gehirn die Seele macht. Stuttgart: Klett-Cotta.

Siegel, D. & Bryson, T. (2019). Achtsame Kommunikation mit Kindern: Zwölf revolutionäre Strategien aus der Hirnforschung für die gesunde Entwicklung Ihres Kindes. Freiburg: Arbor Verlag.

Strüber, N. (2019). Risiko Kindheit: Die Entwicklung des Gehirns verstehen und Resilienz fördern. Stuttgart: Klett-Cotta.

Webseiten

https://shop.bzga.de/themen/kinder-und-jugendgesundheit/umgang-mit-medien/

https://www.klicksafe.de/

https://www.schau-hin.info/grundlagen/kleinkinder-und-medien

https://www.projuventute.ch/de/eltern/medien-internet/digitale-medien-vorschulalter

https://spieleratgeber-nrw.de/

Kohlhammer

Erhard Gehlmann
Frank Nieslony
Veszelinka Ildikó Petrov

Schriftsätze im Jugendamt

Ein Praxisleitfaden

2. Auflage

Verlag W. Kohlhammer

2. Auflage 2017

Gesamtherstellung: W. Kohlhammer GmbH, Stuttgart

Print:
ISBN 978-3-17-031968-4

E-Book-Format:
pdf: ISBN 978-3-17-031969-1

Vorwort

„Das gesprochene und geschriebene Wort sind die wichtigsten Werkzeuge unserer Profession", schreiben die Autoren dieses Buches in der Einleitung. Allerdings ist die Ausbildung an Hochschulen für Soziale Arbeit – wenn überhaupt – eher auf das Einüben der mündlichen Kommunikation ausgerichtet (u. a. für Beratungen, Gruppenaktivitäten, Supervision). Aber das Schreiben gehört eben auch zum „Handwerk", es wird jedoch weder als „wissenschaftliches Schreiben" noch als Schreiben „beruflicher Schriftsätze" gelehrt – ein ziemlicher Mangel.

Diesen Schriftsätzen in der Sozialen Arbeit, und ganz besonders denen des Allgemeinen Sozialen Dienstes/ASD, gilt hier zu Recht das besondere Interesse der Verfasser: mit ihren vielfältigen Ausrichtungen, als dokumentierende Protokolle, Berichte von Sitzungen, Konferenzen, Kongressen, etwa für Vorgesetzte, Kollegen, als Rundbriefe, auch als Beiträge für Fachzeitschriften über die eigene Praxis, selbstverständlich Aktennotizen, Stellungnahmen, Gutachten, eben Schriftsätzen aller Art.

Alle diese schriftlichen Tätigkeitsnachweise unterliegen vielfältigen Qualitätsanforderungen: sie sollen dokumentieren, schützen, erklären, machen Arbeitsschritte erst über- und nachprüfbar. In und mit ihnen wird auch immer wieder darüber entschieden, ob Leistungsberechtigte die beantragten Leistungen erhalten. Man denke allein an den § 27 SGB VIII – die Eingangsnorm der Hilfe zur Erziehung/HzE –, in der der Anspruch auf eine HzE daran geknüpft ist, dass „eine dem Wohl des Kindes oder Jugendlichen entsprechende Erziehung nicht gewährleistet ist" (§ 27 Abs. 1 SGB VIII). Ob das der Fall ist, wird immer wieder u. a. von dem Bericht der/des fallverantwortlichen Sozialarbeiterin/Sozialarbeiters abhängen. Und man denke weiter daran, dass die einzelnen HzE der §§ 28–35 keine abschließende Aufzählung bedeuten, sondern dass „entscheidend allein der individuelle erzieherische Bedarf und die Geeignetheit und Erforderlichkeit der Hilfe im Einzelfall (sind). Notwendige (über die §§ 28–35 hinausgehende), aber nicht vorhandene, atypische Hilfeformen sind deshalb ‚nach Maß' zu schneidern und zu initiieren" (Tammen/Trenczek, in: Münder u. a. 2009, Vor §§ 27–41 Rz. 13). Und wieder ist es die/der fallverantwortliche Sozialarbeiterin/Sozialarbeiter, der in seinem Bericht analysieren, beurteilen, vorschlagen muss – und darüber einen großen fachlichen Gestaltungsspielraum und eine besondere Verantwortung erhält. Es ist kaum zu verstehen, dass es für „dieses Berichtswesen" fast keine

Literatur, jedenfalls keine allgemein einführende Standardliteratur gibt, dass diese Tätigkeiten zudem nicht systematisch an allen Hochschulen für Soziale Arbeit gelehrt werden.

In dem vorliegenden Buch wird nun versucht, alles das – wissensbasiert und sehr praxisorientiert – darzustellen, was, „gute Schriftsätze" auszeichnen sollte. Welches Wissen dafür Voraussetzung ist (etwa zum Datenschutz, zur Organisation, zu den Arbeitsabläufen) und in welchen Aufgabenbereichen der Kinder- und Jugendhilfe besondere Erfordernisse gelten: also für die Leistungen und Anderen Aufgaben nach SGB VIII und insbesondere für die Mitwirkung in Jugendgerichts- und Familiengerichtsverfahren – ganz bewusst vor allem ausgerichtet auf das Handeln des ASD, dem Kernbereich jugendamtlicher Tätigkeiten.

Ich habe immer die Auffassung vertreten, nur wer auch einmal im ASD gearbeitet habe (wenigstens als Praktikant/-in), sei ein/e „Sozial-Arbeiter/in", denn dort allein wird den Kollegen tagtäglich alles das abgefordert, was professionelle Soziale Arbeit immer ist: „beraten und entscheiden", „unterstützen, schützen, kontrollieren" sowie „knappe Güter verteilen" (vgl. Schrapper, in: Kreft/Mielenz 2012, 53 f.) – selbstverständlich gesetzeskonform, sorgfältig bedacht und schriftlich begründet.

In den Allgemeinen Sozialen Diensten finden gerade große Personalveränderungen statt. Viele Kolleginnen und Kollegen gehen in die Rente oder in den Ruhestand, neue übernehmen ihre Aufgaben, viele Stellen wurden/werden vielerorts, um den Kinderschutz zu stärken, neu geschaffen; auch diese werden regelmäßig mit jungen Kolleginnen und Kollegen (Berufsanfängern) besetzt.

Wir wissen schon lange, dass keine Hochschule das Wissen – und zudem praxisfest – zu vermitteln vermag, das in einem ASD gefordert wird. Alle neuen Kollegen brauchen daher besondere Einführungen (spezielle Trainings oder Fortbildungen, auch einführende Begleitungen durch erfahrene Mitarbeiter/-innen). Mit diesem Buch können diese Einführungen sehr gut unterstützt werden. Aber es ist auch für Studierende eine wichtige Quelle, die sie an die Praxis der Sozialen Arbeit heranführt, und gewiss ist die Beschäftigung auch für diejenigen Kollegen ein Gewinn, die schon einige Zeit berufstätig sind.

Prof. h. c. Dieter Kreft, Nürnberg
Staatssekretär a. D.
Stellv. Vorstandsvorsitzender
der Stiftung Sozialpädagogisches Institut Berlin

Vorbemerkungen zur 2. Auflage

Nach wie vor stellt der vorliegende Band grundlegende wissensbasierte und praxisbezogene Beiträge zu kommunalen Handlungsfeldern professioneller Sozialarbeit zur Verfügung. Die somit gegebene Verbindung von Grundlagen und Vorlagen haben uns dazu bewogen, das Angebot des Verlages zu einer unveränderten 2. Auflage gerne anzunehmen. Gleichwohl sehen wir, dass vor dem Hintergrund rechtlicher Entwicklungen – hier insbesondere das SGB VIII betreffend – gesetzliche Änderungen zu erwarten sind, die eine Neubearbeitung unserer Texte in einigen Teilen erforderlich machen würden. Wir haben uns jedoch dazu entschlossen, auf die diskutierten Neuerungen in vereinfachter Form hier lediglich hinzuweisen. Zum einen ist nicht absehbar, zu welchem Zeitpunkt die bislang sich in unterschiedlichen Entwurfsstadien befindlichen Bearbeitungen der zuständigen Ministerien Rechtskraft erlangen werden; zum anderen haben die wissenschaftlichen, wohlfahrtsverbandlichen und fachlichen Reaktionen auf die angekündigten Gesetzesänderungen einen mittlerweile äußerst großen und kritischen Umfang angenommen.[1]

Eine fachwissenschaftliche Diskussion hinsichtlich der Weiterentwicklung des Jugendhilferechts und seiner gesetzlichen Anpassung (SGB VIII, Kinder- und Jugendhilfegesetz) gab es bereits seit der Verabschiedung seiner ursprünglichen Fassung von 1990. Seitdem hat es zahlreiche Änderungen gegeben.[2] Als Antwort auf die Forderungen des 14. Kinder- und Jugendberichts (2013) und mit dem Koalitionsvertrag der 18. Legislaturperiode der Bundesregierung wurde ein Reformvorhaben angekündigt, das „nach der Vorlage eines ersten (internen) Arbeitsentwurfes des BMFSFJ vom 7.6.16 und eines zweiten Arbeitsentwurfes vom 23.8.16 aktuell die Kinder- und Jugendhilfe mehr als nur beschäftigt und zu erheblichen, teilweise kontroversen Debatten führt“ (Böllert, np-Diskurs 5/2016, 500). Obwohl die fachliche Öffentlichkeit bislang weitestgehend ausgeschlossen blieb, zeigen die bisher kursierenden Entwürfe, dass

1 Stellvertretend soll hier auf die fachpolitische Diskussion aufmerksam gemacht werden, die in der sozialwissenschaftlichen Zeitschrift „neue praxis“ als „np-Diskurs“ seit 2016 geführt wird: „Zur Konstruktion und zum Entwurf einer neuen Kinder- und Jugendhilfe in Deutschland“ (vgl. hz. die bisherigen Beiträge in den Ausgaben der Hefte np 4/5/6 2016).

2 Vgl. Münder, J./Meysen, Th./Trenczek, T., Hrsg.: Frankfurter Kommentar zum SGB VIII, 6. Auflage, Baden-Baden:Nomos, S. 57-60.

es sich bei dieser Reform des SGB VIII um zwei Teile eines Gesetzes handelt; eines, mit dessen Inkraftsetzung bereits Anfang 2017 gerechnet wurde, und eines, das 2023 in Kraft treten soll (inklusive Lösung). Mit der Einhaltung dieses Zeitplanes wird in der Fachöffentlichkeit nicht mehr gerechnet.

Zentrales Ziel der Reform soll ein „inklusives SGB VIII“ sein. Dabei sind drei Schwerpunkte erkennbar: (1) Die in Folge der UN-Kinderrechtskonvention geforderte Stärkung von Kindern und Jugendlichen soll rechtlich verankert werden und der Gesamtzuständigkeit der Kinder- und Jugendhilfe übertragen werden.[3] (2) Durch die Weiterentwicklung der Hilfen zur Erziehung soll die Qualitätsentwicklung in der Kinder- und Jugendhilfe ausgebaut und es sollen effizientere Angebote ermöglicht werden. (3) Mit der Einführung eines individuellen Rechtsanspruchs von Kindern auf Leistungen soll mehr Teilhabe ermöglicht werden. Schließlich soll versucht werden, die Kosten, insbesondere im Bereich der ambulanten Erziehungshilfen, zu senken. Insgesamt soll die Reform kostenneutral erfolgen.

Allein die oberflächliche Durchsicht der kritischen Stellungnahmen verschiedener ExpertInnenzirkel und unterschiedlicher Positionspapiere der (Wohlfahrts-)Verbände der Jugendhilfe bestätigt deren Vermutung, dass die bisherigen ministeriellen Entwurfsvorlagen das Ziel einer prinzipiellen Neuordnung der Jugendhilfe verfolgen. Befürchtet werden u.a. nicht nur die Einführungen alternativer Finanzierungsordnungen, der Austausch zentraler sozialpädagogischer Begriffe im Katalog des SGB VIII sowie die Implementierung umstrittener infrastruktureller Angebote. „Tatsächlich beinhalten die Reformvorschläge eine weitreichende, teils auch grundlegende Veränderung des Charakters und die Ausrichtung des SGB VIII“ (Ziegler, np-Diskurs 5/2016, 491). Dies hätte nicht nur einen „Paradigmenwechsel der ‚Hilfen zur Erziehung‘ zur Folge“ (Uhlendorff, np-Diskurs 4/2016, 379), sondern bedeuteten insgesamt einen elementaren Rückschritt in der Jugendhilfe.

Der Reformprozess und die damit erwartete Neufassung des SGB VIII werden voraussichtlich noch einen größeren Zeitraum beanspruchen. Welche Neuerungen von den Interessenslagen hinsichtlich der Problemorientierungen, Leistungsbegrenzungen und rechtstechnischen Konstruktionen sich schließlich durchsetzen werden, ist derzeitig nicht absehbar.[4] In letzter Konsequenz hätten die regierungsamtlichen Entwürfe aber möglicherweise auch Auswirkungen auf unsere Texte.

---

3 Dabei ist ein Ländervorbehalt vorgesehen, der dazu führen könnte, dass in einzelnen Bundesländern diese Zuständigkeit nicht praktiziert wird.

4 Seit dem 03.02.2017 liegt ein neuer Entwurf jetzt zur Frühabstimmung im Kanzleramt vor (https://www.afet-ev.de/aktuell/SGB-VIII-Reform/PDF-SGB-VIII-Reform-2017/Gesetzentwurf-03022017.pdf?m=1488975987). Es gibt auch neuere Kommentare.

Inhalt

„Gut geschrieben ist gut gedacht."

Kurt Tucholsky, Journalist und Schriftsteller, 1890–1935

1

Gesellschaftliche Aspekte

Bei den Recherchen zu diesem Buch fiel uns auf, dass in den entsprechenden Studiengängen (Diplom, Bachelor, Master) für Soziale Arbeit weder an den Universitäten noch an den Fachhochschulen ein systematisches Wissen über förderliche Formen des schriftlichen Ausdrucks zusammen getragen wird. Auch publikationswissenschaftliche Grundlagen oder die Rhetorik in Bezug auf das berufliche Handeln in der Sozialen Arbeit gehören nicht zum Standard der Ausbildung. Eine Ausnahme hinsichtlich der Organisation des Schreibens bilden die zahlreichen Anleitungen zum wissenschaftlichen Arbeiten. Hier ist aus dem Mangel früherer Jahre fast eine Konjunktur entstanden.

Das gesprochene und geschriebene Wort sind die wichtigsten Werkzeuge unserer Profession. Angesichts dieser lapidaren Feststellung ist es verwunderlich, dass der Technik des Schreibens, also der inhaltlichen und formalen Gestaltung von amtlichen Schriftstücken, relativ wenig Bedeutung in der Ausbildung beigemessen wird. Tatsächlich ist aber ein Großteil des sozialarbeiterischen Alltags mit Verfassen und Gestalten von Schriftsätzen verbunden. Hier spielt es wegen der gemeinsamen gesetzlichen Aufgaben fast keine Rolle, ob der Anstellungsträger der sozialen Organisation ein freier Träger der Jugendhilfe (z. B. ein Wohlfahrtsverband) oder der öffentliche Träger der kommunalen Selbstverwaltung (z. B. ein städtisches Jugendamt) ist.

Die Schriftsätze wie auch die Dokumentation in der Sozialen Arbeit bekommen eine über den ausbildungsbezogenen Mangel der Vermittlung der Darstellungsformen sozialarbeiterischer Handlungsvollzüge hinaus eine zusätzliche Bedeutung. Die uns seit einigen Jahren begleitende Diskussion um die Qualität der Sozialen Arbeit stellt die klientenbezogenen Dokumentationen in einen modernen Kontext: Die systematische Aktenführung, die schriftliche Komplexität spezifischer Aufgaben, die damit verbundenen Berichte und Stellungnahmen sind sowohl Ausdruck der Qualität sozialarbeiterischen Tuns wie zugleich Grundlagen von Evaluation und Innovation. Erst über ein formalisiertes Berichtswesen ist Planung, Steuerung und Controlling gesichert. Schriftsätze und Berichte werden zur bedeutenden Grundlage im Zusammenhang der Qualitätssicherung Sozialer Arbeit.

Wir legen einen wissenschaftsbasierten Praxisleitfaden mit Bezug auf die berufliche Realität vor. Das zu berücksichtigen bedeutet aber auch, eine Eingrenzung sowohl der sozialarbeiterischen Handlungsfelder wie auch der Tätigkeitsbereiche vornehmen zu müssen. Unsere Ausführungen stehen daher im engen Zusammenhang einer qualitätsbezogenen Sozialarbeit. Diese beziehen wir ausschließlich auf die Schriftsätze, Berichte und Stellungnahmen im Allgemeinen Sozialen Dienst (ASD) des Jugendamtes. Wir sind uns bewusst, viele Schriftformen und Berichtsarten, insbesondere in den Bereichen der Jugendhilfe freier Träger und den vielfältigen Handlungsfeldern der Sozialen Arbeit im Jugendamt, unberücksichtigt lassen zu müssen. Dargestellte Regeln und Grundsätze sowie einige der von uns vorgestellten Praxisbeispiele sind jedoch übertragbar.

Vor diesem Hintergrund soll der Aufbau kurz erläutert werden.

Wenn sozialarbeiterische Schriftsätze als wichtige Bestandteile klientenbezogener Dokumentationen einzuordnen sind, kommen wir nicht umhin, den Schriftverkehr und die Aktenführung in den Kontext der Qualitätssicherung zu stellen. Diese Ausführungen bestimmen das *erste Kapitel* dieses Buches; sie helfen zudem, unsere Standpunkte zu positionieren. Eine immer größere Bedeutung in der Praxis der Sozialen Arbeit bekommt der Datenschutz. Wir sind zu der Überzeugung gekommen, dass er als ein zunehmend wichtiges Kapitel für die berufliche Praxis auch in unserem Zusammenhang nicht fehlen darf. Als wichtiger Bestandteil des eigentlichen Tätigwerdens im Rahmen sozialarbeiterischer Hilfen wird der Datenschutz im *zweiten Kapitel* beschrieben.

Das *dritte* bis *sechste Kapitel* bilden das „Herzstück“ unserer Ausführungen. Hier werden zunächst anfallende Schriftsätze, also der allgemeine und der Schriftverkehr zu Leistungen der Jugendhilfe im Kontext der Gesetze, des Aufbaus des Jugendamtes und den Grundsätzen von Verwaltung beschrieben. Sie werden in den Zusammenhang bedeutender Handlungsfelder der öffentlichen Jugendhilfe gestellt. Vorzugsweise handelt es sich um Schriftsätze, die im Allgemeinen Sozialen Dienst eines kommunalen Jugendamtes relevant sind. Dazu gehören auch die Berichte und Stellungnahmen im Rahmen der „Anderen Aufgaben" des Achten Sozialgesetzbuches (SGB VIII). Sie werden im *sechsten Kapitel* in den Kontext unserer Absichten gestellt. Schon hier wird deutlich, dass der sozialarbeiterische Alltag von vielen (Amts-) Handlungen bestimmt wird, die in der Fachliteratur kaum Beachtung finden. Mit der „Amtshilfe" im *siebten* bzw. der „Fallübergabe" im *achten Kapitel* wollen wir diesem Mangel entgegenwirken. Vorschläge, wie einzelne Schriftsätze gestaltet werden können, sind eingebaut, die – sozusagen – in der Summe das best practice unserer Recherchen sind und hoffentlich als Anleitung dienen können. Zum besseren Verständnis sind an einigen Stellen Fußnoten mit bedeutenden Gesetzestexten für den besseren Lesekomfort eingefügt.

Letzterem gilt auch der Hinweis auf manche Schreibweisen: Frauen und Männer sind immer gleichberechtigt gemeint. In den exemplarischen Vorlagen wurden selbstverständlich fiktive Namen verwendet (Mustermann bzw. Musterort etc.).

Schließlich sollen insbesondere Studierenden, Berufsanfängern und jungen Kolleginnen und Kollegen ein ausführliches *Abkürzungsverzeichnis* und ein *Glossar* dazu verhelfen, den (sozial-)verwaltungsinternen Sprachgebrauch kennen zu lernen bzw. besser zu verstehen. Dass dieses Anliegen der Vervollständigung bedarf, liegt in der Natur der Sache und der Kürze dieses Buches. Insgesamt hoffen wir, mit diesem Praxisleitfaden einen Beitrag zur Minderung von Irritationen bei der Umsetzung des theoretisch erworbenen Wissens in die Praxis hinsichtlich der notwendigen Schriftsätze in der Sozialen Arbeit leisten zu können.

„Verwende nie ein neues Wort,
sofern es nicht drei Eigenschaften besitzt:
Es muss notwendig, es muss verständlich
und es muss wohlklingend sein."

Voltaire, Schriftsteller der Aufklärung, 1694–1778

2

Schriftsätze im Qualitätsdiskurs Sozialer Arbeit

Die Diskussion um die Qualität in der Sozialen Arbeit begleitet uns seit Ende der 1980er Jahre. Sie ist mehr als nur eine in zeitlichen Abständen wiederkehrende, die Soziale Arbeit bestimmende „Konjunktur", bei der vorzugsweise bestimmte Problembereiche oder Zielgruppen über Jahre die fachlichen Auseinandersetzungen, den Büchermarkt, das Ausbildungswesen und – nicht selten – gesetzlich veränderte Handlungsgrundlagen bestimmen. In den meisten Tätigkeitsfeldern und Aufgabenbereichen der Sozialarbeit öffentlicher und freier Träger haben sich seitdem viele Veränderungen ergeben. Auffällig ist, dass im Verlauf der theoretischen, vor allem in Büchern geführten Auseinandersetzungen kaum die Frage berücksichtigt wurde, ob denn vor dieser Debatte keine gute Sozialarbeit geleistet wurde.

Der Qualitätsdiskurs meint jedoch mehr als nur die Bewertung der Fachlichkeit; er bezieht andere relevante Entwicklungen in der Sozialen Arbeit mit ein. Von daher halten wir es an dieser Stelle für richtig, kurz auf die Zusammenhänge dieser zum Teil kontrovers verlaufenden, nicht immer zur Zufriedenheit der Beteiligten eingeführten Neuerungen einzugehen. Diese Ambivalenz bestimmt letztlich auch unser Anliegen: Obwohl einerseits eher politisch-monetäre Gründe für die Renovierung des Sozial- und Hilfesystems verantwortlich sind, ist andererseits eine qualitative Verbesserung fachlicher Tätigkeiten immer wünschenswert. Dazu gehören auch Schriftsätze und Stellungnahmen von Sozialarbeiterinnen und Sozialarbeitern, wenn sie beispielsweise als maßgebende gerichtliche Entscheidungsgrundlagen dazu geeignet sein müssen, Biografieverläufe von Kindern, Jugendlichen und deren Familien bestimmend zu beeinflussen.

Qualität

Der Qualitätsdiskurs hat insbesondere in der Jugendhilfe bedeutende Spuren hinterlassen. Hier reichen die Veränderungen von der Einführung bestimmter Qualitätsstandards in der Tagesbetreuung (Kindertagesstätten) über die verstärkte Hinwendung zur (Selbst-)Überprüfung professioneller Interventionen (Evaluation) bis hin zur Einbindung von Qualitätsanforderungen in die gesetzliche Rahmenbedingungen der Jugendhilfe (§ 79a SGB VIII). Ab dem 01.12.2012 ist für die Träger der öffentlichen Jugendhilfe vorgeschrieben, Grundsätze und Maßstäbe für die Bewertung der Qualität und geeignete Maßnahmen zu ihrer Gewährleistung weiterzuentwickeln, anzuwenden und regelmäßig zu überprüfen.

Noch heute ist vielen Fachkräften die Auseinandersetzung um möglichst messbare Leistungen ihrer Tätigkeiten suspekt. Dabei wird die Abwehrhaltung der Praktiker durch zahlreiche Argumentationen in der Fachliteratur gestützt, die im Ergebnis davon ausgehen, dass überwiegend kommunikative und interaktive Beziehungsprozesse, die für die Soziale Arbeit konstitutiv sind, über das Medium Kennzahlen keine Ergebnisqualität erwarten lassen können (vgl. Kühn 1999, 22).

Zudem wurde das Unbehagen der Praktiker in diesem Diskurs lange Zeit dadurch bestimmt, dass die Kontroversen in einer Zeit fiskalischer Sparpolitik geführt wurden. Vielen Sozialarbeiterinnen und Sozialarbeitern war deutlich geworden, dass die erwarteten Ergebnisse, der output bzw. outcome, weniger der Qualität ihrer Tätigkeiten als vielmehr den finanziellen Einsparungen galt. Neue Geldtöpfe waren angesichts des Finanzierungsaufwandes für die Infrastruktur der neuen Bundesländer ebenso gesucht wie neue (Pflege-)Versicherungssysteme eine aufwändige Umverteilung notwendig machten. Zurückblickend war es so gesehen letztlich die Finanzkrise der öffentlichen Haushalte, die in der Perspektive einer betriebswirtschaftlichen Orientierung und unter dem Stichwort „Ökonomisierung der Sozialen Arbeit" deren Einbindung in die Qualitätsdiskussion verantworten musste.

Verwaltungsreformen

Die Qualitätsdebatte in der Sozialen Arbeit steht in einem engen Zusammenhang mit den Bemühungen um die Neuorganisation traditioneller Verwaltungsstrukturen. Vor dem Hintergrund der Reformen in anderen europäischen Ländern[1] war die Diskussion und Einführung der „Neuen Steuerung" (NST) quasi die zweite Säule der Veränderungen auf dem Gebiet der Sozialen Arbeit. Insbesondere die Hinführung der Sozialverwaltungen zu gewünschten „Dienstleistungsunternehmen" war die praktische Konsequenz eines Paradigmenwechsels, der fast zeitgleich mit der Verabschiedung des Achten Jugendberichts der Bundesregierung (1990) und der Inkraftsetzung des Kinder- und Jugendhilfegesetzes (1991) eingeleitet worden war. Beides hatte Auswirkungen auf viele institutionalisierte Bereiche und Handlungsfelder in der Sozialen Arbeit.

Die „Kommunale Gemeinschaftsstelle für Verwaltungsvereinfachung (KGSt)" (heute: Kommunale Gemeinschaftsstelle für Verwaltungsmanagement)[2] erarbeitete grundlegende Gutachten zu neuen Steuerungsmodellen, veränderten Leistungsorientierungen, strukturellen Neuorganisationen etc. Auch im Rahmen der kommunalen Haushaltsführungen gab es vielerorts eine Hinwendung von der kameralistischen zur budgetorientierten Steuerung. Zukünftige Dienstleistungen sollten bürgernah und produktorientiert die Qualität der Exekutive über viele Innovationen sichern helfen (vgl. Merchel/Schrapper 1996). Zuvor hatte der Achte Jugendbericht der damaligen Bundesregierung schon auf der Basis seiner grundsätzlichen Perspektiven einige Anforderungen formuliert, die eine umfassende Verwaltungsreform bundesweit einleiteten und die bis heute noch nicht als abgeschlossen gilt. Dazu gehörten u. a. Zielvereinbarungen zwischen Politik und Verwaltung (Steuerung), Planungsinstanzen und Berichtswesen (Controlling), vertrag-

---

1 Stellvertretend für viele deutsche kommunale Verwaltungen waren die organisatorischen Neuorganisationen in den Niederlanden, insbesondere in der Stadt Tilburg. Dazu liegen inzwischen Evaluationen vor, die das Modell als überholungsbedürftig zeigen.

2 Siehe Glossar.

liche Vereinbarungen zwischen den Organisationseinheiten (Kontraktmanagement), monetäre Verantwortungen (Budgetierung) u. a. m.[3]

Vor diesem Hintergrund ist das Erlernen des beruflichen Handelns verstärkt in den Fokus der öffentlichen und privaten Arbeitgeber gerückt. Kommunen und Wohlfahrtsverbände verlangen nach erweiterten Kompetenzen bei Berufsanfängern, die zunehmend in den unterschiedlichen Arbeitsfeldern nachgefragt, jedoch kaum in den ausbildungsbezogenen Studiengängen gelehrt werden. Obwohl weniger an den grundlagenorientierten Universitäten als vielmehr an den praxisbezogenen Fachhochschulen den Studenten den neuen Anforderungen entsprechende Inhalte in der Lehre zur Vorbereitung auf den beruflichen Alltag angeboten werden, bleiben viele Erwartungen sowohl von Auszubildenden wie Anstellungsträgern unberücksichtigt, weil die Aufgabenfelder und die daraus resultierenden Anforderungen zu vielfältig sind.

Ausbildung

Aus studentischer Sicht ist der Bezug zu den Ausbildungszielen im Allgemeinen dadurch charakterisiert, dass eine möglichst hohe Affinität zwischen Theorie und Praxis während des Studiums erwartet wird. Schon während des Studiums stehen die Verdichtung der Studieninhalte und die gleichzeitige Verkürzung der Studiendauer dem Erlernen methodischer Zugänge, der Verwirklichung spezieller Interessen und dem Bemühen um das Bestehen fach- und ausbildungsbezogener Prüfungen entgegen. Der persönlichen Zufriedenheit von Studierenden werden bei oft zusätzlichen finanziellen Belastungen viele Grenzen setzt. Studierende haben darüber hinaus immer weniger Aussichten auf einen gesicherten Arbeitsplatz, sie müssen zunehmenden Leistungsdruck im Rahmen eines hoch differenzierten Professionalitätsanspruches befürchten.

Die Arbeitgeber haben konkrete Erwartungen, was die Ausbildung hinsichtlich berufsrelevanter Merkmale beinhalten soll. In der Ausbildungsbeschreibung der Bundesagentur für Arbeit (Stand 2007) wird das erwartete Profil für Berufsanfänger deutlich. Demnach werden folgende „Fähigkeiten" für notwendig erachtet (Auszüge):

---

3 Obwohl das SGB VIII in Bezug auf diese Ziele (der Verwaltungsvereinfachung mit seiner im Gesetz verankerten Lebensweltorientierung, den Rechten auf Partizipation, der Zusammenarbeit von öffentlichen und freien Trägern der Jugendhilfe, den Vereinbarungen über Entgelte, Leistungsangebote etc.) wegweisend war, wurde dies bei den Änderungen des SGB II nicht aufgenommen, sondern zurückgeschraubt.

- Ein durchschnittliches bis gutes allgemeines intellektuelles Leistungsvermögen;
- ein durchschnittliches bis gutes schriftliches Ausdrucksvermögen (z.B. Anfertigen von Hausarbeiten);
- gutes mündliches Ausdrucksvermögen (Referate halten, Beraten von Klienten im Praktikum);
- gutes sprachlich-logisches Denkvermögen (Erfassen auch schwieriger juristischer und pädagogisch-psychologischer Fachtexte und Sachverhalte).

Präzisiert werden diese allgemeinen Voraussetzungen für die „Bezugsgruppe Personen mit Hochschulreife" hinsichtlich der Kenntnisse und Fertigkeiten mit unmittelbarem Bezug auf den Berufsalltag: „Ein Muss für das Studium: Textverständnis, einwandfreier Ausdruck und korrekte Orthografie! Das Fach Deutsch ist immer wichtig, zumal es auch Logik und Dialogfähigkeit fördert und damit das Vermögen, klar diskutieren und vortragen zu können" (BfA 2007).

Diese Erwartungshaltungen stehen in einem unmittelbaren Zusammenhang mit dem Modernitätsanspruch in den Sozialverwaltungen. „Integrierte Professionalität" (Puch 1994) meint hier diejenigen Kompetenzen erlangen zu müssen, die über die persönlichen Voraussetzungen hinaus für den allgemeinen beruflichen Sachverstand bedeutsam sind (u.a. personale, Fach- und Feldkompetenzen). Für diese Basiskompetenzen gilt, sie um die Merkmale hinsichtlich organisationsbezogener Kenntnisse (u.a. strukturierende, planende, monetäre Kompetenzen) systematisch zu erweitern.

Gehörte es bis zur Einführung der Bachelorstudiengänge zum Studienabschluss, die der Berufskompetenz anhaftenden Eigenschaften möglichst gut auszubilden, so wird im Kontext moderner Sozialer Arbeit mit ihren zahlreichen Handlungsfeldern davon ausgegangen, dass diese um das jetzt notwendige Organisationswissen ergänzten Ansprüche an das berufliche Handeln zusätzlich schon bei Berufsantritt vorhanden sind. Damit wird ein Anspruch an Studium und Praktika formuliert, der von den Hochschulen nur selten eingelöst wird und wegen der Kürze des Studiums und der Praktika auch kaum eingelöst werden kann.

Defizite

Vor dem aufgeführten Hintergrund werden die Diskrepanzen zwischen praktischen Anforderungen und theoretischen Vermittlungen deutlich. Dazu bietet sich unserer Meinung nach folgende Erklärung an: Aus der Perspektive der beruflichen Anstellungsträger hat die universitäre Professionalisierungsdebatte im Rahmen der Sozialen Arbeit – erstmals in den 1970er Jahren mit Vehemenz auf den methodischen Bereich bezogen – seit einigen Jahren eine neue Dimension bekommen. Auf der Grundlage einer modernen Rechtsauffassung (Hilfe durch Sozialleistung vor Eingriff) mit veränderten Rahmenbedingungen (Einführung des SGB VIII) und im Kontext der (Neu-) Etablierung relevanter Theoriearbeiten sowie multiprofessioneller Forschungsansätze (Sozialarbeitswissenschaft) hat sich ein modernes Profil der Sozialen Arbeit im Rahmen einer neuzeitlichen Fachlichkeit herausgebildet. Dieses hat sich jedoch lange und eher hochschulbezogen manifestiert. Erst mit zeitlicher Verzögerung sind diese Erkenntnisse auch der praktischen Sozialarbeit zugute gekommen. Darunter leiden die Erwartungen an eine zeitgemäße Berufsausübung noch heute. Sie sind verbunden mit der Vermittlung und Ausbildung eines entsprechenden „Handwerkzeugs" hinsichtlich erforderlicher arbeitsplatz- und aufgabenbezogener Qualifikationen und werden von den Ausbildungsstellen nur bedingt erfüllt.

Aus dem Blickwinkel der (Fach-)Hochschulen ist die Zusage an die Praxisstellen, beruflich relevante Fachkenntnisse quasi abrufbereit zu vermitteln, kaum noch aufrecht zu erhalten. Das Spektrum der Handlungsfelder und Arbeitsbereiche allein in der Jugendhilfe auf der Grundlage expandierender Problemlagen seiner Zielgruppen lässt eine fachliche Vertiefung des Lehrstoffs nur noch unvollständig zu. Zudem haben sich nicht nur die materiellen Voraussetzungen für ein Studium verändert, auch die Rahmenbedingungen des Studiums selbst unterliegen bildungs- und hochschulpolitischen Anforderungen, die sich zum Teil in verschulten Studiengängen widerspiegeln. Fachhochschulen für Soziale Arbeit sind mit einem hohen Erwartungsdruck hinsichtlich ihres „outputs" konfrontiert, der sie neben der Europäisierung des Studiums (Bachelor, Master) zunehmend in eine Wettbewerbssituation mit ähnlichen Ausbildungsstellen drängt. Darunter leidet wiederum die Qualität der handlungsorientierten Lehre, die eine dezidierte Vorbereitung auf das praktische berufliche Handeln im Rahmen eines modernen Professionalitätsverständnisses unter diesen Bedingungen kaum zulässt.

Aufgaben

Die Diskrepanzen zwischen ausbildungsbezogenen Unzulänglichkeiten und beruflichen Erfordernissen sind strukturell und nicht allein dem Bereich der Sozialen Arbeit anzulasten. In Erkenntnis dieser Rahmenbedingungen, insbesondere in der anfänglichen Berufspraxis, rückt die Bedeutung der schriftlichen Arbeit der Sozialarbeiterinnen und Sozialarbeiter ins Zentrum ihrer zahlreichen Aufgabenfelder. Das Verfassen von Schriftsätzen, Berichten, gutachtlichen Stellungnahmen und Statistiken gehört zum beruflichen Alltag. Anders als methodische, kommunikative und beziehungsorientierte Leistungen gehören diese Tätigkeiten allerdings nicht zu den Lieblingsbeschäftigungen; sie werden aus diesem Grund auch nicht selten nachlässig behandelt.[4] Die Dokumentation fachlichen Handelns steht jedoch außerhalb der Diskussion.

Schriftsätze, Berichte und Stellungnahmen stellen für Verwaltungen, Einrichtungen, Dienste und Gerichte eine Entscheidungsgrundlage dar. Schon von daher ergeben sich qualitative Anforderungen an den Schriftverkehr. Berichte müssen nicht nur die fachliche Kompetenz der Verfasser spiegeln. In den Schriftsätzen muss ebenfalls deutlich werden, worin der spezifisch sozialarbeiterische Beitrag zur Entscheidungsfindung gründet. Sie sind auch Grundlage für die Gewährung von Leistungen. Zudem sind Berichte und Stellungnahmen in Familien- und Jugendgerichtsverfahren, im Rahmen von Hilfen zur Erziehung und ähnlicher Leistungen sowohl für Sozialarbeiter wie der Klientel für eine oft lange Zeit von besonderer Bedeutung, weil sie meistens biografische Auswirkungen für die betroffenen Ratsuchenden haben. Verständlich ist daher, dass die zuständigen Sachbearbeiter bei der Erstellung der Schriftsätze immer wieder mit hohem sachlichem, emotionalem und fachlichem Sachverstand beteiligt sind. Diese Tätigkeiten machen professionelles Handeln transparent; sie sind Teil der Qualität fachlicher Kompetenz und können Jahre später noch eine Rolle spielen.

Die Bedeutung der Qualität schriftlicher Arbeiten zu erkennen ist für viele Berufsanfänger ebenso gewichtig wie das Herstellen von Transparenz derjenigen Organisation, in der sie tätig sind. Zum professionellen Handeln in der modernen Sozialarbeit gehört das Organisationswissen. Örtliche und sachliche Zuständigkeiten erkennen und Dienstwege realisieren können – kurz: den Urlaubsantrag nicht dem Bürgermeister vorlegen – sind unabdingbare Voraussetzungen für den Berufsalltag. Persönlichkeitsrechte und Datenschutz bei den Hilfeprozessen beachten, sie im Schriftverkehr wirksam werden zu lassen, gehört ebenfalls dazu. Nicht selten ist das Durchdringen des „Dschungels" der Allgemeinen Geschäftsanweisungen des Anstellungsträgers, die verwaltungsinterne, geschlechtsneutrale Sprache, das Erlernen des Umgangs in einer Organisation mit eigenem Selbstbild (corporated identity) immer noch eine große Aufforderung sowohl für Berufsanfänger wie „alten Hasen" im Allgemeinen Dienst einer Sozialverwaltung.

4 Vgl. z. B. Poller, S./Weigel, H.-G. (2010): In ihrem Aufsatz „Die Fallbearbeitung im Allgemeinen Sozialen Dienst" gehen die Verfasser auf vielfältige methodische Themen (z. B. auf Respekt und Wertschätzung als Garant für einen fachlich qualifizierten Hausbesuch) ein, nicht aber darauf, wie dieser in einem Vermerk dokumentiert wird.

„Wenn ich spreche, dann ist es meine Aufgabe, so zu sprechen, dass ich verstanden werde, und nicht die Aufgabe des Zuhörers, richtig zu raten."

Gabor von Varga, Transaktionsanalytiker

3

Tätig werden nach dem SGB VIII im Allgemeinen Sozialen Dienst

Biographische und berufliche Erfahrungen, individuelle Überzeugungen und Einstellungen steuern relativ unbewusst und ganz allgemein den beruflichen Alltag. Problemanzeigen, Sachverhalte und das darauf folgende Tätigwerden der im ASD zuständigen Mitarbeiter können so durch bestimmte Sichtweisen beeinflusst werden und Auswirkungen auf relevante Eingangsfragen haben:

1. Die gesetzliche Auftragslage (Geht es um Sozialleistungen, um andere Aufgaben, um einen Schutzauftrag? Auf welche Rechte sind die Betroffenen hinzuweisen?);
2. Anspruchsvoraussetzungen, gesetzlich normierte Tatbestände (Ist kindliche Entwicklung gefährdet? Welche Hilfe ist notwendig und geeignet? Was dient dem Wohl des Kindes am besten?);
3. Informationsverarbeitung (Was muss ich wissen? Welche Informationen darf ich von wem und wozu einholen, verwenden und/oder weitergeben?).

Nicht selten wird die *Klärung der Zuständigkeit* von Außenstehenden belächelt. Unterstellt wird eine abwehrende Haltung, um möglichst nicht dienstbar werden zu müssen. Wer sich allerdings gezielt zum ASD begibt, hat schon ein sehr ernsthaftes Anliegen, das sich in der Regel nicht in einem telefonischem Informationsgespräch erledigen lässt.

Setzen wir einmal beispielhaft das Hilfeersuchen eines Minderjährigen voraus, so ist es daher richtig und wichtig, zunächst in einem *Erstgespräch*

1. nach der Art des Anliegens,
2. dem Wohnort (der Eltern bzw. Personensorgeberechtigten) des betroffenen jungen Menschen und seinem Alter zu fragen, und auch danach,
3. seit wann die Beteiligten unter der jeweils angegebenen Adresse wohnen und
4. ob irgendwelche Verfahren anhängig sind oder Jugendhilfeleistungen gewährt werden.

Hieraus ergibt sich nämlich erst, ob ein *Anspruch* auf Beratung und Unterstützung bzw. in welcher *Art* ein solcher besteht. Die allgemeinen Vorschriften des SGB VIII regeln zunächst einmal nur, dass sich die Leistungsansprüche an den örtlichen Träger der Jugendhilfe richten. Wer das in welchem Fall ist, wird im Gesetz in den *§§ 86 bis 89 SGB VIII* im Einzelnen geregelt.[5]

Neben dieser Klärung der Eingangsvoraussetzungen des Tätigwerdens regeln die *Allgemeinen Vorschriften* des SGB VIII auch, was überhaupt Leistungen und Aufgaben der Jugendhilfe sind, dass alle über ihre Rechte aufgeklärt werden müssen und wie vorzugehen ist, wenn ein Gefährdungsrisiko für ein Kind oder einen Jugendlichen abzuklären ist (§ 8a SGB VIII).

Nur in wenigen Fällen sind Minderjährige selbst leistungsberechtigt: Bei der Inobhutnahme, der Beratung ohne Wissen ihrer Eltern oder Personensorgeberechtigten oder als mindestens Fünfzehnjährige, die Anspruch auf Eingliederungshilfe nach § 35a SGB VIII haben. In Bezug auf Umgangsregelungen können auch Umgangsberechtigte Anspruch auf Beratung und Unterstützung haben. Im Prinzip richten sich aber alle Leistungen der Jugendhilfe, die der ASD anzubieten hat, an die Eltern bzw. Personensorgeberechtigten von Minderjährigen oder an junge Volljährige.

5 Mit Einführung des Bundeskinderschutzgesetzes zum 01.01.2012 erfolgten in den §§ 86–89h einige Änderungen, die zu beachten unbedingt notwendig sind.

3.1 Zur Entwicklung des Datenschutzes in der Jugendhilfe

Vor Einführung des SGB VIII ab 1990 gab es im Jugendhilferecht keine Bestimmungen zum Datenschutz. Sie wurden erst auf Intervention der beteiligten Bundesländer in das Gesetz aufgenommen. Aber auch ohne die jetzigen Datenschutzbestimmungen im SGB VIII waren die Übermittlung, die Weitergabe, Speicherung und Verarbeitung von Daten gesetzlich geschützt und geregelt.

Nach den Bestimmungen des Volkszählungsgesetzes sollte im Frühjahr 1983 eine Volkszählung in Form einer bundesweiten Totalerhebung stattfinden. Gegen dieses Bundesgesetz wurden mehrere Verfassungsbeschwerden erhoben. Darauf hin hatte sich das Bundesverfassungsgericht wegen des Verfassungsgrundsatzes des „informellen Selbstbestimmungsrechtes" (Jeder hat das Recht, Preisgabe und Verwendung von Daten selbst zu bestimmen) mit der Erhebung von Daten befasst. Das Bundesverfassungsgericht hat nicht nur das Gesetz zur Volkszählung verworfen („Volkszählungsurteil")[6], sondern auch dem Gesetzgeber auferlegt, ein Datenschutzgesetz zu erlassen. Es regelte die Erhebung von Daten erstmals explizit als erste Phase der Datenverarbeitung.

3.2 Der Schutz der Daten

Frau Wichtig ist erbost: Sie will wissen, wer sie beim Jugendamt angeschwärzt habe und wie Frau Fleißig vom ASD dazu komme, sich in der Schule und in der Tagesstätte nach ihren Kindern zu erkundigen. Sie beschwert sich beim Jugendamtsleiter. Sie erklärt, sie wolle mit dem Jugendamt nichts zu tun haben, sie habe kein Vertrauen, Frau Fleißig habe in Missachtung ihrer Rechte als Mutter und eh-

6 Das Volkszählungsurteil ist eine Grundsatzentscheidung des Bundesverfassungsgerichts vom 15. Dezember 1983 (AZ. 1 BvR 209, 269, 362, 420, 440, 484/83), mit der das Grundrecht auf informationelle Selbstbestimmung als Ausfluss des allgemeinen Persönlichkeitsrechts und der Menschenwürde etabliert wurde. Das Urteil gilt als Meilenstein des Datenschutzes. Anlass war eine für April bis Mail 1983 geplante, aufgrund des Urteils erst 1987 modifiziert durchgeführte Volkszählung in der damaligen – vor der Wiedervereinigung – Bundesrepublik Deutschland.

renhafte Bürgerin gehandelt. Ihr Anwalt fordert die Übersendung der Akte, weil er rechtliche Schritte gegen die anzeigende Person und Frau Fleißig einleiten wolle. Es meldet sich beim Jugendamtsleiter das Ratsmitglied, Herr Schlaumeyer. Er will Informationen über den Sachverhalt und verlangt, dass die Stadtverwaltung sich aus Familienangelegenheiten herauszuhalten habe. Einige Wochen später fordert die Staatsanwaltschaft die Akte des Jugendamtes an, weil sie aufgrund einer Anzeige gegen den Partner von Frau Wichtig wegen Körperverletzung gegen das jüngste Kind ermittelt. Der Jugendamtsleiter fordert im Rahmen seiner Dienst- und Fachaufsicht sowie des Beschwerdemanagements der Kommune einen schriftlichen Bericht und sofortige Rücksprache mit Frau Fleißig.

Ein Szenario, das so oder ähnlich immer wieder vorkommt, wenn ASD-Fachkräfte im Rahmen ihrer Garantenpflicht tätig werden. Wie gut, dass Frau Fleißig die Datenschutzbestimmungen kennt!

Die Bearbeitung und der Umgang mit der klientenbezogenen Akte ist zugleich der Ausweis von Rechtmäßigkeit und Qualität professionellen Handelns. Die Bestimmungen des Datenschutzes, seine Kenntnis und Einhaltung schützen die Rat- und Hilfesuchenden und die im ASD tätigen professionellen Akteure.

Die Datenschutzregelungen sind Ausdruck für den Paradigmenwechsel von einer ordnungsrechtlichen hin zu einer sozialeistungsorientierten Auffassung von Jugendhilfe. Sie stärken das Vertrauen der Klienten in die Träger der Jugendhilfe und in ihre Angestellten und fördern deren Fachlichkeit. Diese sind gehalten, mit äußerster Präzision geeignete und erforderliche Daten für den jeweiligen Zweck zu erheben.

Der Inhalt dieser Vorschriften im Sozialgesetzbuch korrespondiert mit dem Gebot der Schweigepflicht nach § 203 Strafgesetzbuch[7]. Sozialarbeiterinnen und Sozialarbeiter bzw. diejenigen, die eine Tätigkeit auf Grundlage des SGB VIII ausüben, haben zwar die Pflicht zu schweigen, aber kein Zeugnisverweigerungsrecht nach § 53 Strafprozessordnung[8]; auf keinen Fall dann, wenn sie von der Schweigepflicht entbunden sind. Andererseits ist der

---

7 „Die strafrechtliche Schweigepflicht gilt für die in § 203 Abs.1 Nr. 1–6 StGB genannten Personen, also für Psychologen und SA/SP im öffentlichen Dienst, im Dienst freier Träger und sonstiger Arbeitgeber sowie für selbständig tätige Psychologen und SA/SP (...)" (Papenheim/Baltes/Tiemann 2005, S. 190) (Gesetzestext siehe Glossar).

8 § 53 StPO, Zeugnisverweigerungsrecht aus beruflichen Gründen (Gesetzestext siehe Glossar).

Datenschutz in der Jugendhilfe durch die Bestimmungen des SGB VIII besonders ausgeprägt.

Das Bundeskinderschutzgesetz ist am 01.01.2012 in Kraft getreten. Es bringt in Bezug auf die Datenschutzregeln für Schulen, Ärzte u.a. im Rahmen des Kinderschutzes die Möglichkeit, sich beraten zulassen. Unter bestimmten Voraussetzungen (§ 4, Abs. 3 BKiSchG) erlaubt es ihnen, Kindeswohlgefährdungen dem Jugendamt zu melden. Durch § 8a Abs. 5 SGB VIII, der ebenfalls durch das BkiSchG eingeführt wurde, wird sichergestellt, dass dasjenige Jugendamt, dem gewichtige Anhaltspunkte für die Gefährdung des Wohls eines Minderjährigen bekannt geworden sind, das örtlich zuständige Jugendamt informiert.

3.3 Allgemeine Grundsätze im Datenschutz

Datenverarbeitung umfasst Erheben, Speichern, Nutzen und Weitergeben von Informationen.

Nach dem Urteil des Bundesverfassungsgerichtes (15.12.1983) durften Daten nur erhoben werden, wenn der Betroffene einwilligt (Grundsatz der Freiwilligkeit) oder wenn ein Gesetz das Recht der Betroffenen auf informationelle Selbstbestimmung einschränkt bzw. die Pflicht zur Auskunft begründet.

Infolge des Bundesverfassungsgerichtsurteils, das Bindungswirkung hat, wurde das Bundesdatenschutzgesetz (BDSG, 1977 in Kraft getreten) geändert. Ferner mussten die Datenschutzbestimmungen in den §§ 68ff SGB X nachgebessert werden.

Nach alldem ist die *Datenverarbeitung* zulässig,

- wenn ein Gesetz inhaltlich genau aussagt, was erlaubt ist oder
- wenn die (i.d.R.) schriftliche Einwilligung des Betroffenen vorliegt, aus der auch hervorgeht, in welchem Umfang, zu welchem Zweck und für wen Daten verarbeitet werden, und dass der Betroffene über die Widerrufbarkeit seiner Einwilligung informiert ist (vgl. § 4 DSG NW).

Diese Grundsätze sind von Bedeutung für jede Entbindung von der Schweigepflicht, die im ASD verwendet wird.

Die *Erhebung von Daten*, z.B. für einen Antrag auf Hilfe zur Erziehung, ist zulässig, wenn

- zur Aufgabenerfüllung erforderlich,
- das Persönlichkeitsrecht des Einzelnen nicht beeinträchtigt ist,

- die Daten beim Betroffenen erhoben werden,
- dieser über den Verwendungszweck und
- die Rechtsvorschriften aufgeklärt worden ist.

Fehlt es an einer dieser Voraussetzungen, dürfte die Datenerhebung schon grundsätzlich nicht zulässig sein.

Von der grundsätzlichen Zweckbindung aller Daten sind Ausnahmen nur durch Gesetz oder durch die Einwilligung des Betroffenen zugelassen. Im Grunde liegt bei jeder Weitergabe von Daten über den ursprünglichen Zweck hinaus eine Zweckänderung vor.

In jeder einzelnen Phase der Datenverarbeitung müssen *Datensicherungsmaßnahmen* getroffen sein: Akten werden daher unter Verschluss gehalten, sind nur der zuständigen Person, deren Vertreter oder Vorgesetzten zugänglich, Computer und einzelne Programme werden durch ein Kennwort geschützt, Aktenvernichtung über den Schredder vorgenommen.

Es muss geklärt und geregelt sein, wer Zugang zu den Daten hat, weswegen Vertretungen generell geregelt sein müssen. Das verfahrensrechtliche Vorgehen und der organisatorische Aufwand zur Sicherung der Daten müssen verhältnismäßig sein: Die Akte sollte außerhalb des Büros in einer Tasche oder einem Umschlag transportiert werden und eingeschlossen oder mit Codewort gesichert sein, um unberechtigten Zugang zu verhindern.

Nicht jeder Beteiligte (Fachkraft oder Familienmitglied) darf alles aus der Akte erfahren. Für die Entscheidung darüber, welche Hilfe zur Erziehung gewährt wird, sind andere Personen (sozialpädagogische Fachkräfte) mit anderen Informationen zu beteiligen (vgl. z. B. § 36 SGB VIII) als z. B. für die Aufgaben in der wirtschaftlichen Jugendhilfe (Verwaltungsfachkräfte) bei der monetären Abwicklung von beschlossenen Leistungen.

Die Grundsätze der Voraussetzungen für die *Übermittlung von Daten* gelten auch innerhalb einer Behörde (z. B. Kommune), eines Amtes (Jugendamt), einer Abteilung (Erziehungshilfe), eines Sachgebietes (ASD/Jugendgerichtshilfe) und auch zwischen Beschäftigten. Denn aus einer organisatorischen Einheit (z. B. gehören ASD und Jugendgerichtshilfe zu einer Abteilung) ergibt sich keine informationelle Einheit, weil die Datenverarbeitung in der Regel an den Zweck gebunden ist. Diese Zweckbindung ist i. d. R. aus Sicht der Betroffenen auszulegen.

In der Jugendhilfe ist dieser Grundsatz allerdings kaum beachtet. Erkenntnisse, die aus der Mitwirkung in Sorgerechtsverfahren oder der Mitwirkung in Jugendgerichtsverfahren vorliegen, werden auch ohne Berechtigung vielfach ohne gesetzliche Grundlage oder ohne Erlaubnis der Betroffenen in Vorgänge von Hilfe zur Erziehung übernommen.

Daten dürfen nicht auf Vorrat erhoben werden und auch nicht beliebig zwischen Beschäftigten ausgetauscht werden.

Im Berufsalltag sind die Klienten regelmäßig über die Vorschriften des Datenschutzes, ihre eigenen Rechte und die ihrer Gegenüber zu informieren.

Verantwortlich für die Einhaltung der Datenschutzbestimmungen ist in einer Kommune zunächst einmal nach dem Prinzip der Fachaufsicht das Fachamt. Dennoch haftet jeder einzelne Mitarbeiter, der sich nur durch Vorgesetzte entlasten kann. Bei Unklarheiten können und müssen die Einzelnen sich nicht nur an Vorgesetzte wenden, sie haben möglicherweise auch beim eigenen Anstellungsträger einen Datenschutzbeauftragten.

Werden Datenschutzverstöße in einer Kommune festgestellt, so kann der Landesdatenschutzbeauftragte, an den sich jeder Bürger oder auch eine Behörde wenden kann, bindende Empfehlungen machen. Der Datenschutzbeauftragte des Landes NRW z. B. hat dies inzwischen mit seiner Veröffentlichung von Juni 2008 zum Datenschutz im Jugendamt bzw. in der Jugendhilfe getan (vgl. FN[10]).

Die Nichtbeachtung von Verstößen kann dazu führen, dass der Regierungspräsident als Aufsichtsbehörde einer Kommune die Beachtung der Empfehlung anordnet.

Der Datenschutzbeauftragte einer Kommune hat ein Empfehlungsrecht, die Verwaltungsleitung, der die Organisationshoheit obliegt, hat die Verantwortung, diese Empfehlung durchzusetzen.

Soll der *Aufbau* einer Organisation (Zuordnung von Aufgaben, Verantwortung und Kompetenzen zu Stellen) oder der *Ablauf* einer Organisation (Arbeitsschritte, deren Reihenfolge, deren Ausführungsinstanzen, deren Hilfsmittel wie Formulare, Geräte etc.) verändert werden, sollte der Datenschutzbeauftragte regelmäßig mit einbezogen sein, weil dies späteren kostspieligen Veränderungen vorbeugt.

Die Bestimmungen zum Datenschutz wurden durch die Bestimmungen der Informationsfreiheitsgesetze (IFG Bund vom 01.01.2006 und z.B. das von NRW vom 01.01.2002) ergänzt. Diese beziehen sich zwar auf Verwaltungsverfahren allgemein, nicht aber auf darin geführte personenbezogene Daten (des Einzelfalls), für die die Datenschutzbestimmungen gelten.

Nach § 4 Abs. 1 des Gesetzes über die Freiheit des Zugangs zu Informationen (IFG NRW) besteht grundsätzlich auch gegenüber einem Jugendamt der Anspruch auf Zugang zu den bei dieser Stelle vorhandenen amtlichen Informationen. Dies gilt ebenso bei dem Wunsch, eine interne Dienstanweisung zur Ausgestaltung des Verfahrens und der Entscheidungsfindung im Bereich der Jugendhilfe (Hilfeplanrichtlinien, Förderbedingungen) einzusehen.

Herr Schlaumeyer kann also die Antwort erhalten: Rechtsgrundlage des Vorgehens war § 8a SGB VIII. Das Vorgehen wird durch die Dienstanweisung 281 vom 02. 01. 2012 näher geregelt.

Übermittlungen personenbezogener Daten sind durch diese allgemeinen Gesetze (IFG) bzw. Regelungen durchweg nicht erlaubt. Es dürfen z. B. keine Informationen darüber gegeben werden, für wen Hilfe zur Erziehung gewährt wird, was in unserem Beispiel Anlass eines Vorgehens nach § 8a SGB VIII war.

In spezialgesetzlichen Vorschriften sind meistens Datenschutzbestimmungen eingearbeitet, in denen der Gesetzgeber dem jeweiligen Sachbereich entsprechend Datenerhebung, -verarbeitung und -schutz angemessen zu regeln versucht; so z. B. im SGB X für das Sozialrecht oder im SGB VIII speziell für die Jugendhilfe.

Bundes- und Landesdatenschutzgesetze gelten als allgemeine Gesetze nur dann, wenn es keine Spezialvorschriften gibt. In Bezug auf die Jugendhilfe bedeutet dies, dass in folgender Reihenfolge bei der Sachbearbeitung geprüft werden muss, ob der Tatbestand unter folgenden Datenschutznormen zu subsumieren ist:

- §§ 62–68 SGB VIII; wenn nicht, dann
- § 35 SGB I i. V. m. §§ 67–85 SGB X, oder
- allgemeines Verwaltungsrecht (VwVfG NW oder des Bundes, VwGO).

Erst wenn sich der Tatbestand nach diesen Prüfungen immer noch nicht subsumieren lässt, wird zurückgegriffen auf das allgemeine Landesdatenschutzgesetz oder – bei Fehlanzeige dort – auf das Bundesdatenschutzgesetz.

3.4 Datenschutzbestimmungen im SGB VIII

Grundsätzlich ist darauf hinzuweisen, dass der Sprachgebrauch in den Datenschutzbestimmungen des SGB VIII nicht mit dem in anderen Gesetzen abgestimmt ist. So wird von Personen, von Betroffenen, von Verwendung, von Nutzen usw. gesprochen, ohne eine präzise Bestimmung vorzunehmen. Deutlich wird aber, dass der Gesetzgeber die Absicht hatte, jeglichen Umgang bei der Datenverarbeitung zu erfassen und insbesondere diejenigen Daten zu schützen, die als Einzelangaben einen Bezug zu einer natürlichen Person herstellen lassen oder möglich machen.

§ 61 SGB VIII

Diese gesetzliche Vorgabe definiert den *Anwendungsbereich* der Datenschutzbestimmungen für die Jugendhilfe bei öffentlichen Trägern, ihnen zuarbeitenden kommunalen Stellen und die Anwendung für Einrichtungen der freien Jugendhilfe. Weiter gilt die Bestimmung für Amtspfleger, Amtsvormünder, Beistände und Gegenvormünder. Ausdrücklich ist in § 61 Abs. 1 festgehalten, dass für den Datenschutz in der Jugendhilfe § 35 SGB I und §§ 67–85a SGB X gelten.

§ 62 SGB VIII

Hier wird die *Datenerhebung* in der Jugendhilfe geregelt; speziell wird auf die Zweck- und Einzelfallorientierung zur jeweiligen Aufgabenerfüllung abgehoben.

Grundsätzlich sind die Daten beim Betroffenen zu erheben (Verfahren der Unmittelbarkeit). Die Darstellung der Rechtsgrundlage und die Aufklärung über den Verwendungszweck sind erforderlich und auch die Aufklärung darüber, welche Konsequenzen es hat, wenn der Befragte keine Angaben machen will (z. B. Ablehnung eines Antrages). Daten auf Vorrat zu erheben, ist nicht zulässig.

Ob die Erhebung von Daten beim Betroffenen möglich ist, muss sehr eng aus seiner Perspektive entschieden werden. Mögliche Ausnahmen sind vorsichtig zu handhaben. Der Katalog von Voraussetzungen für entsprechende Regelungen in § 62 Abs. 3 und 4 SGB VIII ist (inzwischen unter Einbeziehung des Schutzauftrages bei Kindeswohlgefährdung gem. § 8a SGB VIII) abschließend, was heißt: Wenn keine der genannten Voraussetzungen vorliegt, können die Daten nur beim Betroffenen erhoben werden.[9]

§ 63 SGB VIII

Diese Bestimmung regelt die *Datenspeicherung* in jeder einzelnen Datenverarbeitungsphase. Eine strikte Aufgabenbezogenheit bleibt Prinzip. § 63 Abs. 2 SGB VIII bestimmt, dass Daten, die zu unterschiedlichen Aufgaben

9 „Ohne Mitwirkung des Betroffenen dürfen" Daten erhoben werden, „wenn ihre Erhebung beim Betroffenen nicht möglich ist oder die jeweilige Aufgabe ihrer Art nach eine Erhebung bei anderen erfordert, die Kenntnis der Daten aber erforderlich ist für (...) die Erfüllung des Schutzauftrages bei Kindeswohlgefährdung nach § 8a oder" die Erhebung unverhältnismäßig wäre oder „die Erhebung bei dem Betroffenen den Zugang zur Hilfe ernsthaft gefährden würde" (§ 62 SGB VIII).

erhoben wurden, nur zusammengeführt werden dürfen, wenn dies unbedingt für die jeweilige Aufgabe erforderlich ist. Wann eine solche Erforderlichkeit vorliegt, bestimmt die objektive Sicht eines Betrachters, die im Zweifelsfall begründet werden muss.

Grundsätzlich ist es erforderlich, für die jeweilige Aufgabe Einzelvorgänge (Akte) zu bilden, z. B. jeweils Akten für Beratung, Mitwirkung, Hilfe zur Erziehung. Unter dem Begriff „Akte" sind zu verstehen: Tonbänder, Filme, Papier und sonstige Medien, mit deren Hilfe irgendetwas aufgezeichnet ist oder wird.

Das bedeutet auch, dass Klienten bezüglich eines jeden neuen Vorgangs gefragt werden müssen, ob sie die „Betreuung" wechseln wollen. Ausgenommen bei den anderen Aufgaben („hoheitliche" Aufgaben).

Frau Wichtig kann bei der Einschätzung des Gefährdungsrisikos für ihre Kinder die Ablösung von Frau Fleißig oder des Jugendamtes als Träger nicht verlangen.

Werden Akten abgelegt, so können diese nur mit Einverständnis aller Betroffenen wieder herangezogen werden. Wenn auch die Aufbewahrung von Akten rein organisatorisch so geregelt ist, dass ein Zugriff wieder möglich ist, so heißt dies nicht, dass ein solcher Zugriff den einzelnen Fachkräften noch weiter zusteht.

Neben den datenschutzrechtlichen gibt es auch methodische Gründe für die getrennte Aktenführung. Die Fachkraft sollte sich genau überlegen, für welche Aufgabe sie eine Akte führt. Es ist sinnvoll, nicht nur Familienakten für Einzelvorgänge (z. B. Familienberatung), sondern für jede Person in der Familie eine eigene Akte je Aufgabe zu führen (z. B. bei Hilfe zur Erziehung oder Mitwirkung).

Auch wenn es nicht immer bewusst wahrgenommen wird, signalisiert die Akte den Bezugsrahmen zwischen Klient und Fachkraft. Dieser Kontext bestimmt auch das weitere Vorgehen, nämlich ob die Sozialarbeiterin berät, Hilfe leistet, Informationen sammelt oder Gefährdungsrisiken einschätzt bzw. abwendet. Angesichts von Aktenbergen und Posteingängen müssen Informationen aufgabenorientiert selektiert werden. Die getrennte Aktenführung dient als Ordnungsprinzip im Arbeitsalltag.

§ 64 SGB VIII

Diese gesetzliche Vorgabe ist eine der *zentralen* Vorschriften des Datenschutzes im SGB VIII. Hier wir geregelt, wann die Offenbarung von Daten zulässig ist und das Verwertungsverbot wird begründet.

Aus § 64 Abs. 2 SGB VIII ist abzuleiten, dass die Vertretung in der Sachbearbeitung organisatorisch festgelegt sein muss (Zweckbindung). Der hier vorgeschriebene Datenschutz bindet stärker als der in § 69 SGB X und hat auch Vorrang vor der Aufgabe gem. § 50 Abs. 2 SGB VIII. Die Inhalte für letztere müssen bei den Betroffenen extra erhoben werden. § 50 Abs. 2 Satz 2 SGB VIII gebietet nur die Information an das Gericht über den Stand des Beratungsprozesses, nicht aber über dessen Inhalte. Die Bestimmungen des § 64 Abs. 2 SGB VIII haben keinen Vorrang vor § 8a Abs. 3 SGB VIII (Anrufung des Familiengerichtes) im Rahmen des Schutzauftrages bei Kindeswohlgefährdung

§ 65 SGB VIII

Eine *weitere zentrale* Regelung des Datenschutzes wird hier formuliert. Jeder einzelne Mitarbeiter ist Adressat dieser Norm. Hier wird also der Adressatenkreis, der in § 203 Abs. 1 StGB genannt wird, erweitert, und zwar um jeden Mitarbeiter, dem ein Klient aus seiner subjektiven Sichtweise etwas anvertraut hat. Anvertraut hat ein Klient einem Mitarbeiter dann etwas, wenn er Verschwiegenheit vorausgesetzt und sich darauf verlassen hat, dass sie eingehalten wird. Durch die Formulierung „bekannt geworden“ werden auch alle Inhalte einbezogen, die nicht der Betroffene selbst anvertraut hat, sondern auch die, die von Dritten mitgeteilt wurden.

Durch die Neufassung der Normen zum Schutzauftrag bei Kindeswohlgefährdung (2005) wurde auch § 65 SGB VIII erweitert. Explizit wurde aufgenommen, dass Mitarbeiterinnen und Mitarbeiter Daten in den Fällen des § 8a SGB VIII an das Familiengericht oder andere Leistungsträger sowie an erfahrene Fachkräfte weitergeben dürfen, die Mitarbeiter beraten sollen, letztere aber anonymisiert.

Für den Datenschutz und die *Auskunftspflichten, Rechte auf Akteneinsicht* etc. können je nachdem, ob es sich um Leistungen der Jugendhilfe (z. B. Hilfe zur Erziehung) oder um eine andere Aufgabe (Inobhutnahme oder Mitwirkung) handelt, unterschiedliche Normen gelten.

Für den Bereich der Amtsvormundschaft bzw. -pflegschaft wird dies z. B. deutlich im § 68 SGB VIII, für die Mitwirkung in Familiengerichtsverfahren z. B. in § 8a Abs. 3 SGB VIII i. V. m. FamFG und ZPO, für die Jugendgerichtshilfe z. B. in § 52 Abs. 1 u. 2 SGB VIII.

Das Auskunftsrecht, die Auskunftspflicht, für die es im SGB VIII keine einschlägigen Bestimmungen gibt, richten sich nach den für die Sozialleistungen geltenden Gesetzen (§§ 35 ff SGB I und §§ 25 ff SGB X, worauf § 61 Abs. 1 SGB VIII auch verweist) oder nach denen, die für die anderen Aufgaben gem.

SGB VIII gelten, in je spezifischer Weise. Insoweit gehen die Bestimmungen der §§ 61 ff. SGB VIII in Verbindung mit den §§ 67 bis 85a SGB X den Regelungen des Informationsfreiheitsgesetzes in der Regel vor (§ 4 Abs. 2 Satz 1 IFG).

Weil einzelne Vorgänge in je einzelnen Akten geführt werden müssen, kann es *kein Recht* einer Person oder Behörde geben, einzusehen, was es alles zu einem „Fall" oder zu einer Person gibt. Weil in Einzelvorgängen oder Akten Informationen, die dem informationellen Selbstbestimmungsrecht anderer Personen unterliegen, i. d. R. enthalten sind, kann auch keine Person seine Akte ganz einsehen oder anderen zur Einsicht zur Verfügung stellen.

Gleich, ob es sich um eine elektronische oder konventionelle, um eine Leistungsakte oder um eine zur Mitwirkung handelt, die Akte ist von der Anlage bis zu ihrem Abschluss so zu führen, dass dem Recht der Betroffenen auf Auskunft und Akteneinsicht bestmöglich nachgekommen werden kann.[10]

Geht es um möglicherweise strafbares Verhalten, kann sich eine Fachkraft im ASD nicht auf das Recht der Zeugnisverweigerung oder die Bestimmungen des Datenschutzes berufen. Für eine Aussage bedarf es einer Genehmigung der Dienststellenleitung. Ein Gericht kann beschließen, dass das Vorlegen von Schriftstücken, Akten und Dateien erfolgen oder dass eine Fachkraft Auskunft geben muss.[11]

---

10 Wir weisen in diesem Zusammenhang auf die Empfehlung der Landesbeauftragten für Datenschutz NRW hin. Dort werden Akteneinsicht, Aktenführung, Aktenherausgabe, Aktenübersendung, Umfang der Aktenvernichtung, Akten für ein Strafverfahren (§ 73 SGB X), Amtsermittlung, Amtshilfe (§§ 3 ff. SGB X), Anonymisierung (§ 67 Abs. 8 SGB X), Auskunftserteilung (§ 61 Abs. 1 SGB VIII in Verbindung mit § 83 SGB X), Beratungsgespräche, Einkommens- und Vermögensverhältnisse, Einwilligung (§ 67b Abs. 2 SGB X), Erforderlichkeitsgrundsatz, Erhebung von Daten, Jugendhilfeplanung, Organisation Jugendamt, Vertraulichkeit, Zentraldatei, Zeugnisverweigerungsrecht, leichtverständlich diskutiert (vgl. Landesbeauftragte für Datenschutz und Informationsfreiheit Nordrhein-Westfalen: Datenschutz im Jugendamt, 06/2008).

11 In Folge des Osnabrücker Prozesses gegen eine Diplom-Sozialpädagogin im ASD wegen fahrlässiger Tötung (1994) ist spätestens seit 1995 die Beschlagnahme von Jugendamtsakten in der Diskussion (vgl. Wiesner u. a. SGB VIII, Kommentar 1995; Landesbeauftragte NW 2008). Zur Aufklärung im bekannten Todesfall Kevin hat die Bremische Bürgerschaft, der Untersuchungsausschuss „Kindeswohl", die Akten eingesehen und das Ergebnis seiner Prüfung in Einzelheiten im Untersuchungsbericht veröffentlicht (Bremische Bürgerschaft: Drucksache 16/1381 vom 18. 04. 2007, S. 97 ff.). Die Stadt Wuppertal (NRW) hatte anlässlich des Todes des Pflegekindes Talea für eine Darstellung des Fallverlaufes 2008, der auf dem Akteninhalt zu beruhen schien, sogar eine eigene Website eingerichtet. Die chronologische Falldokumentation findet sich 2011 unter folgendem Link: www.agsp.de/assets/applets/Do-kumentation_talea.pdf.

Datenschutz ist kein Selbstzweck; er ist praktizierte Rechtsstaatlichkeit, Ausfluss des Grundrechtes auf Selbstbestimmung. Datenschutz schützt nicht die Daten, sondern die Bürger und gibt für die Sachbearbeitung Handlungssicherheit.

„Stil ist richtiges Weglassen des Unwesentlichen."

Anselm Feuerbach, deutscher Maler, 1829–1880

4

Das Jugendamt: Schriftverkehr auf dem Dienstweg

Die Beschäftigung mit gesetzlichen Regelungen, organisatorischen Gliederungen und verwaltungsbestimmten Vollzügen gehört nicht unbedingt zu den bevorzugten Themen studentischer Interessen im Rahmen der Ausbildung zum/zur Sozialarbeiter/in. Ein Überblick[12] über das SGB VIII soll einen ersten Zugang erleichtern.

12 Die kursiv markierten Überschriften weisen auf Sozialleistungen und andere Aufgaben hin. Für den ASD wichtige Regelungen werden benannt. Aus den §§ 1–10 und §§ 61–105 SGB VIII ergibt sich der gesetzliche Rahmen für die Aufgabenwahrnehmung in der Jugendhilfe. Dieser Rahmen beschreibt Ziele und Grundsätze (im ersten Kapitel), bestimmt u. a. den Datenschutz (viertes Kapitel), Strukturen und Zusammenarbeit von öffentlicher und freier Jugendhilfe sowie Anforderungen an deren Mitarbeiterschaften und die Zusammenarbeit mit anderen Stellen und Einrichtungen (fünftes Kapitel), die Zusammenarbeit der öffentlichen Träger in Leistungsfällen (siebtes Kapitel) und bei Einschätzungen von Gefährdungsrisiken und dem Abwenden von Kindeswohlgefährdungen (erstes Kapitel) und Kostenbeteiligungen von Minderjährigen, Eltern und jungen Volljährigen (achtes Kapitel).

Allgemeine Vorschriften, Grundsätze §§ 1–10
mit den *Aufgaben der Einschätzung und Abwendung von Gefährdungsrisiken*
Insbesondere pädagogische Leistungen der Jugendhilfe §§ 11–41
mit den *Hilfen zur Erziehung, der Eingliederungshilfe und der Hilfe für junge Volljährige*
Andere Aufgaben §§ 42–60
mit der *Mitwirkung bei Verfahren vor den Familiengerichten und nach dem Jugendgerichtsgesetz*
Schutz von Sozialdaten §§ 61–69
mit dem besonderen Vertrauensschutz in persönlichen und erzieherischen Hilfen
Träger der Jugendhilfe, Zusammenarbeit, Gesamtverantwortung §§ 69–81
u. a. mit Zuständigkeiten, den Vorschriften zur fachlichen und persönlichen Eignung der Mitarbeiterinnen und Mitarbeiter sowie deren Fortbildung und Praxisberatung
Zentrale Aufgaben §§ 82–84
u. a. mit Aufgaben der Länder und Notwendigkeit des Jugendberichtes
Zuständigkeit und Kostenerstattung §§ 85–89 h
mit Sonderregelungen für Zuständigkeitswechsel z. B. bei Pflegeverhältnissen
Kostenbeteiligung §§ 90–97c
u. a. mit der Möglichkeit, von der Heranziehung zu den Kosten abzusehen
Kinder und Jugendhilfestatistik §§ 98–103
mit der abschließenden Benennung von Erhebungsmerkmalen
Straf und Bußgeldvorschriften §§ 104–105

Abbildung 1: Übersicht über die Gliederung des SGB VIII

Viele professionelle Kolleginnen und Kollegen stoßen auch im Verlauf ihrer Praxis noch oft an die Grenzen organisationsbezogener Kenntnisse. Die notwendigen Einsichten und der dazu gehörige „Durchblick“ in Organisation und Struktur werden nicht selten über die praktischen (Hilfe-)Prozesse gewonnen. Organisation und Struktur können andererseits zur Sicherheit in Handlungsvollzügen beitragen. Das Verständnis von Strukturen (Jugendamt) und organisatorischen Abläufen (Dienstweg) gehört jedoch zum Handwerk, um Professionalität in der Sozialen Arbeit zu gewährleisten.

4.1 Organisation und Abläufe

Die Organisation der kommunalen Verwaltungen der alten Bundesländer entsprach seit den 1950er Jahren den Empfehlungen der „Kommunalen Gemeinschaftsstelle für Verwaltungsvereinfachung" (KGSt).[13] Obwohl jede Gemeinde die Organisation ihrer Verwaltung selbst bestimmen kann, sind deren Aufbau und Strukturen ähnlich. Diese Organisationshoheit ist nur durch wenige gesetzliche Vorschriften eingeschränkt. Hier ist beispielsweise der § 69 Abs. 3 SGB VIII interessant, dessen Regelungen jeden örtlichen Träger der Jugendhilfe verpflichten, ein zweigliedriges Jugendamt zu errichten (vgl. Papenheim/Baltes 2009, 43).

Das Jugendamt ist eines der wenigen Ämter einer Kommunalverwaltung, dessen Existenz (§ 69 Abs. 3 SGB VIII)[14] und Organisation (§ 70 Abs. 1f SGB VIII) durch Bundesgesetz vorgeschrieben sind.

Durch die Vorschrift zur Organisation (§ 70 SGB VIII) ist dem Jugendamt ein kommunalpolitischer Ausschuss zugehörig. Der *Kinder- und Jugendhilfeausschuss* (KJHA) bildet zusammen mit der *Verwaltung* das Jugendamt (§ 70 Abs. 1f SGB VIII). Man spricht auch von der Zweigliedrigkeit der Jugendhilfe. Beide führen die laufenden Geschäfte im Bereich der öffentlichen Jugendhilfe. (s. Abb. 2)

Neben diesen bundesgesetzlichen Vorschriften zur Organisation des Jugendamtes besteht die Organisationshoheit der Kommunen. Deshalb können die Organisationsformen der öffentlichen Jugendhilfe sehr unterschiedlich sein.[15] Die Letztverantwortung für die Erledigung der Aufgaben der Jugendhilfe nach § 2 SGB VIII, die vorwiegend dem Subsidiaritätsprinzip entsprechend von freien Trägern der Jugendhilfe wahrgenommen werden, trägt in der Kommune das Jugendamt.

Die tatsächliche Organisation ist jeweils übersichtlich dargestellt in dem betreffenden *Dezernatsverteilungsplan* und dem *Aufgabengliederungsplan*.[16]

---

13 Die Bezeichnung lautet heute: „Kommunale Gemeinschaftsstelle für Verwaltungsmanagement"; vgl. a. Kap. 2, siehe auch Glossar.

14 Die Bezeichnung SGB VIII macht die Stellung im Sozialgesetzbuch deutlich, das aus zwölf Teilen besteht, die miteinander korrespondieren: Achtes Buch des Sozialgesetzbuches. Das erste Buch und das zehnte Buch Sozialgesetzbuch enthalten Bestimmungen, die für alle anderen Teile des Sozialgesetzbuches gelten (vgl. auch ISS e.V. 2011).

15 Die Diskussion um die Organisationsformen und Aufgaben findet seit Einführung des SGB VIII 1990 statt; vgl. Kulbach, R./Wohlfahrt, N. 1994, 1996; Bossong, H. 2004 u. 2009[2]; Gissel-Palkovich, I. 2011; ISS e.V. 2011[2], Schrapper, Ch. 2012.

16 Der *Dezernatsverteilungsplan* ist ein Organigramm, welches anhand seines Aufbaus die an die Dezernenten übertragenen Verwaltungsgeschäfte und Zuständigkeiten abbildet. Meist ist in modernen Darstellungen neben der organisatorischen Darstellung auch die Verknüpfung zu anderen Führungsebenen der Kommune ersichtlich. Der *Aufgabengliederungsplan* ist ein systematischer Aufgabenkatalog. Er stellt in sachbezogener Weise alle Aufgaben einer Kommunalverwaltung nach Art und Zweckbestimmung dar (vgl. Kulbach, R./Wohlfahrt, N. 1994, 100/101).

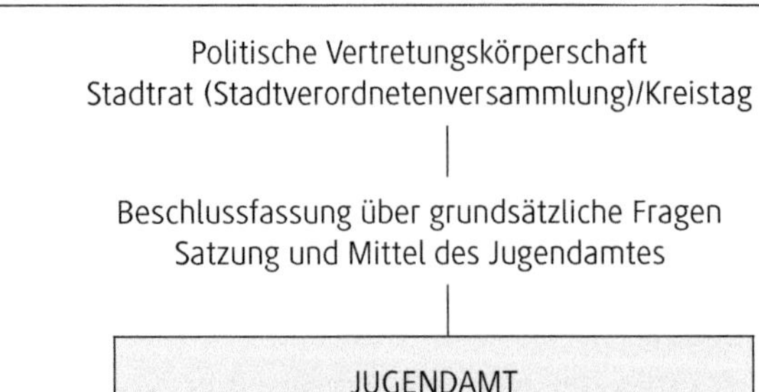

Zusammensetzung nach § 70 SGB VIII

Jugendhilfeausschuss	Verwaltung des Jugendamtes
Mitglieder (§ 71 Abs. 1 SGB VIII)	(§ 70 Abs. 2 u. § 72 Abs. 1 und 2 SGB VIII)
a) stimmberechtigte: • Mitglieder der Vertretungskörperschaft oder von ihr gewählte, in der Jugendhilfe erfahrene Männer und Frauen (3/5) • von der Vertretungskörperschaft auf Vorschlag der freien Jugendhilfe gewählte Männer und Frauen (2/5) b) beratende (nach Landesrecht), z. B.: • Vertreter der Kirchen und der jüdischen Kultusgemeinden • Vertreter der Schule • Arzt des Gesundheitsamtes • Familien- oder Jugendrichter • der Leiter der Verwaltung des Jugendamtes und der Leiter der Verwaltung der Gebietskörperschaft (je nach Landesrecht auch mit Stimmrecht)	• Leiter der Verwaltung der Gebietskörperschaft (Landrat, Oberbürgermeister/Bürgermeister) oder in seinem Auftrag Leiter der Verwaltung des Jugendamts (Jugendamtsleiter) • Sozialpädagogen/Sozialarbeiter/Psychologen u. a. • Verwaltungsfachkräfte
1. Beschlussrechte (§ 71 Abs. 3 SGB VIII) über: • Geschäftsordnung • Angelegenheiten der Jugendhilfe • Mittelverwendung jeweils im Rahmen von 2. Anhörungs- u. Antragsrecht (§ 71 Abs. 3 SGB VIII)	1. Ausführung der Beschlüsse der Vertretungskörperschaft und des Jugendhilfeausschusses (§ 70 Abs. 2 SGB VIII) 2. lfd. Geschäfte der Verwaltung (§ 70 Abs. 2 SGB VIII)

Abbildung 2: Schematische Übersicht über Kinder- und Jugendhilfeausschuss und Verwaltung des Jugendamtes innerhalb einer Kommune

Im Folgenden gehen wir von der gesetzlich vorgeschriebenen Organisation aus: dem Jugendamt als selbständige Einheit der Kommune, in dem die Aufgaben gem. § 2 SGB VIII wahrgenommen werden.

Die wichtigsten Grundlagen der Jugendhilfe sind das SGB VIII, die Landesgesetze zum SGB VIII, die Satzung und die Beschlüsse, die sich der politische Ausschuss gegeben hat. Der diesem Jugendamt zugehörige „Allgemeine Sozialdienst“ (ASD), den wir hier exemplarisch darstellen, nimmt als Organisationseinheit des Jugendamtes ausschließlich Jugendhilfeaufgaben wahr. Sozialdienste in anderen Formen der Organisation berücksichtigen wir hier nicht.[17]

Am *Aktenzeichen* auf dem Kopfbogen des Briefes können die Adressaten erkennen, dass jemand aus dem Jugendamt schreibt.

Es gibt Ordnungsprinzipien – etwa die der KGSt –, nach denen in den Kommunalverwaltungen das *Dezernat* oder der *Fachbereich*, in dem die Aufgaben der Sozial-, Jugend- und Gesundheitsämter zusammengefasst sind, die Ordnungsziffer „5“ führen. Die Kennung eines *Amtes* ist dann zweistellig, für das Jugendamt wird z. B. „51“ vergeben, die Kennung einer *Abteilung* ist dreistellig. Aus Amts- und Abteilungskennung zusammen mit Sachgebiet und der Sachbearbeitung, gegebenenfalls noch mit einer Fallkennung, wird das *Aktenzeichen* gebildet. Im internen Postverkehr ist dieses eine Art Postleitzahl (z. B.: 51-512-3-4-S-12).

Die zuständige Stelle des Jugendamtes für die eine oder andere Aufgabe ist über verschiedene Wege auffindbar: Eine neue Mitarbeiterin oder ein neuer Kollege kann sich am besten und aktuellsten einen Überblick über die Aufgabenverteilung durch einen Blick auf das aktuelle Telefonverzeichnis oder die Webseite des Amtes verschaffen. In seiner Organisationseinheit wird es eine *Arbeitsplatzbeschreibung* geben, in der die dort zu erledigenden Aufgaben aufgeführt sind.

Bürgerinnen und Bürger erreichen das Jugendamt und die für sie dort zuständige Stelle am besten über die Telefonzentrale ihrer Stadt, Gemeindeverwaltung oder über die Webseite. Die meisten Kommunen haben einige Aufgaben der Jugendhilfe zentralisiert und andere regionalisiert, so dass die Bürger ihre Anliegen an zentraler (z. B. im Rat- oder Kreishaus) oder dezentraler Stelle (z. B. in Bürgerämtern des Stadtteils) erledigen können.

Die Aufgaben des ASD werden häufig *gemeinwesenorientiert* organisiert, um eine bessere Bürgernähe und Vernetzung der örtlichen Ressourcen zu ermöglichen. Eltern und junge Menschen können den ASD aufsuchen, sich mit

17 Gemeint sind die einem Sozialamt oder – seltener – in eigener Trägerschaft angegliederten Allgemeinen Sozialdienste.

jemanden aus dem Dienst bei Hausbesuchen oder an anderen Orten verabreden. In bestimmen Fällen (z. B. Abklärung eines Gefährdungsrisikos gem. § 8a SGB VIII) werden sie auch aufgesucht.

4.2 Der Allgemeine Sozialdienst (ASD)

Sämtliche Ämter einer Verwaltung sind in eine Organisationsstruktur eingebunden. Die Verwaltung des Jugendamtes kennzeichnet auf diese Art zahlreiche Abteilungen und Sachgebiete, die zugleich Handlungsfelder der Sozialen Arbeit (z. B. Jugendpflege, Tagesbetreuung) sind.

4.2.1 Organisatorische Einbindung

Die Tätigkeiten der ASD-Mitarbeiterinnen im Jugendamt sind in unserem vereinfachten Organigramm wie folgt geregelt: Die *Jugendgerichtshilfe* und der *Pflegekinderdienst* sind – wie die *wirtschaftliche Jugendhilfe* und der *ASD* – als eigenes Sachgebiet in der Abteilung 512 organisiert.

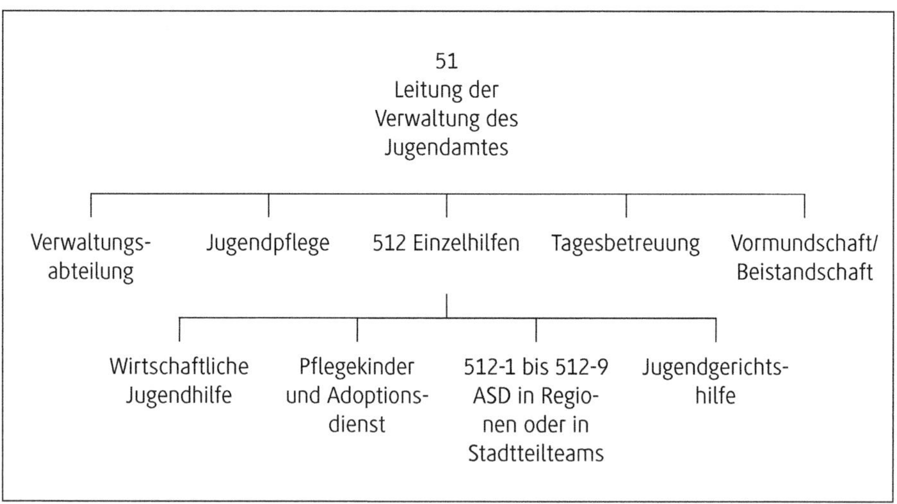

Abbildung 3: Organigramm der Verwaltung eines Jugendamtes unter besonderer Berücksichtigung der Einzelhilfen

4.2.2 Aufgaben im ASD

- Information über Rechtsfragen der Jugendhilfe und anderer Sozialleistungen, Dienste und Angebote im Stadtteil;
- Beratung im Stadtteil in Fragen von Partnerschaft, Trennung, neu zusammengesetzter Familien, elterliche Sorge, Lebensmittelpunkt des Kindes, Umgangsregelungen, Herstellen von Kontakten, Erziehung und Entwicklung;
- Abklärung von Gefährdungsrisiken, Kinderschutz und Inobhutnahme;
- Hilfe zur Erziehung, Hilfe für seelisch Behinderte junge Menschen, Hilfe für junge Volljährige initiieren, gewähren, begleiten, planen und ggf. durchführen;
- Netzwerkarbeit, sozialraumbezogene Ressourcenvermittlung;
- Mitwirkung in (familien-)gerichtlichen Verfahren, Beratungsangebote, Gespräche zur Anamnese, Gespräche mit Dritten im Umfeld, Berichte schreiben, Stellungnahmen verfassen, Teilnahme am Gerichtsterminen,
- Krisenintervention und Unterstützung in Bezug auf Regelungen für Minderjährige; Entwicklung eines einvernehmlichen Konzeptes für die elterliche Sorge und Regelung des Umgangs zur Herstellung von Kontakten und Informationsaustausch; Regelung von Besuchskontakten und Vermittlung weiterer Hilfen
- Jugendgerichtshilfe.

Bürgerschaft und Behörde können von einer Sachbearbeitung in einem Amt gleichermaßen Sachlichkeit, Rechtmäßigkeit, Verhältnismäßigkeit, Wirtschaftlichkeit, Freundlichkeit, Verständlichkeit, Nachvollziehbarkeit, Transparenz und Gleichbehandlung erwarten. Auf diesen Erwartungshorizont hin haben die Beschäftigten die Ergebnisse ihrer Arbeit auszurichten.

Für das Personal der Jugendhilfe spezifiziert darüber hinaus § 1 SGB VIII den Erwartungshorizont, zusammen mit den allgemeinen Vorschriften in den §§ 3–10 SGB VIII und den für den ASD spezifischen Sozialleistungen.

4.2.3 Struktur des Berufsalltages

Angesichts solcher Aufgabenfülle (s. Abb. 4) und Erwartungshorizonte, die von außen bestehen, ist es unerlässlich, die tägliche Arbeit zu strukturieren und ein Zeitmanagement zu betreiben. Struktur gibt Halt und ist ein Zeichen der Arbeitsqualität. Die Strukturierung des Arbeitstages und die der Schriftstücke ermöglichen Erfolge bei der Arbeit. Die eigene Zufriedenheit steigt.

Beraten in Fragen der Erziehung, Entwicklung, Partnerschaft, Trennung und Scheidung §§ 16, 17 SGB VIII	**Informieren** über Rechtsfragen, Jugendhilfe- und Sozialleistungen, Dienste und Angebote im Stadtteil § 16 SGB VIII, §§ 14 f. SGB I	**Beteiligen** an Netzwerkarbeit, Stadtteil-, Schul-, Fall- oder Helferkonferenzen, Arbeitskreisen Bezug: § 81 SGB VIII
Unterstützen beim Entwickeln eines einvernehmlichen Konzeptes für die elterliche Sorge § 17 Abs. 1 SGB VIII	**Klären,** ggf. abwenden von Gefährdungsrisiken und Kindeswohlgefährdungen, Schutzauftrag: §§ 8a, 42 SGB VIII	**Initiieren,** gewähren, begleiten, ggf. durchführen, planen von sozialpädagogischen Intensivhilfen §§ 19, 20, 21, 27, 35a u. 41 SGB VIII
Unterstützen beim Herstellen von Kontakten und Informationsfluss, Regeln von Besuchskontakten und ggf. begleiten oder begleiten lassen § 18 Abs. 3 SGB VIII	**Mitwirken** in familiengerichtlichen Verfahren §§ 8a, 50 SGB VIII in Verfahren nach dem Jugendgerichtsgesetz § 52 SGB VIII	**Unterstützen** in Bezug auf die Krisen und das Treffen von Regelungen § 18 Abs. 1 SGB VIII

Abbildung 4: Übersicht über die Aufgaben eines ASD (KSD)[18]

Die routinemäßig strukturierte Aufgabenerledigung verläuft effektiv und effizient. Die unterschiedlichen Anforderungen im Arbeitsalltag gestalten den Durchblick oft schwierig. Viele Aufträge sind zudem zunächst wenig übersichtlich. Wir empfehlen folgendes Vorgehen:

Orientieren

Den Arbeitstag planen und die Arbeit organisieren. Was ist heute am dringlichsten, welche verbindliche Termine stehen an, wie viel Zeit zwischen den einzelnen Terminen brauche ich wofür (z. B. für Regeneration, Nachdenken, Nachlesen, Vorbereiten, Notizen machen usw.)?

18 Die Sozialleistungen sind einfach umrandet, die anderen Aufgaben sind hervorgehoben. Seit dem 01. 01. 2012 besteht ein Anspruch der Personen, die beruflich mit Kindern und Jugendlichen zu tun haben, auf Beratung und Begleitung zum Schutz von Kindern und Jugendlichen gem. § 8b SGB VIII. Wer diese Aufgabe durch insoweit erfahrene Fachkräfte wahrnehmen soll, ist derzeit in der Diskussion. Deswegen wird sie hier als Aufgabe des ASD nicht berücksichtigt, wenngleich das Jugendamt die Leistung sicherzustellen hat.

Immer erst den Überblick zu jedem neuen Einzelfall und zum laufenden Fall verschaffen! Bin ich (noch) zuständig? Was ist meine aktuelle Funktion? Welche Rolle nehme ich überhaupt und gegenwärtig wahr? Nach welchen Regeln muss ich handeln? Sind diese meinen Gesprächspartnern bekannt oder muss ich sie erst oder wieder transparent machen?

Informieren

In welchem Aufgabenfeld des SGB VIII bewege ich mich (Förderung, Hilfe zur Erziehung, andere Aufgaben)? Welche Tätigkeit steht an? Wie ist deren gesetzliche Grundlage? Was schreibt die vor? Welche Zusammenhänge sind wichtig? In welchem Umfang muss ich wann, wem diese Informationen vermitteln?

Sammeln und Analysieren

Welche Leitfragen zur Bearbeitung der Aufgabe muss ich beantworten (z. B. wer, was, wo, mit welchen Mitteln, warum, wann, wie)? Welche Informationen habe ich, welche benötige ich? Von wem kann ich diese Informationen bekommen? Habe ich die notwendigen Entbindungen von der Schweigepflicht oder ist mein Vorgehen durch die Datenschutzbestimmungen gedeckt?

Bewerten

Welche Informationen muss ich für die fachliche Bewertung berücksichtigen? Welche fachliche Bewertung nehme ich in Bezug auf die Vergangenheit und Gegenwart (Anamnese und Befund) für heute (Diagnose) und für die Zukunft (Prognose) vor? Mache ich einen Vorschlag?

Reflektieren

Nehme ich mir genug Zeit zur Selbstreflexion, tausche ich mich mit anderen aus, hole ich mir hinreichend Unterstützung, bilde ich mich fort, lese ich Fachliteratur, nehme ich Supervision, lasse ich Unerwartetes zu?

Unterschiede beachten

Sozialleistungen folgen anderen Regeln als die „anderen Aufgaben“. Hilfen zur Erziehung, Eingliederungshilfe und Hilfen für junge Volljährige haben als

Pflichtleistungen der Kommune jeweils andere Bedingungen und Kriterien, die für ihre Gewährung entscheidend sind.

Die Schriftstücke, die zur Anwendung kommen können, werden unterschieden nach

Gattung (Vermerk, Brief, Bericht, Stellungnahme, Protokoll, Vorlage, Gutachten, Vereinbarungen, Auflagen), hinsichtlich ihrer
Auslöser (Telefonat, Antrag, Mitteilung, Beauftragung, Abschätzung eines Gefährdungsrisikos) und damit nach
Aufgabe und Inhalt (Mitteilung, Einladung, Sachverhaltsdarstellung bezogen auf die Lebenswelt mit oder ohne rechtliche und fachliche Wertung) und ihren
Funktionen (Information, Terminmitteilung, Tatsachenermittlungen, Entscheidungsgrundlage, Entscheidungshilfe, Vereinbarung, Auflage).

Bei der Bearbeitung eines Hilfeersuchens, bei der Wahrnehmung unterschiedlicher Aufgaben im ASD, können alle Gattungen der Schriftstücke wiederholt oder in bestimmter Abfolge oder mit wechselnden Inhalten vorkommen, je nach Auslöser oder aktuellem Anlass.

4.3 Der Dienstweg

Der Dienstweg[19] bezeichnet eine in Organisationen geltende Verfahrensregelung, wonach bei der Klärung dienstlicher Angelegenheiten (z. B. von Beschwerden oder Anträgen) eine hierarchische Reihenfolge (von unten nach oben und umgekehrt) eingehalten werden muss, in der die jeweils zuständigen übergeordneten *Vorgesetzten* oder *Dienststellen* als Adressaten angesprochen werden.

Die Verpflichtung zur Einhaltung des Dienstweges ist vorrangig in den organisationseigenen *Allgemeinen Geschäftsanweisungen* (AGA) geregelt. Der Dienstweg ist Bestandteil einer funktionierenden Aufgabenteilung in Organisationen oder zwischen Organisationen. Die Nichteinhaltung des Dienstweges kann als Verfehlung der Mitarbeiterinnen und Mitarbeiter geahndet werden.

19 Synonyme: Amtsweg, Behördenweg, Geschäftsgang, Instanzenweg; Antonyme: informelle Absprache, direkter, kleiner Dienstweg, unbürokratisch.

Die Kenntnis und Einhaltung des Dienstwegs fördert die Transparenz von Verfahren und Entscheidungen. Mit den jeweiligen Stufen eines Dienstweges sind Kompetenzzuweisungen (Entscheidungsbefugnisse) verbunden. Die formelle Rechtmäßigkeit von Verwaltungshandlungen ist über den Dienstweg gewahrt. Die inhaltliche und zeitliche Nähe zur Sache oder zum laufenden Prozess ist allerdings durch die Einhaltung des Dienstweges längst nicht immer gegeben. Kritisch veranschaulicht wird diese Problematik unter der in der Praxis verbreiteten Ironie: „Will man Käse, muss man Milch auf dem Dienstweg verschicken." Eine Planung von Vorgängen (von der Dienstreise bis zum Projekt) sollte daher rechtzeitig auf dem Dienstweg (a. d. D.) erfolgen, damit eine wichtige Bedingung zur ihrer Einlösung erfüllt ist.

Über den Dienstweg soll ferner sichergestellt werden, dass sich in Angelegenheiten der Organisation nur die befugte Stelle an Dritte außerhalb der Organisation wendet, Inhalte nur autorisiert weitergegeben werden. Gerade für Organisationen, die durch politische Gremien gelenkt werden, wie es bei Kommunen der Fall ist, spielt das eine wichtige Rolle. Der Sachbearbeitung in einem Jugendamt beispielsweise ist es untersagt, sich ohne Genehmigung in einer dienstlichen Angelegenheit an ein Mitglied des Rates, des Kinder- und Jugendhilfeausschusses, Fraktionen oder Parteien sowie der Presse zu wenden und sich ihnen gegenüber zu äußern. Eine vorgesetzte Stelle kann auch Einwände einer untergeordneten Stelle beiseite schieben und ein bestimmtes Vorgehen anordnen.

Speziell die Jugendämter sind jüngst wegen ihrer Vorgehensweisen in Kinderschutzfällen heftiger Kritik und umfangreichen Untersuchungen ausgesetzt gewesen. Die Kritik greift an, was Untersuchungen oft bestätigen: Über den Dienstweg wird Verantwortung weiter geschoben statt sich ihr zu stellen, was wohl in beide Richtungen erfolgt.[20]

---

20 So schreibt die Süddeutsche Zeitung am 5. Juni 2008: „Ein Prozess, der die bereits in einem Parlamentarischen Untersuchungsausschuss festgestellte unglaubliche Fehlerkette in Bremen auch noch einmal juristisch beweisen würde, könnte ein Signal sein für die Jugendämter in der Republik: Wenn jeder Einzelne seine Verantwortung wahrnimmt, kann so etwas kaum passieren. Wenn aber alle die Verantwortung auf dem Dienstweg weiter schieben, ist kein Kind sicher. Mit einem Restrisiko leben zu müssen, weil Situationen immer im Verborgenen eskalieren können, ist schlimm genug. Ein von Behörden quasi organisiertes Grundrisiko ist unerträglich. ‚Kevin II' kann der Öffentlichkeit klarmachen, wie es wirklich in deutschen Jugendämtern zugeht. Das Versagen der Gesellschaft beim Schutz dieses Jungen lässt sich nur halbwegs wieder gutmachen, wenn es sich nicht aus den gleichen Gründen wiederholen kann" (Wiegand, R.: Gefahr auf dem Dienstweg. Kevins Stiefvater ist verurteilt, aber das genauso wichtige Verfahren gegen zwei Sozialarbeiter stockt).

Wo der Dienstweg beginnt, ist den Beteiligten deutlich – beim nächsten Vorgesetzten. Wo er aufhört, ist von Organisation zu Organisation und von Sachverhalt zu Sachverhalt unterschiedlich und meistens in der *Allgemeinen Geschäftsanweisung (AGA)* geregelt. Der Dienstweg gilt für alle Angelegenheiten, die jemand innerhalb der Organisation auf den Weg bringt: Anträge auf Dienstreisen, Eingruppierung, Stellenbewertung oder Beförderung, Abrechnungen von Fahrtkosten oder Spesen, Urlaubsanträge, für Bewerbungen ebenso wie für die Bearbeitung einer Dienstaufsichtsbeschwerde. In Bezug auf die aufgabenbezogenen Angelegenheiten können darüber hinaus spezielle Richtlinien regeln, wie und über welchen Stellen andere zu informieren sind. Mit dem Organigramm vor Augen wird deutlich, worum es geht: In großen Jugendämtern kann die Amtsleitung per AGA zuständig sein z. B. für die Genehmigung von Dienstreisen, für Abrechnungen oder das Beschwerdemanagement. In kleineren Kommunen kann dafür das Büro der Bürgermeisterin zuständig sein. Bei Hilfen zur Erziehung oder bei Sorgerechtsverfahren müssen die jeweiligen Sachbearbeitungen im ASD, im Pflegekinderdienst oder in der Vormundschaft sich nicht über den Dienstweg, sprich jeweils über ihre Vorgesetzten, informieren. Hier gelten Verfahren, die in Richtlinien oder speziellen Dienstanweisungen festgelegt sind; sie können u. a. Entscheidungsteams und kollegiale Beratungen vorsehen. Allenfalls in Konfliktfällen wenden sie sich an ihre jeweiligen Vorgesetzten.

Die folgende Übersicht gibt beispielhaft Anhaltspunkte in Bezug auf häufig vorkommende Angelegenheiten, in welchen der Dienstweg (a. d. D.) einzuhalten und in welchen der direkte Weg (von Sachbearbeitung zur Sachbearbeitung) zu nehmen ist:

Angelegenheit	Dienstweg (a. d. D.)	Direkter Weg
Antrag auf Dienstreise	X	
Abrechnung der Reisekosten		X
Antrag auf Fortbildung, Urlaub	X	
Beihilfeantrag		X
Vorlagen für Entscheidungsteams		X
Berichte oder Protokolle von Teams zur Leistungsgewährung für Bürgerinnen und Bürger	X	
Vorlagen für die politischen Ausschüsse	X	
Bearbeitung einer Dienstaufsichtsbeschwerde	X	

Angelegenheit	Dienstweg (a. d. D.)	Direkter Weg
Bewerbung in der Organisation	X	
Beschaffung größer Wirtschaftsgüter (Büromöbel)	X	
Beantwortung von Anfragen der Presse oder anderer	X	
Nachweise über Einnahmen aus Nebentätigkeiten	X	

Abbildung 5: Regelungen für Dienstwege

Da es sich jeweils um Dienstgeschäfte handelt, werden Schreiben – außer wenn es um eine persönliche Angelegenheit von Beschäftigten geht – nicht von Personen an Personen, sondern von Stellen an Stellen gesandt. Dies macht sich formal im papiernen Schriftverkehr darin bemerkbar, dass ein Schreiben folgendermaßen aussieht:

51-512-1-2 *[ABSENDERSTELLE]* Datum/Telefon

51-510 *[ADRESSE – STELLE]*

a. d. D. *[(INSTANZEN-)WEG]*

Ersatzbeschaffung eines Aktencontainers *[BETREFF]*

Der Aktencontainer mit der Inventarnummer 0909090 ist irreparabel. Es wird darum gebeten, dass … *[INHALT]*

i. A. *[ZEICHNUNGSBEFUGNIS]*

[UNTERSCHRIFT]

Fleißig *[NAME des/der VERFASSERIN]*
Diplom-Sozialarbeiterin *[BERUFSBEZEICHNUNG]*[21]
Sozialamtfrau *[DIENSTBEZEICHNUNG]*

Abbildung 6: Beispiel für innerbehördlichen Schriftverkehr auf dem Dienstweg

21 Wann Berufs- und Dienstbezeichnung anzugeben sind, regeln Dienst- und Geschäftsanweisungen.

Die *Sicht- und Genehmigungsvermerke* (jeweils in besonderen, ihnen zugeordneten Farben, weswegen andere diese Farben nicht benutzen dürfen) werden von den Vorgesetzten mit Datum und Handzeichen meistens im oberen rechten Teil eines Schreibens angebracht.

Bei Vorlagen für die politischen Ausschüsse werden häufig Formblätter verwendet, die Felder für die Mitzeichnung der relevanten Stellen (Amtsleiter, Dezernent, Oberbürgermeisterin) vorsehen.[22]

Die Arbeitsplatz- oder Stellenbeschreibung ist so ein Formblatt, das auf den Dienstweg gebracht werden muss. Aus den Beschreibungen ergeben sich

- die „geschuldete Arbeitsleistung“ (was zu tun ist) an dem konkreten Arbeitsplatz bzw. auf dieser Stelle,
- die Anforderungen, die jede Person an diesem Arbeitsplatz erbringen muss,
- die Erkenntnis, dass die Arbeit im ASD nur mit umfangreicher Dokumentation über die Zeit zu verantworten ist,
- die Informationsflut,
- in welchen dienstlichen Beziehungen und in welchen sachlichen Zusammenhängen Schriftsätze notwendig werden können,
- das Entgelt (Was wird für die Arbeit bezahlt?), die Besoldung bzw. der Status,
- die Erwartungen für die Stellenausschreibungen (Welche Ausbildung und Zusatzqualifikation muss jemand haben oder erwerben?),
- Inhalte und Umfang von Einarbeitungen (Womit muss jemand vertraut gemacht werden?),
- eine Garantenpflicht[23] (die ein tarifliches Merkmal für eine Entgeltgruppe nach dem Tarifvertrag für den Öffentlichen Dienst, TVöD ist).[24]

---

22 Weitere Infos zum Dienstweg unter den angegebenen Links bzw. Hinweisen, die auch die Probleme und Möglichkeiten von E-Government (elektronisches Rathaus) berücksichtigen: vgl. Krems, B. 2000; zur Sicherung und Weitergabe des Wissens beim Stellenwechsel vgl. Dragusanu, G. 2006.

23 Zur Garantenpflicht siehe Glossar

24 Nach längerem Streit über die Auslegung der Tarifnorm zu der Entgeltgruppe S 14 im Spezialtarifvertrag des TVöD für den Sozial- und Erziehungsdienst haben die Tarifvertragsparteien Anfang 2011 sich auf folgende Protokollnotiz geeinigt:
„Das ‚Treffen von Entscheidungen zur Vermeidung der Gefährdung des Kindeswohls und die Einleitung von Maßnahmen in Zusammenarbeit mit dem Familiengericht bzw. Vormundschaftsgericht, welche zur Gefahrenabwehr erforderlich sind‘, sind im Allgemeinen Sozialen Dienst bei Tätigkeiten im Rahmen der Fallverantwortung bei
Hilfen zur Erziehung nach § 27 SGB VIII,
der Hilfeplanung nach § 36 SGB VIII,
der Inobhutnahme von Kindern und Jugendlichen (§ 42 SGB VIII),
der Mitwirkung in Verfahren vor den Familiengerichten (§ 50 SGB VIII)
einschließlich der damit in Zusammenhang stehenden Tatigkeiten erfüllt. ...“

4.4 Arbeitsplatzbeschreibung im ASD – Ein Beispiel[25]

<table>
<tr><td colspan="3">Familienname, Vorname, Geburtsdatum
Fleißig, Regine</td><td colspan="2">Funktionsbezeichnung
SB – Einzelhilfen</td></tr>
<tr><td>Amt (Org. Ziff)</td><td>Abteilung (Bezeichnung)</td><td>Sachgebiet (Bezeichnung)</td><td>Stellen-Nr.</td><td>BesGr./VergGr.</td></tr>
<tr><td>**51**</td><td>**512 – Einzelhilfen**</td><td>**ASD – Team Vorort**</td><td></td><td>EG 9, S 14</td></tr>
</table>

1. Arbeitsbeschreibung

Die Kommune ist Träger der öffentlichen Jugendhilfe.

Die Organisation der Jugendhilfe bleibt der Kommune nach den Vorgaben des SGB VIII und dem jeweiligen Jugendamt vorbehalten.

Als Träger der öffentlichen Jugendhilfe hat sie die Organisation und die Wahrnehmung der Aufgaben des staatlichen Wächteramtes und damit des Kinderschutzes der Abteilung Einzelhilfen des Jugendamtes, dem ASD, übertragen.

Bei der *Organisationsumsetzung* ist der Gedanke „Hilfen aus einer Hand", d. h. Hilfen die in einem Sinnzusammenhang stehen, so zu gestalten, dass sie in der Verantwortung einer Organisationseinheit mit den jeweiligen Fachkräften liegen, umgesetzt worden.

Innerhalb des Jugendamtes ist die Aufgabe des Kinderschutzes mit der Abklärung von Gefährdungsrisiken und dem Abwenden von Kindeswohlgefährdungen nach § 8a SGB VIII der Organisationseinheit „Einzelhilfen" (Bezirkssozialarbeit, ASD) übertragen. Die überwiegende Tätigkeit der Einzelhilfen des Jugendamtes dieser Kommune – nicht unbedingt vergleichbar mit anderen Kommunen – besteht im Wesentlichen aus dieser Tätigkeit. Daraus ergibt sich die Garantenpflicht der Sachbearbeitung „Einzelhilfen".

In der Kommune gibt es keine andere Stelle, die mit den Aufgaben der Abklärung und Abwendung von Kindeswohlgefährdungen, einschließlich der Inobhutnahme, entsprechend der Fachanweisung und den Empfehlungen befasst ist. Sowohl innerhalb der Kommune als auch in der Jugendhilfe laufen alle Anfragen und Aufträge, die sich mit den Abklärungen von Kindeswohlgefährdungen befassen, dort zusammen. Nur diese Stelle im Jugendamt arbeitet in diesem Zusammenhang mit den Familiengerichten zusammen.

Die Zusammenarbeit mit dem Familiengericht über eine Verfahrensbeteiligung gem. FamFG erfolgt unmittelbar bei Fragen der elterlichen Sorge und Umgangsregelungen sowie insbesondere bei den Mitteilungen gem. § 8a SGB VIII, wenn Personensorgeberechtigte bei der Abklärung oder Abwendung von Gefährdungsrisiken für das Wohl von Kindern nicht mitwirken. Nur die Mitarbeiterinnen und Mitarbeiter im ASD der Abteilung Einzelhilfen sind im Rahmen dieser Garantenstellung zuständig für die Inobhutnahme nach § 42 SGB VIII und geschlossene Unterbringung nach § 1631b BGB im Rahmen der unmittelbaren Gefahrenabwehr und für weitere Aufgaben wie die Unterstützung von Gericht oder Personensorgeberechtigten bei der Herausgabe eines Kindes.

Darüber hinaus ist der ASD alleinzuständig für Einleitung, Gewährung und Hilfeplanung von Sozialleistungen wie Hilfen zur Erziehung, Hilfen für seelisch behinderte junge Men-

25 Aufgrund der Organisationshoheit der Kommunen kann diese Arbeitsplatzbeschreibung nur beispielhaft sein. Die Kommunen können den ASD – vor dem Hintergrund politischer oder örtlicher Gegebenheiten – durchaus anders organisieren.

schen und junge Volljährige, für Hilfen in Notsituationen und Hilfen für Mutter und Kind sowie Beratungen in Fragen der Erziehung, Trennung und Scheidung und Ausgestaltung von Umgangskontakten.

Die Tätigkeiten der SB im ASD werden initiiert, wenn eine dem Wohl des Kindes oder Jugendlichen entsprechende Erziehung durch die Personensorgeberechtigten nicht gewährleistet ist und die Hilfe für die Entwicklung der Minderjährigen geeignet und notwendig ist. In jedem Fall besteht die Verpflichtung, eine Kindeswohlgefährdung auszuschließen oder, wenn festgestellt, abzuwenden. Dazu sind geeignete Maßnahmen zu ergreifen, die in Zusammenarbeit mit dem Familiengericht in Einzelfällen zu Beschlüssen, Auflagen oder Vergleichen führen können.

Weiter ist es Aufgabe der Mitarbeiterinnen und Mitarbeiter im ASD, die Abwendung von Kindeswohlgefährdungen durch Leistungen der Jugendhilfe und Dritter zu erreichen.

Bei allen Leistungen ist im Einzelfall die Zusammenarbeit mit dem Familiengericht, auch über Jahre, weiter geboten.

Die jeweiligen Sozialleistungen und familiengerichtlichen Maßnahmen sind über Jahre, in vielen Fällen bis zur Volljährigkeit und ggfs. darüber hinaus, zu begleiten.

Bei den meisten Hilfen für junge Volljährige (Ausnahme, es sei eine Betreuung über das Familiengericht mit der Volljährigkeit eingeleitet) werden die Hilfen im Rahmen der Hilfeplanung ohne Beteiligung des Gerichtes geführt.

Die Fälle im Zusammenhang von 8a SGB VIII bzw. nach FamFG sind besonders arbeits- und zeitintensiv und umfassen die wesentlichen Tätigkeit der Fachkräfte im ASD.

Zum Aufkommen und zu den zeitlichen Anteilen von Leistungen und Aufgaben
80 % der Fälle im Rahmen von Hilfen zur Erziehung, Notsituationen und Hilfen für Mutter und Kind sowie Hilfen für seelisch Behinderte stehen im unmittelbaren Zusammenhang mit dem Schutzauftrag bei Kindeswohlgefährdung und damit auch im Zusammenhang mit Verfahren vor dem Familiengericht – eingeleitet, abgeschlossen oder optional.

Der Arbeitsaufwand für diese Fälle entspricht einem zeitlichen Anteil von mindestens 65 % der Gesamtarbeitszeit.

10 % des weiteren Fallaufkommens sind unmittelbar im Rahmen von Einschätzungen nach § 8a Abs. 1 SGB VIII entsprechend der Fachanweisung im ASD abzuwickeln. Abklärungen sind ferner notwendig im Rahmen der LIGA-Mitteilungen[26] zu nicht durchgeführten Vorsorgeuntersuchungen, von Mitteilungen über häusliche Gewalt, Leistungskürzungen des JOB-Centers, von Ärzten, Krankenhäusern, Schulen entsprechend der Fachdienstanweisung.

Dies erfolgt mit einem Zeitanteil von ca. 5 %.

Den Schutzauftrag zu beachten, trifft auch auf die Fälle bei Trennung/Scheidung und Umgangsregelungen zu, wenn Personensorgeberechtigte in dieser Streit- und Krisensituation nicht in der Lage sind, dem Kindeswohl entsprechend zu handeln, so dass auch hier Gefährdungsrisiken in Zusammenarbeit mit dem Familiengericht abzuwägen und abzuwenden sind.

Hierfür ist nochmals ein Zeitaufwand von ca. 5 % aufzuwenden.

Der § 8a SGB VIII (Schutzauftrag bei Kindeswohlgefährdung) verpflichtet die Sachbearbeitung im ASD, im Gegensatz zu allen anderen Beschäftigten in der Jugendhilfe, in jedem Einzelfall im Rahmen ihrer Garantenstellung zu prüfen, ob eine Anrufung des Gerichtes notwendig ist oder nicht. In diesen Fällen ist der Zeitaufwand – aber auch die persönliche Verantwortung – besonders intensiv.

26 LIGA: Landesinstitut für gesundheitliche Aufklärung in NRW.

Aufgaben im Einzelnen
Die Tätigkeiten der SB, das Erheben, Verarbeiten und Weitergeben von Informationen erfolgen im kombinierten Innen- und Außendienst.

Die Tätigkeiten fallen an im Rahmen der Gewährung von Sozialleistungen, von anderen Aufgaben nach dem SGB VIII oder aufgrund weiterer einzelner Normen. Dies sind:

Sozialleistungen der Jugendhilfe nach dem SGB VIII anbieten und durchführen, steuern und prüfen:
- Beratung von Kindern in Not- und Konfliktlagen, § 8 SGB VIII
- Allgemeine Förderung der Erziehung in der Familie, § 16 SGB VIII
- Beratung in Fragen der Partnerschaft, Trennung und Scheidung, § 17 SGB VIII, Beratung und Unterstützung bei der Ausübung der Personensorge, Hilfestellung bei der Ausführung von Umgangsregelungen, § 18 SGB VIII
- Unterbringung, Vermittlung von stationären und ambulanten Hilfen für Väter/Mütter mit Kind, §§ 19–21 SGB VIII
- Hilfe zur Erziehung, § 27 i. V. m. §§ 28 ff bis 35 SGB VIII
- Hilfeplanung, § 36 ff SGB VIII
- Mitwirkung bei der Ausübung der Personensorge, § 38 SGB VIII
- Hilfe für junge Volljährige, Nachbetreuung, § 41 SGB VIII
- Hilfen nach § 35a SGB VIII

Andere Aufgaben der Jugendhilfe wahrnehmen:
- Inobhutnahme von Kindern und Jugendlichen, § 42 SGB VIII
- Beratung von Einzelpflegern und Einzelvormündern für Kinder und Jugendliche gem. § 53 SGB VIII
- Mitwirkung in Verfahren vor den Familiengerichten gem. § 50 SGB VIII, Abs. 1 Ziffern 1, 4, 5, und Abs. 2 mit:

Anhörung und Verfahrensbeteiligung als Vertreter des Jugendamtes in Fällen der §§ 162 (Kindschaftssachen), 204 (Wohnungszuweisungssachen), 212 (Gewaltschutzsachen) FamFG.
Zu den Kindschaftssachen (§§ 151–167 FamFG) gehören die Verfahren zur Regelung der
- Elterlichen Sorge gem. §§ 1671, 1672 BGB
- Unterbringung, die mit Freiheitsentziehung verbunden ist,
- § 1631 b BGB
- Herausgabe des Kindes, Bestimmung des Umgangs, Wegnahme von der Pflegeperson, § 1632 BGB
- Umgangsregelung, § 1634 BGB
- Gefährdung des Kindeswohls, §§ 1666 ff BGB
- Ruhen der elterlichen Sorge, § 1678 II BGB
- Entziehung der elterlichen Sorge, § 1980 BGB
- Elterliche Sorge nach dem Tod eines Elternteils, § 1681 BGB
- Übertragung von Angelegenheit der elterlichen Sorge auf die Pflegeperson gem. § 1630 II BGB
- Auswahl und Vorschlag von Einzelpflegern und Einzelvormündern, § 1779 BGB
- Unterstützung bei der Vollstreckung (Herausnahme von Kindern) gem. § 88, Abs. 2 FamFG

Ehelicherklärung, § 1723 BGB
Befreiung vom Hindernis der Ehemündigkeit, § 1 EheG
Ersetzung der Einwilligung zur Ehe, § 3 EheG
Beteiligung bei Schulpflichtverletzungen, §§ 1 und 8a SGB VIII, § 5 Abs. 2 SchG NRW

Einbenennung, Namensänderung gem. BGB, NamÄG Bearbeitung von Amtshilfeersuchen gem. SGB, SGB VIII Kollegiale Teamberatung bei Einzel- oder Grundsatzproblemen Sonstiges: Praktikantenausbildung Fortbildung und Praxisberatung, § 72 SGB VIII Fortlaufende Erarbeitung und Realisierung von Gesetzesänderungen, -neufassungen, Rechtsprechungen, Verordnungen usw. Durcharbeitung aktueller Fachliteratur Teilnahme an Dienstbesprechungen Mitwirkung in thematischen Arbeitsgruppen Jugendhilfestatistik erheben gem. SGB VIII Netzwerkarbeit, z. B. Teilnahme an Stadtbezirkskonferenzen, Helferkonferenzen, Arbeitskreisen

Aus der Zusammenschau von zugewiesenen gesetzlichen Aufgaben (geschuldete Arbeitsleistung), dem tatsächlichen Aufkommen der Arbeit in der Sachbearbeitung und dem Tarifvertrag ergeben sich dem nach folgende Arbeitsvorgänge:		
Lfd. Nr.	Verzeichniss der wesentlichen Tätigkeiten (Was wird getan?) Arbeitsvorgänge	Zeitanteil in %
1	Abklärung und Abwendung von Kindeswohlgefährdungen im Rahmen der Garantenstellung. Im Rahmen der Arbeitsvorgänge 1 werden Entscheidungen zur Vermeidung der Gefährdung des Kindeswohls getroffen und in Zusammenarbeit mit dem Familiengericht Maßnahmen eingeleitet, die zur Gefahrenabwehr erforderlich sind.	75 %
2	Unterstützung von Eltern, Personensorgeberechtigten, Minderjährigen, Großeltern, Stiefeltern und jungen Volljährigen zur Abwendung von Entwicklungsgefährdungen und Überwindung von Krisen. Die Beteiligten werden unterstützt, im Rahmen eines Beratungsprozesses und/oder eines Verfahrens vor dem Familiengericht oder durch sozialpädagogische Intensivhilfen Lösungen nach eigenen Vorstellungen zu finden, die am Wohl des Kindes orientiert sind.	18 %
3	Netzwerk- und Feldarbeit (u. a. Mitarbeit in Helferkonferenzen, Plan B, Arbeitskreisen)	3 %
4	Sonstiges (Praktikantenanleitung, Statistik, Teambildung, LOB[27]–leistungsorientierte Bezahlung u. a. m)	4 %

27 LOB: Leistungs- und/oder erfolgsorientierte Bezahlung (nach § 18 TVöD können die Beschäftigten einen Teil ihres Entgelts durch Erreichen von individuellen oder gruppenbezogenen Vereinbarungen erzielen).

2. Dienstliche Beziehungen	
Nr. der Tätigkeiten	Zu welchen Stellen/Personen (Gesprächspartnern) bestehen im Wesentlichen dienstliche Beziehungen? Um welche erläuterungsbedürftige, strittige Themen oder Zielsetzungen geht es dabei?
1 und 2	Insbesondere bei den *Sozialleistungen*: Familien und Einzelpersonen, Eineltern-, Stiefeltern- und Pflegefamilien, Kindergärten etc. Schulen, Erziehungsberatungsstellen, Krankenhäusern, zum Kommunalen JobCenter, zu Ärzten, Therapeuten und Krankenhausdienste, insbesondere aus Kinderkliniken, Jugendpsychiatrien und Erwachsenenpsychiatrien sowie Praxen, zum Arbeitsamt, zu Kirchen, Arbeitgebern, zu sonstigen verschiedenen Ämtern und Einrichtungen, ambulanten und stationären Jugendhilfeeinrichtungen, zum Landesjugendamt, zur Polizei, Staatsanwaltschaft und zum Strafgericht, zu Anwälten, freien Trägern der Jugendhilfe, zum RVO-Träger, zur LWL-Versorgungskasse, zum LIGA, zu anderen Sachgebieten und Abteilungen im Jugendamt Insbesondere bei der Mitwirkung in *Kindschaftssachen*: Zu Eltern, Personensorgeberechtigten, Kindern, anderen Jugendämtern, freien Trägern der Jugendhilfe, zum Amtsgericht als Familiengericht, Oberlandesgericht, zu Rechtsanwälten, Gutachtern, zur Staatsanwaltschaft, zu anderen Sachgebieten und Abteilungen im Jugendamt, zum Sozialamt, zu verschieden anderen Stellen, Ämtern und Institutionen Insbesondere bei *Schulpflichtverletzungen*: Zu Schülern, Eltern, Sorgeberechtigten, Schulen, zum Schulverwaltungsamt, schulpsychologischen Dienst, Ordnungsamt, zu Ärzten, Jugendzentren, freien Trägern, zum Familiengericht Darüber hinaus zu: Ausländeramt, Verwaltungsgerichten, Sozialdiensten für ausländische Bürger, Dolmetschern, Botschaften, Polizei Einwohnermeldeamt, Standesamt, Amtspfleger Freien Vereinigungen der Jugendhilfe oder sonstigen Institutionen Verschiedenen Ämtern und Behörden des In- und Auslandes
3	Zu Politikern und Fachleuten im Stadtteil, Kolleginnen und Kollegen aus Verwaltung und von freien Trägern Bürgerinnen und Bürgern, die sich ehrenamtlich engagieren
4	Zum Landesjugendamt, Statistischen Landesamt, zu ähnlichen Ämtern und Institutionen Praktikanten, Fachhochschulen, Verwaltungsstelle im Jugendamt Fortbildungsinstitute, Supervisoren

1 und 2	Erläuterungsbedürftige, strittige Themen und Zielsetzungen, Garantenstellung und die daraus resultierenden Anforderungen: Die Sozialarbeiterin/der Sozialarbeiter im ASD hat in jedem Einzelfall eine Garantenstellung, die sie/er im Auftrag des Amtes wahrnimmt, in der sie/er aber persönlich auch bei Versagen oder Fehlverhalten Dritter, nämlich von Eltern oder Personensorgeberechtigten, ins Visier der strafrechtlichen Ermittlungen kommen kann. Es ist in jedem Einzelfall wiederkehrend, kontinuierlich zu beurteilen, ob eine Kindeswohlgefährdung vorliegt, mit welchen Mitteln und Hilfen diese abgewendet werden kann und ob das Familiengericht einzuschalten ist. Die Abklärung und das Abwenden von Gefährdungsrisiken sowie von Kindeswohlgefährdungen und die notwendige Zusammenarbeit mit dem Familiengericht ist organisatorisch allein dem ASD und der jeweiligen Sachberaterin/dem jeweiligen Sachbearbeiter zugeordnet, unabhängig davon, wer im Rahmen der Standards sonst noch zu beteiligen ist. Alle anderen Dienste und Einrichtungen sollen sich, wenn sie nicht mehr weiter wissen, an die SB im ASD wenden. Grundsätzlich ist der Umstand besonders erläuterungsbedürftig, dass die Arbeit der Sozialarbeiter und Sozialarbeiterinnen im ASD im Gegensatz zu anderen Institutionen, Dienstleistungen oder Aufgaben zum Teil direkt in den Lebensraum der Familie hineinwirkt, darin eingreift oder diesen verändert. Die sozialarbeiterische Intervention beeinflusst Grundeinstellungen, Grundwerte, eventuell die Ausübung von Grundrechten, möglicherweise die Konstellation und ggf. das Bestehen der Familie sowie die Beziehung der Familienmitglieder untereinander und zur Außenwelt. Familie wird grundrechtlich und gesellschaftspolitisch allgemein als der am besten geschützte Lebensbereich verstanden. Daher ist die Arbeit im ASD besonders sensibel und verlangt umfangreiches interdisziplinäres und spezifisches Wissen. Bei der Zielsetzung der Arbeit spielen außerdem folgende gegenläufige Komponenten eine wesentliche Rolle: • die spezifischen Lebensbedingungen und Wertvorstellungen der Familie als Ganzes und die ihrer einzelnen Mitglieder, die sich bereits im Ungleichgewicht, in der Krise befinden und unter hohem Zeitdruck stehen, wenn der/die Sachbearbeiter/Sachbearbeiterinnen seine/ihre Arbeit aufnimmt; • die Wertvorstellungen der einzelnen Sachbearbeiter/Sachbearbeiterinnen, der Familien und anderer beteiligter Personen und Institutionen unterscheiden sich im Wesen durch die individuelle Sozialisation und das Rollenverständnis, was besondere Anforderung an das Kommunikationsverhalten stellt; • die individuelle Ausgestaltung von Hilfen im Einzelfall ist nicht nur durch die Gesetze vorgeschrieben, sondern wird auch durch Entscheidungen von Gerichten weiter zugespitzt, was zu neuen Projekten im Rahmen der Sozialleistungen führt und Pionierarbeit verlangt; • idealtypisch sollte sich die jeweilige Zielvorstellung an den vom gesellschaftlichen Konsens getragenen Normen orientieren, die in der Regel nicht deckungsgleich mit denen der beteiligten Personen sind, die sich auf Grundrechte berufen können.

	Das sozialarbeiterische Handeln im ASD hat für den Einzelnen, für die Familie insgesamt und die Gesellschaft weitreichende und langfristig sozial und wirtschaftlich wirksame Folgen. Aus diesen Gründen haben das Fachwissen und die Persönlichkeit der Sozialarbeiterin/des Sozialarbeiters eine entscheidende Bedeutung. Das wiederum verlangt ständige Fortbildung, Praxisberatung und Supervision. Im konkreten Einzelfall sind die erforderlichen fachlichen Entscheidungen z. B. bei Mutter-/Vater-Kind-Hilfen nach § 19 SGB VIII, den Hilfen nach §§ 27 SGB VIII ff jeweils auch unter Berücksichtigung der Erfordernisse in dem anderen Bereich (z. B. Mitwirkung gem. § 50 SGB VIII) zu treffen, um zu einem schlüssigen Gesamtkonzept zu kommen. Die Wahrnehmung der unterschiedlich strukturierten Aufgaben (Beratung, Steuerung, Mitwirkung) durch die Sachbearbeitung gegenüber Klientinnen und Klienten stellen darüber hinaus besondere Anforderungen an die Gestaltung der persönlichen Beziehungen zu den Beteiligten. Eine besondere Anforderung wird zusätzlich an die Mitarbeiterinnen und Mitarbeiter im ASD dadurch gestellt, dass sie wegen der Aufgabenbündelung im Sachgebiet eine besondere Fähigkeit zur Bewältigung des ständigen Belastungswechsels mitbringen müssen, damit die Erfüllung der einen Aufgabe nicht durch die Aufgaben bezogenen Belastungen der anderen Aufgabe blockiert wird. Das Aufgabenspektrum erfordert zudem eine ständige Änderung der Zeitplanung und neue Priorisierung der anstehenden Aufgaben.
3. Handlungsspielraum	
Nr. der Tätigkeiten	Bei welchen Arbeiten ist der Handlungsspielraum am größten?
1 und 2	Bezüglich der *Sozialleistungen* gilt insbesondere: Hilfen nach dem SGB VIII, Beratung, Leistungsgewährung, sowohl inhaltlich als auch bzgl. der Rahmenbedingungen (methodische Vorgehensweise, einschließlich Orts- und Zeitbestimmung), des Ziels und des Ergebnisses, das beinhaltet auch, Aufgaben aus eigenem Antrieb aufzugreifen und Entwicklungen in Gang zu setzen, wobei die genannten Aufgaben auch ganz allgemein, nicht definiert vorgegeben sind. Bezüglich der *Mitwirkung* gilt insbesondere: Berichte und gutachtliche Stellungnahmen für das Familiengericht in allen Gerichtsinstanzen verlangen umfassende Gedankenarbeit und Recherchen. Diese Aufgabenerfüllung ist teils durch Vorgaben bestimmt (unbestimmte Rechtsbegriffe, z. B. „Mitwirkung“, „Wohl des Kindes“, Vorgaben/Anordnungen des Gerichts). Die Interpretation und der Umgang mit diesen Vorgaben als Hauptteil der Arbeit erfolgt einzelfallbezogen und hängt weitgehend von der Handlungskompetenz der/des einzelnen Sachbearbeiterin/Sozialarbeiters ab (*s. 2. Dienstliche Beziehungen*).

	Charakteristisch für alle Tätigkeiten ist, dass die/der einzelne Sachbearbeiterin/Sachbearbeiter, von Ausnahmen abgesehen, eigenverantwortlich den Einsatz seiner Arbeitskraft und Ressourcen bestimmt (Zeit, Anzahl und Grad der Beteiligung von Personen und Institutionen, Ausmaß von Neuerwerb des einzelfallbezogenen Fachwissens, Art des methodischen Vorgehens, Art und Umfang der Weitergabe von Informationen).
4. Leitungs- und Aufsichtsbereich	
4.1 Welche Mitarbeiter sind dem Stelleninhaber unmittelbar unterstellt (Zahl/Funktion)?	
1–2 Hilfedurchführende Fachkräfte der Jugendhilfe, die vom Jugendamt beauftragt wurden.	
4 Praktikanten/Praktikantinnen	
4.2 Wie viele Mitarbeiter sind dem Stelleninhaber insgesamt unterstellt?	
Keine	
5. Reichweite und Auswirkung des Arbeitsverhaltens	
Auf wen wirkt sich das Arbeitsverhalten hauptsächlich aus?	
Nr. der Tätigkeiten	Aufzählung der Bereiche oder Personenkreise – ohne Leitungs- und Aufsichtsbereich –, auf die sich das Arbeitsverhalten in der Regel auswirkt.
1 und 2	Das Vorgehen seiner Beschäftigten im Rahmen des Schutzauftrages zur Sicherung des Kindeswohls hat dann erhebliche Auswirkungen auf die Öffentlichkeit, wenn tatsächliche oder vermeintliche Fehler von Betroffenen oder Beteiligten bekannt gemacht werden. Große Auswirkungen hat das Arbeitsverhalten auf Familien, Eltern, Kinder und Jugendliche, mitunter bis in den Bereich der Grundrechte (*s. Ausführungen zu 2. Dienstliche Beziehungen*). Das Arbeitsverhalten bezieht sich i. d. R. auf einen kleinen, nicht immer gleichbleibenden, vorweg nicht bestimmbaren Kreis von Personen, Institutionen und Ämtern, und wirkt sich auf diese aus. Familien, Kinder und deren Eltern in Fragen der Erziehung, Erzieher/Erzieherinnen in den verschiedenen Einrichtungen, Lehrer/Lehrerinnen, Psychologen/Psychologinnen, Fachärzte/Fachärztinnen in der Psychiatrie, Sachbearbeiter/Sachbearbeiterinnen in verschiedenen Sachgebieten, Ämtern und Einrichtungen, Öffentlichkeit (mindestens Nachbarschaft). Familiengericht, Richter/Richterinnen, Eltern, Sorgeberechtigte, Kinder psychologische Gutachter/Gutachterinnen, Rechtsanwälte/Rechtsanwältinnen, sonstige pädagogische Fachkräfte Hilfesuchende, andere Ämter und Institutionen Schüler, Eltern, Schule, Schulamt, Ordnungsamt, schulpsychologischer Dienst, Ärzte Ausländeramt, Verwaltungsgericht, Anwälte, Fallbearbeitung der Fachkräfte der freien Jugendhilfe
4	Selbst, eigene Familie bei Fortbildung und Supervision

6. Organisatorische Anbindung/Vertretung
6.1 Wem ist der Stelleninhaber unmittelbar unterstellt?
Organisatorisch angebunden im Regionalteam ASD der Abteilung „Einzelhilfen“, unterstellt der Sachgebietsleitung
6.2 Wer wird durch den Stelleninhaber vertreten (insbesondere geschäftsordnungsmäßige Vertretung eines Vorgesetzten)?
Jeweils eine konkret benannte Sachbearbeiterin, ein Sachbearbeiter aus dem Team
6.3 Wer vertritt den Stelleninhaber?
Jeweils eine konkret benannte Sachbearbeiterin, ein Sachbearbeiter aus dem Team

7. Fachkenntnisse	
Nr. der Tätigkeiten	Welche Rechtsvorschriften, Einzelanweisungen etc. sind vom Stelleninhaber zu beachten, welche Spezialkenntnisse, welches Erfahrungswissen wird ggf. benötigt?
1 und 2	GG, SGB VIII, BGB, StGB, StPO, FamFG, SGB I, IX, X und XII, KiGaG, AuslG, ZPO, OWiG, JGG, AVG, Arbeitsrecht, Verwaltungsrecht, Erziehungsgeld- und Urlaubsgesetz, Jugendschutzgesetz, Gesetz über die religiöse Kindererziehung, Jugendarbeitsschutzgesetz, Gesetz über jugendgefährdende Schriften, Haager Minderjährigen Schutzabkommen, Adoptionsvermittlungsgesetz, NamÄG, UVG sowie entsprechende Verordnungen, Erlasse, Ausführungsbestimmungen, Dienstvereinbarungen, Richtlinien, Empfehlungen z. B. des Deutschen Städtetages u. a. zu Verfahrenstandards in JÄ bei Gefährdung des Kindeswohls o. ä. Kenntnisse in EDV (MS Office, Jugendamtsspezifische Software) und Telekommunikation Fachhochschulstudium als Diplom-Sozialarbeiter/-in oder Diplom-Sozialpädagoge/Sozialpädagogin mit staatlicher Anerkennung bzw. Bachelor/Master, Methoden der Sozialarbeit, Einzelfallhilfe, Gruppenarbeit, Gemeinwesenarbeit, Netzwerkarbeit, Krisenintervention, vertiefte Kenntnisse aus verschiedenen Bereichen der Psychologie, der Pädagogik, der Medizin, Erfahrungen in Gruppenarbeit, in Familienberatung und in Arbeit mit Kindern, Teamberatung, Verhandlungsführung, Gesprächsführung, Gruppendynamik, Verwaltung, Rechtskenntnisse, Erfahrung im Umgang mit sozialen Randgruppen und Suchtkranken. Vertiefte Kenntnisse über Menschen in Krisen und Notsituationen einschließlich von Kriseninterventionstechniken, umfassende Kenntnisse und Erfahrungen in der Arbeit im sozialen Brennpunkt oder in der stadtteilbezogenen Arbeit.

Aufgestellt: Ort, ________________ ______________________ Unterschrift Stelleninhaberin	Von vorstehender Arbeitsplatzbeschreibung habe ich Kenntnis genommen; sie ist vollständig und richtig (Änderungen in blau): Ort, ________________ ____________________________ Unterschrift Amtsleiter/Institutsleiter

Geprüft (Änderungen in rot):

Ort, ________________

____
Unterschrift

Mit dem Gutachten „Stellenplan – Stellenbewertung" aus dem Jahre 2009 hat die KGST eine leicht veränderte und differenzierte Praxis der Stellenbewertung praktiziert, was auch Auswirkungen auf die Gestaltung der Vorlagen für die Stellenbeschreibung hatte. Diese Vorlage weicht ab von der obigen. Das Gutachten der KGST aus dem Jahre 2009 sollte jede Person kennen, welche die Bewertung ihrer Stelle beantragt und aufgefordert ist, ihre Stelle zu beschreiben.

„Wegsparen ist die Arroganz der Habenden."

Hans-Uwe Otto, Erziehungswissenschaftler, geb. 1940

5

Leistungen der Jugendhilfe

Die Leistungen der Jugendhilfe unterliegen den gleichen Prinzipien wie die meisten Sozialleistungen in unserem Land. Nur die örtlich und sachlich zuständige Stelle darf bei Vorliegen von Anspruchsvoraussetzungen (notwendig und geeignet) auf Antrag von Berechtigten, die eine Mitwirkungspflicht haben, Leistungen unter den damit verbundenen Voraussetzungen (Benennung eines Defizits, einer Mängellage, auch wenn sonst immer von einer negativen Bewertung pädagogisch abgeraten wird) gewähren.

Die Leistungsberechtigten können zu den Kosten herangezogen werden. Die Leistungsgewährung ist mit einem rechtsmittelfähigen Bescheid auf Verlangen zu versehen. Bei den Sozialleistungen im Rahmen der sozialpädagogischen Intensivhilfen handelt es sich um einen Sonderfall von Dienst- bzw. Sozialleistungen, wie Abbildung 7 zeigt.

5.1 Dienstleistungen und Sozialleistungen im Vergleich

Der Sprachgebrauch in der Fachwelt trägt zur Verwirrung von Studierenden, Professionellen in der Praxis und von Leistungsberechtigten bei. Die folgende Übersicht soll im Hinblick auf Kriterien die Besonderheit von Sozialleistungen als personenbezogene soziale Dienstleistungen im Vergleich zu kommerziellen Dienstleistungen allgemeiner und kommunaler Art hervorheben.

Dabei werden noch längst nicht alle Aspekte berücksichtigt, allerdings die, die konstitutiv für das Verhältnis von Jugendamt, Leistungsberechtigten und Leistungsträgern sind.

Bei den Aufgaben Mitwirkung (§§ 50–53), Inobhutnahme (§ 42 SGB VIII), Abwendung eines Gefährdungsrisikos (§ 8a Abs. 3 SGB VIII) handelt es sich nicht um Sozialleistungen, sondern um sogenannte hoheitliche Aufgaben, die mit dem Begriff der Eingriffsverwaltung und Kontrolle in Zusammenhang zu bringen sind.

Kriterien	Kommerzielle Dienstleistungen	Kommunale Dienstleistungen	Sozialleistungen
Begriff	Die Volkswirtschaftslehre unterscheidet zwischen Rohstoffgewinnung (Primär-, verarbeitendem Gewerbe (Sekundär-) und Dienstleistungen (Tertiärsektor). Die Betriebswirtschaft kennt die Absatzobjekte Dienstleistung und Sachleistung.	Im Rahmen der Verwaltungsreformen wurde das Leitbild des Dienstleistungsunternehmens Kommune als zentrales Merkmal im Verhältnis von Bürgerinnen und Bürgern zu ihrer kommunalen Verwaltung geprägt.	Sozialleistungen sind Dienst-, Geld- und Sachleistungen eines (Leistungs-)Trägers, die zur Sicherung oder Verwirklichung der gesetzlich anerkannten (Grund-)Bedürfnisse auf Antrag von Leistungsberechtigten oder bei Bekanntwerden des Bedarfs nach den Regeln des SGB aufgebracht werden. In der Jugendhilfe umfassen die Sozialleistungen im Rahmen von ambulanten und stationären Leistungen gem. §§ 13–41 SGB VIII vor allem pädagogische und therapeutische Leistungen.
Bedarf	Der Bedarf wird geweckt oder beworben, er entsteht.	Im Rahmen der Daseinsvorsorge stehen Bedarfe fest, teilweise werden sie beworben.	Bedarf wird nicht beworben, er entsteht. Bedarfsbefriedigung ist für das Individuum existenzieller Natur (Leistung notwendig).

Kriterien	Kommerzielle Dienstleistungen	Kommunale Dienstleistungen	Sozialleistungen
Zentrale Unternehmensziele	Absatz und Gewinnoptimierung	Verhältnismäßigkeit, Sicherheit, Ordnung	Hilfe zur Selbsthilfe, Integration, Notlage ist abgewendet, Sicherung der Existenz, der Teilhabe
Akteure	Anbieter ./. Konsumentengruppen oder individuell Konsumierende	Kommunalverwaltung handelnd durch Mitarbeiterinnen ./. Einwohner und Bürger	Der sachlich und örtlich zuständige (öffentliche) Träger, die Anbieter, anspruchsberechtigte Individuen
Wahlmöglichkeit	für beide Seiten sind Anbieten und Annehmen der Leistung frei	für beide Seiten weitgehend nicht frei („hoheitliche" Aufgaben), Kommune muss teilweise Leistungen auf Vorrat halten	Öffentlicher Träger muss anbieten, Anbieter und Leistungsberechtigte können im Rahmen der Verhältnismäßigkeit wählen. Leistungsberechtigte müssen mitwirken.
Grundlagen	Vertrag	Gesetze, Verordnungen, Satzungen	Gesetze, Hilfepläne und ähnliches
Preisbildung	durch Angebot und Nachfrage auf dem Markt mit Gewinn für Anbieter	politische Preisbildung oder nach dem Selbstkostenprinzip	Im Verhältnis von (Leistungs-)Trägern und Anbietern: durch Angebot und Nachfrage auf dem Markt mit Gewinn für private Anbieter, Entgeltvereinbarungen zwischen öffentlichen und gemeinnützigen freien Trägern. Im Verhältnis von Kostenträgern und Leistungsberechtigten; Kostenbeteiligung der Leistungsberechtigten gem. Gesetz entsprechend der Leistungsfähigkeit des Leistungsberechtigten.
Konfliktregelung	Reklamation, Schiedsstelle	„Kummerstrippe", Widerspruch, Klage, Bürgerentscheid	Dienstaufsichtsbeschwerde, eventuell Widerspruch, Klage
Gerichtsbarkeit	Zivilverfahren	Verwaltungsverfahren, Zivilverfahren	Verwaltungsverfahren (vor Sozial- oder Verwaltungsgerichten)

Abbildung 7: Dienstleistungen und Sozialleistungen im Vergleich

5.2 Schriftsätze und Dokumentationen bei sozialpädagogischen Intensivhilfen

Bei der Bearbeitung eines Hilfeersuchens, bei der Wahrnehmung unterschiedlicher Aufgaben im ASD, können alle Gattungen von Schriftstücken wiederholt oder in bestimmter Abfolge oder mit wechselnden Inhalten vorkommen, je nach Auslöser oder aktuellem Anlass.

Für drei großen Aufgaben des ASD, nämlich

1. den Hilfen zur Erziehung,
2. der Mitwirkung im Familiengerichtsverfahren und
3. der Mitwirkung in Verfahren nach dem Jugendgerichtsgesetz (Jugendgerichtshilfe)

werden die formalen äußeren Anforderungen an die Dokumentation im Folgenden vorgestellt.[28] Weil sie direkt oder indirekt in die Schriftsätze einfließen, sind dabei zu berücksichtigen:

- die anzuwendenden Gesetzestexte;
- die theoretischen und methodischen Kenntnisse, die für die Ausgestaltung der jeweiligen Aufträge nötig sind;
- die Fertigkeiten, welche diese Aufgaben per se erfordern;
- die Komplexität der Materie und die Exklusivität eines jeden Einzelfalles;
- die Vielzahl der Personen, Institutionen, Professionen und Einsatzorte (Komm-, Geh- und Treffstruktur), die möglicher- oder notwendigerweise mit einzubeziehen sind;
- ferner die Dauer der Laufzeit eines Einzelfalls;
- die damit verbundenen Prozesse, in deren Verlauf sich alle Beteiligten verändern, und
- die Auswirkungen auf die Einzelnen, die bis in ihre Grundrechte tangiert werden können, sowie auf die Allgemeinheit, die jetzt oder später die sozialen und materiellen Kosten trägt, die sich aus dem Handeln der Sozialarbeiter ergeben können.

Im Hinblick auf die Sozialleistungen werden im Folgenden Schriftsätze und Dokumentationen behandelt, die sich auf Leistungen mit nicht unerheblichen Kosten beziehen.

---

28 Auf die besondere inhaltliche und methodische Schwierigkeit und Bedeutung der einzelnen Aufgaben (Hilfe zur Erziehung, Mitwirkung, Jugendgerichtshilfe, Trennungs- und Scheidungsberatung und Kinderschutz) gehen wir an dieser Stelle nicht näher ein, vgl. Münder 2009; Wiesner u. a. 2011[4].

5.2.1 Hilfen zur Erziehung

> *„Die Schule hat gesagt, ich soll mich an Sie wenden. Wir haben Schwierigkeiten mit unserem Sohn. Die Lehrerin hat gesagt, Sie hätten da was für uns."*
> Ein solcher Anruf eines Vaters oder einer Mutter kann genauso wie der einer Lehrerin oder einer Therapeutin aus der Kinder- und Jugendpsychiatrie den Beginn einer Hilfe zur Erziehung einleiten.

„Hilfe zur Erziehung" (gem. §§ 27 ff SGB VIII) ist der auch im Berufsalltag benutzte korrekte Fachausdruck für die vielfachen und bedeutenden Aufgaben im ASD; sie ist zugleich die kostenintensivste Hilfeart.

Hilfe zur Erziehung wird den Sorgeberechtigten, in der Regel den Eltern, oft in den Fällen des Kinderschutzes dem Vormund, gewährt, *nicht* den Minderjährigen. Sie kann ganz allgemein bekannte und weniger bekannte, meist jahrelange Leistungen der Jugendhilfe umfassen: Von einer ambulanten Betreuung (u. a. Erziehungsbeistandschaft, Sozialpädagogische Familienhilfe, Gruppenarbeit, Beratung) bis zu stationären Hilfen (u. a. in Heimen, Wohngruppen, Internaten, Pflegefamilien, betreutem Wohnen), daneben manchmal ergänzend oder eigenständig verschiedene Therapien, Lernhilfen und ähnliches. Pädagogische und therapeutische Leistungen stehen im Vordergrund; nie geht es ausschließlich um wirtschaftliche Hilfe.

Die Hilfeplanung (§ 36 SGB VIII) und die Dokumentation der Hilfen zur Erziehung sind allerorts in den Jugendämtern und in den Jugendhilfeeinrichtungen zentrale Themen; sie sind deswegen überproportional in der Ausbildung und der Literatur, in den Fachdiskussionen und in den Fortbildungen vertreten.

In Kenntnis der Gesamtumstände und Abläufe werden die vielen Gründe für die Gewichtung und für die eingehende Dokumentation dieser Aufgaben, die „Verwaltungsarbeit" – oder der „Schriftkram" – einsichtig:

- Weil Hilfen zur Erziehung Sozialleistungen sind, auf welche die Bürger (die Sorgeberechtigten[29]) unter bestimmten Umständen einen einklagbaren Rechtsanspruch haben, unterliegen sie besonderen Regeln: einerseits sämtlichen allgemeinen Regeln der Sozialleistungen (aus SGB I und SGB X) und andererseits den speziellen Bestimmungen des SGB VIII.

---

29 Anders in den Fällen des § 35a SGB VIII (Eingliederungshilfe), nach dem die Minderjährigen selbst Anspruch haben und ab Vollendung des fünfzehnten Lebensjahres auch einen eigenen Antrag stellen können (§ 36 SGB I).

- Wie die allgemeine Regel für alle Sozialleistungen besagt, muss eine Hilfe zur Erziehung beantragt und begründet sowie die Notwendigkeit der Hilfe festgestellt und beschieden werden; die Antragsteller und Empfänger müssen am Erfolg (die Hilfe ist nicht mehr notwendig) mitwirken. Selbstverständlich müssen alle diese Schritte in nachvollziehbaren, vergleichbaren und überprüfbaren Schriftformen (daher meist in Vordrucken) festgehalten werden. Diese Vorgehensweise ist den meisten Bürgern bekannt, z. B. durch die Inanspruchnahme von Wohn- und Kindergeld, Krankenkassenleistungen, BAföG usw. Dort leuchtet auch jedem ein, dass diese Anträge nicht nur „administrativ" aufbereitet werden, sondern jeweils mit Spezialkenntnissen und mit Fachkompetenz bearbeitet und entschieden werden müssen.
- Wie für alle Sozialleistungen werden für die Hilfen zur Erziehung spezielle, gesonderte Akten geführt, für die über einige Jahre eine Aufbewahrungspflicht besteht und in die neben den Beteiligten auch die Verwaltungsgerichte[30] und andere Mitwirkende ebenso lange Einblick nehmen können, um prüfen zu können, ob z. B. alle formalen Kriterien erfüllt sind und ob die Fachkräfte ihre Ermessensspielräume angemessen genutzt haben. Was heute schriftlich festgehalten wird, entzieht sich dem eigenen Einfluss und eigener Kontrolle. Die fallbezogene Arbeit kann so lange anhand dieser Unterlagen bewertet und kritisch beurteilt werden.
- Wie die Hilfen zur Erziehung im Jugendamt speziell zu bearbeiten sind, wird in den §§ 27–38 SGB VIII näher bestimmt. Gemäß SGB VIII ist nach den Erfordernissen des Einzelfalles vorzugehen, die Bedingungen hier sind abweichend (vom Wohngeld etwa, wo für alle vergleichbar die gleichen Sätze gelten) und nicht für alle Leistungsberechtigten die gleichen. Darin liegen große Chancen, Gestaltungsmöglichkeiten und fachliche Herausforderungen für die Sozialarbeiterinnen. Die Dokumentation der Sozialleistung wird somit zum Ausweis ihrer fachlichen Kompetenz – z. B. darüber, wie einzelne Begriffe, etwa „notwendig" und „geeignet", professionell mit Leben gefüllt wurden – und sollte keinesfalls im Sinne „administrativer" oder „verwaltender" Tätigkeit falsch verstanden werden. Diese nähere, fachliche Betrachtung und Bewertung des Einzelfalles muss für alle Beteiligten nachvollziehbar und verständlich gemacht werden.
- Weil in den Unterlagen zu den Hilfen zur Erziehung höchst sensible Informationen enthalten sind, unterliegen sie einem besonderen Datenschutz; alle, die Einblick nehmen wollen und dürfen, müssen legitimiert sein.

30 Auch Strafgerichte, wenn sie feststellen müssen, ob eine Fachkraft ihrer Garantenpflicht mit ihrem Handeln entsprochen hat.

- Auch aus der fachlichen Perspektive muss wegen der vielen Mitwirkenden sowie für die Ausgestaltung der Hilfen die Nachvollziehbarkeit gegeben sein. Diese wird durch die Schriftform (formal und inhaltlich strukturiert) und durch gemeinsame Regeln (wer, wann, welche Unterlagen bekommt; wann und wie, in welcher Zusammensetzung die Fachgespräche stattfinden) gewährleistet (alle Beteiligten sollen im Grunde nach die gleiche Information haben).

  Vielen Sozialen Diensten (ASD, KSD, BSD)[31] sind Verwaltungsfachkräfte der wirtschaftlichen Jugendhilfe zugeordnet, die z. B. die Bescheide erteilen, den Zahlungsverkehr erledigen, den Elternbeitrag bemessen und geltend machen, also mit den Eltern diesbezüglich Umgang haben. Deswegen müssen sie den Vorgang nachvollziehen, Vereinbarungen und Besonderheiten kennen und in Bezug auf Veränderungen auf dem Laufenden bleiben können.
- Die meisten pädagogischen und fachspezifischen Hilfen zur Erziehung (z. B. die unmittelbare, regelmäßige Arbeit mit den Minderjährigen) leistet die Fachkraft des ASD oft nicht selbst. Damit werden pädagogische Fachkräfte der freien Träger der Jugendhilfe (Caritas, AWO usw.), andere Institutionen oder Einzelpersonen beauftragt. Deren Leistungen wiederum werden nach vertraglichen Entgeltvereinbarungen und Einzelvereinbarungen von den Jugendämtern (eben über die Kolleginnen der wirtschaftlichen Hilfen) vergütet bzw. abgerechnet.

  Die Kolleginnen, welche die Anträge hinsichtlich der Ausgaben und Einnahmen bearbeiten, und die ausführenden Fachkräfte der freien Träger müssen selbst über die für ihre Arbeit notwendigen Informationen stets verfügen können. Sie müssen aber auch ihrerseits in geeigneter Form (oft schriftlich) die Sorgeberechtigten, die Fachkräfte des ASD oder andere Beteiligte informieren (mitunter für die fachliche Begründung ihres Arbeitsumfanges) und dabei die Minderjährigen einbeziehen.
- Hilfen zur Erziehung werden u. a. auch gewährt, um Gefährdungsrisiken für Kinder abzuwenden. Gelegentlich werden anlässlich von Einsätzen im Rahmen der Hilfe zur Erziehung solche Gefährdungsrisiken auch bekannt. Von zentraler Relevanz ist dann, dass die Anhaltspunkte für die Gefährdungen, die Absprachen zur ihrer Abwendung, die Vereinbarungen mit Eltern oder Erziehungsberechtigten genauestens dokumentiert werden. Diese Dokumentationen können von Familiengerichten oder auch von Strafgerichten zur Beurteilung und Entscheidungsfindung herangezogen werden.

31 Siehe Glossar.

Mit den Hilfen zur Erziehung geben die Jugendämter sehr viel Geld aus (eine stationäre Hilfe zur Erziehung kann von etwa 600 Euro monatlich bis 300 Euro täglich kosten und das oft in einem Einzelfall über Jahre). Für die Kommunen erwachsen so jährlich Millionenbeträge für diese Pflichtleistungen, weswegen auch die Überprüfbarkeit (hier etwa durch internes Controlling oder durch das Rechnungsprüfungsamt, im Klagefall durch ein Verwaltungsgericht) neben der Nachvollziehbarkeit von großer Bedeutung ist. Diese hohen Beträge lösen bei Politikern, die die Verwaltung durch Zielvorgaben steuern und maßgeblich beeinflussen, insbesondere in Zeiten der Finanzknappheit und der sonst engen Gestaltungsspielräume Begehrlichkeiten des Sparens aus. Auch aus diesen Perspektiven sollten die für die Leistungen zugrunde liegenden Dokumentationen allen Anforderungen entsprechen. Dies gilt insbesondere für den bewusstseinsbildenden Sprachgebrauch der Fachkräfte (der im Wesentlichen ihre Profession ausmacht): Sie haben keine „Kunden", sondern Anspruchsberechtigte oder Leistungsberechtigte.

Eine regelgeleitete, überschaubare (deswegen nicht zuletzt formalisierte) Dokumentation der Hilfen zur Erziehung ist nicht nur Ausweis der Fachkompetenz der ASD-Mitarbeiterinnen. Sie kann und soll das methodische Gerüst bilden, das für die Handelnden als eine jederzeit nachlesbare Erinnerungsstütze auch bezüglich der eigenen fachlichen Überlegungen dient. Eine ASD-Fachkraft ist i. d. R. für mehrere tausend Einwohner zuständig, die nicht alle und schon gar nicht gleichzeitig zum „Fall" werden; aber mehrere Dutzend laufende „Fälle", mit einer großen Zahl an beteiligten Personen, mit vielen gleichzeitigen Hilfen zur Erziehung sind schon die Regel. Kein Gedächtnis reicht so weit; es ist hilfreich, Wichtiges jederzeit selbst nachlesen zu können.

Bei der Überlegung, wann die fachliche, sozialarbeitsspezifische Aufgabenerledigung beginnt und ab wann diese „Verwaltungstätigkeit" ist, ist die Methodenlehre eine große Hilfe. Auch ein „Erstgespräch" muss strukturiert, inhaltliche, methodische Vorüberlegungen müssen geplant, methodische Entscheidungen müssen während der Gespräche getroffen werden, die man als Fachkraft auch noch lange selbst nachvollziehen will. Fragen wie „Was habe ich, wann, wozu getan?" lassen sich anhand von Schriftformen leichter beantworten.

Kollegial und persönlich formuliert, kann das heißen: Wenn *Sie* z. B. Ihre Notizen während des Gespräches führen, dadurch mehr Authentizität gewährleisten, die Zeit für das spätere Diktieren oder Schreiben sparen und dies alles auch noch Ihren Gesprächspartnern erklären sowie diesen ein gewisses Mitspracherecht inhaltlich zusichern, dann kann dies ein Teil Ihres methodischen Konzeptes sein: *Sie* bieten Transparenz, arbeiten am Abbau des Gefälles zwischen dem Jugendamt und dem Klienten, *Sie* werden vom Amt zur handelnden Person; eine förderliche Interaktion ist angelegt.

Die Art, wie Sie die Leistungsberechtigten anschreiben, ist auch ein Ausdruck Ihres methodischen Handelns: Ob Sie einen Formbrief verwenden, wann Sie diesen losschicken (die Adressaten könnten über das ganze Wochenende, während Ihres Urlaubes oder während der Feiertage im Ungewissen „schmoren"), welche Reaktionsmöglichkeiten Sie den Adressaten offen lassen und – nicht zuletzt – wie viel Respekt durch welche Art von Sprache mit welchen offenen und impliziten Inhalten Sie ihnen entgegenbringen, wird den gesamten Prozess nicht unbeeinflusst lassen.

Was und wie Sie in der Sozialpädagogischen Diagnose oder im Hilfeplan erörtern bzw. beschreiben, sind Ausdrücke Ihres methodischen Handelns: Wenn Sie z. B. im Hilfeplan festhalten, dass Hänschenklein dies und jenes möchte, liest der kundige Blick, dass Hänschenklein offene Wünsche und Träume hat, vielleicht jenseits jeder Realität. Wenn Sie auch dazu schreiben, welche konkreten Ziele in welchen kleinen Schritten, mit welchen Ressourcen, mit welcher Unterstützung und in welcher Zeit Hänschenklein dies zu erreichen gedenkt, dann ist die Diskrepanz zwischen (noch) nicht können und der zu erwartenden Entwicklung (was ein notwendiges Ziel der Hilfe zur Erziehung ist) ablesbar und zudem beim nächsten Hilfeplangespräch überprüfbar. Der fremde Leser oder Sie selbst können später erkennen, dass Sie beim Hilfeplangespräch die gesetzlichen und fachspezifischen Inhalte im Blick hatten. Ihr methodisches Wissen anzuwenden ist demnach ein wesentlicher Teil des Hilfeerfolges, eine tragende Beziehung zwischen Ihnen und den Minderjährigen.

Eine detaillierte Betrachtung des Verlaufs der Hilfen zur Erziehung – wie er um Nuancen variiert im ASD vorkommen kann – soll verdeutlichen, wie viele verschiedene Schriftsätze, die „natürlich" heute vor allem computerunterstützt aufbereitet sind, neben weiteren statistischen oder listenmäßigen Erfassungen vorliegen können.[32]

32 Prozesse von Leistungen bei Hilfe zur Erziehung sind andernorts z. B. in Verlaufs- oder Flussdiagrammen dargestellt. Vgl. Seithe, M. 2001, S. 211, die im Übrigen auch weitere Arbeitshilfen bietet wie z. B. die Lebenswelttabelle, Soziogramm, Genogramm, Netzwerkdarstellung; s.a. ZBFS (2010), S. 53 ff. oder BMFSFJ (1999), S. 57.

Stationen des Verlaufs einer Hilfe zur Erziehung	Schriftstück/Dokumentation
1. **Meldung** (Fremdmeldung: z. B. die Lehrerin ruft an, weil Jan besonders auffällig ist; Selbstmeldung: eine Mutter meldet sich, weil sie aufgrund Lisas Verhalten vollkommen erschöpft ist; Jenny ist zur Schutzstelle gegangen) oder eigene **Erkenntnis:** Im Rahmen der Mitwirkung im Familiengerichtsverfahren wird deutlich, dass Eileens Entwicklung gefährdet ist, im Rahmen einer Beratung der Eltern wird eine Eigeninitiative für ein Kind notwendig.	*Vermerk; Gesprächsnotiz* (Datum, ggf. Uhrzeit, Name, Funktion der Gesprächspartnerin, Art des Gespräches, Information, Angaben, Anliegen, Vereinbarung).
2. **Zuständigkeitsprüfung:** örtlich (§ 86 ff SGB VIII, organisatorisch im Bezirk oder für den Buchstaben) und sachlich (§ 85 I SGB VIII) zuständig? Ggfls. auf zuständige Leistungsträger verweisen.	*Vermerk* (Prüfungsergebnis, Verfügung, z. B. Weitergabe)
3. **Hilfeidee/Hilfemotivierung:** Erste Vorüberlegungen: Welche Hilfe könnte in Frage kommen, welche würden angenommen? Teils Gedankenarbeit, teils Gespräche mit den Beteiligten oder anderen. Ggf. auf andere Leistungsträger verweisen, ggf. erste Meldung/Anfrage an einen freien Träger der Jugendhilfe.	*Vermerke, Gesprächsnotizen* (Angaben wie im Punkt 1, plus einzelne Vorstellungen der Beteiligten, plus eigene und fremde fachliche Überlegungen); *Brief* an die Sorgeberechtigte (Anlass, gesetzliche Grundlage, Hilfeangebot; i. d. R. *Formbrief*); Entbindung von der Schweigepflicht (*Formular*).
4. **Anamnese/Informationsbeschaffung:** Gespräche mit Eltern, Kindern, Hausbesuche, Lehrerinnen, Ärzten, etc.	*Vermerke* (Angaben, wie im Punkt 1, plus Angaben zu vorstrukturierten Fragen; vgl. Glossar: Anamnese – Was alles wurde von wem, wann im welchem Umfang zuvor i. B. auf das Problem unternommen? Wie war das Ergebnis?).
5. **Antragstellung:** Schriftlich, Sozialleistung, Mitwirkungspflicht.	i. d. R. *Formblatt* mit Anlagen: Berichte, Zeugnisse usw.
6. **Lebensweltananlyse/Diagnose:** Ohne festgestelltes Defizit kein Anspruch auf Hilfe, ohne festgestellte Ressourcen keine Aussicht auf richtigen Hilfeansatz.	Sozialpädagogische Diagnose und *Genogramm* (siehe Glossar).
7. **Kollegiale Beratung im Team:** „Was meinst Du dazu? Könnt Ihr mir mal sagen … Ich weiß da nicht weiter." Ggfls. mit einem freien Träger abstimmen.	*Ergebnisprotokoll* (i. d. R. Formblatt, weitgehend wie ein Vermerk, plus Unterschrift und Auflistung aller Teilnehmenden).
8. Erörterung der möglichen Hilfe mit den Antragstellern und Beteiligten: „Ich möchte Ihnen Folgendes vorschlagen." „Was halten Sie von …?"	*Vermerk* oder *Ergebnisprotokoll.*

Stationen des Verlaufs einer Hilfe zur Erziehung	Schriftstück/Dokumentation
9. Vorlage für die Entscheidungskonferenz: auch an den freien Träger.	*Vorlage für die Erziehungshilfekonferenz (EHK-Vorlage),* i. d. R. Formblatt, plus sozialpädagogische Diagnose, plus Genogramm aus dem Punkt 6.
10. **Entscheidungskonferenz über den Anspruch im Grunde nach und die mögliche Leistung:** Ist eine Hilfe notwendig (für „sinnhaft" gibt es keine HzE)? Welche Hilfe ist zu gewähren: HzE, Hilfe für jg. Volljährige oder für seelisch Behinderte? Welche Leistung soll gewährt werden, welche Hilfe ist geeignet: SpFH, Betreuungshelfer, Soziale Gruppenarbeit, Beratung etc.? Festlegung von Zielen und Umfang der Hilfe gem. § 36 II S. 1 SGB VIII, auch mit jemandem vom voraussichtlich in Anspruch genommenen Dienst.	*EHK-Protokoll,* (Ergebnisprotokoll) i. d. R. Formblatt mit Unterschrift der Beteiligten.
11. **Information an die Personensorgeberechtigten/Antragsteller:** („Folgendes hat die Erziehungshilfekonferenz beschlossen: … Wenn sich alle am Hilfeprozess Beteiligten hinreichend kennen gelernt haben, stellen wir gemeinsam einen Hilfeplan auf …")	*Aktennotiz, Vermerk* (Datum, Teilnehmende, Reaktion auf die Information. Vereinbarungen; Wer hat was, wann, wie im welchem Umfang zu erledigen?; z. B. Wer bringt das Kind wann mit welchen Dokumenten und Papieren wohin?).
12. **Einsatz der Hilfe:** Erste Aushandlungen über die Durchführung der Hilfe, z. B. anlässlich eines Hausbesuches von Zuständigen im JA, Leitung und Einsatzkraft des Dienstes.	*Aktennotiz, Vermerk,* sehr kurz
13. **Probezeit:** Kennenlernphase (Familie, Kinder, Einsatzfachkraft oder Gruppe), Entwicklung von Arbeitsaufträgen im Sinne der Ziele, erste Umsetzungen.	Ggf. *Vermerke, Notizen* über Infos, Telefonate
14. **Erstes Hilfeplangespräch:** Klärung der weiteren Zusammenarbeitsbereitschaft zwischen allen Beteiligten und weiterer Chancen. Evtl. Ende der Hilfe; bei erkennbarer Kindeswohlgefährdung evtl. Mitteilung ans Gericht.	*Hilfeplanprotokoll,* i. d. R. Formblatt, mit Unterschrift aller Teilnehmenden.
15. **Weitere Hilfeplangespräche** mit oder ohne Modifizierung der Hilfe.	*Hilfeplanprotokoll.* Wie im Punkt 14.
16. **Abschluss der Hilfe**/Auswertungsgespräch.	*Hilfeplanprotokoll.* Wie im Punkt 14, plus ggf. schriftliche Bewertung/Evaluation der Hilfe, i. d. R. per Formblatt.

Abbildung 8: Schriftstücke bei Hilfe zur Erziehung

Der mit der Einführung des SGB VIII propagierte Paradigmawechsel „Hilfe statt Kontrolle“ trifft für die Hilfe zur Erziehung so nicht zu.

Hilfeleistungen bzw. das Ausbleiben von Hilfen können für das Jugendamt und die Allgemeinheit mit enormen Folgekosten verbunden sein. Für die Sozialleistung „Hilfe zur Erziehung“ sind im SGB VIII selbst und in dessen praktischen Anwendungen Kontrollen für die Hilfeprozesse vorgesehen, auch wenn sie anders benannt werden:

- Im Verhältnis von Bürger und Staat wird vom Jugendamt u. a. überprüft (kontrolliert), ob die Voraussetzungen für die Sozialleistungen vorliegen und was/wieviel der Leistungsberechtigte zu den Kosten beitragen muss. Im Hilfeplanverfahren erfolgen inhaltliche Auswertungen zur Mitwirkung der Leistungsberechtigten und ob Ziele oder Teilziele erreicht wurden.
- Im Verhältnis von Kostenträger (Jugendamt) und Leistungserbringer (z. B. Fachdienste, Heime freier Träger) wird über Hilfeplanung und Evaluation überprüft, ob die konkreten Leistungen gegenüber der Einzelperson entsprechend der Leistungsbeschreibung (von A bis Z, von Aufsicht über den Minderjährigen bis zur Zusammenarbeit mit den Personensorgeberechtigten) erbracht werden.
- Kontrolliert wird das Budget des Jugendamtes im Rahmen des kommunalen Finanzmanagements dahingehend, ob die eingesetzten Mittel notwendig sind und mit ihnen hinreichend Wirkung erzielt wird, sie also verhältnismäßig eingesetzt sind.

5.2.2 Hilfen für junge Volljährige

Eine junge Frau kommt unangemeldet zu Dienstbeginn ins Jugendamt und erzählt, sie habe sich von ihrem Freund getrennt, bei dem sie bislang untergekommen sei. Ihre Eltern hätten sich getrennt. Weder bei ihrer Mutter noch bei ihrem Vater könne sie wohnen. Sie wisse nicht weiter und benötige Hilfe.

Es ist bekannt, dass zwar die Volljährigkeit mit dem vollendeten 18. Lebensjahr einsetzt, dass die jungen Volljährigen aber nicht nur vielfach noch auf das „Hotel Mama“, sondern auch in Bezug auf die finanzielle Unterstützung der Eltern oder staatliche Leistungen angewiesen sind. In vielen Fällen sind die jungen Volljährigen noch nicht wählbar (z. B. als Bundestagsabgeordnete), und auch als Angeklagte haben sie einen Sonderstatus durch das Jugendgerichtsgesetz. Die jungen Volljährigen sind zwar voll geschäftsfähig, vielfach aber auch z. B. durch Handyverträge schnell verschuldet. Dem „Schon jetzt –

aber noch nicht ganz" dieser Lebensphase hat der Gesetzgeber im SGB VIII durch die Einführung der Hilfen für junge Volljährige Rechnung getragen. Die Hilfen sollen den jungen Menschen zu Gute kommen, die in ihrer Persönlichkeitsentwicklung deutlich hinter den Altersgenossen zurückbleiben und/oder eine besondere Lebenssituation zu überwinden haben.

Mit der Einführung des § 41 SGB VIII (1990) ist die Hilfe für die jungen Volljährigen dadurch erweitert worden, dass – anders als nach dem überholten Jugendwohlfahrtsgesetz – jetzt auch junge Volljährige Hilfen bekommen können, die nicht zuvor Hilfe zur Erziehung erhalten haben und nicht in einer Ausbildung sind. Die Praxis der öffentlichen Träger der Jugendhilfe in Bezug auf diese Leistung ist allerdings von Anfang an sehr restriktiv ausgefallen – weil es Kosten verlagert bzw. in der Jugendhilfe verursacht; manche gewährten oder gewähren diese Leistung nicht. Dabei hat der Gesetzgeber die Hilfe nach § 41 SGB VIII als „Soll-Leistung" konzipiert mit der Folge, dass sie im Regelfall zu erbringen ist. Ein Einzelfall, der abgelehnt wird, bedarf der besonderen und spezifischen Begründung. Fiskalische Gesichtspunkte oder der Verweis auf die Rechtsansprüche auf Leistungen nach dem Sozialgesetzbuch XII begründen eine solche Ablehnung nicht.

Die Rechtsprechung hat zu den Voraussetzungen der Hilfe für junge Volljährige nach dem SGB VIII in Abgrenzung zu den Leistungen nach SGB XII (Sozialhilfe) und denen für seelisch Behinderte oder von seelischer Behinderung Bedrohte nach § 35a SGB VIII Maßstäbe entwickelt, aus denen sich für die Gewährung der Hilfe keine besonders hohen Hürden ergeben. An dieser Stelle sollen zur Orientierung nur die markantesten Eckpunkte der Hilfe skizziert werden, die in der schriftlichen Berichterstattung – zu Gewährung oder Ablehnung der Ansprüche – berücksichtigt werden müssen. Die Feinheiten der Diskussion ergeben sich aus Gesetzen, Gesetzeskommentaren und Urteilen der Verwaltungsgerichte, die an anderer Stelle wegweisend verarbeitet sind.[33] Grundsätzlich ist empfehlenswert, sich vor Abgabe einer Stellungnahme oder Gewährung einer Leistung mit Hilfe des betreffenden Gesetzes und der entsprechenden Kommentare über die Anspruchsvoraussetzungen zu vergewissern.

Anspruchsberechtigt sind junge Volljährige, deren soziale Situation und Persönlichkeitsentwicklung deutlich unterstützungsbedürftig ist. Ein einfa-

33 Landesjugendämter oder Kommunen geben Empfehlungen heraus zum Umgang mit verschiedenen Hilfeformen, die Abgrenzungsfragen klären und Streit um die Kostenträgerschaft vermeiden helfen sollen, die aber auch Hinweise zu Voraussetzungen und zur Ausgestaltung der Hilfe geben. Solche Empfehlungen, wie auch die zu Hilfen gem. § 35a SGB VIII oder vergleichbare, sollte jede Fachkraft im ASD kennen.

cher Konflikt mit den Eltern oder Defizite in der Sozialisation reichen nicht aus. Die Summe der Probleme der Person und ihrer sozialen Bezüge muss schon deutlich von einem Normalmaß, wie es zu dieser Altersgruppe gehört, abweichen.

Es muss Aussicht bestehen, die mit einer nach dem Bedarf im Einzelfall ausgestalteten Hilfe auch die mit ihr verbundenen Ziele zu erreichen, die nicht zu hoch gesteckt sein dürfen. Dabei ist unverzichtbare Voraussetzung für einen Erfolg die Bereitschaft des jungen Volljährigen, im Rahmen der Hilfeplanung und -durchführung mitzuwirken. Gleichzeitig dürfen aber nicht zu hohe Anforderungen an die Mitwirkungsbereitschaft und die tatsächliche Mitwirkung gestellt werden.

Wie bei den Hilfen zur Erziehung geht es nicht um materielle Hilfen[34], sondern um pädagogische und therapeutische Leistungen, deren Erfolge durch Leistungen zur Sicherung des Lebensunterhaltes oder der Krankenhilfe bei Bedarf abgesichert werden. Hilfen für junge Volljährige verlangen oft ein zügiges Bereitstellen von Unterstützung, weswegen der Leistungsanspruch auch nicht abgelehnt werden kann, weil ein Hilfeplanverfahren noch nicht eingeleitet oder abgeschlossenen ist.

> „Der Träger der Jugendhilfe ist zuständig, wenn eine Hilfe entsprechend dem Hilfeplan umgesetzt oder fortgeführt wird (...)
>
> - für Hilfen, die vor Vollendung des 18. Lebensjahres begonnen wurden und erst nach Eintritt der Volljährigkeit planmäßig beendet werden. Ein Wechsel der Hilfeform (z. B. von Vollzeitpflege auf Hilfe in einer sonstigen betreuten Wohnform) lässt die Leistungspflicht des Trägers der Jugendhilfe unberührt.
> - ... für Hilfen, die nach Vollendung des 18. Lebensjahres, aber vor Vollendung des 21. Lebensjahres beantragt werden. ...
> - (...) Der Träger der Jugendhilfe ist jedoch auch nach Vollendung des 21. Lebensjahres zuständig, wenn der Antrag vor Vollendung des 21. Lebensjahres gestellt geworden ist, die Leistungen aber erst danach einsetzen, weil das Verwaltungsverfahren des Jugendhilfeträgers einschließlich der Erstellung des Hilfeplanes aus von dem Leistungsberechtigten nicht zu beeinflussenden Gründen nicht früher abgeschlossen werden konnte“ (LWL, LJA Westfalen-Lippe 2011).

---

34 Bei keiner Leistung der Jugendhilfe stehen materielle Hilfen im Vordergrund. Diese sind Annexleistungen zu den pädagogischen und therapeutischen Leistungen.

Grundsätzlich werden ähnliche Anforderungen wie bei den Hilfen zur Erziehung an die Dokumentation der Entscheidungsvorbereitung und die Hilfeplanung gestellt. Abgrenzungsfragen etwa zu Hilfen gem. § 35a SGB VIII oder zu denen gem. SGB II (Hartz IV) oder SGB XII (Behindertenhilfe) gewinnen allerdings besondere Bedeutung und sollten in der Vorbereitung der Entscheidung und bei der Hilfeplanung schriftlich niedergelegt sein.

Jugendhilfe trägt dem individuellen Bedarf der jungen Volljährigen nicht in jedem Fall dadurch Rechnung, dass sie die Leistungen selbst nach dem SGB VIII gewährt, sondern auch dadurch, dass sie hilft, Ansprüche an andere geltend zu machen.

Junge Erwachsene können gem. der sogenannten *Härtefallregel* Anspruch auf Leistungen nach dem SGB II abweichend vom Regelfall auch als unter 25-jährige in eigener Wohnung erhalten.[35] Die folgende Abbildung zeigt ein Beispiel einer U-25-Bescheinigung, die einer jungen Volljährigen helfen soll, sich in eigener Wohnung über Leistungen nach dem SGB II zu verselbständigen.

Die Bescheinigung wird mit den jungen Menschen besprochen und ihnen zur Weitergabe an die zuständige Stelle ausgehändigt. Sie darf nur Angaben enthalten, die Leistung begründend sind (vgl. § 64 SGB VIII) und mit deren Verwendung die jungen Menschen einverstanden sind. Leistungsmindernde Bescheinigungen darf das Jugendamt nicht abgeben.

---

35 § 22 Abs. 5 SGB II: Sofern Personen, die das 25. Lebensjahr noch nicht vollendet haben, umziehen, werden ihnen Leistungen für Unterkunft und Heizung für die Zeit nach einem Umzug bis zur Vollendung des 25. Lebensjahres nur erbracht, wenn der kommunale Träger dies vor Abschluss des Vertrages über die Unterkunft zugesichert hat. Der kommunale Träger ist zur Zusicherung verpflichtet, wenn

1. der Betroffene aus schwerwiegenden sozialen Gründen nicht auf die Wohnung der Eltern oder eines Elternteils verwiesen werden kann,
2. der Bezug der Unterkunft zur Eingliederung in den Arbeitsmarkt erforderlich ist oder
3. ein sonstiger, ähnlich schwerwiegender Grund vorliegt.

Unter den Voraussetzungen des Satzes 2 kann vom Erfordernis der Zusicherung abgesehen werden, wenn es dem Betroffenen aus wichtigem Grund nicht zumutbar war, die Zusicherung einzuholen. Bedarfe für Unterkunft und Heizung werden Personen, die das 25. Lebensjahr noch nicht vollendet haben, nicht anerkannt, wenn diese vor der Beantragung von Leistungen in eine Unterkunft in der Absicht umziehen, die Voraussetzungen für die Gewährung der Leistungen herbeizuführen.

MUSTERORT
Die Bürgermeisterin

Jugendamt
ASD
Rathausplatz 1
00PLZ Musterort

Stadt Musterort – Rathaus – 00PLZ Musterort

Frau
Ellen Mustermann
zurzeit Langestraße 30
00PLZ Musterort

Ansprechpartner/-in
Frau Fleißig
Zimmer 212
Tel. Vorwahl/Durchwahl
Fax: Vorwahl/Durchwahl
E-Mail: fleißig@musterort.de

12.12.2011
Mein Zeichen:
Ihr Zeichen:
Ihr Schreiben vom

Bescheinigung zur Vorlage beim JobCenter

Frau Ellen Mustermann, geb. 29.12.1992, spricht hier im Jugendamt vor und berichtet:
Seit Ende März sei sie mit Herrn E. G. zusammengezogen. Inzwischen habe sich erwiesen, dass sie sich von ihm trennen müsse. Ein gemeinsames Leben sei nicht mehr möglich, weil die Situationen immer häufiger entglitten. Seit einem Monat seien sie innerhalb der Wohnung getrennt. Dies habe zu keiner Entlastung geführt, sondern vielmehr zu einer Verschlimmerung der Umstände.

Vom Schulbesuch sei sie aus Gründen, die in ihrer Therapie lägen, bis Januar 2012 beurlaubt. Sie beabsichtige ihren Schulbesuch fortzusetzen und 2012 ihr Abitur zu machen.

Sie erhalte 400 Euro Unterhalt von ihren Eltern, die inzwischen getrennt lebten. Die Mutter habe einen neuen Partner und wohne mit diesem noch in der Wohnung, die für sie mit Traumata belastet sei.

Persönliche Unterstützung könne sie von ihrer Mutter, ihrer Schwester und Freunden erwarten. Die selbständige Lebensführung bereite ihr keine Schwierigkeiten.

Frau Ellen Mustermann und ihre Eltern sind mir seit dem Frühjahr 2009 bekannt.

Damals erwogen aufgrund einer wiederholten jugendpsychiatrischen Diagnose der Kinderklinik Musterhaus alle Beteiligten eine Fremdunterbringung im Rahmen der Jugendhilfe. Dazu kam es nicht, weil die Eltern keinen entsprechenden Antrag stellten. Einem solchen Antrag wäre damals statt gegeben worden.

Frau Ellen Mustermann nahm im Februar 2010 ihre ambulante Therapie auf, die sie heute noch fortsetzt.

Gespräche im Sommer 2010 mit Frau Ellen Mustermann über Möglichkeiten der Jugendhilfe für Minderjährige und junge Volljährige führten zu keinen weiteren Veranlassungen.

Stellungnahme:
Angesichts des langjährigen Krankheitsverlaufs seit 2005 mit mindestens zwei stationären Aufenthalten und der äußerst belasteten Eltern-Kind-Beziehung liegen angesichts ihrer jetzigen Entwicklung schwerwiegende Gründe dafür vor, dass Frau Ellen Mustermann nicht auf ein Wohnen im Haushalt ihrer Mutter bzw. ihres Vaters verwiesen werden kann.

Mit ambulanter Psychotherapie und bei gesichertem Unterhalt kann Frau Ellen Mustermann in einem selbständigen Leben bei strukturiertem Tagesablauf m.E. inzwischen gut zurecht kommen. Ein Bedarf auf ambulante oder stationäre Jugendhilfeleistungen ist nicht erkennbar.

Ich rege an, dass die Therapeutin von Frau Ellen Mustermann sich aktuell zu deren Ansinnen, alleine zu wohnen, äußert.

Mit freundlichen Grüßen
Im Auftrag

Fleißig
Diplom-Sozialarbeiterin

Abbildung 9: Beispiel einer Bescheinigung zur Begründung einer Härtefallregelung gem. § 22, 5 SGB II

„Es ist erstaunlich, wie wenig Information wir brauchen, um das Gefühl zu entwickeln, dass wir recht haben."

Gabor von Varga, Transaktionsanalytiker

6

Berichte und Stellungnahmen bei „Anderen Aufgaben"[36]

„Die Behörden haben versagt." – „Das Jugendamt hat die Kinder weggenommen." „Väter werden vom Jugendamt entrechtet." „Jugendkriminalität wächst – Behörden sind untätig."
Solche oder ähnliche Überschriften von Zeitungsartikeln oder Rundfunk- und Fernsehbeiträgen weisen alltäglich daraufhin, dass das Jugendamt bei verstorbenen, misshandelten, in Heimen untergebrachten, delinquenten Kindern irgendwie Mitverantwortung trägt und mit seiner Aufgabenwahrnehmung in der Kritik ist.

Die „Anderen Aufgaben der Jugendhilfe" (je nach Organisationsform in Teilbereichen vom ASD wahrgenommen) können mit weitgehenden Eingriffen in die Grundrechte von Individuen und in die von Familien verbunden sein; sie machen im Wesentlichen den Ruf des Jugendamtes in der veröffent-

36 „Andere Aufgaben" ist die Kapitelüberschrift des dritten Kapitels im SGB VIII.

lichten Meinung und im Alltagswissen der Menschen aus. Diese anderen, „hoheitlichen" Aufgaben der Jugendhilfe, die nicht dem Wahlrecht der Bürger unterliegen, hängen entweder mit der Familiengerichtsbarkeit oder der Strafgerichtsbarkeit zusammen und sind somit weitestgehend der Verwaltungsgerichtsbarkeit entzogen. Sie beziehen sich auf das Verhältnis Bürger – Staat, begründen aber keine Sozialleistungen.

Mit der Wahrnehmung dieser Aufgaben im ASD bewegen sich die Fachkräfte nicht auf vertrautem Terrain der Jugendhilfe und Sozialarbeit, sondern auf den „Turnierplätzen der Justiz".[37] Sie gibt mit einem ausgearbeiteten Regelwerk den engen Rahmen Ihres fachlichen Handelns vor, weshalb es empfehlenswert ist, diesen Rahmen zu kennen. Die mündliche und schriftliche Fachposition bezüglich der „anderen Aufgaben" ist Ausdruck der persönlichen Kompetenz der Fachkräfte und deren Visitenkarte, mit der schließlich für die Betroffenen zugrunde gelegt wird, ob beispielsweise jemand in den Arrest geht, ob ein Gutachten eingeholt, eine Sorgerechtsregelung getroffen oder eine Umgangsregelung ausgesetzt wird.

6.1 Mitwirkung in familiengerichtlichen Verfahren

Wenn Eltern sich um Sorgerecht, um Umgangsregelungen oder um andere Teilbereiche der Personensorge vor Gericht streiten, ist das Jugendamt von Gesetzes wegen involviert, in Ausübung des Wächteramtes ist das Jugendamt Initiator eines Rechtstreites vor dem Familiengericht.

Die Mitwirkung des Jugendamtes im familiengerichtlichen Verfahren ist als Erfüllung einer eigenen „anderen Aufgabe" des Jugendamtes in § 50 SGB VIII geregelt. Diese andere Aufgabe kann im Rahmen einer Delegation durch das Jugendamt auch von einem freien Träger der Jugendhilfe geleistet werden (vgl. § 76 SGB VIII), der dann die gleichen Rechte und Pflichten hat, allerdings letztlich unter Verantwortung des Jugendamtes steht. Der Einfachheit halber gehen wir im Folgenden allein von der Mitwirkung des Jugendamtes im familiengerichtlichen Verfahren aus.

37 „So schaltet das Recht nicht Normativität und moralische Zumutung aus. Es begrenzt sie, indem es auf den ‚gesetzlich geregelten Turnierplatz' der streitigen Auseinandersetzung zwingt. So handelt es sich nicht um eine Verrechtlichung der Pädagogik, sondern um das Ende der fürsorglichen Normativität und einen wichtigen Schritt auf dem Weg hin zur sozialpädagogischen Normativität" (Münder 1995, S. 302).

An die Mitwirkung im Familiengerichtsverfahren werden neben den formalen Anforderungen auch inhaltliche Anforderungen gestellt.

6.1.1 Grundsätze bei der Mitwirkung im familiengerichtlichen Verfahren

Es handelt sich bei dieser Aufgabe nicht um eine Hilfe für das Gericht, etwa im Sinne einer Amtshilfe oder einer untergeordneten Zuarbeit; es gibt keine „Familiengerichtshilfe". Das Jugendamt ist weder Organ des Gerichtes – wie ein Gerichtsvollzieher, der für die Umsetzung von Gerichtsbeschlüssen sorgt – noch ein Instrument des Gerichtes zur Beweiserhebung im Rahmen seiner eigenen Amtsermittlungspflicht oder aufgrund von Anträgen der Beteiligten, wie dies bei einem Sachverständigen der Fall ist.

Die Mitwirkung gem. § 50 SGB VIII hat Helga Oberloskamp (FamRZ 1992, S. 1243 ff.) als eine Aufgabe „sui generis" beschrieben. Diese Bezeichnung trifft trotz der zwischenzeitlichen gesetzlichen Änderungen immer noch zu.

Das Jugendamt wird in allen Verfahren, die in § 50 Abs. 1 SGB VIII genannt sind, zumindest vom Gericht angehört, kann in all diesen Verfahren gem. Familienverfahrensgesetz (FamFG) auch seine Beteiligung beantragen, sollte dies unserer Meinung nach zumindest in allen Kindschaftssachen tun. Aus der Beteiligung erwachsen dem Jugendamt Rechte und Pflichten im Verfahren wie die Pflicht zur Teilnahme an den Anhörungen oder das Recht, Anträge zu stellen.

Unabhängig von seiner Position im Verfahren nach FamFG ist für das Jugendamt ein wesentlicher Teil seiner Aufgaben im Rahmen der Mitwirkung im familiengerichtlichen Verfahren in § 50 Abs. 2 SGB VIII näher geregelt:

Bei Streitigkeiten in Kindschaftssachen hat das Jugendamt im frühen Termin (in der Regel innerhalb von vier Wochen nach Eingang eines Antrages eines Elternteiles) nach § 155 Abs. 2 FamFG über den Stand des *Beratungsprozesses* zu informieren.

Diese Vorschrift verweist darauf, dass das Jugendamt – gerade wenn ein Familiengerichtsverfahren anhängig ist – den Beteiligten die entsprechenden Sozialleistungen der Beratung und Unterstützung, etwa nach §§ 17 und 18 oder 28 SGB VIII, ggfs. aber auch andere anbieten soll.

Darüber hinaus ist in § 50 Abs. 2 SGB VIII unter anderem bestimmt, dass das Jugendamt schriftlich oder mündlich

- insbesondere über angebotene und erbrachte Leistungen unterrichtet,

- erzieherische und soziale Gesichtspunkte zur Entwicklung des Kindes oder des Jugendlichen einbringt und
- auf weitere Möglichkeiten der Hilfen hinweist.

In der Praxis halten sich – nach unserer Beobachtung – zum Beginn des dritten Jahrzehnts nach Einführung des Gesetzes noch viel zu wenige Kolleginnen und Kollegen in den Jugendämtern an diese Vorgaben. Deswegen soll diese Vorschrift näher erläutert werden.

Die Formulierung *„Das Jugendamt unterrichtet insbesondere …"* (§ 50 Abs. 2 SGB VIII) enthält die Einladung, über angebotene und erbrachte Leistungen auf jeden Fall zu berichten, aber eben nicht nur darüber. Die Besonderheit des Einzelfalles und die sonstigen aus fachlicher Perspektive relevanten Umstände darzustellen und unter fachlichen Gesichtspunkten zu bewerten, macht die Qualität des Berichtes und der Stellungnahme aus. Damit aber in Sorgerechts- und Umgangsverfahren der Konflikt nicht genährt wird, ist Sorgfalt, Ausgewogenheit und Neutralität bei der Berichterstattung und der Stellungnahme geboten. Das, was an das Gericht geschrieben oder dort gesagt wird, sollte den Filtern unterzogen werden, die schon Sokrates[38] propagiert hat: Wahrheit, Güte, Notwendigkeit.

Der Leistungsträger der Kinder- und Jugendhilfe ist *nicht* Ermittler des Gerichtes, Sprachrohr, Berater von Eltern oder Elternteilen bzw. Anwalt des Kindes. Er wird vielmehr als Sozialleistungsträger in die Pflicht genommen darzulegen, welche Sozialleistungen (Beratung, Hilfe zur Erziehung, Krankenhilfe etc.) aufgrund welcher Umstände (die Auswirkungen auf die Kinder und Jugendlichen haben) von ihm selbst oder anderen den Personensorgeberechtigten oder den Beteiligten anzubieten bzw. von diesen anzunehmen sind.

6.1.2 Mitwirkung bei Umgangs- und Sorgerechtsregelungen

Nach § 50, Abs. 1 SGB VIII hat das Jugendamt das Familiengericht in einer nicht zu vermutenden Vielfalt von Verfahren zu unterstützen, die jede ASD-Kraft kennen solte.[39] Diese *Unterstützungspflicht* ist auch an anderen Stellen im FamFG aufgenommen (z. B. in § 176 FamFG: Pflicht zur Anhörung und

38 Siehe Die drei Siebe im Glossar.

39 § 50 SGB VIII Mitwirkung in Verfahren vor den Familiengerichten
(1) [1]Das Jugendamt unterstützt das Familiengericht bei allen Maßnahmen, die die Sorge für die Person von Kindern und Jugendlichen betreffen. [2]Es hat in folgenden Verfahren nach dem Gesetz über das Verfahren in Familiensachen und in den Angelegenheiten der freiwilligen Gerichtsbarkeit mitzuwirken:

§ 172 Abs. 2: Pflicht zur Beteiligung auf Antrag).[40] Aber auch daraus ergibt sich seitens des Familiengerichtes keine konkrete Weisungsbefugnis in Bezug auf Handlungen des Jugendamtes. Es ist hier jedoch auf Ausnahmen hinzuweisen, wie in § 50 Abs. 2, S. 2 geregelt (nach dem das Jugendamt bei der frühen Anhörung über den Stand des Beratungsprozesses informiert) oder wie in § 167 Abs. 5 FamFG (nach dem das Jugendamt Personensorgeberechtigte und andere bei der Zuführung zur Unterbringung eines Minderjährigen zu unterstützen hat). Dabei ist nicht festgelegt, wie das Jugendamt dies zu tun hat. Vielmehr handeln die Vertreterinnen des Jugendamtes nach eigenem *fachlichen Ermessen*[41] unter dem Gesichtspunkt der *Geeignetheit* und eventuell vorhandener *Regelungen* im eigenen Amt und dem *„Wohl des Kindes"* je nach anzuwendendem Gesetz, so z. B. bei

---

1. Kindschaftssachen (§§ 161 bis 177 des Gesetzes über das Verfahren in Familiensachen und in den Angelegenheiten der freiwilligen Gerichtsbarkeit),
2. Abstammungssachen (§§ 178 bis 193 des Gesetzes über das Verfahren in Familiensachen und in den Angelegenheiten der freiwilligen Gerichtsbarkeit),
3. Adoptionssachen (§§ 194 bis 207 des Gesetzes über das Verfahren in Familiensachen und in den Angelegenheiten der freiwilligen Gerichtsbarkeit),
4. Wohnungszuweisungssachen (§§ 208 bis 218 des Gesetzes über das Verfahren in Familiensachen und in den Angelegenheiten der freiwilligen Gerichtsbarkeit) und
5. Gewaltschutzsachen (§§ 219 bis 225 des Gesetzes über das Verfahren in Familiensachen und in den Angelegenheiten der freiwilligen Gerichtsbarkeit).

(2) [1]Das Jugendamt unterrichtet insbesondere über angebotene und erbrachte Leistungen, bringt erzieherische und soziale Gesichtspunkte zur Entwicklung des Kindes oder des Jugendlichen ein und weist auf weitere Möglichkeiten der Hilfe hin. [2]In Kindschaftssachen informiert das Jugendamt das Familiengericht in dem Termin nach § 165 Abs. 2 des Gesetzes über das Verfahren in Familiensachen und in den Angelegenheiten der freiwilligen Gerichtsbarkeit über den Stand des Beratungsprozesses.

40 Die Regelungen für die *Beteiligung* des Jugendamtes in den einzelnen Familiensachen finden sich für die *Kindschaftssachen* in § 151 FamFG, für die *Abstammungssachen* in § 172 FamFG, für *Adoptionssachen* in § 188 Abs. 2 FamFG, für *Ehewohnungs- und Haushaltsachen* in § 204 FamFG, für *Gewaltschutzsachen* in § 212 FamFG. Die *Anhörung* des Jugendamtes ist verpflichtend für Kindschaftssachen in § 162 Abs. 1 FamFG, für Abstammungssachen in § 176 Abs. 1, für Wohnungszuweisungssachen in § 205 FamFG, für Gewaltschutzsachen in § 213 FamFG.

41 Zu diesem fachlichen Ermessen gibt es z. B. von Landesjugendämtern Empfehlungen und Arbeitshilfen. Als Beispiel sei an dieser Stelle die des LWL Westfalen-Lippe, Landesjugendamt Münster (2011) genannt, die auch ein einfaches Flussdiagramm der Mitwirkung im Familiengerichtsverfahren enthält (S. 26). Die Arbeitshilfen halten wir allerdings für zu wenig an den Vorgaben des § 50 SGB VIII orientiert.

- streitigen Sorgerechtsregelungen geht es bei Getrenntleben und bestehender gemeinsamer elterlicher Sorge um die Regelung, welche „dem Wohl des Kindes am besten entspricht" (§ 1671 BGB),
- Getrenntleben und bei elterlicher Sorge der Mutter entweder um eine Regelung, die „dem Wohl dient", oder um eine, die „dem Wohl des Kindes nicht widerspricht" (§ 1672 BGB),
- Umgangsregelungen zwischen Kind und Eltern (§ 1684 BGB) und
- mit Freiheitsentziehung verbundener Unterbringung (§ 1631b) um Regelungen, die „zum Wohl des Kindes erforderlich" sind, oder um den Ausschluss, dass „das Wohl des Kindes gefährdet wäre".
- Umgangsreglungen zwischen Geschwistern, Großeltern und Kind oder Stiefelternteil und Kind, ob sie dem „Wohl des Kindes dienlich" sind (1685 BGB).

Als Beteiligter ist das Jugendamt in Familiengerichtsverfahren nach § 7 FamFG nur hinzuziehen, wenn es dies ausdrücklich beantragt. Über diese Möglichkeit ist es durch das Gericht zu belehren.

Das Jugendamt kann sich im Familiengerichtsverfahren durch eigene Beschäftigte vertreten lassen (§ 114 FamFG), es benötigt keine Anwälte.

Der Status des Jugendamtes bei Anhörung und bei Beteiligung ist folgendermaßen unterschieden:

Anhörung	Beteiligung
Das Jugendamt ist anzuhören, muss sich aber nicht äußern (außer zum Stand des Beratungsprozesses in der frühen Anhörung).	Das Jugendamt hat den Ladungen des Gerichtes – wie die anderen Beteiligten – zu folgen.
Dem Jugendamt sind die Entscheidungen bekannt zu geben.	Das Jugendamt kann Anträge zur Sache und zum Verfahren stellen, einschließlich Beschwerdebefugnis.
Das Jugendamt hat eine Beschwerdebefugnis, insofern es in seinen Rechten verletzt worden ist.	Es muss einem gerichtlich genehmigten Vergleich über Umgang oder die Herausgabe eines Minderjährigen zustimmen.
Das Jugendamt trägt formell ein geringes Kostenrisiko (§ 81 Abs. 4 FamFG).	Das Jugendamt trägt formal das Kostenrisiko von Beteiligten (§ 81 Abs. 2 FamFG), das allerdings kaum wirksam wird.

Abbildung 10: Rechte und Pflichten von Familiengericht und Jugendamt in Familiengerichtsverfahren in Bezug auf Anhörung und Beteiligung

Das Jugendamt *sollte* in den Kindschaftssachen (Verfahren um die elterliche Sorge, den Umgang, die Herausgabe eines Kindes, die Vormundschaft, die Pflegschaft, die Genehmigung einer freiheitsentziehenden Unterbringung eines Minderjährigen) seine Beteiligung beantragen.

Im Einzelnen stehen für die Sozialarbeiterin bei jeder dieser Aufgaben folgende Schritte an, wenn das Gericht durch ein Anschreiben an das Jugendamt herangetreten ist:

Sie prüft ihre sachliche und örtliche Zuständigkeit gem. §§ 86–88 SGB VIII. Der Inhalt des mündlichen oder schriftlichen Vortrags oder einer Berichtsanforderung des Gerichtes sind zur Kenntnis zu nehmen. Dabei ist zu klären, ob sich aus den Schriftsätzen dringender Handlungsbedarf ergibt. Ist letzteres nicht ersichtlich, ist die Familie im Jugendamt noch nicht bekannt und die Sozialarbeiterin nach Geschäftsverteilungsplan bzw. Straßenschlüssel tatsächlich zuständig, informiert sie die Eltern oder Umgangsberechtigten über die Leistungen und Aufgaben des Jugendamtes, ihren Beratungsanspruch, ihre Wahlmöglichkeit gem. § 5 SGB VIII.

Das Anschreiben für die Elternteile könnte folgendermaßen gestaltet sein:

MUSTERORT
Die Bürgermeisterin

Jugendamt
ASD
Rathausplatz 1
00PLZ Musterort

Stadt Musterort – Rathaus – 00PLZ Musterort

Frau/Herrn
Muster
Brandstraße 1
00PLZ Musterort

Ansprechpartner/-in
Frau Fleißig
Zimmer 212
Tel. Vorwahl/Durchwahl
Fax: Vorwahl/Durchwahl
E-Mail: fleißig@musterort.de

22.02.2012
Mein Zeichen:
Ihr Zeichen:
Ihr Schreiben vom

Ihr Familiengerichtsverfahren, Sorgerechtsregelung für Jana

Sehr geehrte ...

Das Jugendamt ist an diesem Verfahren beteiligt und vom Gericht um Bericht und Stellungnahme zu den Anträgen gebeten sowie zum Anhörungstermin geladen worden.*

In dem beschleunigten Verfahren hat das Jugendamt das Gericht über den Stand des Beratungsprozesses zu informieren.

Auf diesem Wege möchte ich Sie zum Gespräch einladen am

(Tag), den (TT.MM.JJ), gegen (SS:MM) Uhr
im Jugendamt, Hochweg 1 (Verwaltungsgebäude am Marktplatz in Musterstadt), 2. Etage,
Zimmer 214.

Sie haben auch Anspruch auf Beratung und Unterstützung, worüber ich Sie gerne aufklären möchte.

Sollten Sie aus einem wichtigen Grund nicht kommen können oder lieber einen Hausbesuch wünschen, rufen Sie mich bitte an, damit wir einen neuen Termin ausmachen können. Sie können mir auch eine Nachricht auf dem Anrufbeantworter hinterlassen.

Mit freundlichen Grüßen
Im Auftrag

Fleißig
Diplom-Sozialarbeiterin

* Gesetzliche Grundlage: § 50 SGB VIII: Das Jugendamt unterrichtet insbesondere über angebotene und erbrachte Leistungen, bringt erzieherische und soziale Gesichtspunkte zur Entwicklung des Kindes oder des Jugendlichen ein und weist auf weitere Möglichkeiten der Hilfe hin. In Kindschaftssachen informiert das Jugendamt das Familiengericht in dem Termin nach § 165 Abs. 2 des Gesetzes über das Verfahren in Familiensachen und in den Angelegenheiten der freiwilligen Gerichtsbarkeit über den Stand des Beratungsprozesses.

Abbildung 11: Erstes Anschreiben an Eltern

Die Mitarbeiterin wird zudem an das Gericht schreiben:

MUSTERORT
Die Bürgermeisterin

Jugendamt
ASD
Rathausplatz 1
00PLZ Musterort

Ansprechpartner/-in
Frau Fleißig
Zimmer 212
Tel. Vorwahl/Durchwahl
Fax: Vorwahl/Durchwahl
E-Mail: fleißig@musterort.de

23.02.2012
Mein Zeichen: 512-2-1
Ihr Zeichen:
Ihr Schreiben vom
10.02.2012

Stadt Musterort – Rathaus – 00PLZ Musterort

Amtsgericht
Familiengericht
Postfach
Musterort

Familiensache Muster 122 F 12/12
Sorgerechtsregelung für Jana Muster, geb. am 23.03.2000

Ihr Schreiben vom 10.02.2012 ist hier am 22.02.2012 eingegangen.
Die Angelegenheit wird hier unter dem Aktenzeichen 51-512-1 bearbeitet.

Das Jugendamt beantragt seine Beteiligung in diesem Verfahren und erklärt gleichzeitig, dass es auf die förmliche Belehrung gem. § 7 Abs. 4 FamFG verzichtet.

Ein Kontakt mit den Eltern und mit dem Kind ist hergestellt.

Im Auftrag

Fleißig
Diplom-Sozialarbeiterin

Abbildung 12: Erstes Anschreiben an das Familiengericht

Im ersten Gespräch mit den Eltern oder beim frühen Termin im Familiengericht ist zu klären, ob aufgrund der Angaben der Eltern oder den Eindrücken von ihnen und den Kindern akuter Handlungsbedarf besteht oder ob die Eltern auf weitere Beratung verwiesen werden können, damit sie dort ein einvernehmliches Konzept zur Sorgerechts- bzw. Umgangsregelung erarbeiten.

Nach einem ersten Gespräch mit den Eltern könnte eine schriftliche Mitteilung für die frühe Anhörung wie folgt aussehen:

MUSTERORT
Die Bürgermeisterin

Jugendamt
ASD
Rathausplatz 1
00PLZ Musterort

Ansprechpartner/-in
Frau Fleißig
Zimmer 212
Tel. Vorwahl/Durchwahl
Fax: Vorwahl/Durchwahl
E-Mail: fleißig@musterort.de

Stadt Musterort – Rathaus – 00PLZ Musterort

Amtsgericht
Familiengericht
Postfach
Musterort

13.03.2012
Mein Zeichen: 512-2-1
Ihr Zeichen:
Ihr Schreiben vom
10.02.2012

Sorge- und Umgangsregelung für Jana M, geb. 23.03.2000 in Muster, wohnhaft bei der Mutter

Personalien der Eltern:

Die Eltern und ihre Tochter sind erstmals anlässlich des anhängigen Verfahrens persönlich im Jugendamt bekannt geworden.

Bislang ist ein Kontakt in einem ersten gemeinsamen Gespräch mit beiden Eltern zustande gekommen.

Nach Aufklärung der Eltern über ihre Möglichkeiten, Beratungen der Jugendhilfe oder Mediation in Anspruch zu nehmen, haben die Eltern vereinbart, bis zum Gerichtstermin eine Entscheidung darüber getroffen zu haben, ob sie Angebote der Jugendhilfe annehmen wollen. Für diesen Fall sollten sie sich an die Beratungsstelle Elternkompass wenden, wo es für eine solche Beratung zeitnah Kapazitäten gibt.

Nach übereinstimmenden Angaben der Eltern ist die Entwicklung ihrer Tochter bislang unauffällig verlaufen.

Im Auftrag

Fleißig
Diplom-Sozialarbeiterin

Abbildung 13: Anschreiben an das Familiegericht nach Erstgespräch mit Eltern

Da der Gesetzgeber die *gemeinsame* elterliche Sorge als Regelfall auch bei Trennung und Scheidung der Eltern sowie den Umgang zwischen dem Kind und dem Elternteil, bei dem das Kind nicht lebt, grundsätzlich für das Wohl eines jeden Kindes als erforderlich ansieht, haben die Eltern auch nach der Trennung in gemeinsamer Verantwortung weiterhin alle wichtigen Angelegenheiten des Kindes zu regeln. Sie und alle beteiligten Institutionen haben daher stets auf *einvernehmliche* Regelungen hinzuwirken. In besonderen Konfliktsituationen (etwa bei häuslicher Gewalt) oder besonders hartnäckigen Konflikten (etwa bei süchtigen oder neurotisch fehlentwickelten Eltern oder bei einem Verdacht auf Kindeswohlgefährdung) und bei hochstrittigen Paaren können umfangreiche fachlich fundierte Berichte und Stellungnahmen des Jugendamtes erforderlich sein.

Bleibt die Regelung weiterhin strittig, erhebt die Sozialarbeiterin relevante Fakten (*Anamnese*) und legt einen Befund (*Diagnose*) vor, den sie erklärt und auf dessen Grundlage sie eine mögliche Entwicklung voraussieht (*Prognose*). Dies dient dazu, um Vorschläge für weitere Hilfen u. a. an die Eltern, das Gericht, den Vormund, den Gutachter zu unterbreiten. In diesem Fall hat das Jugendamt einen Bericht und eine fachlich fundierte Stellungnahme auf der Basis des Berichtes abzugeben. Die *Gliederung eines Berichtes mit Stellungnahme* könnte wie in Abb. 14 auf der folgenden Seite aussehen.

Wenn die Sozialarbeiterin einen Bericht und eine Stellungnahme gem. § 50 SGB VIII abgibt, ist sie in ihrer Fachlichkeit in besonderer Weise gefordert; ein Umstand, dem spezielle Aufmerksamkeit zu schenken ist.

Zentrale Norm für ihre Bewertungen, Entscheidungen und ihr Handeln bei einer strittigen Mitwirkung ist der *unbestimmte Rechtsbegriff „Wohl des Kindes“*, das gefährdet ist, dem etwas nicht widersprechen darf, etwas dienlich sein muss oder für das etwas erforderlich sein muss. Darüber glauben alle Menschen Bescheid zu wissen. Jedermann hofft und denkt, dass alle Eltern wissen, was das Beste für ihr Kind ist. Dabei wird geflissentlich übersehen, dass ein Unterschied besteht zwischen „das Beste wollen“, „das Beste kennen“ und „das Beste umsetzen“. Eltern und Kinder führen über diesen Unterschied in allen Phasen ihres Zusammenlebens, meist auch über die Ablösungsphase hinaus, teils sehr heftige Auseinandersetzungen. In jeder Hinsicht (medizinisch, psychologisch, pädagogisch, juristisch) ist das Wohl des Kindes äußerst schwer bestimmbar.

Die Juristen, die im Streitfall letztendlich entscheiden und somit die Definitionsmacht haben, orientieren sich bei ihren Entscheidungen an der Entwicklung des Kindes zu einer autonomen, gemeinschaftsfähigen Persönlichkeit. Sie beziehen sich zu dessen Beurteilung auf einige Prinzipien wie Kontinuitäts- und Förderprinzip, die Fähigkeiten der Eltern zur Kooperation

Aufriss/Rubrum

Betreff

Personalien mit Kontaktdaten

Anlass/Anträge

Berichtsgrundlagen/Quellen

Inhaltsverzeichnis bei längeren Berichten

Bericht insbesondere zu

1. angebotenen und erbrachten Leistungen
2. erzieherischen und sozialen Gesichtspunkten zur Entwicklung des Minderjährigen
3. weitere Möglichkeiten der Hilfe und
4. ggfs. zum Verlauf des Beratungsprozesses
5. aber auch über
   Angaben der Beteiligten, chronologisch und nach Beteiligten geordnet
   Angaben Dritter (z. B. Lehrpersonen, Kindertagesbetreuerinnen, Ärztinnen)
   Wiedergabe von Dokumenten/Diagnosen Dritter
   Eigene Beobachtungen
   Getroffene Vereinbarungen

Zusammenfassung

Prognose, Stellungnahme, Empfehlungen unter Berücksichtigung des Gesetzes, nach der das Familiengericht zu entscheiden hat

Grußformel mit Unterschrift
Hinweis auf Anlagen

Abbildung 14: Gliederung eines Berichtes und einer Stellungnahme im Familiengerichtsverfahren

mit dem anderen Elternteil und ggf. mit Institutionen, der Bindungstoleranz (u. a. Toleranz der Bindungen des Kindes zu dem anderen Elternteil) sowie die Bindungen des Kindes und – je nach Alter – den Kindeswillen.

Solche Auffassungen spiegeln sich nicht nur in höchstrichterlichen Entscheidungen wider. Sie wirken vielmehr hinein in das Aufgabengebiet der Sozialarbeiterin. Sie kann das „Wohl eines Kindes" in der Unbestimmtheit und Diffusität belassen, immer wieder im Munde führen und so tun, als ob alle wüssten, worüber sie rede, aber auch aus genuiner sozialarbeiterischer Sicht den Begriff unter fachlichen Gesichtspunkten unterteilen. In einem strittigen Fall hat sie für jedes einzelne Kind mit oder ohne Eltern zu definieren, ob das Kind sich jenseits oder diesseits des Kindeswohls befindet. Ihre Definition muss so sein, dass sie für das Kind und die Eltern annehmbar ist. Das bedeutet dreierlei:

1. Jeder Einzelfall ist grundlegend neu zu definieren bzw. zu beurteilen, was umfangreiches, stets aktualisiertes, in Facetten vielfältiges (z. B. in Be-

zug auf Lebenswelten, soziale Schichten usw.) theoretisches Wissen verlangt.

2. Weiter bedeutet diese Notwendigkeit der Neudefinition für die Arbeit der Sozialarbeiterin, dass sie nicht unter „Normalbedingungen“ diese Definition vornehmen kann, sondern in einer Krisensituation der Eltern und des Kindes.
3. Schließlich bedeutet die jeweils neue Definition für speziell das Wohl des Kindes, dass die Sozialarbeiterin diese nachvollziehbar, transparent und verständlich Eltern, Einrichtungen, Vertretern anderer Professionen wie Rechtsanwälten und Richtern, aber auch dem Kind darlegt.

Ob im Rahmen von Mitwirkung, Inobhutnahme, Hilfe zur Erziehung oder bei der Beratung in Fragen der Partnerschaft sind diese genannten Überlegungen in jedem Fall neu. Sie verändern sich mit der Zeit oft.

Für ihren Bericht erhebt die Sozialarbeiterin eine *Anamnese*[42] mit folgenden Eckdaten:

- die *wirtschaftlichen und persönlichen Verhältnisse* der Familienmitglieder,
- die *Rollenstruktur* in der Ehe und der Familie,
- die *entwicklungsbiologischen Daten* z. B. über sozial bedeutsame Krankheiten, Unfälle oder Vorkommnisse, Behinderungen,
- die entwicklungspsychologischen *Daten* über die frühkindliche Entwicklung von Eltern und Kindern, das praktizierte *Verhalten* der Eltern, deren Stellungen in den Geschwisterreihen,
- die Wechsel von *Bezugspersonen*, auch Umzüge,
- die *berufliche* Situation von Eltern,
- die Situation des *Babys* oder *Kleinkinde*s,
- die schulische Situation der *älteren Kinder*,
- das *Freizeitverhalten* der Eltern und Kinder,
- deren *soziale Kontakte*,
- die Einstellung der Befragten zu den Befunden (*Selbstbild*),
- den aktuellen *Anlass der Begegnung*,
- die für die Konflikte bzw. deren Regelung relevanten *Normen* und Wertvorstellungen,
- die *Streitfragen* und
- die *Definition des Problems*.

42 Ein mehr auf das Erleben gerichtetes Schema für die Aufnahme einer Familiengeschichte findet sich bei Satir, V. (2003) Familienbehandlung, S. 157, andere wie ressourcen- oder systemorientierte mit Genogrammen können ebenfalls genutzt werden; vgl. zur Anamnese auch Vent, H. 1986, S. 40f.

Bei der Auswertung der erhobenen Informationen, der Erstellung des Befundes oder der Prognose hat die Sozialarbeiterin *subjektive Komponenten* von zweierlei Art zu berücksichtigen:

a) jene, welche die Auskunftspersonen (Eltern, Kinder, ggf. andere Familienmitglieder, Erzieherinnen, Lehrerinnen etc.) in Meinungen, Wertungen, Deutungen, eventuell auch durch Verschweigen eingebracht bzw. nicht eingebracht haben, und
b) Überlegungen, die durch ihre eigenen Vorzugstendenzen die Auswahl, Bewertung oder Übernahme von Informationen beeinflussen, wie z. B. Sympathie oder Antipathie der Auskunftsperson gegenüber.

MUSTERORT
Die Bürgermeisterin

Jugendamt
ASD
Rathausplatz 1
00PLZ Musterort

Stadt Musterort – Rathaus – 00PLZ Musterort

Amtsgericht
Familiengericht
Postfach
Musterort

Ansprechpartner/-in
Frau Fleißig
Zimmer 212
Tel. Vorwahl/Durchwahl
Fax: Vorwahl/Durchwahl
E-Mail: fleißig@musterort.de

15.04.2012
Mein Zeichen:
Ihr Zeichen:
Ihr Schreiben vom
15.03.2012

Sorge- und Umgangsregelung für Jana Mustermann, geb. 23.03.2000, geb. in Muster, wohnhaft bei der Mutter

Personalien der Eltern:
Maria Mustermann, geb. Probe, geb. 13.05.1967 in Musterort, wohnhaft Brandstraße 1, Musterort

Josef Mustermann, geb. 24.03.1961, Musterort, wohnhaft seit dem in Alte Straße 2 in Musterstadt

Mit Schreiben vom 05. 01. 2011 teilte das Amtsgericht Musterort dem Jugendamt gem. § 17 Abs. 3 SGB VIII mit, dass das Ehescheidungsverfahren der damaligen Eheleute Mustermann anhängig sei, Sorgerechtsanträge seien nicht gestellt. Das daraufhin vom Jugendamt verschickte Informationsschreiben an die Eltern, in dem auf das Beratungsangebot in Fragen der Partnerschaft, Trennung und Scheidung aufmerksam gemacht wurde, blieb seitens der Eltern ohne Resonanz ans Jugendamt.

Im Hinblick auf die Mediation, welche die Eltern noch im Februar 2012 aufgenommen hatten, wurde das Verfahren zunächst unterbrochen. Die Eltern wollten dem Gericht einen Vergleich vorlegen. Dieser Plan scheiterte wegen Schwierigkeiten der Umgangsregelung für Jana, so dass der Vater mitteilen ließ, er halte seinen Antrag auf Umgangsregelung aufrecht. Er beantragte im Übrigen wöchentliche Umgangskontakte. Die Mutter beantragte die gemeinsame elterliche Sorge aufzuheben und ihr allein das Sorgerecht für Jana zu übertragen.

Berichtsgrundlage für diesen Bericht und diese Stellungnahme sind die Antragsschrift vom 28. 02. 2012 sowie die Erwiderung darauf vom 12. 03. 2012.

Mit Frau Mustermann fanden drei Gespräche im Jugendamt statt.

Jana lernte ich in ihrer häuslichen Umgebung kennen.

In Bezug auf Herrn Mustermann bat ich das Jugendamt Musterstadt um Amtshilfe. Wie bereits im Schreiben vom 02. 04. 2012 mitgeteilt, ist Herr Mustermann der dortigen Gesprächseinladung nicht gefolgt.

Da kein Gespräch mit Herrn Mustermann zustande gekommen ist und insofern auch keine detaillierten Äußerungen von ihm vorliegen, kann seine Position nur entsprechend der Inhalte aus dem Erstgespräch und den Antragsschreiben berücksichtigt werden.

Mit **Frau Mustermann** sprach ich über ihre eigene Lebensgeschichte, die Ehezeit, die Gründe für die Trennung, über die Entwicklung des Kindes und ihre Gründe für den Sorgerechtsantrag.

Frau Mustermann berichtete, dass sie als Jugendliche ihr Elternhaus verlassen habe und mit ihrem späteren Mann bei dessen Eltern zusammen lebte.

Ihre Trennung als Ehepaar sei erfolgt, als Jana fast elf Jahre alt gewesen sei, also Ende 2010. Man habe sich auseinander gelebt. Die Trennung als Paar sei nicht einfach gewesen, Absprachen hätten aber getroffen werden können und seien eingehalten worden, auch bezüglich Jana. In Fragen der Erziehung hätten sie als Eltern ähnliche Vorstellungen gehabt.

Die geplante Mediation sei nach einem Gespräch gescheitert, weil Herr Mustermann im Februar 2012 unvermittelt nach Musterstadt zu seiner Freundin verzogen sei. In Musterort habe er alles abgebrochen (Arbeit und Beziehungen). Er zahle keinen Unterhalt mehr, und Vereinbarungen mit ihm seien nicht möglich. Insbesondere seien hier die Besuchskontakte zu nennen. Der Vater lasse sich bis heute auf keine geregelte und feste Zusage für die Besuchskontakte mit Jana ein, weil er im Schichtdienst arbeite.

Frau Mustermann erwägt, mit ihrem Kind in Zukunft nach Köln umzuziehen, wo ihr neuer Partner, den sie übers Internet kennegelernt habe, lebe und arbeite. Dies sei jedoch noch nicht konkret.

Frau Mustermann beantragt ihren Angaben zufolge das alleinige Sorgerecht, weil zwischen ihr und dem Vater ihres Kindes keine Kommunikation möglich sei, damit sie für Jana entsprechende wichtige Entscheidungen treffen könne.

So habe sie die Umschulung von Jana zur Schule mit dem Förderschwerpunkt Lernen letztlich ohne die Zustimmung des Vaters umsetzen müssen, weil der Vater seine Zustimmung zum Schulwechsel versagt habe. Er lehnt die Schule ab.

Herr Mustermann habe ihr allerdings zwei- bis dreimal zugesichert, dass ein solcher Schulwechsel, sollte er von ihr gestellt werden, von ihm unterstützt würde.

Bei Telefonaten oder anderen Anlässen frage der Vater nie danach, wie es Jana gehe, wolle über diese auch nichts wissen und bekomme aufgrund der räumlichen Entfernung von ihr nichts mit. Mehrfach habe er signalisiert, dass Jana ihm inzwischen „egal" sei.

Frau Mustermann lebt von ergänzenden Leistungen zum Lebensunterhalt. Als ausgebildete Bürokauffrau arbeite sie seit zehn Jahren nicht mehr. Durch die ARGE sei ihr eine Tätigkeit als Reinigungskraft bei einem Wohlfahrtsverband vermittelt worden. Sie arbeite in der Woche während der Schulzeit von Jana insgesamt zehn Stunden.

Frau Mustermann und Jana bewohnen eine geräumige Dreizimmerwohnung im Obergeschoss eines Zweifamilienhauses in einer verkehrsberuhigten guten Wohnlage im Norden von Musterort.

Aus den Schriftsätzen geht hervor, dass **Herr Mustermann** in Musterstadt mit seiner Partnerin, Frau Ruth C., zusammen lebt. Das Paar hat eine gemeinsame drei Monate alte Tochter. Frau C. hat zwei Kinder im Alter von elf und sieben Jahren.

Herr Mustermann hat seine Gründe im Anwaltsschriftsatz vom 29.02.2012 vortragen lassen, weswegen er der Übertragung der alleinigen Sorge auf seine geschiedene Frau widerspricht. Er lässt schreiben, er sei „an dem Schicksal von Jana sowie an der Aufrechterhaltung der Kontakte zu ihr erheblich interessiert". Die Behauptung, „eine Kommunikation der Parteien im Hinblick auf die Belange von Jana finde nicht mehr statt, ist unzutreffend". Der Umschulung Janas habe er sich nicht „verschlossen bzw. hierfür die Einwilligung versagt". Als „sachlicher Unfug" werde die Darstellung der Mutter betrachtet, dass Jana dem Vater „völlig gleichgültig" sei. Als Beleg dafür, dass dies nicht so sei, wird der Besuchskontakt von Jana über Ostern 2012 beim Vater angeführt; an anderer Stelle wird jedoch eingeräumt, dass „der Kontakt des Antragsgegners zu seiner Tochter erst nach Abfassung des Schriftsatzes vom 25. März 2012 aufgenommen worden ist".

Zu Jana:

Ihr gemeinsamer Kinderwunsch, so Frau Mustermann, sei nur durch eine künstliche Befruchtung umzusetzen gewesen.

Jana habe eine bislang altersentsprechende Entwicklung genommen.

Jana habe den Kindergarten besucht. Dort habe sie sich wenig alleine beschäftigen können und wenig funktionelles Spiel gezeigt, sie habe der Anleitung bedurft.

Mit sieben Jahren sei sie eingeschult worden. Bei Jana habe sich bei der Schuluntersuchung nicht abgezeichnet, dass sie schulisch den Anforderungen der Regelschule auf Dauer nicht entsprechen könne. Jana sei von der Klassenlehrerin schnell „abgeschrieben" worden, zudem habe die Schule wenig mit den Eltern kooperiert. Seitdem Jana die Förderschule besuche, gehe es ihr gut.

Nach Auffassung von Frau Mustermann ist das Selbstbewusstsein von Jana noch nicht gut entwickelt. Sie sei sehr sensibel.

Jana bezeichnete sie als „tickende Zeitbombe", die sich sehr aggressiv verhalten könne, wenn sie explodiere. Sie sei viel und gerne draußen und wolle gerne in einem Fußballverein spielen.

Für Jana ist – nach Angaben der Mutter – die Teilnahme an einer Scheidungskindergruppe bei der Beratungsstelle angedacht. Frau Mustermann plant mit ihr eine Mutter-Kind-Kur.

Schwierig für Jana zu verstehen sei, so Frau Mustermann, warum die Eltern nicht mehr miteinander sprechen, aber insbesondere, warum der Vater sie nicht regelmäßig besuchen wolle. Sie stelle in diesem Zusammenhang immer wieder die Frage, ob der Vater sie noch lieb habe. Sie selbst könne das Verhalten des Vaters ihrer Tochter nicht mehr plausibel vermitteln. Solange der Vater nicht Regelmäßigkeit und Verlässlichkeit bei den Kontakten zusichere, lasse sie keine Besuche mehr zu, weil die bisherige Handhabung der Besuche von Seiten des Vaters das Wohl der Kinder gefährde. Jana warte manchmal vergebens auf den Vater, was sie enttäusche und verletze.

Vor kurzem sei bei den Telefonaten des Vaters mit Jana insofern eine Besserung eingetreten, als dass der Vater Jana nunmehr aus den Streitigkeiten der Erwachsenen heraushalte. Der Vater wisse, so Frau Mustermann, dass sie seine Gespräche mit Jana über den Lautsprecher des Telefons mithöre.

Jana sprach ich alleine am ersten Ferientag in ihrer häuslichen Umgebung.
Jana ist deutlich übergewichtig. Sie zeigte sich sehr interessiert, sie gab bereitwillig Auskunft, und es war angenehm, sich mit ihr zu unterhalten.

Ich nutzte die Gelegenheit, ihr den Ablauf ihrer Anhörung beim Amtsgericht zu erklären. Jana hatte sofort den Vergleich mit den täglich im Fernsehen ausgestrahlten Gerichtsshows parat.

Sie berichtete über mögliche, aber wohl noch nicht fest vereinbarte Ferienaktivitäten. Sie erzählte, zum Geburtstag Inliner von der Mutter geschenkt bekommen zu haben, mit denen sie gut fahren könne. Enttäuscht äußerte sie sich über das Verhalten des Vaters, der sie nicht regelmäßig besuchen komme, weil er angeblich kein Geld dafür habe. Sie erwarte aber am Abend meines Besuches einen Anruf vom Vater. Sie erwähnte auch die Pläne der Mutter, mit ihr nach Köln umzuziehen, was bei ihr aber nicht sehr konkret klang. Den neuen Partner der Mutter sprach sie nicht an.

Jana berichtete über sich, dass sie froh sei, die neue Schule zu besuchen; die jetzige Schule sei gut. Ab dem nächsten Schuljahr besuche sie die vierte Klasse. Sie wolle gerne in einem Fußballverein spielen.

Stellungnahme:
Selbst für Eltern, die gut miteinander kooperieren, stellt eine Entfernung, wie sie zwischen Musterort und Musterstadt gegeben ist, schon eine gewisse Hürde für die Ausübung des gemeinsamen Sorgerechts dar. Die Schwierigkeiten, die sich durch räumliche Entfernungen ergeben, werden jedoch vervielfacht, wenn, wie bei Familie Mustermann, die Kommunikation zwischen den Eltern nicht mehr funktioniert. Dies ist jedoch Grundvoraussetzung, um im Sinne der vom Gesetzgeber gewollten gemeinsamen Ausübung der elterlichen Sorge einvernehmliche Entscheidungen für das gemeinsame Kind treffen zu können. Diese Grundvoraus-

setzung ist hier zurzeit nicht mehr gegeben. Beispiel für solch eine misslungene Kommunikation in einer Angelegenheit von erheblicher Bedeutung mit entsprechenden Entscheidungsverzögerungen und letztlich eigenmächtiger Entscheidung der Mutter ist die Umschulung Janas zur Förderschule mit dem Schwerpunkt Lernen im Frühjahr 2012. Insofern ist es aus Sicht der Mutter konsequent, den Antrag auf Übertragung des Sorgerechtes auf sie alleine gestellt zu haben.

Die Schwierigkeiten, die die Eltern miteinander wegen der Regelung der Folgen ihrer Trennung und Scheidung haben, treffen Jana derart, dass sie leidet und körperliche Symptome zeigt. Sie benötigt auch nach Erkenntnis ihrer Mutter weitere therapeutische Hilfe. Die Ursache ihrer Schwierigkeiten scheint im Elternkonflikt zu liegen.

In der Beratungsstelle Elternkompass bestünde für die Eltern weiterhin die Möglichkeit, z. B. freitags nachmittags Termine für eine Beratungsreihe zu erhalten, damit sie dort die Schwierigkeiten hinsichtlich der Umgangsregelung und Fragen der elterlichen Sorge wie den von Frau Mustermann geplanten Umzug und die Regelung seiner Folgen gemeinsam besprechen können.

Es sind hier im Übrigen keine Umstände bekannt geworden, die bei Aufhebung der gemeinsamen elterlichen Sorge gegen deren Übertragung auf die Mutter allein sprächen.

Im Auftrag

Fleißig
Diplom-Sozialarbeiterin

Abbildung 15: Bericht und Stellungnahme bei Mitwirkung

6.1.3 Mitteilungen gem. § 8a SGB VIII

Eine anonyme Anruferin teilt der Bezirkssozialarbeiterin, Frau Fleißig, mit, in ihrer Nachbarschaft lebe eine Familie mit drei kleinen Kindern, um die sich das Jugendamt kümmern müsse. Aus der Wohnung rieche es nach Kot und Urin, es sei immer zu laut, die Jalousien seien bis mittags heruntergezogen. Man höre die Mutter die Kinder anschreien und sehe die Kinder kaum. Beim Hausbesuch in einer Wohnung mit Müllbergen und schmutzverkrusteten Kleinkindern erklären die Eltern, sie dächten nicht daran, mit dem Jugendamt zu reden. Alles sei ihre Privatsache. Sie verweisen Frau Fleißig und ihren Kollegen der Wohnung.

Solche oder ähnliche Mitteilungen erreichen Frau Fleißig mehrmals monatlich. Nach dem Ergebnis der kollegialen Beratung macht Frau Fleißig eine Mitteilung an das Familiengericht, weil sie dessen Tätigwerden für erforderlich hält.

Fachkräfte im ASD sind durch Gesetz und Dienstanweisung verpflichtet, Gefährdungsrisiken für Kinder einzuschätzen und ggfs. abzuwenden oder das Gericht anzurufen. Ob Gefährdungsrisiken vorliegen und was zu tun ist, wird in Jugendämtern i. d. R. nach standardisierten Verfahren erhoben.

Hat die Sozialarbeiterin gem. § 8a Abs. 2 Satz 1 SGB VIII[43] das Gericht angerufen, berücksichtigt der Aufbau eines Berichtes und einer Stellungnahme neben den o. g. Kriterien, die sich aus § 50 SGB VIII ergeben, besonders

---

43 § 8a SGB VIII Schutzauftrag bei Kindeswohlgefährdung (in der Fassung vom 01.01.2012)

(1) [1]Werden dem Jugendamt gewichtige Anhaltspunkte für die Gefährdung des Wohls eines Kindes oder Jugendlichen bekannt, so hat es das Gefährdungsrisiko im Zusammenwirken mehrerer Fachkräfte einzuschätzen. [2]Soweit der wirksame Schutz dieses Kindes oder dieses Jugendlichen nicht in Frage gestellt wird, hat das Jugendamt die Erziehungsberechtigten sowie das Kind oder den Jugendlichen in die Gefährdungseinschätzung einzubeziehen und, sofern dies nach fachlicher Einschätzung erforderlich ist, sich dabei einen unmittelbaren Eindruck von dem Kind und von seiner persönlichen Umgebung zu verschaffen. [3]Hält das Jugendamt zur Abwendung der Gefährdung die Gewährung von Hilfen für geeignet und notwendig, so hat es diese den Erziehungsberechtigten anzubieten.

(2) [1]Hält das Jugendamt das Tätigwerden des Familiengerichts für erforderlich, so hat es das Gericht anzurufen; dies gilt auch, wenn die Erziehungsberechtigten nicht bereit oder in der Lage sind, bei der Abschätzung des Gefährdungsrisikos mitzuwirken. [2]Besteht eine dringende Gefahr und kann die Entscheidung des Gerichts nicht abgewartet werden, so ist das Jugendamt verpflichtet, das Kind oder den Jugendlichen in Obhut zu nehmen.

(3) [1]Soweit zur Abwendung der Gefährdung das Tätigwerden anderer Leistungsträger, der Einrichtungen der Gesundheitshilfe oder der Polizei notwendig ist, hat das Jugendamt auf die Inanspruchnahme durch die Erziehungsberechtigten hinzuwirken. [2]Ist ein sofortiges Tätigwerden erforderlich und wirken die Personensorgeberechtigten oder die Erziehungsberechtigten nicht mit, so schaltet das Jugendamt die anderen zur Abwendung der Gefährdung zuständigen Stellen selbst ein.

(4) [1]In Vereinbarungen mit den Trägern von Einrichtungen und Diensten, die Leistungen nach diesem Buch erbringen, ist sicherzustellen, dass

1. deren Fachkräfte bei Bekanntwerden gewichtiger Anhaltspunkte für die Gefährdung eines von ihnen betreuten Kindes oder Jugendlichen eine Gefahrdungseinschätzung vornehmen,
2. bei der Gefahrdungseinschätzung eine insoweit erfahrene Fachkraft beratend hinzugezogen wird sowie

die im § 8a SGB VIII vorgeschriebene Vorgehensweise und legt dar, was sie unternommen hat, um die Personensorgeberechtigen zur Einschätzung der Gefährdung bzw. zur Abwendung des Gefährdungsrisikos zu bewegen und welche Hilfe sie zur Abwendung eines Gefährdungsrisikos oder einer Kindeswohlgefährdung annehmen müssten. Sie kann auch weitere Empfehlungen abgeben.[44]

Ein solches Schreiben könnte etwa folgende Inhalte haben:

---

3. die Erziehungsberechtigten sowie das Kind oder der Jugendliche in die Gefährdungseinschätzung einbezogen werden, soweit hierdurch der wirksame Schutz des Kindes oder Jugendlichen nicht in Frage gestellt wird.

   [2]In die Vereinbarung ist neben den Kriterien für die Qualifikation der beratend hinzuzuziehenden in soweit erfahrene Fachkraft insbesondere die Verpflichtung aufzunehmen, dass die Fachkräfte der Träger bei den Erziehungsberechtigten auf die Inanspruchnahme von Hilfen hinwirken, wenn sie diese für erforderlich halten, und das Jugendamt informieren, falls die Gefährdung nicht anders abgewendet werden kann.

(5) [1]Werden einem örtlichen Träger gewichtige Anhaltspunkte für die Gefährdung des Wohls eines Kindes oder eines Jugendlichen bekannt, so sind dem für die Gewährung von Leistungen zuständigen örtlichen Träger die Daten mitzuteilen, deren Kenntnis zur Wahrnehmung des Schutzauftrags bei Kindeswohlgefahrdung nach § 8a erforderlich ist. [2]Die Mitteilung soll im Rahmen eines Gespräches zwischen den Fachkräften der beiden örtlichen Träger erfolgen, an dem die Personensorgeberechtigten sowie das Kind oder der Jugendliche beteiligt werden sollen, soweit hierdurch der wirksame Schutz des Kindes oder des Jugendlichen nicht in Frage gestellt wird.

44 Ähnliches gilt für ihr Handeln bei Inobhutnahme gem. § 42 SGB VIII, dort heißt es in Absatz 3:

„[1]Das Jugendamt hat im Fall des Absatzes 1 Satz 1 Nr. 1 und 2 die Personensorge- oder Erziehungsberechtigten unverzüglich von der Inobhutnahme zu unterrichten und mit ihnen das Gefährdungsrisiko abzuschätzen. [2]Widersprechen die Personensorge- oder Erziehungsberechtigten der Inobhutnahme, so hat das Jugendamt unverzüglich

1. das Kind oder den Jugendlichen den Personensorge- oder Erziehungsberechtigten zu übergeben, sofern nach der Einschätzung des Jugendamtes eine Gefährdung des Kindeswohls nicht besteht oder die Personensorge- oder Erziehungsberechtigten bereit und in der Lage sind, die Gefährdung abzuwenden oder
2. eine Entscheidung des Familiengerichts über die erforderlichen Maßnahmen zum Wohl des Kindes oder des Jugendlichen herbeizuführen.

[3]Sind die Personensorge- oder Erziehungsberechtigten nicht erreichbar, so gilt Satz 2 Nr. 2 entsprechend. Im Fall des Absatzes 1 Satz 1 Nr. 3 ist unverzüglich die Bestellung eines Vormundes oder Pflegers zu veranlassen. Widersprechen die Personensorgeberechtigten der Inobhutnahme nicht, so ist unverzüglich ein Hilfeplanverfahren zur Gewährung einer Hilfe einzuleiten."

Zum Inhalt der Mitteilung	Zur Begründung für den Inhalt
Gegenstand der Stellungnahme (gesetzliche Grundlage)	Es muss deutlich sein, was Gegenstand eines Verfahrens ist.
Im Einzelnen sollten aufgeführt sein:	
Personalien und Anschriften aller Beteiligten inklusive Geburtsort und Staatsangehörigkeit und Kontaktmöglichkeiten (Telefonnummer, E-Mail-Adresse)	Im Zuge eines frühen Termins müssen die Verfahrensbeteiligten, wie Verfahrensbeistand, Eltern oder Personensorgeberechtigte, schnell zu Absprachen erreichbar sein können.
Berichtsgrundlagen: Anzahl, Art, Datum und Inhalte der Kontakte mit Beteiligten oder Dritten und Berichte anderer	Die Benennung von Berichtsgrundlagen ist Qualitätsmerkmal.
Anlass der Mitteilung (z. B. die Personensorgeberechtigten wirken nicht mit bei der Einschätzung eines Gefährdungsrisikos, in dem sie ...)	Es muss ersichtlich sein, dass das Jugendamt versucht hat, die Personensorgeberechtigten oder andere Beteiligte zu geeigneten Schritten für die Einschätzung oder Abwendung der Gefährdung zu bewegen.
Angebotene und erbrachte *Leistungen* (z. B. Diagnose in der Kinder- und Jugendpsychiatrie in der Zeit von ... bis ... mit der Empfehlung ....)	Das Jugendamt muss darlegen, dass es den Eltern oder Personensorgeberechtigten geeignete Hilfen angetragen hat, was dabei ggfs. erreicht worden ist, oder dass die Eltern auch selbst welche eingeleitet haben.
Bekannte *Gerichtsverfahren* (z. B.: Die Ehe der Eltern wurde am ... in ... geschieden, Az..., das Aufenthaltsbestimmungsrecht der Mutter übertragen)	Dadurch wird u. a. ersichtlich, welche juristischen Anforderungen bestehen: Geht es z. B. um einen Eingriff gem. §§ 1666, 1666a BGB oder um eine Sorgerechtsänderung gem. § 1696 BGB, sind gerichtlich genehmigte Vergleiche zur Umgangsregelung schon gescheitert odgl.
Anamnese und Fremdanamnese der Familienmitglieder	Es muss deutlich sein, welche Ressourcen und Handicaps die Personensorgeberechtigten in Bezug auf die Bewältigung der aktuellen Aufgabe mitbringen, welche Erziehungsideale und -ziele sie haben, wie die Kinder gefördert werden müssen.
Elternwille und Hilfeakzeptanz	Der Wille und die Bereitschaft, Hilfe anzunehmen, sind entscheidend in Bezug auf sorgerechtliche Maßnahmen und Jugend- oder andere Hilfen.
Kindeswille und Hilfeakzeptanz	Je älter die Minderjährigen sind, umso stärker spielt es eine Rolle, welche Hilfen anzunehmen sie bereit sind.
Konstantes Erleben und *Verhalten* des Kindes und seiner Hauptbezugspersonen	Was muss man berücksichtigen, worauf kann man bauen?

Zum Inhalt der Mitteilung	**Zur Begründung für den Inhalt**
Einschätzung und Bewertung dieses Verhaltens in Bezug auf dessen Auswirkungen auf das (körperliche, geistige und seelische) Wohl oder die Entwicklung des Kindes	Es muss nachvollziehbar sein, warum das Jugendamt das Verfahren angeregt hat und welche weiteren Hilfen geeignet sein können.
Erklären des *Befundes* in Bezug auf die vorhandenen Defizite oder zu erwartender Defizite	Diagnose und Prognose liefern Hinweise auf eingetretene und mit sehr großer Wahrscheinlichkeit zu erwartende Schädigungen.
Zusammenfassung der wichtigsten Tatsachen	erleichtert den Überblick
Nennung der Positionen und Konfliktpunkte	
Hinweise auf *weitere Hilfen* (z. B. von Sozialleistungen und Sorgerechtsmaßnahmen)	vorgeschrieben in § 50 SGB VIII
Abwägung verschiedener *Alternativen* aus fachlicher Sicht	Ausweis der Qualität der Fachbehörde, Kernstück sozialarbeiterischer Überzeugungsarbeit
Empfehlungen an die Beteiligten	Die Personensorgeberechtigten müssen darauf hingewiesen werden, was sie zur Abwendung einer Gefährdung tun können oder müssten (§ 1666 BGB).
Vorschlag in Bezug auf Maßnahmen des Gerichtes, ggf. Antrag odgl. (z. B. Bestellung eines Verfahrensbeistandes, Anforderung von Schulberichten, Dokumenten von Polizei oder Staatsanwaltschaft, Erlass einer einstweiligen Anordnung, Erteilung einer Auflage, Einholung eines Gutachtens)	Das Gericht muss wissen, was das Jugendamt aus welchen Gründen anstrebt.
Ggfs. *Vorschlag* eines Vormundes oder Pflegers	Einzelvormundschaften sind Amtsvormundschaften vorzuziehen, andererseits kann die Einrichtung einer Vormundschaft oder Pflegschaft des Jugendamtes nicht abgelehnt werden.

Abbildung 16: Inhalte einer Mitteilung gem. § 8a SGB VIII und deren Begründungen

An das zuständige Gericht gewendet, würden diese Bearbeitungen in eine formale Mitteilung eingearbeitet, die wie folgt aussehen könnte:

MUSTERORT
Die Bürgermeisterin

Jugendamt
ASD
Rathausplatz 1
00PLZ Musterort

Ansprechpartner/-in
Frau Fleißig
Zimmer 212
Tel. Vorwahl/Durchwahl
Fax: Vorwahl/Durchwahl
E-Mail: fleißig@musterort.de

12.12.2010
Mein Zeichen:
Ihr Zeichen:
Ihr Schreiben vom

Stadt Musterort – Rathaus – 00PLZ Musterort

Amtsgericht
Jugendgericht
Musterort

Lana-Karina K., geb. 25.01.2001 in Musterort
Wohnhaus Perspektive in Musterort
Mitteilung gem. § 8a SGB VIII

Eltern:
Sophie Mustermann, gesch. K., gesch. G., geb. W., geb. 13.07.1974 in Musterort, wohnhaft, Großerweg 18, Musterort;
Siegfried K., geb. 01.01.1982 in Musterort, Am Bach 12, Musterort

Die Ehe der Eltern wurde im November 2010 unter dem Az. 30 F 124/10 des AG Musterort geschieden. Ein Sorgerechtsverfahren war nicht anhängig.

Halbgeschwister:
Tom G., geb. 01.04.1994 in Musterort,
Charleen G., geb. 11.11.1996 in Musterort
Beide Kinder wohnen bei der Mutter. Der Vater der Kinder, Karl G., ist verstorben.

Das Jugendamt beantragt seine Beteiligung in dem Verfahren und erklärt gleichzeitig, dass es auf die förmliche Belehrung verzichtet.

Für Lana-Karina sollte ein Verfahrensbeistand bestellt werden.

Die Familie und ihre Mitglieder sind im Jugendamt seit der Trennung der Eltern im Jahre 2007 bekannt.

Anlass der Mitteilung:
Der Vater beantragt nicht die notwendige und geeignete Hilfe zur Erziehung für seine Tochter.

Zur aktuellen Situation:
Aufgrund einer wiederholten akuten Überforderungssituation der Mutter und einer Gefährdung des Kindes wurde Lana-Karina am 01.12.2011 erneut in einer Wohngruppe aufgenommen, nachdem ihre Rückführung aus einer Heimerziehung, bei welcher der Vater schon inhaltlich nicht mitwirkte, in der Zeit von Januar bis Ende August des Jahres trotz Sozialpädagogischer Familienhilfe als gescheitert angesehen werden musste.

Die Verhaltensauffälligkeiten von Lana-Karina, die zur ersten Unterbringung geführt hatten und in der Gruppe nicht auftraten wie z. B. massive Schulverweigerung, impulsive Ausbrüche mit Tätlichkeiten gegen Sachen und Personen und anderes, traten im Haushalt der Mutter wieder extrem stark auf.

Angesichts dieser Entwicklung hat die Mutter bereits am 19.11.2011 einen Antrag auf Hilfe zu Erziehung in Form von Heimerziehung zur Vorbereitung eines Lebens in einer Pflegefamilie für Lana-Karina beim Jugendamt gestellt.

Mit Schreiben vom 24.11.2011 wurde der ebenfalls sorgeberechtigte Vater, der anlässlich der ersten stationären Hilfe für Lana-Karina schon deren Inpflegegabe favorisierte, vom Jugendamt über die Antragstellung informiert und zu einem Gespräch eingeladen, zu dem er am 30.11.2011 gemeinsam mit seiner jetzigen Lebensgefährtin, Frau O., und dem gemeinsamen fünf Monate altem Kind erschien. Die Gründe für die Unterbringung und die für die ablehnende Haltung des Jugendamtes und der sorgeberechtigten Mutter zu den Überlegungen des Vaters bzw. vielmehr zu denen seiner Lebensgefährtin, Lana-Karina bei sich aufnehmen zu wollen, wurden dargelegt (eine frühe Bindungsstörung muss vermutet werden und exklusive Aufmerksamkeit im familiären Setting für Lana-Karina müssten gegeben sein). Über die weiteren Empfehlungen des Jugendamtes bezüglich der geeigneten und notwendigen Hilfen für Lana-Karina wurde der Vater ausführlich informiert (die Diagnose zu vervollständigen, um ein geeignetes Pflegeverhältnis anbahnen zu können). Dem Vater wurde eine Bedenkzeit eingeräumt, um die er gebeten hatte.

Am 01.12.2010 wurden in einem Telefonat von Frau O., das sie im Auftrag von Herrn K. zunächst mit der Unterzeichnerin führte, wie sie sagte, nochmals die Gründe für die aktuelle Unterbringung und die weitere Planung erläutert. Dabei zeigte sich, dass der Vater neben ihr saß. Er übernahm zum Ende des Gesprächs den Hörer. Der Vater erklärte, vorbeikommen zu wollen, um den Antrag auf stationäre Hilfe zur Erziehung für Lana-Karina ebenfalls zu stellen.

Am 02.12.2011 wurde Frau O., da der Vater nicht anwesend war, über die Unterbringung vom Vortag informiert und gebeten, Herrn K. auszurichten, er möge sich beim Jugendamt melden und seine Entscheidung mitteilen. Dieses ist bis heute nicht geschehen.
Lana-Karina ist deshalb wegen der Überforderung der Mutter mit deren Zustimmung, aber ohne die des Vaters, vom Jugendamt in Obhut genommen.

Empfehlung:
Für Lana-Karina muss zeitnah eine Perspektive entwickelt werden. Geplant ist die dauerhafte Unterbringung von Lana-Karina in einer Profipflegestelle.

Stellungnahme:
Da der Vater im bisherigen Hilfeverlauf über zwei Jahre kaum mitgewirkt, den Umgang mit seiner Tochter nicht wahrgenommen und trotz Erklärungen jetzt noch keinen Antrag auf Hilfe zur Erziehung gestellt hat, ist nicht davon auszugehen, dass er jetzt bei der neu anstehenden Hilfe als Personensorgeberechtigter im notwendigen Umfang mitwirkt.

Da die von der Mutter beantragte Hilfe zur Erziehung zur Sicherung des Kindeswohls und zur Abwendung weiterer Entwicklungsgefährdungen notwendig und geeignet ist, der sorgeberechtigte Vater dieser Hilfe aber offenbar nicht zustimmt, beantragt das Jugendamt, die gemeinsame elterliche Sorge aufzuheben und der Mutter die elterliche Sorge zu übertragen.

Sie ist bereit und in der Lage, die notwendige Hilfe für Lana-Karina mitzutragen und hat sie beantragt.

Im Auftrag

Fleißig
Diplom-Sozialarbeiterin

Abbildung 17: Beispiel einer Mitteilung gem. § 8a SGB VIII

6.2 Mitwirkung im Jugendgerichtsverfahren

Wenn Gerichtsreporter über Taten Minderjähriger schreiben und Hintergründe analysieren, beziehen sie sich auf Verlautbarungen von Polizei, Staatsanwaltschaft und Gericht. Niemand kann erkennen, dass die Jugendhilfe, das Jugendamt oder ein freier Träger – auch nicht in der Form der Jugendgerichtshilfe – mit dem Minderjährigen und seinen Eltern zutun hatte oder hat.[45] In ihrem Fokus sind nämlich gesellschaftliche Hintergründe, nicht die Prognosen für die einzelnen Minderjährigen. Jugendgerichtshilfe hat auch nicht Straftaten zu ermitteln oder zu verurteilen. Ihre Aufgabe verfolgt wie alle Jugendhilfe die Ziele des § 1 SGB VIII – und zwar einzelfallbezogen, weswegen man allgemein von ihr wenig hört.

An die Methoden, den Datenschutz, den Bericht und die Stellungnahme werden bei der Mitwirkung ähnliche Anforderungen gestellt wie bei der Mitwirkung im Familiengerichtsverfahren; für Jugendgerichtsverfahren gelten jedoch spezifische Ansprüche.

Die Mitwirkung geht auch in diesen Verfahren weit über die eigentliche Verfahrensbeteiligung hinaus. Das zeigt sich unter anderem auch darin, dass zwischen Jugendgerichtshilfe, Staatsanwaltschaft und Gericht über den Bericht der Jugendgerichtshilfe hinaus ein vielfältiger Schriftwechsel besteht.

Die Mitwirkung in Verfahren nach dem Jugendgerichtsgesetz ist als Andere Aufgabe der Jugendhilfe in § 52 SGB VIII[46] geregelt. In § 38 des Ju-

---

45 Vgl. St. Berg: Die Eignungsprüfung. In: Der Spiegel, 19 vom 10.05.2010, S. 59–61; anders stellt sich dies in Gerichtsshows dar: Dort kommt neben der Staatsanwaltschaft sitzend regelmäßig eine Jugendgerichtshelferin zu Wort, wenn es um Strafverfahren gegen junge Volljährige geht.

46 § 52 SGB VIII Mitwirkung in Verfahren nach dem Jugendgerichtsgesetz
(1) Das Jugendamt hat nach Maßgabe der §§ 38 und 50 Abs. 3 Satz 2 des Jugendgerichtsgesetzes im Verfahren nach dem Jugendgerichtsgesetz mitzuwirken.
(2) [1]Das Jugendamt hat frühzeitig zu prüfen, ob für den Jugendlichen oder den jungen Volljährigen Leistungen der Jugendhilfe in Betracht kommen. [2]Ist dies der Fall oder ist eine geeignete Leistung bereits eingeleitet oder gewährt worden, so hat das Jugendamt den Staatsanwalt oder den Richter umgehend davon zu unterrichten, damit geprüft werden kann, ob diese Leistung ein Absehen von der Verfolgung (§ 45 JGG) oder eine Einstellung des Verfahrens (§ 47 JGG) ermöglicht.
(3) Der Mitarbeiter des Jugendamts oder des anerkannten Trägers der freien Jugendhilfe, der nach § 38 Abs. 2 Satz 2 des Jugendgerichtsgesetzes tätig wird, soll den Jugendlichen oder den jungen Volljährigen während des gesamten Verfahrens betreuen.

gendgerichtsgesetzes[47] sind die Aufgaben der Jugendgerichthilfe und das Zusammenwirken von Jugendgericht, Staatsanwaltschaft und Jugendgericht geregelt.

Die aktuelle Fachdiskussion über die Jugendgerichtshilfe ist an anderer Stelle kompetent zusammengefasst (Arbeitsstelle Kinder- und Jugendkriminalitätsprävention 2011, S. 8f.). Im Spannungsfeld des Sozialgesetzes und des Jugendgerichtsgesetzes muss sich nicht nur die Fachdiskussion, sondern auch die Praxis der Jugendgerichthilfe weiterentwickeln. Die Jugendgerichtshelferinnen und -helfer verstehen sich zwar selbst nicht als Hilfe des Gerichtes, sondern als Helfende mit eigener sozialpädagogischer Kompetenz an der Seite der jungen Menschen. Die Empfehlungen der Jugendhilfe (Vorschläge für weitere Maßnahmen) werden aber oft von den Jugendgerichten nur unzureichend akzeptiert und die Kooperation mit Polizei, Strafvollzug, Arbeitsverwaltung, Rechtsanwälten ist strukturell ausbaufähig (ebd. S. 89f.). Ob es besonderer Angebote für junge Menschen mit Migrationshintergrund bedarf, ist ebenfalls u. a. noch eine offene Frage.

---

47 § 38 JGG Jugendgerichtshilfe

(1) Die Jugendgerichtshilfe wird von den Jugendämtern im Zusammenwirken mit den Vereinigungen für Jugendhilfe ausgeübt.

(2) [1]Die Vertreter der Jugendgerichtshilfe bringen die erzieherischen, sozialen und fürsorgerischen Gesichtspunkte im Verfahren vor den Jugendgerichten zur Geltung. [2]Sie unterstützen zu diesem Zweck die beteiligten Behörden durch Erforschung der Persönlichkeit, der Entwicklung und der Umwelt des Beschuldigten und äußern sich zu den Maßnahmen, die zu ergreifen sind. [3]In Haftsachen berichten sie beschleunigt über das Ergebnis ihrer Nachforschungen. [4]In die Hauptverhandlung soll der Vertreter der Jugendgerichtshilfe entsandt werden, der die Nachforschungen angestellt hat. [5]Soweit nicht ein Bewährungshelfer dazu berufen ist, wachen sie darüber, dass der Jugendliche Weisungen und Auflagen nachkommt. [6]Erhebliche Zuwiderhandlungen teilen sie dem Richter mit. [7]Im Fall der Unterstellung nach § 10 Abs. 1 Satz 3 Nr. 5 üben sie die Betreuung und Aufsicht aus, wenn der Richter nicht eine andere Person damit betraut. [8]Während der Bewährungszeit arbeiten sie eng mit dem Bewährungshelfer zusammen. [9]Während des Vollzugs bleiben sie mit dem Jugendlichen in Verbindung und nehmen sich seiner Wiedereingliederung in die Gemeinschaft an.

(3) [1]Im gesamten Verfahren gegen einen Jugendlichen ist die Jugendgerichtshilfe heranzuziehen. [2]Dies soll so früh wie möglich geschehen. [3]Vor der Erteilung von Weisungen (§ 10) sind die Vertreter der Jugendgerichtshilfe stets zu hören; kommt eine Betreuungsweisung in Betracht, sollen sie sich auch dazu äußern, wer als Betreuungshelfer bestellt werden soll.

MUSTERORT
Die Bürgermeisterin

Jugendamt
ASD
Rathausplatz 1
00PLZ Musterort

Ansprechpartner/-in
Frau Fleißig
Zimmer 212
Tel. Vorwahl/Durchwahl
Fax: Vorwahl/Durchwahl
E-Mail: fleißig@musterort.de

Stadt Musterort – Rathaus – 00PLZ Musterort

Amtsgericht
Jugendgericht
Musterort

16.10.2011
Mein Zeichen:
Ihr Zeichen:
Ihr Schreiben vom 30.08.2011

00 Gs 000 Js 000/09
Strafsache gegen: Cengis Ö., geb. am TT.MM.JJJJ, wohnhaft:

Nachfolgender Jugendgerichtshilfebericht entstand nach einem Gespräch mit Cengis Ö. in der Dienststelle.

Eltern/ges. Vertreter: *Personalien der Eltern und gesetzlichen Vertreter haben Polizei und Staatsanwaltschaft ermittelt und in der Anklageschrift z. B. mitgeteilt. Beruf und sozialen Status haben sie nicht erfasst.*	Abdul Ö., 01.01.1960, Garten- u. Landschaftsbauer Cigdem Ö., 01.01.1963, Hausfrau
Geschwister:	Sechs Schwestern und drei Brüder im Alter von neun bis 26 Jahren
Stellungnahme zu § 3 JGG:[48]	Meines Erachtens ist Cengis altersentsprechend entwickelt und daher strafrechtlich voll verantwortlich.

48 Ein Jugendlicher ist strafrechtlich verantwortlich, wenn er zur Zeit der Tat nach seiner sittlichen und geistigen Entwicklung reif genug ist, das Unrecht der Tat einzusehen und nach dieser Einsicht zu handeln. Zur Erziehung eines Jugendlichen, der mangels Reife strafrechtlich nicht verantwortlich ist, kann der Richter dieselben Maßnahmen anordnen wie das Familiengericht.

Familien- u. Wohnverhältnisse: *Bezug § 52, II SGB VIII*	Im Haushalt leben noch 6 Personen. Die Familie wohnt in einer 4 ½ Zimmerwohnung zur Miete. Besondere erzieherische Probleme mit Cengis habe es bis heute nicht gegeben, sagen seine Eltern. Die Familie erhielt von 2000 bis 2005 Beratung und ambulante Hilfe zur Erziehung durch das Jugendamt.
Einkommenssituation:	Er bekommt als Schüler BAföG in Höhe von mtl. 212,00 Euro, die er selbst zur Verfügung hat.
Vorschlag von erzieherischen Maßnahmen: *Bezug: § 38 III JGG*	Der Vorschlag von Maßnahmen richtet sich nach dem Ergebnis der Beweisaufnahme.
Stellungnahme zur Tatmotivation:	Cengis wird sich in der Hauptverhandlung zum Tatvorwurf äußern.
Freizeitverhalten:	Cengis spielt seit zehn Jahren im Verein Fußball. Sonst verbringt er seine Freizeit dem Alter entsprechend.
Bisherige Entwicklung der/des Beschuldigten: *Bezug § 38, II JGG*	Cengis ist in Antalya/Türkei geboren. Die frühkindliche Entwicklung soll normal verlaufen sein. Als Kleinkind erkrankte er an TBC (ohne Spätfolgen). Die Familie ist kurdischer Abstammung und reiste im Oktober 1993 in die BRD ein. Sie blieb zuerst im Asylbewerberheim in Musterstadt, wo sie fünf Jahre lebte. Danach zog in eine Wohnung nach Weststadt und ab August 2002 leben sie im Norden von Musterort. Nach dem Besuch des Kindergartens wurde Cengis 1998 in die Grundschule eingeschult. 2002 erfolgte der Wechsel zur Realschule. Im Jahre 2008 schloss er die Schule mit dem Abschluss nach 10 B ab. Derzeit besucht er die Berufsfachschule mit dem Ziel der Qualifikation für die gymnasiale Oberstufe, um später das Abitur machen zu können.
Strafrechtliche Auffälligkeiten:	Az.: 139 Js 10076/07 wg. gefährlicher Körperverletzung Az.: 139 Js 003/08 wg. Körperverletzung, Einstellung gem. § 154 StPO

Im Auftrag

Fleißig
Diplom-Sozialarbeiterin

Abbildung 18: Beispiel eines Berichtes in einem Jugendgerichtsverfahren

Es war schon die Rede davon, dass Erwachsenwerden in einem Prozess erfolgt, der nicht für alle Menschen innerhalb der Gesellschaft gleichzeitig oder gleichermaßen verläuft. Deswegen hat der Gesetzgeber auch im Strafrecht die Möglichkeit eingebaut, dem Grad der Persönlichkeitsentwicklung von jungen Volljährigen Rechnung zu tragen. Bei Straftaten junger Volljähriger, also von Menschen zwischen 18 und 21 Jahren, werden die Jugendgerichtshelferinnen vom Gericht aufgefordert, eine Beurteilung dazu abzugeben, nach welchem Recht (handelt es sich um einen Sonderfall nach dem Jugendgerichtsgesetz[49]) die Gerichte bei der Beurteilung vorgehen sollten. Sie haben dazu die Persönlichkeit der mutmaßlichen Täterinnen und Täter unter dem Gesichtspunkt der „sittlichen und geistigen Entwicklung" und die Art der Tat (typische Jugendverfehlung) zu beurteilen. In der Praxis wird ein Heranwachsender, der zur Mitarbeit mit der Jugendgerichtshilfe nicht bereit ist und z. B. einer Einladung zum Gespräch nicht folgt, ohne Jugendgerichtshilfe bleiben. Dabei hätten die Jugendgerichtshelferinnen und -helfer durchaus die Möglichkeit, sich in der Hauptverhandlung ein Bild von dem Heranwachsenden und seiner Bedarfslage zu machen und dieses auch mündlich einzubringen. Darüber hinaus könnten für Heranwachsende auch noch Hilfen für junge Volljährige in Betracht kommen.

---

49 § 105 JGG Anwendung des Jugendstrafrechts auf Heranwachsende

(1) Begeht ein Heranwachsender eine Verfehlung, die nach den allgemeinen Vorschriften mit Strafe bedroht ist, so wendet der Richter die für einen Jugendlichen geltenden Vorschriften der §§ 4 bis 8, 9 Nr. 1, §§ 10, 11 und 13 bis 32 entsprechend an, wenn

1. die Gesamtwürdigung der Persönlichkeit des Täters bei Berücksichtigung auch der Umweltbedingungen ergibt, dass er zur Zeit der Tat nach seiner sittlichen und geistigen Entwicklung noch einem Jugendlichen gleichstand, oder
2. es sich nach der Art, den Umständen oder den Beweggründen der Tat um eine Jugendverfehlung handelt.

(2) § 31 Abs. 2 Satz 1, Abs. 3 ist auch dann anzuwenden, wenn der Heranwachsende wegen eines Teils der Straftaten bereits rechtskräftig nach allgemeinem Strafrecht verurteilt worden ist.

(3) Das Höchstmaß der Jugendstrafe für Heranwachsende beträgt zehn Jahre.

„Das Ziel des Schreibens ist es, andere sehen zu machen."

Joseph Conrad, Schriftsteller, 1857–1924

7

Amtshilfe

Amtshilfe ist die Hilfeleistung einer Behörde für eine andere im Rahmen des § 3 SGB X (oder bei anderen Aufgabenfeldern gem. § 4, 1 ff Verwaltungsverfahrensgesetz).[50]

Das Jugendamt ist für bestimmte Aufgaben originär zuständig:

- Zur Weitergewährung von Leistungen kann es verpflichtet sein (§ 86c SGB VIII), wenn die örtliche Zuständigkeit beendet ist, der andere Träger aber noch nicht übernommen hat, z. B. wenn Eltern in einen anderen Ort verzogen sind.

50 (1) Jede Behörde leistet anderen Behörden auf Ersuchen ergänzende Hilfe (Amtshilfe).
(2) Amtshilfe liegt nicht vor, wenn
1. Behörden einander innerhalb eines bestehenden Weisungsverhältnisses Hilfe leisten;
2. die Hilfeleistung in Handlungen besteht, die der ersuchten Behörde als eigene Aufgabe obliegen.

- Für Leistungen, die andere erstatten müssen, kann es originär zuständig sein (Inobhutnahme, § 8a und/oder § 42 SGB VIII), weil die Minderjährigen sich in seinem Zuständigkeitsbereich aufhalten.
- Das Jugendamt kann vorläufig Leistungen gewähren (§ 86d SGB VIII), weil der sachlich und örtlich zuständige Träger (noch) nicht in die Leistung eintritt.

In diesen Fällen handelt es sich *nicht* um Amtshilfe. Darüber hinaus kann es sowohl für andere Behörden oder Jugendämter Aufgaben erledigen oder Leistungen gewähren.

In der Jugendhilfe erfolgt die Amtshilfe meistens, weil das zuständige Jugendamt aus tatsächlichen Gründen die notwendigen Handlungen nicht selbst oder nur mit einem unverhältnismäßigen Aufwand wahrnehmen kann (z. B. die Leistungsberechtigten, Hilfeempfänger, Minderjährigen halten sich nicht im Zuständigkeitsbereich auf, so dass mit ihnen wesentliche Inhalte zur Sache nicht erörtert werden können). Ein Nachteil für die Bürgerinnen und Bürger darf aus der Amtshilfe nicht entstehen.

Andere Ämter der Kommune können das Jugendamt ebenfalls um Amtshilfe bitten etwa bezüglich der Einschätzung der Voraussetzungen für eine Namensänderung oder der Verbleibensmöglichkeit von jemandem, der „abgeschoben" werden soll, aber ein minderjähriges Kind hat, das auf jeden Fall im Lande bleibt.

Gerichte können nicht um Amtshilfe, sondern nur um Mitwirkung beim örtlich zuständigen Jugendamt bitten. Gerichte leisten allerdings bei Umsetzung einer Herausgabeanordnung über den Gerichtsvollzieher dem Jugendamt als Vormund oder anderen Personensorgeberechtigten Hilfe, indem der Gerichtsvollzieher aufgrund der entsprechenden Beschlüsse des Gerichtes für die Umsetzung des Herausgabebeschlusses ggfs. unter dem Schutz der Polizei sorgt.

Im folgenden Beispiel wird die Polizei um Amtshilfe durch das Jugendamt gebeten, weil nur sie in diesem Fall zur Anwendung von Gewalt berechtigt wäre.

MUSTERORT
Die Bürgermeisterin

Jugendamt
ASD
Rathausplatz 1
00PLZ Musterort

Ansprechpartner/-in
Frau Fleißig
Zimmer 212
Tel. Vorwahl/Durchwahl
Fax: Vorwahl/Durchwahl
E-Mail: fleißig@musterort.de

Stadt Musterort – Rathaus – 00PLZ Musterort

An
Polizeipräsidium
Musterort

16. 10. 2011
Mein Zeichen:
Ihr Zeichen:
Ihr Schreiben vom

Amtshilfeersuchen

Sehr geehrte Damen und Herren,

auf diesem Wege bitte ich um Amtshilfe für die geschlossene Unterbringung von Maria Mustermann, geb. am 06.10.1995, gemeldet Vogelweg 19, Musterort, im Haushalt der Mutter, Syra Mustermann, die zur Ustraße 8, Musterort, umgezogen ist.

Die Jugendliche soll am Mittwoch gegen 9.30 Uhr zu einer geschlossenen Entzugsbehandlung im KKH, Station „Neue Perspektive", aufgenommen werden.

Die Jugendliche ist schon zu Gerichtsterminen nicht erschienen. Es ist anzunehmen, dass sie sich dem Beschluss des Gerichtes und seiner Umsetzung durch die Eltern, die personensorgeberechtigt sind, und des Jugendamtes widersetzt und insofern unmittelbarer Zwang angewendet werden muss.

In der Anlage übersende ich den Beschluss des Amtsgerichtes vom heutigen Tag.

Der Unterzeichner wird sich am Mittwochmorgen gegen 8.00 Uhr in der Polizeiwache melden.

Mit freundlichen Grüßen
Im Auftrag

Fleißig
Diplom-Sozialarbeiterin

Abbildung 19: Amtshilfeersuchen an die Polizei

Eine Amtshilfe im Rahmen einer Mitwirkung bei Trennung und Scheidung könnte wie folgt eingeleitet werden.

MUSTERORT
Die Bürgermeisterin

Jugendamt
ASD
Rathausplatz 1
00PLZ Musterort

Ansprechpartner/-in
Frau Fleißig
Zimmer 212
Tel. Vorwahl/Durchwahl
Fax: Vorwahl/Durchwahl
E-Mail: fleißig@musterort.de

16.10.2011
Mein Zeichen:
Ihr Zeichen:
Ihr Schreiben vom

Stadt Musterort – Rathaus – 00PLZ Musterort
Per FAX 0000-0000-00
Kreisjugendamt
Verwaltungsstelle
Frau Muster
Landrat-Straße 1

49545 Musterstadt

Mitwirkung im Familiengerichtsverfahren Mustermann
Sorgerechtsregelung für Marlon Mustermann, geb. 14.10.2008 in Musterort

Sehr geehrte Damen und Herren,
sehr geehrte Kollegin,

unter Bezug auf §§ 5 VwVfG und 3 SGB X ersuche ich um Amtshilfe.

Marlons Vater, Herr Mustermann, hat beim zuständigen Familiengericht in Musterort eine Sorgerechtsregelung beantragt. Seine Ehefrau, Beate Mustermann, ist mit dem gemeinsamen Sohn der Eheleute und ihrer Tochter aus erster Ehe in Ihren Zuständigkeitsbereich gezogen.

Der Vater bringt hier aufgrund seiner Einblicke anlässlich der Umgangskontakte mit Marlon vor, die häuslichen und persönlichen Verhältnisse bei der Mutter geböten, dass ihm das Sorgerecht für Marlon übertragen werden müsse.

Ich bitte Sie um Bericht und Stellungnahme zu den persönlichen und häuslichen Verhältnissen sowie den Entwicklungsbedingungen, die Marlons Leben bestimmen. Befragen Sie die Mutter bitte zu ihren Zukunftsvorstellungen für Marlon und dazu, ob sie an Gesprächen zur Vermittlung einer einvernehmlichen Lösung in der Sorgerechtsfrage mit dem Vater im Jugendamt in Musterort oder an einer anderen Stelle bereit ist.

Mit freundlichen Grüßen
Im Auftrag

Fleißig
Diplom-Sozialarbeiterin

Anlagen: Antrag des Vaters auf Sorgerechtsregelung vom 03.09.2011
Vermerk über das Gespräch mit Herrn B. vom 14.10.2011

Abbildung 20: Amtshilfeersuchen im Rahmen einer Mitwirkung im familiengerichtlichen Verfahren

Gelegentlich kommt es vor, dass Familiengerichte die Zuständigkeit nach SGB VIII nicht richtig beachten und die für den Amtsgerichtsbezirk zuständigen Jugendämter um Mitwirkung gem. § 50 SGB VIII ersuchen.

Das Jugendamt leitet das Ersuchen an die zuständige Stelle weiter und gibt gleichzeitig eine entsprechende Abgabenachricht an die Stelle, welche die Anfrage oder den Auftrag erteilt hat.

Das Anschreiben an das zuständige Jugendamt könnte so aussehen.

MUSTERORT
Die Bürgermeisterin

Jugendamt
ASD
Rathausplatz 1
00PLZ Musterort

Ansprechpartner/-in
Frau Fleißig
Zimmer 212
Tel. Vorwahl/Durchwahl
Fax: Vorwahl/Durchwahl
E-Mail: fleißig@musterort.de

16.10.2011
Mein Zeichen:
Ihr Zeichen:
Ihr Schreiben vom

Stadt Musterort – Rathaus – 00PLZ Musterort
Per FAX 0000-0000-00
Kreisjugendamt
Verwaltungsstelle
Frau Muster
Landrat-Straße 1

49545 Musterstadt

Mitwirkung im Familiengerichtsverfahren
S ./. R
Sorgerechtsregelung für Tim Mustermann, geb. 14.10.2008 in Musterort, wohnhaft Am Rand 12 in Musterstadt

Sehr geehrte Damen und Herren,
sehr geehrte Kollegin,

unter Bezug auf § 86, II SGB VIII übersende ich Ihnen die Anlagen mit der Bitte, in eigener Zuständigkeit tätig zu werden.

Auf diesem Wege biete ich gleichzeitig Amtshilfe an. Sollten Sie diese wünschen, bitte ich um schriftliche Mitteilung.

Mit freundlichen Grüßen
Im Auftrag

Fleißig
Diplom-Sozialarbeiterin

Abbildung 21: Weitergabe einer Mitwirkung an ein anderes Jugendamt

Das Familiengericht benötigt eine Nachricht über die Zuständigkeit.
Die Abgabenachricht an das ersuchende Gericht könnte lauten:

MUSTERORT
Die Bürgermeisterin

Jugendamt
ASD
Rathausplatz 1
00PLZ Musterort

Ansprechpartner/-in
Frau Fleißig
Zimmer 212
Tel. Vorwahl/Durchwahl
Fax: Vorwahl/Durchwahl
E-Mail: fleißig@musterort.de

Stadt Musterort – Rathaus – 00PLZ Musterort

Amtsgericht
Familiengericht
Musterort

16.10.2011
Mein Zeichen:
Ihr Zeichen:
Ihr Schreiben vom

Sorgerechtsregelung für Tim Mustermann, geb. am 14.10.2008 in Musterort

Zuständigkeitshalber habe ich heute Ihr Anschreiben an das Jugendamt Musterstadt weitergeleitet.

Gleichzeitig habe ich dem Jugendamt in Musterstadt Amtshilfe angeboten.

Mit freundlichen Grüßen
Im Auftrag

Fleißig
Diplom-Sozialarbeiterin

Abbildung 22: Abgabenachricht an das Familiengericht

Ein Sonderfall der Amtshilfe im Rahmen der Hilfe zur Erziehung ergibt sich bei Pflegeverhältnissen, weil nur hier eine Kostenerstattung vorgeschrieben ist.

Das BKiSchG hat § 37 Abs. 2 SGB VIII dahingehend geändert, dass vorgeschrieben wird: „Lebt das Kind oder der Jugendliche bei einer Pflegeperson außerhalb des Bereichs des zuständigen Trägers der öffentlichen Jugendhilfe, so sind ortsnahe Beratung und Unterstützung sicherzustellen."

Wird diese Unterstützung im Wege der Amtshilfe durch das andere Jugendamt, in dessen Zuständigkeitsbereich die Pflegeperson mit dem Kind lebt, geleistet, hat der für die Hilfe zur Erziehung zuständige Träger der öffentlichen Jugendhilfe die aufgewendeten Kosten einschließlich der Verwaltungskosten für die ortsnahe Beratung der Pflegeperson für die Zeit vor Aufnahme der Minderjährigen und die Dauer des Pflegeverhältnisses zu erstatten. Andere Fälle einer Kostenerstattung bei Amtshilfe gibt es nicht. Das örtlich zuständige Jugendamt kann aber auch einen ortsnahen freien Träger der Jugendhilfe beauftragen und diesem die Leistung vergüten.

**„Jeder, der je geschrieben hat, wird gefunden haben,
daß Schreiben immer etwas erweckt,
was man vorher nicht deutlich erkannte,
ob es gleich in uns lag."**

Georg Christoph Lichtenberg, Schriftsteller und Philosoph, 1742–1799

8

Fallübergabe

Es kommt häufig vor, dass Elternteile, denen Hilfen zur Erziehung oder Eingliederungshilfe nach dem SGB VIII gewährt werden, z. B. wegen einer neuen Partnerschaft oder weil sie sich von „ihrem" zuständigen Jugendamt – insbesondere bei Abklärungen von Gefährdungsrisiken – trennen möchten, in eine andere Stadt, also einen anderen Zuständigkeitsbereich ziehen. Vielfach enden dann insbesondere ambulante Leistungen wie SPFH oder Erziehungsbeistandschaft, obwohl eine Leistungsverpflichtung weiter bestand.

Das Bundeskinderschutzgesetz (BKiSchG) hat das erklärte Ziel, die Zusammenarbeit der Jugendämter zum Schutz von Kindern zu verbessern (Bundesrat Drucksache 202/11, S. 3).

Fallübergaben erfahren durch das BKiSchG bundeseinheitliche Anforderungen (eingearbeitet in § 86c SGBVIII). Zu diesen Anforderungen gehören:

- Die vorgegebene Zielrichtung eines Hilfeprozesses soll nur dann geändert werden, wenn dies aus der Kindeswohlperspektive erforderlich ist. Das heißt, der bisher gesteckte Rahmen der Hilfeleistung und die damit verbundenen Ziele sollen vom neu zuständig gewordenen Jugendamt weiterverfolgt werden.

- Die Übergabe soll zeitnah erfolgen.
- Weitergegeben werden müssen alle Informationen, die für Gewährung, Erbringung und Zuständigkeitswechsel bezüglich der konkreten Leistung relevant sind. Dies ist in der Regel die komplette Hilfe-/Leistungsakte (auch deswegen separate leistungsbezogene Aktenführung).
- Alle Leistungen, die der Hilfeplanung unterliegen (gem. § 36 SGB VIII), also auch die, welche ambulant erfolgen, werden in die Fallverantwortung der neu zuständigen Mitarbeiter im Rahmen eines persönlichen oder telefonischen Gespräches unter Einbeziehung der Leistungsadressaten (Personensorgeberechtigte und Minderjährige) übergeben.

In der Verwaltung galt und gilt der Grundsatz der Schriftform! Dass im neuen Gesetz die Übergabe in einem persönlichen Gespräch mit der Begründung vorgeschrieben ist, „die mit einer schriftlichen Informationsweitergabe häufig verbundenen Missverständnisse und Unklarheiten (sollten) vermieden werden" (Bundesrat Drucksache 202/11, S. 58), trägt nicht gerade einer besonderen Professionalität der Sozialarbeit Rechnung. Andererseits erhöht die Vorschrift zur Fallübergabe mit der Verpflichtung zur Datenweitergabe und einem persönlichen Gespräch die Transparenz für alle Beteiligten.

Unsere Empfehlung: Die Übergabe im persönlichen Gespräch sollte im Rahmen eines Hilfeplangespräches erfolgen und entsprechend schriftlich protokolliert sein. Dabei sollte unbedingt festgehalten werden, unter welchen Vorzeichen die Hilfegewährung erfolgt: Handelt es sich um eine Leistung, die anzunehmen oder nicht anzunehmen den Eltern bzw. Personensorgeberechtigten freisteht, befindet man sich noch in der Abklärung eines Gefährdungsrisikos oder ist nur durch die Weitergewährung dieser Leistung jetzt die Abwendung einer Kindeswohlgefährdung gegeben?

Liegen gewichtige Anhaltspunkte für die Gefährdung des Wohls von Minderjährigen vor, so ist mit dem BKiSchG nach § 8a Abs. 5 SBG VIII ebenfalls die Übermittlung der für die Wahrnehmung des Schutzauftrages relevanten Daten an den neu zuständigen örtlichen Träger Pflicht. Die Mitteilung soll darüber hinaus in einem Gespräch zwischen den Fachkräften der beiden örtlichen Träger erfolgen. An diesem Gespräch sollen die Personensorgeberechtigten sowie die Minderjährigen beteiligt werden, wenn keine schutzwürdigen Belange (etwa bei Gewalt und Missbrauch) der Minderjährigen tangiert werden.

Seit dem Jahr 2003 liegen „Empfehlungen zur Festlegung fachlicher Verfahrensstandards in den Jugendämtern bei Gefährdung des Kindeswohls" der Bundesvereinigung der kommunalen Spitzenverbände mit Unterstützung der Arbeitsgemeinschaft für Kinder- und Jugendhilfe – AGJ und des Deutschen Vereins für öffentliche und private Fürsorge e.V. vor. Diese Empfehlungen wurden in der Praxis wenig beachtet, haben heute aber immer noch wegweisende Bedeutung. Weil sie noch über das jetzige Gesetz (BKiSchG) hinausgehen und dessen Vorschriften konkretisieren, werden sie an dieser Stelle zitiert und zur Anwendung empfohlen.[51] Dies geschieht mit der Ergänzung, dass an dem Gespräch zur Übergabe die Personensorgeberechtigten (die nicht unbedingt die Eltern sind) und die Minderjährigen teilnehmen sollen.

„3.7 Fallabgabe und Fallübernahme durch Zuständigkeitswechsel
Die abgebende Fachkraft hat die Fallübergabe an die übernehmende Fachkraft so zu gestalten, dass sich die übernehmende Fachkraft darauf verlassen kann, alle relevanten Informationen, insbesondere solche erhalten zu haben, die die Möglichkeit einer zukünftigen Kindeswohlgefährdung nahe legen.

Vor der Abgabe des Falles, gleichgültig ob dafür eine Karteikarte, eine Erziehungshilfeakte oder eine Familiengerichtsakte angelegt worden ist, ist deswegen ein zusammenfassender Sachstandsvermerk anzufertigen. Dieser hat besondere Probleme bzw. Konflikte zu kennzeichnen und Aspekte kenntlich zu machen, die bei der Zusammenarbeit mit der Familie zu beachten sind.

Der zusammenfassende Sachstandsvermerk beinhaltet mindestens die
(1.) konkrete Abbildung der momentanen Lebensbedingungen sowie (2.) die Risikoeinschätzung zum Zeitpunkt der Fallübergabe (...). Die Übergabe des Materials ist durch den übergebenden und übernehmenden ASD/Bezirkssozialdienst gegenzuzeichnen.

Bei Verdacht auf Kindesvernachlässigung oder Kindesmisshandlung sind die entsprechenden Anhaltspunkte und Einschätzungen durch die abgebende Fachkraft besonders hervorzuheben.

Grundsätzlich muss ein persönliches Fallübergabegespräch zwischen der bisher zuständigen und der künftig zuständigen Fachkraft stattfinden. Die/der Dienstvorgesetzte der Fall übernehmenden Fachkraft bestätigt durch Unterschrift die Kenntnisnahme des zusammenfassenden Sachstandsvermerks.

Ist ein Übergabegespräch nicht möglich, weil z. B. die betreffenden Familien den Jugendamtsbezirk verlassen und ein anderes Jugendamt zuständig wird, so ist der zusammenfassende Sachstandsvermerk dem zuständigen Jugendamt umgehend in doppelter Ausfertigung zuzusenden und in einem Telefongespräch der neu zuständigen Fachkraft zu erläutern. Über dieses Gespräch ist eine kurze Niederschrift zu fertigen, vom Fall abgebenden Jugendamt dem nunmehr zuständigen Jugendamt zuzuleiten und vom neu zuständigen Jugendamt gegenzuzeichnen und dem abgebenden Jugendamt wieder zurückzuschicken."

51 Der Deutsche Städtetag hat diese Empfehlungen vom 12.05.2009 an anderer Stelle (2003, S. 11 ff, dort unter Punkt 3.6) unter dem Titel „Strafrechtliche Relevanz sozialarbeiterischen Handelns – Empfehlungen zur Festlegung fachlicher Verfahrensstandards in den Jugendämtern bei akut schwerwiegender Gefährdung des Kindeswohls" veröffentlicht.

MUSTERORT
Die Bürgermeisterin

Jugendamt
ASD
Rathausplatz 1
00PLZ Musterort

Ansprechpartner/-in
Frau Streit
Zimmer 213
Tel. Vorwahl/Durchwahl
Fax: Vorwahl/Durchwahl
E-Mail: streit@musterort.de

Stadt Musterort – Rathaus – 00PLZ Musterort

Stadt Muster
Jugendamt
Postfach

00PLZ Muster

16.10.2011
Mein Zeichen:
Ihr Zeichen:
Ihr Schreiben vom

Hilfe zur Erziehung gem. §§ 27, 34 SGB VIII für Jonathan Mustermann, geb. am 15.06.2000
Zuständigkeitswechsel und Kostenerstattung

Sehr geehrte Damen und Herren,

dem o. G. wird von mir seit dem 22.10.2010 stationäre Hilfe zur Erziehung gewährt.

Die Mutter hat ihren gewöhnlichen Aufenthalt in meinem Zuständigkeitsbereich aufgegeben und diesen in ihrem begründet.

Ich weise darauf hin, dass hier beim Einwohnermeldeamt für die Mutter und die Kinder eine Auskunftssperre wegen Gefahr für Leib und Leben eingerichtet ist.

Personalien der Familie …

Jonathan wurde nicht ehelich geboren. Seine Mutter ist allein sorgeberechtigt. Zu Beginn der Hilfe lebten die Eltern in Zuständigkeitsbereichen verschiedener Jugendämter. Die Zuständigkeit richtete sich daher zu Beginn der Hilfe nach § 86 Abs 2 S. 1 SGB VIII.

Ich bitte Sie, den Jugendhilfefall innerhalb einer angemessenen Frist zu übernehmen.

Nach § 86c SGB VIII werde ich bis zu Ihrer Entscheidung über die Übernahme und die Fortsetzung der Hilfe zur Erziehung diese von hier leisten.

Bitte teilen Sie mir mit, ab wann Sie den Jugendhilfefall übernehmen, damit ich die Gewährung der Leistung rechtzeitig einstellen kann.

Mit freundlichen Grüßen
Im Auftrag

Streit

Abbildung 23: Antrag auf Zuständigkeitswechsel und Kostenübernahme

Erfährt eine Fachkraft im Jugendamt von einem Wohnortwechsel eines Leistungsberechtigten oder eines für die Zuständigkeit maßgeblichen Elternteils, *muss* eine Fallübergabe erfolgen. Die Fallübergabe bei Hilfe zur Erziehung wird eingeleitet durch einen Antrag auf Zuständigkeitswechsel und Kostenerstattung des bisherigen Jugendamtes an das Jugendamt, das neu zuständig ist. Dieser Antrag wird vielfach von den wirtschaftlichen Abteilungen oder Sachgebieten der Jugendämter gestellt und beschieden, weswegen die Fachkräfte des ASD und der wirtschaftlichen Hilfen sich regelmäßig auf dem Laufenden halten müssen. Für die Fallübernahme lassen sich die Jugendämter oft sehr lange Zeit, nicht selten über ein Jahr, weswegen im BKiSchG eine „zeitnahe" Übergabe vorgeschrieben ist. Damit wichtige inhaltliche Informationen fließen, ist es erforderlich, dass die Kolleginnen und Kollegen im ASD miteinander Kontakt aufnehmen; dies unabhängig davon, welches Jugendamt die Kosten der Leistung zu tragen hat.

Ein Übernahmeantrag, den meistens die „wirtschaftliche Jugendhilfe" stellt, könnte wie Abb. 23 aussehen. (Die Formulierung „ich" meint immer den Behördenleiter als Organ, nicht die konkrete Sachbearbeitung, die in seinem Auftrag schreibt).

„Alle Menschen sind klug. Die einen vorher, die anderen nachher."

Unbekannt

9 Ausblick

Die bisherige Diskussion und die angeführten Beispiele decken hier nur exemplarisch Themen und Aufgaben um das geschriebene Wort im ASD ab. Andere wesentliche Dokumentationen sind noch nicht zur Sprache gekommen: die Dokumentation des Vorgehens, Gefährdungsrisiken einzuschätzen und abzuwenden, einschließlich der Anforderungen, die an Formulierungen von Auflagen für Personensorgeberechtigte gestellt werden müssen. Dazu gibt es jedoch anderorts anregende oder arbeitstaugliche Darstellungen (z. B. Deutsches Jugendinstitut 2004 oder Bodenseekreis 2007). Auch in Bezug auf die Hilfeplanung und die Mitwirkung liegt hier kein vollständiges Kompendium vor. Dennoch sollte deutlich geworden sein: Eine hinreichende Professionalisierung verlangt nicht nur qualifiziertes methodisches Vorgehen im Kontakt mit dem Klientel, sondern auch angemessene und qualifizierte Schriftsätze. Im Zuge der allgemein vorangetriebenen Standardisierung von Sozialleistungen (vgl. ISS und ISA 2010) wird sich der Prozess unter dem Druck politischer Ausgabenkürzungen auch in Bezug auf sämtliche Dokumente und Schriftsätze zukünftig auswirken – computerbasierte Vorlagen werden genutzt und ausgewertet werden. Was in diesem Sinne auf dem ersten Blick als vorteilhaft erscheinen mag, betrachten wir kritisch: Checklisten und Vordrucke erleichtern zwar planvolles Vorgehen, können eigene fachliche Überlegungen und deren Diskussion mit Minderjährigen, den für sie Verantwortlichen, Kolleginnen und Kollegen oder Vorgesetzen aber nicht ersetzen.

Die eigene Professionalität ernst zu nehmen, den konkreten Aufgaben engagiert und anspruchsvoll gerecht zu werden, verlangt auch, durch Selbststudium und Weiterbildung auf dem Laufenden zu bleiben. Die Adressaten der eigenen Arbeit ernst zu nehmen bedeutet weiterhin, auf eine bürgerfreundliche Verwaltungssprache, die auf bestimmte Begriffe nicht verzichten kann, zu achten.

Schriftsätze haben eine Kontrollfunktion für alle Akteure, erhöhen die Kontrollierbarkeit des fachlichen Vorgehens, ermöglichen Wirkungskontrolle und rechtfertigen die Kosten. Prüfung und Kontrolle stehen weder bei Dienstleistungen noch bei Sozialleistungen notwendiger Weise im Widerspruch oder Gegensatz zu Leistung oder Hilfe. Das geschrieben Wort bleibt eine Visitenkarte – ist Ausdruck der Qualität moderner Sozialer Arbeit.

Literaturverzeichnis

Achter Jugendbericht (1990): Bericht über Bestrebungen und Leistungen der Jugendhilfe (BT.-Drs. 11/6576), Bonn.

Arbeitsgemeinschaft Für Sozialberatung Und Psychotherapie (AGSP): Chronologische Falldokumentation nach Aktenlage der Stadt Wuppertal zum tragischen Tod des Kindes Talea (ohne Abstimmung mit den Beteiligten. http://www.agsp.de/assets/applets/Dokumentation_talea. pdf, Abruf vom 02. 11. 2011).

Arbeitsstelle Kinder- Und Jugendkriminalitätsprävention (2011), Projekt „Jugendhilfe und sozialer Wandel" (Hrsg.): Das Jugendgerichtshilfeb@rometer. Empirische Befunde zur Jugendhilfe im Strafverfahren in Deutschland. München 2011, (http://cgi.dji.de/bibs/jugendkriminalitaet/Band12_Jugendgerichtshilfebarometer.pdf, Abruf vom 10. 10. 2011).

Berg, S. (2010): Die Eignungsprüfung. In: Der Spiegel, Heft 19/2010, 59–61.

BFA, Bundesagentur für Arbeit (2007): Ausbildungsbeschreibung von Diplom-Sozialpädagogen (FH) vom 29. 05. 2007.

Bossong, H. (2004 u. 2009[2]): Sozialverwaltung. Ein Grundkurs für soziale Berufe, Weinheim und München.

Bremische Bürgerschaft (2007): Bericht des Untersuchungsausschusses zur Aufklärung von mutmaßlichen Vernachlässigungen der Amtsvormundschaft und Kindeswohlsicherung durch das Amt fur Soziale Dienste. Drucksache 16/1381 vom 18. April 2007 (http://www.bremische-buergerschaft.de/uploads/media/BerichtUAKindeswohl_5cc.pdf, Abruf vom 02. 11. 2011).

Bundesministerium für Familie, Senioren, Frauen und Jugend (BMFSFJ), 2010: Entwurf des Bundeskinderschutzgesetzes, Berlin.

Bundesministerium für Familie, Senioren, Frauen und Jugend (BMFSFJ), 1999: Handbuch Sozialpädagogische Familienhilfe. Stuttgart/Berlin/Köln[3].

Bundesrat: Drucksache 202/11. Stellungnahme des Bundesrates. Entwurf eines Gesetzes zur Stärkung eines aktiven Schutzes von Kindern und Jugendlichen (Bundeskinderschutzgesetz – BkiSchG) vom 27. 05. 2011.

Bundesvereinigung Der Kommunalen Spitzenverbände mit Unterstützung der Arbeitsgemeinschaft für Kinder- und Jugendhilfe – AGJ und des Deutschen Vereins für öffentliche und private Fürsorge e.V. (2003): Empfehlungen zur Festlegung fachlicher Verfahrensstandards in den Jugendämtern bei Gefährdung des Kindeswohls, Berlin.

Deutscher Städtetag (2003): Strafrechtliche Relevanz sozialarbeiterischen Handelns. Empfehlungen zur Festlegung fachlicher Verfahrensstandards in den Jugendämtern bei Gefährdung des Kindeswohls. Beschluss vom 01. 04. 2003 (http://www.dji.de/pkh/strafrechtrelvanz_staedtetag.pdf, Abruf vom 26. 09. 2011).

Deutscher Städtetag (2009): Empfehlungen zur Festlegung fachlicher Verfahrensstandards in den Jugendämtern bei Gefährdung des Kindeswohls. Beschluss des Präsidiums des Deutschen Städtetages vom 12.05.2009 (http://www.staedtetag.de/imperia/md/content/beschlsse/10.pdf, Abruf vom 16.12.2009).

Deutscher Verein für öffentliche und private Fürsorge, Hrsg. (1986[2] u. 2011[7]): Fachlexikon der sozialen Arbeit. Baden-Baden.

Deutsches Jugendinstitut (2004): Materialsammlung zur Arbeit des ASD bei Kindeswohlgefährdung (http://db.dji.de/asd/asdmat.htm, Abruf vom 29.10.2011).

Dragusanu, G. (2006): Wissensmanagement: Sicherung und Weitergabe des Wissens beim Stellenwechsel, München.

Eichhorn, P., Hrsg. (2002[3]): Verwaltungslexikon, Baden-Baden.

Gesetz zur Stärkung eines aktiven Schutzes von Kindern und Jugendlichen (Bundeskinderschutzgesetz – BKiSchG) vom 22.12.2011, Bundesgesetzblatt Jahrgang 2011 Teil I Nr. 70, ausgegeben zu Bonn am 28.12.2001 (BGBL I 70/2975–2982).

Gissel-Palkovich, I. (2011): Lehrbuch Allgemeiner Sozialer Dienst – ASD. Rahmenbedingungen, Aufgaben, Professionalität, Weinheim.

Institut für Sozialarbeit und Sozialpädagogik/ISS e.V., Hrsg. (2011[2]): Der Allgemeine Soziale Dienst. Aufgaben, Zielgruppen, Standards, München.

Institut für Sozialarbeit und Sozialpädagogik/ISS e.V., Hrsg. (2011): Die Bücher des Sozialgesetzbuches. Einführung für die Soziale Arbeit, München.

Institut für Soziale Arbeit Münster e.V. (2010): Qualitätsrahmen Kinderschutz (http://www.isa-muenster.de/cms/upload/downloads/Qualitaetsrahmen-Entwurfsfassung-20100520.pdf, Abruf vom 10.10.2011).

Johnson, H. (1995): Das Genogramm in der systemischen Persönlichkeitsanalyse. In: Zeitschrift „Mensch und System“. Wittlich 8/1995 oder http://www.institut-johnson.de/pdf/genogramm.pdf, Abruf vom 10.10.2011.

Kommunale Gemeinschaftsstelle für Verwaltungsvereinfachung (KGST), 2009: Stellenplan – Stellenbewertung. Gutachten 1/2009, Köln.

Kommunale Gemeinschaftsstelle für Verwaltungsvereinfachung (KGST), 2011: Bericht: Von der Prozessoptimierung zum Prozessmanagement (Teil 1). In sechs Schritten zum optimierten Prozess, Köln.

Kreft, D./Mielenz, I., Hrsg. (2012[7]): Wörterbuch Soziale Arbeit. Aufgaben, Praxisfelder, Begriffe und Methoden der Sozialarbeit und Sozialpädagogik, Weinheim.

Krems, B. (2005): Verwaltungsmanagementlehre. Eine verwaltungswissenschaftlich orientierte Einführung (veröffentlicht als Skript an der FH Bund, Abschnitt D 7), Online-Quelle: http://www.olev.de/d/dienstweg.pdf; Bundesministerium des Innern: DOMEA®-Organisationskonzept 2.1, Dokumentenmanagement und elektronische Archivierung im IT-gestützten Geschäftsgang. Schriftenreihe der KGSt, Band 61, 11/2005, Abruf vom 11.04.2009.

Kronseder, D. R. (2010): Die Strafbarkeit von Mitarbeitern des Jugendamtes bei häuslicher Kindeswohlbeeinträchtigung, Marburg.

Kuhlbach, R./Wohlfahrt, N. (1994): Öffentliche Verwaltung und Soziale Arbeit. Eine Einführung für soziale Berufe, Freiburg im Breisgau.

Kuhlbach, R./Wohlfahrt, N. (1996): Modernisierung der öffentlichen Verwaltung? Konsequenzen für die freie Wohlfahrtspflege, Freiburg im Breisgau.

Kühn, D. (1999): Reform der öffentlichen Verwaltung: Das neue Steuerungsmodell in der kommunalen Sozialverwaltung, Köln.

Landesbeauftragte Für Datenschutz Und Informationsfreiheit Nordrhein-Westfalen: Datenschutz im Jugendamt, 06/2008.

Landratsamt Des Bodenseekreises (2007): Handbuch zur Förderung des Kindeswohls im Bodenseekreis: (http://www.bodenseekreis.de/fileadmin/bodenseekreis/aemter/jug/downloads/2007-11-06_Handbuch.pdf, Stand 12.11.2007, Abruf vom 13.10.2011).

Landschaftsverband Westfalen-Lippe, Landesjugendamt Westfalen, Hrsg. (2011): Arbeitshilfe Trennungs- und Scheidungsberatung auf der Grundlage des FamFG, Münster.

Landschaftsverband Westfalen-Lippe, Landesjugendamt Westfalen, Hrsg. (2011): Empfehlungen zur Abgrenzung der Hilfe für junge Volljährige nach § 41 SGB VIII/§§ 67–69 SGB XII (Stand: 01.01.2011), Münster.

Lüttringhaus, M./Streich, A. (2007): Kindesschutz in der Jugendhilfe. Wie man Auflagen und Aufträge richtig formuliert, in: Blätter der Wohlfahrtspflege Heft 4/2007, S. 145–181.

Merchel, J./Schrapper, C., Hrsg. (1996): Neue Steuerung. Tendenzen der Organisationsentwicklung in der Sozialverwaltung, Münster.

Münder, J. (1995): Neues Jugendhilferecht und Dienstleistungsorientierung – Das Ende der Pädagogik? In: Neue Praxis, Heft 3, S. 301–302.

Münder, J./Meysen, Th./Trenczek,Th., Hrsg., (2009[6]): Frankfurter Kommentar SGB VIII – Kinder- und Jugendhilfe, Baden-Baden.

Oberloskamp, H./Borg-Laufs, M./Mutke, B. (2009[7]): Gutachtliche Stellungnahmen in der Sozialen Arbeit, Köln.

Papenheim, H.-G./Baltes, J. (2005 u. 2009[21]): Verwaltungsrecht für die soziale Praxis, Frechen.

Petrov, V. (2000): Zwischen allen Stühlen. Vom Tun und Lassen einer Bezirks-Sozialarbeiterin im Jugendamt, Freiburg.

Petrov, V. (2006): Aus nächster Nähe. Zeitaspekte sozialarbeiterischer Intervention in Familien, Marburg.

Poller, S./Weigel, H.-G. (2010): Die Fallbearbeitung im Allgemeinen Sozialen Dienst. In: Institut für Sozialarbeit und Sozialpädagogik e.V. (Hrsg.): Der Allgemeine Soziale Dienst. Aufgaben, Zielgruppen, Standards. München/Basel 2010, S. 57–79.

Pospiech, U./Müller, K. (2011): Schreibwerkstatt der Universität Duisburg-Essen: Der Schreibtrainer (http://www.uni-due.de/schreibwerkstatt/trainer/trainer/start.html, Abruf vom 10.10.2011).

Puch, H.-J. (1994): Organisation im Sozialbereich. Eine Einführung für soziale Berufe, Freiburg im Breisgau.

Satir, V. (2003[10]): Familienbehandlung: Kommunikation und Beziehung in Theorie, Erleben und Therapie, Freiburg.

Schrapper, C. (2012): Allgemeiner Sozialer Dienst. In: Kreft, D./Mielenz, I. a.a.O., S. 51–56.

Seithe, M. (2001): Praxisfeld: Hilfe zur Erziehung: Fachlichkeit zwischen Lebensweltorientierung und Kindeswohl, Opladen.

Straus, F. (1990): Die Netzwerkperspektive in der Praxis. In: Textor, M., (Hrsg.): Hilfen für Familien. Ein Handbuch für psychosoziale Berufe, Frankfurt a. M., S. 496–522.

Vent, H. (1986): Stichwort Anamnese. In: Deutscher Verein für öffentliche und private Fürsorge, (Hrsg.): Fachlexikon soziale Arbeit, Frankfurt a. M., S. 40 f.

Wiesner, R. (2011[4]): SGB VIII: Kinder- und Jugendhilfe. Kommentar, München.

Zentrum Bayern Familie und Soziales (ZBFS) Bayrisches Landesjugendamt u. a., (Hrsg.): (2010): Personalbemessung der Jugendämter in Bayern (PeB). Praxisbericht und Handbuch, München.

Abkürzungsverzeichnis

Jedes Lexikon, Handbuch oder Online-Lexikon sowie jede längere schriftliche (wissenschaftliche) Ausführung verfügt über ein Abkürzungsverzeichnis. „ASS" kann heißen „Arbeit statt Sozialhilfe" oder „Anonyme Spurensicherung" bzw. „Acetylsalyzylsäure". Darum halten wir es für nötig, fach- und arbeitsplatzspezifische Abkürzungen zu kennen.

Die folgende Auflistung ist – selbstverständlich – nicht vollständig. Es kann sich daher nur um eine *beispielhafte* Darstellung der zumeist verwendeten Abkürzungen im Zusammenhang der hier zugrunde liegenden Aufgaben und vorgestellten Schriftsätze und des sozialarbeiterischen Schriftverkehrs handeln. Mehr vorzustellen ist hier kaum möglich bzw. nicht beabsichtigt, zumal regionale Unterschiede zu beachten wären.

a. d. D.	auf dem Dienstweg (auf dem großen Dienstweg, beginnt beim nächsten Vorgesetzten)
aA (a. A.)	anderer Ansicht
Abk	Abkommen
ABl	Amtsblatt
aF (a. F.)	alte Fassung
AG	Amtsgericht
AGA	Allgemeine Dienstanweisung
AGJ	Arbeitsgemeinschaft Jugendhilfe
AK	Anschaffungskosten
Alg	Arbeitslosengeld oder Hartz IV
allgM (allg. M.)	allgemeine Meinung
ÄndG	Änderungsgesetz
Anm	Anmerkung
AO	Abgabenordnung (auch AO 1977) oder Anordnung
Art	Artikel (Gesetzesartikel)
ASD	Allgemeiner Sozialdienst
AuslG	Ausländergesetz
AV	Allgemeinverfügung
AVG	Gesetz zur Altersversorgung
AVO	Ausführungsverordnung
AZ	Aktenzeichen

b. u. v.	beschlossen und verkündet
BA	Bundesagentur für Arbeit
BAföG	Bundesausbildungsförderungsgesetz
BAG	Bundesarbeitsgericht (auch: Bundesarbeitsgemeinschaft)
BAnz	Bundesanzeiger
BAT	Bundesangestelltentarifvertrag
BDSG	Bundesdatenschutzgesetz
Begr.	Begründung
Beil.	Beilage
Bek.	Bekanntmachung
ber.	berichtigt
BesGr.	Besoldungsgruppe
BewHi	Bewährungshilfe
BezReg	Bezirksregierung
BfA	Bundesanstalt für Arbeit, heute BA
BGB	Bürgerliches Gesetzbuch
BGBl.	Bundesgesetzblatt
BGH	Bundesgerichtshof
BGHSt	Bundesgerichtshofentscheidungen in Strafsachen (amtliche Sammlung von Entscheidungen des Bundesgerichtshofs in Strafsachen)
BGHZ	Bundesgerichtshofentscheidungen in Zivilsachen (amtliche Sammlung von Entscheidungen des Bundesgerichtshofs in Zivilsachen)
BKiSchG	Bundeskinderschutzgesetz
BSD	Besonderer Sozialdienst
BT	Bundestag
BT-Drs.	Bundestagsdrucksache
BtG	Betreuungsgesetz
BVerfG	Bundesverfassungsgericht
BVerfGE oder BvR	Bundesverfassungsgerichtsentscheidungen (amtliche Sammlung der Entscheidungen des Bundesverfassungsgerichts)
BVerwG	Bundesverwaltungsgericht
BVerwGE	Bundesverwaltungsgerichtsentscheidungen (amtliche Sammlung der Entscheidungen des Bundesverwaltungsgerichts)
BZR	Bundeszentralregister

DA	Dienstanweisung
DB	Durchführungsbestimmungen
DGS	Datenschutzgesetz
DIJuF	Deutsche Institut für Jugendhilfe und Familienrecht (DIJuF) e. V.
Drs.	Drucksache
DVO (DV)	Durchführungsverordnung
EDV	elektronische Datenverarbeitung
EG	Entgeltgruppe, Begriff aus dem TVöD, Tarifvertrag für den Öffentlichen Dienst, der den BAT ablöste
EGBGB	Einführungsgesetz zum Bürgerlichen Gesetzbuch
EheG	Ehegesetz
EL	Ergänzungslieferung
EMRK	Europäische Konvention zum Schutze der Menschenrechte
Entw	Entwurf
Erl	Erlass
EuGHMR	Europäischer Gerichtshof für Menschenrechte
EZ	Erhebungszeitraum
FamFG	Gesetz über das Verfahren in Familiensachen und in den Angelegenheiten der freiwilligen Gerichtsbarkeit, Kurztitel: Familienverfahrensgesetz
FamRZ	Zeitschrift für das gesamte Familienrecht
FS	Festschrift
FVG	Finanzverwaltungsgesetz (Gesetz über die Finanzverwaltung)
GeschO (GO)	Geschäftsordnung
GewSchG	Gewaltschutzgesetz (Artikel 1 des Gesetzes zur Verbesserung des zivilrechtlichen Schutzes vor Gewalttaten und Nachstellungen sowie zur Erleichterung der Überlassung der Ehewohnung bei Trennung)
GG	Grundgesetz
GO	Gemeindeordnung oder Geschäftsordnung
GoA	Geschäftsführung ohne Auftrag
GS	Großer Senat oder Gedächtnisschrift
HPG	Hilfeplangespräch

i. A.	im Auftrag (Zeichnungsbefugnis)
i. V.	in Vertretung
idF	in der Fassung
IFG	Informationsfreiheitsgesetz
iSv	im Sinne von
iVm.	in Verbindung mit
JGG	Jugendgerichtsgesetz
JGH	Jugendgerichthilfe
KGST oder KGSt	Kommunale Gemeinschaftsstelle für Verwaltungsvereinfachung (heute: Kommunale Gemeinschaftsstelle für Verwaltungsmanagement)
KiGaG	Kindergartengesetz
Kj	Kalenderjahr
KJHA	Kinder- und Jugendhilfeausschuss
KJHG	Kinder- und Jugendhilfegesetz
KSD	Kommunaler Sozialdienst
Lfd. Nr	Laufende Nummer
LG	Landgericht oder Lebensgemeinschaft
LGBl.	Landesgesetzblatt
LSG	Landessozialgericht
LT	Landtag
lt.	laut (gemäß)
LVerfG	Landesverfassungsgericht
LVG	Landesverwaltungsgesetz
LWL	Landschaftsverband Westfalen-Lippe
m. d. B. u. w. B.	mit der Bitte um weitere Bearbeitung
MiStra	Anordnung über Mitteilungen in Strafsachen
MiZi	Anordnung über Mitteilungen in Zivilsachen
MM	Mindermeinung oder Minderheitsmeinung
MRK	Menschenrechtskonvention, siehe Europäische Menschenrechtskonvention (EMRK)
mwN (m. w. N.)	mit weiterem Nachweis/weiteren Nachweisen
mWv (m. W. v.)	mit Wirkung vom
NamÄndG	Namensänderungsgesetz (Gesetz über die Änderung von Familiennamen und Vornamen)

nF (n. F.)	neue Fassung
NfD	nur für den Dienstgebrauch
NKF	Neues kommunales Finanzierungswesen
NST	Neue Steuerung
NtV	Nebentätigkeitsverordnung
nv	nicht veröffentlicht
OLG	Oberlandesgericht
Org.Ziff	Organisationsziffer
OVG	Oberverwaltungsgericht
OWiG	Gesetz über Ordnungwidrigkeiten
PR	Personalrat
PZU	Postzustellungsurkunde
RA	Rechtsanwalt
RArbG	Richter am Arbeitsgericht
RB	Rechtsbeistand
RdErl	Runderlass
Rdnr (Rn)	Randnummer
Ref	Reform
RegelBetrV	Regelbetragverordnung
RL	Richtlinie
RLG	Richter am Landgericht
Rpfl	Rechtspfleger
Rz	Randzeichen
S.	Seite
s.	siehe
SA/SP	Sozialarbeiter/Sozialpädagoge
SB	Sachbearbeiterin, Sachbearbeiter, Sachbearbeitung
sc.	nämlich, ergänze
SchG	Schulgesetz
SchwbG	Schwerbehindertengesetz
SchwG	Schwurgericht
SG	Soldatengesetz oder Sozialgericht
SGB	Sozialgesetzbuch
SGL	Sachgebietsleiter
Sp.	Spalte
SPFH	Sozialpädagogische Familienhilfe

st. Rspr.	ständige Rechtsprechung
StA	Staatsanalt oder Staatsanwaltschaft, Stadtamt
StGB	Strafgesetzbuch
StPO	Strafprozessordnung
TOA	Täter-Opfer-Ausgleich
TV-L	Tarifvertrag öffentlicher Dienst-Länderbereich
TVG	Tarifvertragsgesetz
TVöD	Tarifvertrag Öffentlicher Dienst
UVG	Unterhaltsvorschussgesetz
VA	Verwaltungsakt, Versorgungsausgleich oder Vollstreckungsauftrag
VergGr	Vergütungsgruppe, Begriff aus dem Bundesangestelltentarifvertrag (BAT)
Vfg.	Verfügung
VG	Verwaltungsgericht
VGH	Verwaltungsgerichtshof (Oberverwaltungsgericht in Baden-Württemberg, Bayern und Hessen)
VwGO	Verwaltungsgerichtsordnung
VwV	Verwaltungsvorschrift
VwVfG	Verwaltungsverfahrensgesetz
VwVG	Verwaltungsvollstreckungsgesetz
VwZG	Verwaltungszustellungsgesetz
VZ	Veranlagungszeitraum
VzA	Vollzugsanordnung
WV	Wiedervorlage
zdA	zu den Akten
Zeichnungsbefugnis	i. A. (innerdienstlich), Im Auftrag (bei externen Schreiben)
ZPO	Zivilprozessordnung
zwV	zur weiteren Verfügung

Abbildungsverzeichnis

Glossar

Das Glossar soll einen schnellen Zugriff auf für den ASD wichtiges Vokabular ermöglichen. Ausführlichere Begriffsbestimmungen sind zu finden in Verwaltungslexika, die als Bücher (Verwaltungslexikon) oder online (Krems) veröffentlicht sind. U. a. hat auch der Deutsche Verein für öffentliche und private Fürsorge (Berlin) zum wiederholten Male aktualisiert ein Fachlexikon der sozialen Arbeit (2011) aufgelegt.

Annexleistungen Die Hauptleistung einer Therapie im Rahmen der Eingliederungshilfe zieht die Kostenerstattung für die Fahrtkosten als notwendige Begleitleistung nach sich.

Antrag Aufforderung an eine Behörde, in der geltend gemachten Weise tätig zu werden oder zu entscheiden. Jede Sozialleistung, ob sie personelle und/oder materielle Ressourcen beansprucht, kann nur auf Antrag gewährt werden (Krankengeld, Arbeitslosenhilfe, Ausbildungsförderung, Beihilfen, Sozialhilfe, Hilfen zur Erziehung, Beratung, Therapie usw.).

Arbeitsplatzbeschreibung Während Stellenbeschreibung ein Begriff des Beamtenrechts ist, wird der Begriff der Arbeitsplatzbeschreibung im Tarifrecht benutzt. Sie sollte explizit die geschuldete Arbeitsleistung, Aufgaben, Zuständigkeiten, Anforderungen, Arbeitsumfang, Befugnisse usw. beinhalten.

Auflagen

- nach JGG: Maßnahme, die ein Straftäter zu erfüllen hat;
- nach Verwaltungsrecht eine belastende Nebenbestimmung eines Verwaltungsaktes;
- nach § 8a SGB VIII, eine Maßnahme, die Personensorge- oder Erziehungsberechtigte zu erfüllen haben, damit ein Gefährdungsrisiko eingeschätzt werden kann oder abgewendet ist.

Ausbildungsplan In der Sozialen Arbeit (Sozialarbeit/Sozialpädagogik) eine Beschreibung von Zielen, Inhalten, Methoden, Aufgabenfeldern und Rahmenbedingungen (z. B. Arbeitszeiten, Dauer des Praktikums, Entgelt) eines Praktikums, die von der/dem Praktikantin/Praktikant und der Ausbildungsstelle gemeinsam erstellt werden und einer Hochschule zur Genehmigung vorgelegt wird.

Bericht Berichte enthalten Antworten auf die sieben W-Fragen unter Berücksichtigung des zu bewertenden Tatbestandes.

Elemente von Berichten können sein:

- Angaben zu Zuständen,
- Entwicklung von Kindern,
  Verhalten,
- Geschichte des Ereignisses oder des Themenkomplexes, in dem das Ereignis stattfand,
- Daten, Statistiken und wichtige Dokumente,
- Zitate von beteiligten Personen, Experten und anderen.

Bewerbung i. d. R. auf Anzeige, Aufforderung oder initiativ in verschiedenen Formen (tabellarisch, schwerpunktmäßig) gegliedertes Schreiben, mit dem eine Person ihr Interesse für eine bestimmte Stelle oder Aufgabenwahrnehmung mitteilt. Die Anforderungen an die äußere Form und den Inhalt sollten zeitgemäß erfüllt sein. Eine interne Bewerbung wird grundsätzlich anders gestaltet als eine externe.

Brief Schriftliche Nachricht auf Papier mit Ort und Datum, Anrede, Inhalt und Grußformel, die für einen bestimmten Empfänger gedacht ist. Bei Behördenbriefen sind eine Betreffzeile und genaue Absenderangaben enthalten. Es gibt verschiedene Versand- und Zustellungsformen, die die Wichtigkeit eines Briefes unterstreichen. Inhalte von Briefen an einen individuellen Empfänger sind grundgesetzlich geschützt.

Die drei Siebe Aufgeregt kam jemand zu Sokrates gelaufen: „Höre, Sokrates, das muss ich dir erzählen, wie dein Freund …" „Halt ein!", unterbrach ihn der Weise, „hast du das, was du mir sagen willst, durch die drei Siebe geschüttelt?" „Drei Siebe?", fragte der andere voll Verwunderung. „Ja, mein Freund, drei Siebe! Lass sehen, ob das, was du mir erzählen willst, durch die drei Siebe hindurchgeht. Das erste Sieb ist die *Wahrheit.* Hast du alles, was du mir erzählen willst, geprüft, ob es wahr ist?" „Nein, ich hörte es erzählen, und … „So, so. Aber sicher hast du es mit dem zweiten Sieb geprüft, es ist das Sieb der *Güte.* Ist das, was du mir erzählen willst, wenn schon nicht als wahr erwiesen, wenigstens gut?" Zögernd, sagte der andere: „Nein, das nicht, im Gegenteil …" „Dann", unterbrach ihn der Weise, „lass uns auch das dritte Sieb noch anwenden, und lass uns fragen, ob es *notwendig* ist, mir das zu erzählen, was dich so erregt." „Notwendig nun, nicht gerade …" „Also", lächelte Sokrates, „wenn das, was du mir erzählen willst, weder wahr, noch gut, noch notwendig ist, so lass es begraben sein und belaste dich und mich nicht damit!"

Dienstanweisung Schriftliche oder mündliche Veranlassung des zuständigen Vorgesetzten, einen in seinem Aufgabenbereich Zuständigen zu einem Tun, Dulden oder Lassen im Rahmen der zugeteilten Aufgaben zu verpflichten.

Dienstaufsichtsbeschwerde In der Dienstaufsichtsbeschwerde wird das persönliche Verhalten eines Amtsträgers gerügt. Sie kann von jedermann erhoben werden. Die angeschriebene Behörde ist verpflichtet, sich mit der Dienstaufsichtsbeschwerde zu befassen und sie zu beantworten. Es muss dabei ersichtlich sein, dass eine sachliche Prüfung erfolgt ist und ob Maßnahmen getroffen wurden oder nicht. Die von einer Dienstaufsichtsbeschwerde betroffene Person muss davon Kenntnis und Gelegenheit erhalten, sich dazu ggf. mit Rechtsbeistand oder einem Personalratsmitglied zu äußern (sollte schriftlich erfolgen); sie kann im begründeten Fall zu den Personalakten genommen werden. Im ASD sind – meist unhaltbare – Dienstaufsichtsbeschwerden aufgabeninhärent und gehören zum Alltag. Die Beschwerden und die Antworten darauf gehören nicht in die „Fallakte".

Dokumentation, Dokumentation von Vorgängen In der Sozialarbeit systematisch nutzbar gemachte Informationen, die in Akten in Bezug auf Sachverhalte und Personen zweckgebunden gesammelt werden.

Dokumentenanalyse Dokumente aller Art werden qualitativ und quantitativ unter zuvor festgelegten Gesichtspunkten ausgewertet. Die Darstellung dieser Auswertung erfolgt meistens schriftlich in einer chronologischen Reihenfolge mit Nennung der jeweiligen Quelle.

E-Mail Seit den 1990er Jahren eine schnelle und kostengünstige Variante des Briefes, für welche die Regeln des üblichen Schriftverkehrs gelten. Sie sind meistens im innerbehördlichen Verkehr schriftliche Dokumente, die ausgedruckt zum Vorgang zu nehmen sind. Da mit der E-Mail Daten ins Netz gebracht werden, sollten personenbezogene Angaben vermieden und Anlagen nur mit Kennwort geschützt versandt werden. Für den rechtsverbindlichen Verkehr sind sie nicht anerkannt.

Entgeltvereinbarungen Verträge über die Höhe der Geldleistung für die Dienstleitungen der Freien Träger bei stationären oder ambulanten Hilfen, die zwischen den örtlichen und den freien Trägern der Jugendhilfe nach gesetzlichen Vorgaben und auf Landesebene zwischen den überörtlichen Trägern der Jugendhilfe und den Dachorganisationen der freien Träger verhandelten Richtlinien geschlossen wurden.

Evaluation Prozesse und Ergebnisse werden durch Betroffene oder Beteiligte in irgendeiner Weise anhand von (nicht immer klar ausgewiesenen) Kriterien z. B. auf Mittel-Zweck- oder Kosten-Nutzen-Aspekte bewertet.

Formblatt, Formular, Vordruck Eine gedruckte oder elektronische Vorlage, die per Hand- oder Computereintrag ergänzt wird. Sie hat Ordnungs- und Leitfunktion, ist in der Regel dem Arbeitsablauf und seinen Erfordernissen angepasst, dient der Überschaubarkeit, der Vergleichbarkeit, Sicherung des Qualitätsstandards und der Dokumentation.

Garantenpflicht Verantwortlichkeit für den Schutz eines Rechtsgutes, z. B. körperliche Unversehrtheit. In Bezug auf die Sozialarbeit im Jugendamt wurde sie z. B. in einem Strafprozess gegen eine Mitarbeiterin des Allgemeinen Sozialdienstes in der Rechtssprechung wie folgt entwickelt: „Wesentliches Merkmal der sozialpädagogischen Familienhilfe in den Fällen der vorliegenden Art ist … auch die Verpflichtung zur Schutzgewährung. Daraus kann eine strafrechtliche Garantenpflicht der zu diesem Zweck unmittelbar tätigen staatlichen Gewährsträger resultieren, hier die der mit der Sache dienstlich betrauten Mitarbeiter des ASD (vgl. zur Garantenpflicht BGHSt 38, 388 ff)“ (OLG Oldenburg Ss 249/96, 11 Js 17617/94 OS, Urteil vom 02. 09. 1996; aktuell dazu: Kronseder, D. R. (2010): Die Strafbarkeit von Mitarbeitern des Jugendamtes bei häuslicher Kindeswohlbeeinträchtigung, Marburg).

Genogramm Genogramme werden in der Sozialarbeit sehr reduziert, wie die meisten von anderen Professionen in Segmenten übernommenen Methoden, insbesondere bei der Hilfeplanung oder Supervision i. d. R. zur Visualisierung familiärer Hintergründe verwendet. Sie können als Gemeinschaftswerk mit Klienten prozesshaft in der Biografiearbeit entwickelt werden, um z. B. die familialen Programme, die ein jeder in seinem Leben irgendwie fortführt, zu erkennen. „Die systemische Persönlichkeitsanalyse (SPA) … hat den Zweck, die Persönlichkeitspotenziale einer Person zu erforschen und darzustellen, daß die Individualität des Handelns für die Person selbst und für den Analysierenden zur Bearbeitung seines Auftrags erkennbar wird. … Dazu braucht der Experte 1. Selbstbewusstsein (im Sinne des Bewusstseins über die eigenen Ressourcen, …), 2. technische Fertigkeiten, 3. historische und soziologische Kenntnisse und 4. Erfahrung“ (Johnson, H.: Das Genogramm in der systemischen Persönlichkeitsanalyse, 2006, S. 2). Durch das Windows taugliche Programm GenoGraph von Klaus Wessiepe können Genogramme z. B. computermäßig erfasst und bearbeitet werden.

Gutachten Auf der Basis des aktuellen Standes der Wissenschaft nach den Kriterien der Objektivität, der Verlässlichkeit der Ergebnisse als Voraussetzung für deren Wiederholbarkeit und der Nachvollziehbarkeit der Argumente erstellte Hilfsmittel zur Vorbereitung einer Entscheidung, z. B. bei der Gewährung von Sozialleistungen. In Familiengerichtsverfahren wird durch Gutachten Beweis erhoben über die vom Gericht beschlossene Fragestellung.

Gutachtliche Stellungnahme Darstellung von Tatsachen und Sachverhalten mit fachlicher Bewertung der entscheidungsrelevanten Fakten und ggfs. Vorschlägen für eine Entscheidung.

Hilfeplan Schriftliche Festlegung von Zielen und Rahmenbedingungen (Anspruchsgrundlage, Zeitraum, Umfang, Dienst, Kosten, evtl. nächste Handlungsschritte), welche die Durchführung einer Hilfe bestimmen. In der Jugendhilfe gibt es durch die §§ 36 und 36a SGB VIII gesetzliche Vorgaben zur Ausgestaltung der Hilfeplanung mit Beteiligungsrechten und -pflichten.

Kommunale Gemeinschaftsstelle für Verwaltungsmanagement (KGSt) Die Kommunale Gemeinschaftsstelle für Verwaltungsmanagement (KGSt) ist das von Städten, Gemeinden und Kreisen gemeinsam getragene Entwicklungszentrum des kommunalen Managements. Sie wurde 1949 in Köln gegründet. Über 1600 Kommunalverwaltungen und Träger öffentlicher Aufgaben – darunter nahezu alle Städte über 25 000 Einwohner, einschließlich der drei Stadtstaaten, die meisten Landkreise und einige große österreichische Städte – arbeiten in der KGSt zusammen. Gemeinsam mit ihren und für ihre Mitglieder befasst sich die KGSt u. a. mit Führung, Steuerung und Organisation der Kommunalverwaltung. Sie wird hauptsächlich finanziert aus den Beiträgen der Mitglieder. Nach eigener Darstellung ist die KGSt unabhängig vom Staat und von politischen Organisationen.

Kooperationsvertrag Schriftliche Vereinbarung zwischen zwei oder oder mehreren Trägern, Diensten oder Einrichtungen zur Regelung von Kernpunkten der Zusammenarbeit und des Dialogs miteinander über die Zusammenarbeit.

Kostenvoranschlag Übersicht über die Entgelte für Personal und Sachmittel, die in einem bestimmten Zeitraum und bei einem vorgegebenen Umfang für eine bestimmte Aufgabe anfallen.

Leistungsvereinbarung Von Diensten und Einrichtungen der freien Träger aufgestellte Übersicht über die von ihnen regelmäßig zu erbringenden Leistungen bei stationären und ambulanten Hilfen, für die Entgelte vereinbart wurden.

Netzwerkkarte Mittel zur Erforschung von Ressourcen – gemeinsam mit der Familie: „Die Netzwerkkarte besteht aus konzentrischen Ringen, in deren Mittelpunkt das ‚Ich' steht. Die Ringe (sie können z. B. stehen für unmittelbare Unterstützung, mittelbare Kooperation und Abnahme von Pflichten an drittem Ort, Anm. der Verf.) kann man noch in Segmente einteilen, die für bestimmte Personengruppen gelten (Freunde, Nachbarn usw.)" (Straus, F., 1990, S. 510; s. a. Straus 1993). Andere Bezeichnung: soziales Atom.

Organigramm Schematische Darstellung einer Organisation, aus der die Struktur und die Aufgabenverteilung ersichtlich sind.

Praktikumsbericht Ein möglichst objektiver Text, bezogen auf konkrete, eigene Beobachtungen in einem Praxisfeld, der Nicht-Beteiligte zuverlässig über den Verlauf einer Ausbildungsstation informiert. Es gelten die gleichen Grundsätze wie bei einem Bericht (Beantworten der W-Fragen). Der Praktikumsbericht ist aus sich heraus verständlich. Über eine Hinführung, die Angaben zur Zielsetzung enthält, führt der Bericht zu einer Situationsanalyse mit einer Chronologie der relevanten Ereignisse, einer Darstellung und Diskussion der Ergebnisse zu durchaus auch persönlichen Schlussfolgerungen, z. B. in Bezug auf die weitere Ausbildung oder Berufswahl (Hinweise zu Anforderungen, Tipps zur Gestaltung und zur Sprache sind zu finden bei der Schreibwerkstatt der Uni Duisburg-Essen unter: http://www.uni-due.de/schreibwerkstatt/trainer/trainer/start.html Abruf vom 26. 08. 2008).

Protokoll „Bei Sitzungen, Tagungen, Verhandlungen usw. wird eine formelle Zusammenfassung der Gespräche und Ereignisse geschrieben. Aus diesem Grund bestimmen Vereine, Verbände, Verwaltungen, politische Gremien und ähnliche Organisationen einen Protokollführer oder Sekretär, der damit beauftragt ist. Man unterscheidet bei diesen Aufzeichnungen zwischen Verlaufsprotokoll und Ergebnisprotokoll“ (Aus: http://de.wikipedia.org/wiki/Protokoll, Abruf vom 22. 02. 2008).

Rechtsbehelfsbelehrung Sie ist die in einer Entscheidung der Gerichte oder Behörden enthaltene Belehrung für den Adressaten der Entscheidung, ob, auf welche Weise und in welcher Form ihm die Möglichkeit eingeräumt ist, die Verwaltungs- oder Gerichtsentscheidung anzufechten und überprüfen zulassen. Jeder Bescheid muss eine Rechtsbehelfsbelehrung enthalten. In NRW könnte er so lauten:

„Rechtsbehelfsbelehrung

Gegen diesen Bescheid kann innerhalb eines Monats nach Zustellung dieses Bescheides Klage erhoben werden.

Die Klage ist bei dem Verwaltungsgericht in Musterort, Musterstraße 1, schriftlich einzureichen oder zur Niederschrift des Urkundsbeamten der Geschäftsstelle zu erklären. Wird die Klage schriftlich erhoben, so sollen ihr möglichst 2 Abschriften beigefügt werden.

Falls die Frist durch das Verschulden eines von Ihnen Bevollmächtigten versäumt werden sollte, so würde dessen Verschulden Ihnen zugerechnet werden.“

Ressourcenkarte Sozialarbeit, Sozialleistungen sollten ressourcenorientiert eingesetzt werden, damit sie „Hilfe zur Selbsthilfe“ werden können. In Bezug auf eine einzelne Person oder ein Projekt werden für eine konkrete Aufgabe systematisch (z. B. für eine Person, seine Familie, weitere Institutionen, Freundschaften oder für ein Projekt, z. B. Mitwirkende, Räume, Mittel) die Ressourcen (Kompetenzen, Stärken, Fähigkeiten,

Möglichkeiten, ausbaubare oder vorhandene Potenziale) erfasst, die dienlich sein können. Durch die Ressourcenkarten sollte deutlich werden, wo Potenziale in Bezug auf die Ziele, die angestrebt werden, bei der Person oder ihrem Umfeld liegen.

Schweigepflicht §§ 203 StGB „Verletzung von Privatgeheimnissen“ lautet:
„(1) Wer unbefugt ein fremdes Geheimnis, namentlich ein zum persönlichen Lebensbereich gehörendes Geheimnis oder ein Betriebs- oder Geschäftsgeheimnis, offenbart, das ihm als

1. Arzt, Zahnarzt, Tierarzt, Apotheker oder Angehörigen eines anderen Heilberufs, der (…),
2. Berufspsychologen mit staatlich anerkannter wissenschaftlicher Abschlussprüfung,
3. Rechtsanwalt, Patentanwalt, Notar, Verteidiger in einem gesetzlich geordneten Verfahren, Wirtschaftsprüfer, vereidigtem Buchprüfer, Steuerberater, Steuerbevollmächtigten oder Organ oder Mitglied eines Organs einer Rechtsanwalts-, (…) oder Steuerberatungsgesellschaft,
4. Ehe-, Familien-, Erziehungs- oder Jugendberater sowie Berater für Suchtfragen in einer Beratungsstelle, die (…) anerkannt ist,

4a. Mitglied oder Beauftragten einer anerkannten Beratungsstelle nach den §§ 3 und 8 des Schwangerschaftskonfliktgesetzes,

5. staatlich anerkanntem Sozialarbeiter oder staatlich anerkanntem Sozialpädagogen oder
6. Angehörigen eines Unternehmens der privaten Kranken-, Unfall- oder Lebensversicherung oder einer privatärztlichen, steuerberaterlichen oder anwaltlichen Verrechnungsstelle

anvertraut worden oder sonst bekannt geworden ist, wird mit Freiheitsstrafe bis zu einem Jahr oder mit Geldstrafe bestraft.“

Soziales Atom s. Netzwerkkarte

Stellenbeschreibung siehe auch Arbeitsplatzbeschreibung. Schriftliche Darlegung aller für die Stelle relevanten Faktoren: Bezeichnung der Stelle, Namen und Dienstrang des Inhabers, Zuordnung der Teilaufgaben, Verantwortlichkeiten und Zuständigkeiten, Anforderungen und Anforderungshöhen sowie Beurteilungsmaßstäbe für die Leistungen, Einbindung in die Organisationsstruktur (Aufbauorganisation, Ablauforganisation), Stellvertretung durch und für den Stelleninhaber. Stellenbeschreibungen enthalten Zuständigkeiten und Verantwortungsbereiche. Sie dienen zur Ermittlung der Personalbemessung und der Stellenbewertung bzw. Eingruppierung und somit der Entlohnung.

Stellungnahme In Verwaltungen oder vor Gerichten eine meist schriftlich abgegebene und unter Bezug auf die rechtlichen Vorschriften und die vorliegenden Tatsachen fachlich begründete Meinung in Bezug auf eine zur Entscheidung anstehenden Frage.

Verfügung Aktenverfügung oder Büroverfügung: Auf jedem eingehenden Schriftstück wird eine schriftliche Anweisung gesetzt (z. B. eing. am TT.MM.JJ und „eilt"), welche die Reihenfolge der Bearbeitung oder den nächsten Schritt („R" für Rücksprache) festlegt. Eine Wiedervorlage (Wv), Ablage der Akte (z. d. A.), Erfassung in der Zentraldatei usw. sind ebenfalls Verfügungen. Die Verfügung schreiben die Zuständigen meist selbst, seltener die Vorgesetzten.

Vermerk, Aktenvermerk In die Akte aufzunehmende schriftliche Aufzeichnung über die für die Sache relevanten Vorfälle wie Telefonate, Besprechungen, Verhandlungen, Vereinbarungen, Tatsachen, Fakten, Beobachtungen, Behauptungen oder andere Begebenheiten wie eigene Überlegungen, die das weitere Vorgehen leiten. Aktenzeichen, Datum, Betreffzeile, Inhalt, Zeichnungsbefugnis und Unterschrift sind unerlässliche Bestandteile.

Vertrag Mehrseitiges Rechtsgeschäft, beruhend auf einander entsprechende Willenserklärungen der Beteiligten mit einer die Beteiligten rechtlich bindenden Einigung

Vorlage Schriftliche Arbeitsergebnisse, zusammengefasste, verkürzte Ansammlung von notwendigen Informationen und Fakten, die Dritten zur Weiterbearbeitung oder als Entscheidungshilfe zugeleitet werden. Sie werden oft als Anlage zur Begründung von Gewährung von Sozialleistungen, z. B. zur Hilfe zur Erziehung, erstellt. Bestimmte Vorlagen, z. B. die an politische Gremien in der Kommunalverwaltung, sind formalisiert und bedürfen innerhalb der Verwaltung der Genehmigung durch Zeichnung oder Gegenzeichnung bestimmter Amtsträger.

Zeugnisverweigerung Zeugnisverweigerungsrecht aus beruflichen Gründen. § 53 StPO:

„(1) Zur Verweigerung des Zeugnisses sind ferner berechtigt

1. Geistliche (...);
2. Verteidiger des Beschuldigten (...);
3. Rechtsanwälte, Patentanwälte, Notare, Wirtschaftsprüfer, vereidigte Buchprüfer, Steuerberater und Steuerbevollmächtigte, Ärzte, Zahnärzte, Psychologische Psychotherapeuten, Kinder- und Jugendlichenpsychotherapeuten, Apotheker und Hebammen (...);

3a. Mitglieder oder Beauftragte einer anerkannten Beratungsstelle nach den §§ 3 und 8 des Schwangerschaftskonfliktgesetzes (...)

3b. Berater für Fragen der Betäubungsmittelabhängigkeit in einer Beratungsstelle, die (...);

4. Mitglieder des Bundestages, eines Landtages oder einer zweiten Kammer über Personen, die ihnen in ihrer Eigenschaft (...);
5. Personen, die bei der Vorbereitung, Herstellung oder Verbreitung von Druckwerken, Rundfunksendungen, Filmberichten oder der Unterrichtung oder Meinungsbildung dienenden Informations- und Kommunikationsdiensten berufsmäßig mitwirken oder mitgewirkt haben.

   Die in Satz 1 Nr. 5 genannten Personen dürfen das Zeugnis verweigern über (...)

(2) Die in Absatz 1 Satz 1 Nr. 2 bis 3b Genannten dürfen das Zeugnis nicht verweigern, wenn sie von der Verpflichtung zur Verschwiegenheit entbunden sind. Die Berechtigung zur Zeugnisverweigerung der in Absatz 1 Satz 1 Nr. 5 Genannten über den Inhalt selbst erarbeiteter Materialien und den Gegenstand entsprechender Wahrnehmungen entfällt, wenn (...)."

Die Autoren

Erhard Gehlmann ist Diplomtheologe, Diplom-Sozialarbeiter und Diplomverwaltungsbeamter mit langjähriger Erfahrung im ASD als Bezirkssozialarbeiter und Sachgebietsleiter im Jugendamt einer mittleren Großstadt.

Dr. phil. Frank Nieslony ist Diplompädagoge, Sozialarbeiter (grad.) und Professor i. R. an der Evangelischen Hochschule Darmstadt (EHD), Arbeitsschwerpunkte: Sozialadministration/Soziale Dienste, Jugendhilfe und Schule, Sozial- und Jugendhilfeplanung.

Dr. phil. Veszelinka Ildikó Petrov M. A. ist Diplom-Sozialarbeiterin mit langjähriger Erfahrung in der Bezirkssozialarbeit im Jugendamt, in der Weiterbildung und Gutachterin in Familiengerichtsverfahren.